AS EXPRESSÕES LATINAS

FERNANDO PEREIRA RODRIGUES
Juiz Conselheiro

AS EXPRESSÕES LATINAS

no Discurso Jurídico

ALMEDINA

AS EXPRESSÕES LATINAS NO DISCURSO JURÍDICO

AUTOR
Fernando Pereira Rodrigues

EDITOR
EDIÇÕES ALMEDINA, S.A.
Rua Fernandes Tomás, nºs 76-80
3000-167 Coimbra
Tel.: 239 851 904 · Fax: 239 851 901
www.almedina.net · editora@almedina.net

DESIGN DE CAPA
FBA.

PRÉ-IMPRESSÃO
João Jegundo

Biblioteca Nacional de Portugal – Catalogação na Publicação

RODRIGUES, Fernando Pereira

As expressões latinas no discurso jurídico
ISBN 978-972-40-7222-7

CDU 340

IMPRESSÃO E ACABAMENTO
ARTIPOL - ARTES TIPOGRÁFICAS, LDA.

Dezembro, 2017

DEPÓSITO LEGAL
434839/17

VIRTUTIBUS MAIORUM
Ut sit omnibus documento. P.P.D.

Pelos valores dos antepassados, para que sirva de testemunho para todos, através de perpétua dedicação (P.P.D. = *per perpetua dedicatio*).

[Inscrição no Arco da Rua Augusta em Lisboa, cuja tradução e deciframento se considera dever ser a descrita, atentas as características e simbologia do monumento]

À minha mulher, filhos e netos.

EXORDIUM

A condição de ser da edição em presença intenta-se na sinopse das grandes máximas antigas, do direito romano e do direito da época medieval, na sua expressão mais persuasiva conferida pela versão latina, sobremodo do seu enquadramento no direito moderno e da conjunção adequada para o seu chamamento a discurso. Porém, de modo suplementar, nela se respigam outras sentenças, axiomas ou dicções latinas que embora de alcance jurídico de menor nomeada são de reiterado uso e tendo-se tornado famigeradas pela sua autoria e aceitamento importa que permaneçam em favorável registo.

Cabe ressaltar que esta singela obra vem na sequência da que anteriormente publicámos, com o enunciado de *"Locuções e Máximas Latinas"*, mas ora ampliando-se substancialmente o seu conteúdo, como sobremaneira procurando-se, quanto possível, assinalar as respetivas fontes, pelas quais o trecho foi conferido e que se apontam para facilitada confrontação com o respetivo contexto, sendo que muitas das expressões se formaram ao longo do tempo, mormente na era medieval, por derivação de princípios antigos, com autoria incerta ou discutível, registando-se, por isso, com desconhecimento da sua paternidade, mas sem negligenciar seu préstimo.

Não se trata de apresentar mais um glossário, breviário ou vocabulário de expressões latinas, a par das várias existentes, nas quais se oferece, quase sempre de forma repetitiva e versão semelhante, uma tradução de vocábulos e expressões, com pouco rigor, parca explicitação do seu sentido e nenhuma aclaração sobre a sua atualidade no nosso ordenamento jurídico.

O que se pretende é não só oferecer uma versão corrigida do texto latino, utilizado frequentemente com lapsos e erros, como apresentar uma tradução que se aproxime da literal sem desvirtuar o sentido do texto, complementada, quando necessário, com indicação da circunstância em que foi e pode ser utilizada e acrescida da referência, quando se justifique, da eventual carência de atualidade. Dada a enorme profusão de máximas latinas, aplicáveis nos mais diversificados ramos do saber, procurou-se selecionar as mais notáveis e complementar com anotação, ou maior esclarecimento, as mais relevantes no uso forense, sendo que tornaria a obra demasiado extensa, ou até fastidiosa, produzir anotações em relação a todas as passagens citadas, quando pela sua transparência tantas delas nem carecem.

O exercício da laboração do texto iniciou-se ao longo dos anos de estudo do direito nos vários tratadistas das matérias jurídicas, prosseguida no desempenho da função judiciária, sendo resultado de anotações pessoais então coligidas e que agora se complementou na consulta das obras indicadas a final na bibliografia e ao logo da obra, registos que se mostram, de modo substancial, conferidos com as respetivas fontes. E deseja-se oferecer algum contributo para que velhos princípios de direito, vertidos na forte expressividade do latim, se mantenham vivos e que do uso do latim se faça uma utilização correta e adequada no discurso.

Oferece, assim, a presente obra um conjunto substancial de palavras, locuções e outras expressões latinas, como sentenças, máximas, lemas, aforismos, frases famosas ou fragmentos de obras literárias que hão perdurado ao longo dos séculos, cujo conhecimento se considera imprescindível para quem deseja aprofundar o conhecimento da cultura clássica, sobretudo no domínio do direito que é o que aqui mais se tem em pensamento.

E na análise da vasta seleção de expressões latinas de uso legal procura-se conjugar dois aspetos fundamentais da formação jurídica: o uso adequado de expressões técnicas em língua latina e o exercício da faculdade intelectual do raciocínio jurídico. Além de haver a preocupação de fornecer uma tradução concisa e coerente das expressões provindas em parte da lei medieval, mas mais profusamente da própria lei romana, intenta-se mostrar que o uso da língua latina no campo jurídico ajuda a pensar e expressar o direito com maior profundidade e precisão.

Mesmo ao jurista experiente é, deste modo, oferecida a oportunidade, através da leitura, de relembrar conceitos jurídicos básicos, que intencionalmente se apresentam de forma simplificada. Sabendo-se que, apesar do estudo do latim nas escolas ter vindo a ser relegado para a mera opção, continuam a ser, abundantemente, utilizadas as expressões latinas na literatura forense, muitas vezes até para ornato do discurso, é exigível que tal se opere com um mínimo de conhecimento do seu sentido, na forma correta e na circunstância apropriada.

Eis a síntese e o propósito desta despretensiosa publicação.

Agosto de 2017

A

A bene placito – por beneplácito; por boa vontade. – Por beneplácito entende-se a aprovação ou consentimento por parte de quem tem superintendência no ato a praticar.

A bonis ad meliora, a melioribus ad optima proficere conemur – esforcemo-nos por progredir das coisas boas para as melhores e das melhores para as ótimas. – Frase que traça o caminho para "*a excelência*", que é considerada como um valor essencial e um objetivo a prosseguir por muitas empresas e organizações, em particular por instituições de ensino e estabelecimentos de saúde.

A bonis bona disce – dos bons diz bem [Erasmo, Adagia, 4.8.37].

A bove ante, ab asino retro, a muliere undique caveto – acautela-te do boi pela frente, do burro por detrás, e da mulher por todos os lados.

A caelo ad terram – do céu à terra [Erasmo, Adagia, 2.5.95].

A caelo usque ad centrum – desde o céu até ao centro *[da Terra]*. – Diz-se da extensão do direito da propriedade privada ao solo.

A capite ad calcem – da cabeça ao calcanhar [Erasmo, Adagia, 1.2.37].

A capite ad pedes – da cabeça aos pés [S. Agostinho, De Civitate Dei, 15.26].

A capite bona valetudo – a boa saúde vem da cabeça [Séneca, De Clementia, 2.2.1].

A capite incipiendum – deve-se começar do princípio.

A communi observantia non est recedendum – não se deve afastar da observância *[opinião]* comum.

A contrario – em contrário; de contrário. – Forma simplificada de "*a contrario sensu*".

A contrario sensu – em sentido contrário [Dante, De Monarchia, 2.10.4]. – Argumento que permite extrair de um texto uma solução contrária àquela que nele figura, para os casos não contemplados. Baseia-se no seguinte raciocínio: se a lei previu determinados casos é porque pretendeu excluir os que não contemplou. – Não é argumento de valor decisivo, mas é argumento de algum valor, não negligenciável.

A deducto – por dedução. – A dedução traduz-se numa análise lógica em que se constroem argumentos, através da utilização de determinadas premissas, para se chegar a uma conclusão.

A domino – ao dono. – Diz-se da aquisição de um bem, feita a quem é seu proprietário.

A fabulis ad facta veniamus – passemos das fantasias aos factos [Cícero, De Republica, 2.4].

A facto ad jurem non datur consequentia – do facto ao direito não se verifica consequência. – De um facto não se extrai consequência para o direito; o facto só por si não integra consequente direito.

A falsis principiis – [partir] de princípios falsos [Cícero, De Finibus, 4.53].

A filo pendet – está pendurado por um fio. – Diz-se de tudo o que se mostra preso ou ligado por pouco.

A fortiori – por maioria de razão. – É uma forma de argumentar no sentido de convencer de determinada conclusão, por a mesma ser, logicamente, muito mais verídica, ou persuasiva, que outra já pacificamente aceite.

A fortiori ratione – com mais forte razão. – O mesmo que *"a fortiori"*.

A fronte atque a tergo – pela frente e pelas costas [Erasmo, Adagia, 3.1.53].

A fructibus arborem aestima – pelos frutos se conhece a árvore [Bíblia, Mateus, 12.33].

A generatione in generationem – de geração em geração [Bíblia, Êxodo, 17.16]. – Expressão bíblica aplicada à palavra de Deus que é estável e fiel, continuando de geração em geração [Bíblia, Salmos, 119 (118).90].

A inclusione unius ad exclusionem alterius – pela inclusão de um *[chega-se]* à exclusão do outro. – O que significa que, por regra, a inclusão de uma coisa é a exclusão de outra. Assim, quando certas pessoas ou coisas são especificados na lei ou em contrato pode ser inferida a intenção de excluir todas as outras de tal operação.

A iure suo nemo recedere praesumitur – presume-se que ninguém renuncia ao seu direito. – A renúncia é a perda de um direito por expressa manifestação de vontade do seu titular, pelo que sem tal manifestação presume-se não existir renúncia.

A iustitia, quasi a quodam fonte, omnia iura emanant – da justiça, quase como de uma fonte, todos os direitos emanam. – Reporta-se o princípio às fontes mediatas dos direitos. As fontes imediatas dos direitos são as leis [vide: artigo 1.º/1 do CC], sendo que estas devem promanar de intenções de justiça *[fontes mediatas]*.

A latere – ao lado; à margem. – Admissão de argumentos secundários, ao lado do argumento principal.

A limine – desde a porta; desde o liminar; desde o começo; desde o início, liminarmente ou sem maior exame.

A linea – desde a linha de partida.

A maiori ad minus – do maior para o menor. – A lei que permite o mais, permite o menos.

A maioribus sumitur enim exemplum – dos antepassados se recolhe o exemplo. – Como dizia o P. António Vieira *"os exemplos dos tempos passados costumam ser as regras e documentos para os presentes e futuros"* [*in* "Citações e Pensamento de Padre António Vieira", Paulo N. da Silva, Ed. Casa das Letras].

A malis hominibus tutissimum est cito effugere – dos homens maus o mais seguro é fugir depressa [Séneca, Provervia, 134].

A manu servi – [escrito] pela mão do servo. – Diz-se de texto *[livro]* elaborado por escritor contratado.

A mari usque ad mare – de um mar a outro; de mar a mar [Bíblia, Salmos, 72 (71).8]. – Divisa do Canadá.

A maximis ad minima – das coisas maiores às menores. – Tese segundo a qual na análise de qualquer assunto, ou questão, deve começar-se pelo que é essencial para se terminar pelo que é secundário. Outro ponto de vista, também defensável em face das circunstâncias e da natureza das coisas, é o que segue.

A minimis ad maxima – das coisas menores para as maiores.

A minoris ad maius argumentum – do menor para o maior argumento. – Teoria segundo a qual a argumentação deve progredir do menos para o mais convincente. Utiliza-se quando se deseja prender a atenção dos destinatários.

A morte semper homines tantumdem absumus – nós, homens, estamos sempre à mesma distância da morte [Publílio Siro, Sententiae].

A natura mihi videtur potius quam ab indigentia orta amicitia – parece-me que a amizade nasceu mais da natureza do que da necessidade [Cícero, De Amicitia, 27].

A nocte sapiens capere consilium solet – o sábio costuma tomar decisões durante noite. – Costuma-se dizer que a noite é boa conselheira.

A non domino – por um não dono; por quem não é proprietário [Código de Justiniano, 7.27.1]. – Diz-se da transferência da coisa por aquele que não tem poder legítimo sobre ela, isto é, por quem não é seu proprietário.

A notis ad ignota progredimur – avançamos das coisas conhecidas para as desconhecidas.

A novo – de novo; novamente. – Em linguagem forense, usa-se a propósito do processo que se encaminha para novo julgamento. Ou ainda para designar o processo novamente iniciado perante diversa autoridade judicial ou perante outro tribunal.

A pactis privatorum publicum ius non derogatur – o direito público não pode ser derrogado por pactos de particulares.

A pari – por analogia. – Argumento que se apoia sobre uma paridade de motivos para justificar a aplicação da lei a um caso não previsto.

A pari ratione – por razão igual.

A parte objecti – a partir do objeto; objetivamente.

A posse ad esse non valet consequentia – do poder ser para o ser não vale a conclusão. – Do possível para o real não há inferência, mas há inferência do que é real para o que é possível *[ab esse ad posse]*.

A posse ad esse non valet illatio – da possibilidade à realidade não vale a ilação. – De uma proposição assertiva sobre um estado real podemos inferir uma proposição sobre uma possibilidade, mas não o reverso.

A posteriori – posteriormente; depois do evento. – Diz-se do conhecimento que se apoio na experiência, sendo o oposto do conhecimento *"a priori"*.

A prima aetate – desde a primeira idade; desde pequeno [Cícero, Ad Familiares, 4.4].

A primo tempore – em primeiro lugar; antes de mais.

A priori – previamente; o que precede. – Diz-se do conhecimento que advém de um princípio admitido anteriormente como verdadeiro, independente da experiência.

A quo – a partir do qual. – Diz-se *"a quo"* para significar o tribunal, ou juiz, de que se recorre; também o dia ou termo inicial de um prazo ou o ponto de partida de um processo judicial.

A radice – pela raiz; desde a raiz.

A radice mala non procedunt bona mala – de raiz má não nascem boas maçãs.

A ratione – pela razão; por raciocínio; por conjetura; por hipótese.

A recta conscientia traversum unguem non oportet discedere – da consciência honesta não convém afastar-se uma unha atravessada [Cícero, Ad Atticum, 13.20].

A remotis – ao longe; de longe.

A retro – para trás; retroativamente. – Diz-se da venda em que se reconhece ao vendedor a faculdade de resolver ou rescindir o contrato.

A sacris – quanto às coisas sacras. – Aplica-se do sacerdote interdito das funções do seu ministério.

A se – por si; por seus próprios meios; com autonomia.

A semet ipso – consigo mesmo. – Diz-se do negócio que é celebrado por uma só pessoa, que intervém simultaneamente a título pessoal e de representante de outrem, ou como representante simultaneamente de mais do que uma pessoa. A ele se reporta o artigo 261.º/1 do CC.

A simili – de modo semelhante, argumento por analogia.

A simplicibus incipiendum, et ad difficiliora progrediendum – deve-se começar pelas coisas simples e avançar em direção das mais difíceis.

A tergo – pelas costas. **A testato** – com testamento; o que faleceu deixando testamento.

A tuo lare incipe – começa pela tua própria casa. – O mesmo que *"ab ipso lare incipere"*.

A tutiori – pelo lado mais seguro *[da questão]*.

A verbis ad verbera – [passar] das palavras às agressões.

A verbis legis non recedendum – ninguém se deve afastar das palavras da lei.

A vero domino – pelo verdadeiro dono.

A vertice ad unguem – da cabeça aos pés. – Também se usa, com significado idêntico, a expressão *"ab imis unguibus usque ad verticem"* – da ponta dos pés ao cimo da cabeça.

Ab abrupto – subitamente. – O mesmo significado de *"ex abrupto"*. – Diz-se de alguém que surge bruscamente ou que age sem ponderação.

Ab absurdo – por absurdo. – Aplica-se ao raciocínio cujas consequências são inadmissíveis. Utiliza-se a expressão também para designar a demonstração, utilizada na geometria, na filosofia e no direito, de um raciocínio que conduz à conclusão de uma proposição contrária.

Ab abusu ad usum non valet consequentia – do abuso não decorre consequência para o uso.

– De um abuso não é lícito extrair válida consequência para um uso; as consequências do abuso de algo não invalidam a sua utilidade porque aquelas não se devem aplicar ao uso geral; noutra perspetiva, a justificação sobre o uso de uma coisa não é colocada em causa em face do seu abuso. – Esta máxima sugere que de um direito útil não devem ser privadas pessoas na base de que alguns tendem a abusar desse direito, por exemplo, direito de possuir armas. – Também se utiliza, com o mesmo significado, a expressão *"abusus não tollit usum"*.

Ab actu ad posse valet illatio – do que se fez para o que poderá fazer-se vale a ilação.

Ab aequitate vinci, pulchrum et bonum – ser vencedor a partir da equidade é louvável e agradável. – S. Tomás de Aquino referencia o que é belo e bom como o que é para todos agradável e desejável *(quod pulchrum et bonum est omnibus delectabile et amabile)* [Quaestiones Disputatae De Veritate, Questio 22, Artigo 1].

Ab aeterno – desde o [que é] eterno; desde a eternidade ou desde sempre. – A partir de um momento remoto de tempo pretérito, inatingível pela capacidade de cognição do homem.

Ab aeterno tempore – desde tempo eterno; desde tempos imemoriais; desde a eternidade.

Ab alienatione – pela alienação; pela venda. – Venda é a entrega de bens ou valores contra o recebimento de dinheiro ou seu representativo.

Ab alio expectes alteri quod feceris – espera de outrem o que *[a outrem]* fizeres [Séneca, Epistulae Morales, Liber XIV-XV, 94.43]. – Espera do teu semelhante a retribuição do que lhe deres ou fizeres. De modo comum, as pessoas agem, para o bem ou para o mal, de acordo com as ações dos seus interferentes.

Ab alto – Do alto *[do céu]*. – Usa-se, por vezes, a expressão mais completa *"auxilium ab alto"* – auxílio do alto *[de Deus]*. Também se utiliza com o significado de *"por alto"*; *"por palpite"*; *"por presunção"*. Aplica-se ao assunto tratado *"pela rama"*, sem entrar nos detalhes das questões potencialmente envolvidas.

Ab amicis honesta petamus – dos amigos peçamos coisas honestas [Cícero, De Amicitia, 44]. – A frase mais completa de Cícero é: *"haec igitur prima lex amicitiae sanciatur, ut ab amicis honesta petamus, amicorum causa honesta faciamus, ne exspectemus quidem, dum rogemur"* – estabelece, assim, a primeira lei da amizade que solicitemos dos amigos coisas honestas, atuemos por causa honesta dos amigos, não reclamemos algo, enquanto pedimos.

Ab ante – antes; antecipadamente. – Diz-se do feito com antecedência ou antes de um evento relevante.

Ab antecedente – pelo antecedente. – Usa-se a proprósito de realidades distintas: duma relação temporal para significar apenas o que está antes no tempo; duma relação lógica do evento com determinado consequente; duma relação do indíviduo com ações anteriores, reportada nomeadamente aos antecedentes criminais, e a uma relação da decisão com outra decisão antecedente, que no sistema legal português não é obrigatório que seja dada em conformidade.

Ab antiquo – pelo modo antigo; desde a antiguidade [Ovídio, Ibis, 81]. – É corrente referir-se um modo de atuar, ou de fazer, como tendo sido assim desde tempos antigos para se significar uma origem temporalmente distante. Também se usa, com idêntico significado, o termo *"antique" [antigamente, segundo o antigo costume].*

Ab assuetis non fit iniuria – pelas coisas costumeiras não se faz ofensa; pelos usos habituais não se age injustamente.

Ab assuetis non fit passio – das coisas costumeiras não nasce paixão [Rousseau, Émile, 2.21].

Ab eo [deo] igitur mundum necesse est regi – o mundo, sem dúvida, é governado por uma divindade [Cícero, De Natura Deorum, 2.77].

Ab esse ad posse valet consequentia – do ser para o poder ser vale a conclusão. – Ao contrário, da mera possibilidade nenhuma inferência se pode fazer para a realidade.

Ab esse ad posse valet illatio – do *ser* ao *poder ser* é válida a ilação. – A partir do facto de que algo existe, segue-se que tal existência é possível. Já a partir da mera possibilidade nenhuma inferência para a realidade se pode extrair, de harmonia com a máxima *"a posse ad esse non valet illatio"*. A partir de uma proposição assertiva sustentada numa situação real podemos inferir uma proposição sobre uma possibilidade, mas não o inverso.

Ab executione incipiendum non est – não se deve começar pela execução. – A execução é uma ação judicial pela qual se obtém o cumprimento coercivo, por regra, de uma sentença, pressupondo, por isso, uma ação declarativa, pela qual se deve começar. Há, todavia, exceções para as execuções fundadas em título executivo diferente de sentença [vide: artigo 703.º do CPC].

Ab exordio generis humani – desde o começo da raça humana [S. Agostinho, De Civitate Dei, 7.32].

Ab extra – vindo de fora [Bacon, Novum Organum, 2.48.7]. – Expressão utilizada por Bacon a propósito do movimento.

Ab extrinseco – do lado de fora; vindo de fora. – O que procede do extrínseco é o que não faz parte da essência de uma pessoa ou coisa, por se encontrar no exterior destas, ainda que sobre as mesmas possa produzir efeitos.

Ab hoc et ab hac et ab illa – por aqui e por ali e por toda a parte. – Falar ou discutir sobre todo o assunto, daquilo que se sabe e do que se não sabe ou conhece; é o falar de ouvir dizer, sem indicação de origem precisa.

Ab hoc tempore – desde esse tempo; desde então [Cícero, De Republica, 1.58].

Ab homine homini cotidianum periculum – é do homem que vem ao homem o perigo de cada dia [Séneca, Epistulae Morales, Liber XVII-XVIII, 103.1].

Ab honesto virum bonum nihil deterret – nada desvia o homem bom do que é honesto [decorre de Séneca, Epistulae Morales, Liber IX, 76.18].

Ab igne ignem capere – do fogo tirar fogo [Cícero, De Officiis, 1.52]. – É de assinalar que a obra em citação de Cícero, várias vezes aludida ao longo desta publicação, era de tanta popularidade ao tempo de Johann Gutenberg [1398-1468] que o segundo livro por ele impresso na Europa, depois da Bíblia, foi o "*De Officiis*" de Cícero.

Ab imis fundamentis – desde os profundos fundamentos [Francis Bacon, Novum Organum, Liber Primus, Pars Secunda, Aphorismi, 31]. – Desde a base ou desde a origem ou desde o princípio. – Expressão de Francisco Bacon, pai do empirismo, que disse, mais concretamente: "*instauratio facienda ab imis fundamentis*" *[a renovação deve ser feita desde os fundamentos mais profundos]*, ao expender a metodologia científica para uma reforma universal do conhecimento. Usa-se para indicar a necessidade de renovação ou restauração radical de um instituto ou de um modo de vida. Por vezes, utiliza-se a forma abreviada "*ab imis*".

Ab imis unguibus usque ad verticem – da ponta dos pés ao cimo da cabeça. – Também se usa, com sentido semelhante, a expressão "*a vertice ad unguem*" *[da cabeça aos pés]*.

Ab immemorabili – desde o imemoriável. – Tem o mesmo sentido de "*ab immemorabili tempore*". – Também se diz do que não deve ser relatado; do indizível para não ser lembrado.

Ab immemorabili tempore – desde tempo imemorial; desde época indeterminada ou sem notícia.

Ab imo ad summum – do mais baixo para o mais alto [Quintiliano, Institutio Oratoria, 2.8.15]. – Também tem os significados: dos pés à cabeça; do mais humilde ao mais importante.

Ab imo corde – do íntimo do coração. – O mesmo que "*ab imo pectore*". – Utiliza-se a expressão quando se pretende manifestar a alguém um sentimento ou um agradecimento muito sincero e muito profundo.

Ab imo pectore - do mais fundo do peito. - Do fundo da alma; com toda a franqueza e sinceridade.

Ab incunabulis - desde o berço [Tito Lívio, Ab Urbe Condita, 4.36.9; Erasmo, Adagia, 1.7.53]. - Desde o começo, desde o princípio do mundo.

Ab ineunte aetate - desde a idade mais tenra [Cícero, Ad Familiares, 13.6].

Ab infantia usque ad decrepitam senectutem - desde a infância até provecta idade [S. Agostinho, Sermones, 17].

Ab infimo ad summum - do ponto mais baixo ao mais elevado. - O mesmo que *"ab imo ad summum"*.

Ab initio - desde o início. - Diz-se do começo de qualquer evento da vida real.

Ab initio litis - desde o início da demanda; desde o começo do processo.

Ab initio nullum, semper nullum - nulo desde o início, sempre é nulo. - O *"nulo desde o início"* é a característica do negócio jurídico que desde a origem não produz os efeitos próprios, por causa de um vício que o afetou no tocante aos elementos internos ou essenciais do mesmo negócio. Por isso é que tanto a declaração da nulidade como a anulação do negócio jurídico têm efeito retroativo [vide: artigo 289.º do CC].

Ab initio usque ad finem - do começo ao fim [Séneca, o Velho, Controversiae, 1.4.8].

Ab integro - de novo; por inteiro. - Significa voltar ao princípio para repetir o anteriormente executado.

Ab intestato - sem testamento. - Diz-se de alguém que morreu sem ter deixado disposição de última vontade.

Ab intra - de dentro de.

Ab intrinseco - do interior de; de dentro. - Intrínseco é o que procede do que é inerente ou constitutivo de pessoa ou coisa e que é fundamental na sua existência. Assim, o que decorre do que é intrínseco numa coisa traduz-se no valor real dessa coisa enquanto negociável e suscetível de um preço no mercado.

Ab ira - pelo ímpeto da ira; debaixo de cólera. - Aplica-se, por exemplo, quando o agente praticou o ato criminoso debaixo dum estado de exaltação, que o perturbou na execução do ato cometido.

Ab irato - por *[estar]* irado; sob o domínio da fúria. - O mesmo que *"ab ira"*.

Ab ipsa messe discedere - abandonar a própria colheita [Erasmo, Adagia, 4.5.90].

Ab Iove principium – o início a partir de Júpiter [Virgílio, Eclogae, 3.60]. – Júpiter [em latim, *Iuppiter* ou *Jovis*] é o principal deus da mitologia romana, o pai dos deuses e dos homens *[pater deorum et hominum]*. A expressão significa que deve começar-se pela pessoa mais notável, ilustre ou distinta.

Ab omni – por toda a espécie; a todos os propósitos.

Ab ore ad aurem – da boca ou ouvido. – Diz-se daquilo que deve ser contado de forma confidencial.

Ab ore usque ad os – de uma extremidade à outra (da terra) [Bíblia, Esdras, 9.11].

Ab origine – desde a origem ou desde o princípio. – O mesmo que *"ab initio"* e *"ab ovo"*.

Ab origine mundi – desde a criação do mundo [Lucrécio, De Rerum Natura, 5.548].

Ab ovo – desde o ovo; desde o começo [Horácio, Ars Poetica, 147]. – O mesmo que *"ab initio"* e *"ab origine"*.

Ab ovo ad mala – desde o ovo (começo da refeição) até às maçãs (sobremesa) [Horácio, Sermones (Satirae), 1.3.7]. – Desde o começo da refeição até ao fim.

Ab pace mea – pela minha benevolência; com a minha permissão.

Ab pace tua – pela tua benevolência; com a tua permissão.

Ab uno ad omnes – de um para todos.

Ab uno discant omnes – por um, aprendem todos.

Ab uno disce omnes – por um, conheces todos [Virgílio, Eneida, 2.65]. – Conhecido um, estão conhecidos todos. Assim, pelas características de um indivíduo *[tipo]* podem ser avaliados os atributos de um povo.

Ab Urbe condita – desde a fundação da Cidade [de Roma]; é também o nome de obra de Tito Lívio. – Era o ponto de referência do arcaico sistema romano de datação. É incógnita a data exata da fundação de Roma, que, sem elementos seguros, veio a ser fixada, por Terêncio Varrão, em 21.04.753 A. C. – O latim utilizava várias expressões para designar "cidade": – a *"civitas"* era a cidade no sentido de denominar o conjunto dos cidadãos – v.g. a cidade de Lisboa saiu à rua; – a *"urbs"* era a cidade no sentido de nomear o conjunto da estrutura material destinada a habitação dos cidadãos – v. g. a cidade de Lisboa tem sete colinas; – a *"Urbs"* [com letra maiúscula] designava a cidade de Roma. Era a cidade por excelência; – a *"oppidum"* era a cidade fortificada, localizada num ponto alto para vigia do inimigo e defesa de uma grande cidade. Correspondendo ao que mais tarde se viria a designar por cidadela ou fortaleza. Note-se que o *habitat*, típico dos Iberos *[habitantes da península Ibérica dos Sec. III a I a.C.]*, era a *"oppidum"*, povoação fortificada e construída sobre uma colina.

Ab utraque parte dolus compensandus – o dolo deve ser compensado por ambas as partes [Juliano, Digesto, 2.10.3.3]. – Se duas pessoas agem uma em relação à outra com dolo prejudicando-se mutuamente, na mesma ou em desigual proporção, deve fazer-se a compensação *[por extinção simultânea de créditos equivalentes]* dos danos sofridos.

Ab utroque latere – dos dois lados; das duas partes [Cícero, De Natura Deorum, 2.125].

Ab utroque parte – de uma e outra parte; das duas partes.

Abbati, medico, patronoque intima pande – ao padre, ao médico e ao advogado conta as coisas pessoais.

Abdicatio hereditatis – renúncia da herança. – É a abdicação da herança por parte do sucessor, quer este seja herdeiro legítimo quer seja testamentário.

Abdicatio tutelae – escusa da tutela. – A escusa e a exoneração da tutela por parte daquele que a deve exercer, por regra, não são admitidas no nosso direito [vide: artigo 146.º do CC].

Aberratio a persona in personam – desvio de pessoa para *[outra]* pessoa. – Diz-se do erro sobre a pessoa; o agente atinge pessoa diferente da que pretendia, por defeito de perceção.

Aberratio a persona in rem – desvio de pessoa para coisa. – Verifica-se quando o agente atinge uma coisa quando visava uma pessoa.

Aberratio a re in personam – desvio de coisa para pessoa. – Acontece no erro que leva a atingir-se uma pessoa, quando se visou uma coisa.

Aberratio criminis – desvio *[no resultado]* do crime. – Ocorre quando, por acidente ou erro na execução do crime, sobrevém resultado diverso do pretendido, verificando-se erro de pessoa para coisa ou erro de coisa para pessoa, ou seja, o agente dirige a sua conduta para a prática de um crime contra uma pessoa, mas acaba por atingir uma coisa ou ambas; ou o agente dirige a sua conduta para a prática de um crime contra uma coisa, mas acaba por atingir uma pessoa ou ambas.

Aberratio delicti – desvio do delito. – Diz-se do erro do criminoso quanto à pessoa da vítima, molestando uma ao pretender ofender outra.

Aberratio finis legis – afastamento da finalidade da lei. – O afastamento dos fins da lei verifica-se quando se praticam atos que contrariam a mesma lei, quer de forma frontal ou expressa, quer de forma indireta ou tácita, por modo que esses atos possam ser havidos por nulos ou anuláveis.

Aberratio ictus – desvio do toque. – Ao executar o crime projetado, o agente vem a atingir uma pessoa ou coisa diferente daquela que queria atingir. Erro ou acidente na execução do crime acontece quando o criminoso pretende atingir a vítima numa parte do corpo e atinge-a noutra.

Aberratio legis – afastamento da lei. – Diz-se do erro, grosseiro e patente, causado por desconhecimento, ou má compreensão, do regime legal.

Aberratio personae – erro sobre pessoa. – O mesmo que *"error in persona"*. – Verifica-se, por exemplo, quando o agente criminoso ofende fisicamente uma pessoa quando desejava e pensava estar a ofender outra.

Aberratio rei – erro sobre a coisa. – Acontece quando o agente pretende atingir uma coisa, para a destruir ou se apoderar dela, e, por erro na sua identificação, atinge outra diferente.

Abhinc *[**ab-hinc** ou **ab hinc**]* – a partir deste momento. – Tem significado semelhante a *"ex nunc" [desde agora]*. Diz-se do ato cujos efeitos começam a vigorar desde a sua prática ou celebração, sem retroatividade.

Abigeatus – abigeato; furto de gado.

Abigeatus crimen publici iudicii non est, quia furtum magis est – abigeato não é crime de direito público, tanto mais porque é furto [Macer, Digesto, 47.14.2]. – Abigeato é o crime de furto de gado.

Abiit, excessit, evasit, erupit – foi embora, desapareceu, escapou, fugiu [Cícero, In Catilinam, 2.1]. – Expressão de Cícero reportando-se à fuga de Catilina.

Abolitio criminis – abolição do crime. – Diz-se da lei que deixa de considerar crime um facto tido como tal até então.

Abrenuntio – renuncio. – O termo *"abrenuntio"* é usado repetidamente na oração católica do exorcismo, onde o sacerdote pergunta ao exorcizado se este renuncia a Satanás, cabendo ao mesmo responder *"abrenuntio" [renuncio]*. Utiliza-se o termo, mais frequentemente, como exclamação de repulsa sobre qualquer coisa ou facto que não é do nosso agrado.

Abrogata fide, societas humana tollitur – suprimida a boa fé, é destruída a sociedade humana. – *"Fides"* é, na mitologia romana, o nome de uma deusa, representada numa mulher de provecta idade, que personificava a palavra dada, procurando-se transmitir a ideia de que a boa fé, o compromisso, é a base da sociedade humana e da ordem política.

Abrogatio legis – revogação da lei. – A revogação da lei consiste numa manifestação de vontade do legislador pelo qual faz cessar, de modo expresso ou tácito, o vigor de uma lei, normalmente substituindo-a por outra, de forma total ou parcial.

Abscondita mentis – os segredos da mente.

Absens non dicitur procuratorem reliquens – não se considera ausente quem deixa procurador.
– Ausente é o indivíduo desaparecido sem que se saiba do seu paradeiro e sem que tenha deixado representante legal ou procurador.

Absens non dicitur reversurus – não se considera ausente aquele que vai retornar. – Trata-se da não presença temporária de pessoa, que vai regressar ao seu local habitual de permanência.

Absente domino res male geritur – ausente o dono, negócio mal gerido.

Absente reo – na ausência do réu. – A ausência aqui está utilizada em sentido amplo, significando a simples não presença do réu, por exemplo, na audiência de julgamento.

Absentem accipere debemus eum qui non est eo loci, in quo petitur – devemos tomar como ausente aquele que não está no lugar, no qual é procurado.
– Trata-se da ausência em sentido empírico e impróprio, significando a simples não presença de uma pessoa em determinado lugar. Em sentido restrito e técnico a ausência significa o desaparecimento da pessoa do local onde supostamente se deveria encontrar sem que dela se saiba parte, com a consequente impossibilidade do seu contacto.

Absentem laedit, cum ebrio qui litigat – dialoga com um ausente quem discute com um ébrio [Publílio Siro, Sententiae].

Absentia eius, qui reipublicae causa abest, neque ei neque aliis damnosa esse debet – a ausência daquele que se ausenta por causa da pátria não pode ser danosa nem a ele, nem a outros [Ulpiano, Digesto, 50.17.140].

Absentia longa et mors aequiparantur – a longa ausência e a morte se equiparam.
– A longa ausência faz presumir a morte. No direito civil português, a morte presume-se decorridos 10 anos sobre as últimas notícias ou 5 anos se o ausente tiver mais de 80 anos de idade [vide: artigo 114.º do CC].

Absit iniuria verbo – não haja ofensa pela palavra; dizer sem ofender.

Absoluta sententia expositore non indiget – a sentença perfeita não carece de comentador.

Absolutio ab instantia – absolvição da instância. – A absolvição da instância é a extinção da relação jurídica processual sem que tenha lugar o conhecimento do mérito da causa [vide: artigo 278.º do CPC sobre os casos de absolvição da instância].

Absolutus sententia iudicis praesumitur innocens – o absolvido pela sentença do juiz presume-se inocente. – A presunção de inocência verifica-se até ao trânsito em julgado da decisão condenatória, por maioria de razão se verificando no caso de absolvição do arguido [vide: artigo 32.º/2 da CRP].

Absolvere debet iudex potius in dubio, quam condemnare – na dúvida, o juiz deve absolver antes que condenar. – O que está conforme com o princípio do *"in dubio pro reo" [na dúvida a favor do réu]*.

Absolvere nocentem satius est quam condemnare innocente – é preferível absolver um criminoso a condenar um inocente. – Condenar um inocente é uma injustiça, como é injustiça absolver um criminoso. Contudo, é mais grave condenar um inocente do que absolver um criminoso porque, por regra, a primeira hipótese envolve um erro na produção de prova enquanto a segunda implica apenas uma falta de prova, sendo que há maior ignomínia na condenação de quem não é culpado do que na absolvição do criminoso.

Absque argento omnia vana – sem dinheiro tudo é vão. – Nada se consegue sem dinheiro.

Absque bona fide, nulla valet praescriptio – sem boa fé, nenhuma prescrição *[determinação]* é válida. – Esta máxima, tomada à letra, parece contrariar a doutrina moderna sobre a prescrição, cujos requisitos não envolvem a boa fé, ainda que esta possa ter algum relevo em certas situações [vide: artigos 1284.º a 1300.º do CC]. Sucede que os brocados latinos de antanho, se nem sempre traduzem princípios gerais ainda subsistentes, atuam, todavia, como ideias mestras, que o operador do direito não pode menosprezar na análise das figuras ou institutos jurídicos em vigor. – No caso a máxima até faz sentido enquanto aplicada, não à prescrição em sentido restrito, mas com o significado mais amplo *[que a expressão comporta]* de comando, regra ou determinação, situações em que a boa fé é de inquestionável exigência.

Absque consideratione curiae – sem apreciação do tribunal; sem julgamento.

Absque dubio – sem dúvida. – O mesmo que *"sine dubio"*.

Absque labore nihil – sem trabalho, nada.

Absque praejudicio – sem preconceito.

Absque praeparatione praevia – sem preparação prévia.

Absque sudore et labore nullum opus perfectum est – sem suor e sem trabalho nenhuma obra é perfeita.

Absque ulla condicione – sem qualquer condição. – O mesmo que *"sine ulla condicione"*.

Absque ulla nota – sem qualquer anotação; sem qualquer marca.

Absque ullo remorsu conscientiae – sem nenhum remorço da consciência.

Abstinendum est a mutua pecunia – devemos absternos de dinheiro emprestado.

Absurdo uno dato, sequitur alterum – permitido um absurdo, outro se segue.

Absurdum est illum commoda hereditatis habere, alium onera sustinere – é um absurdo um ter as vantagens da herança e outro suportar os encargos [Paulo, Digesto, 37.5.15.4].

Absurdum est plus iuris habere eum, cui legatus sit fundus, quam heredem aut ipsum testatorem, si viveret – é um absurdo que aquele a quem foi legado um fundo, tenha mais direito que o herdeiro ou que o próprio testador, se *[ainda]* vivesse [Ulpiano, Digesto, 50.17.160.2].

Absurdum est ut alios regat qui seipsum regere nescit – é absurdo que governe outros quem não sabe governar a si.

Abundans cautela non nocet – cautela abundante não prejudica.

Abundantia cordis – com magnificência do coração. – Com a maior sinceridade e franqueza.

Abusus – abuso. – O abuso consiste no uso errado, excessivo ou injusto de um direito. E também na ação contrária aos usos e bons costumes. Ou no excesso ou omissão no cumprimento de um dever, ou no exercício de uma faculdade.

Abusus non est usus, sed corruptela – abuso não é uso, mas corruptela *[corrupção]*.

Abusus non tollit usum – o abuso não tira o uso. – O mesmo que *"ab abusu ad usum non valet consequentia"*. – Esta máxima sugere que de um direito útil não devem ser privadas pessoas na base de que alguns tendem a abusar desse direito, por exemplo, direito de possuir armas. Não é por se abusar de um direito que se perde esse direito ou que se deve deixar de usar devidamente desse direito.

Abyssus abyssum invocat – o abismo provoca o abismo. – Uma desgraça nunca vem só.

Accedas ad curiam – recorre a tribunal, à justiça.

Acceptans actum, cum omnibus suis qualitatibus acceptare videtur – aceitado um ato, com todas as suas qualidades parece aceitar-se.

Accepto liberare – libertar o crédito; dar quitação.

Accepto rogare – pedir o crédito.

Accessio cedat principali – o acréscimo faz parte do principal [Ulpiano, Digesto, 34.2.19.13].

Accessio possesionis – acréscimo da posse.

Accessio temporis – acessão do tempo [Verónio, Digesto, 44.3.15.3]. – Acréscimo de tempo; aumento de prazo. Expressão usada em matéria possessória para significar que um possuidor atual pode unir o tempo da sua posse com o tempo da posse do seu antecessor.

Accessorium corruit sublato principali – retirado o principal, o acessório se perde.

Accessorium naturam sequi congruit principalis – é congruente que o acessório siga a natureza do principal [Decretais de Bonifácio VIII, Liv. V, Tit. XII, De Regulis Juris, XLII].

Accessorium non ducit sed sequitur suum principale – o acessório não conduz *[abre caminho]* mas segue *[acompanha]* o seu principal.

Accessorium principale non sequitur – o acessório não segue o principal. – Na aparência não significaria, rigorosamente, um princípio, mas antes uma exceção ao princípio contido nas outras máximas aqui referidas. No entanto, na nossa lei civil [artigo 210º/2 do CC] estabelece-se que os negócios jurídicos que têm por objeto a coisa principal não abrangem, salvo declaração em contrário, as coisas acessórias. Note-se, todavia, que o preceito parece reportar-se às coisas acessórias com valor autónomo e facilmente separáveis da principal, pois que quanto às restantes entende-se valer o princípio de que o acessório segue o principal. Por outro lado, quanto à cessão de créditos já vale o princípio de que o acessório acompanha o principal, salvo estipulação em contrário, como decorre do artigo 582º/1 do Código Civil.

Accessorium sequitur suum principale – o acessório segue o *[regime jurídico de]* seu principal. – Este princípio decorre do seguinte pensamento de Gaio: *"quae accessionum locum optinent, exstinguuntur, cum principales res peremptae fuerint"* – aquelas coisas que ocupem um lugar acessório extinguem-se quando as coisas principais forem extintas [Digesto, 33.8.2]. – Princípio importante do direito das coisas que significa que quando há uma relação de dependência entre duas coisas o destino da acessória ou dependente acompanha o da principal ou autónoma. – O mesmo que *"accessorium non ducit sed sequitur suum principale"*.

Accessorium sui principalis naturam sequitur – o acessório segue a natureza daquele que é o seu principal; o acessório acompanha o principal.

Accidentalia negotii – elementos acidentais do negócio *[jurídico]*. – A expressão pretende significar os elementos facultativos que se agregam aos atos jurídicos, como condições, termos e modos. E também acontecimentos imprevistos do negócio.

Accipe quod tuum, alterique da suum – recebe o que é teu e dá ao outro o que é seu [Divisa de Filipe II, da Espanha e I de Portugal].

Accipere est libertatem vendere – aceitar *[favor]* é vender a liberdade.

Accipere, quam facere, praestat injuriam – é preferível receber uma injustiça do que praticá-la [Cícero, Tusculanae Disputationes, 5.56]. – Princípio de natureza ética ou moral.

Accipiens – recebedor; o que recebe o pagamento. – Credor que recebe o pagamento de uma obrigação. – ***Solvens*** e ***accipiens*** são as partes do pagamento; o "*solvens*" é quem faz o pagamento, normalmente será o devedor, mas também pode ser um terceiro; o "*accipiens*" é quem recebe o pagamento, será normalmente o credor, mas pode também ser um terceiro.

Accusans debet esse melior accusato – quem acusa deve ser melhor que o acusado.

Accusare et iudicare simul fas non est – acusar e ao mesmo tempo julgar não é permitido.

Acer iudex – juiz severo.

Acerbum nuntium – notícia amarga [Cícero, Pro Balbo, 64].

Acerrima proximorum odia sunt – as aversões dos mais próximos são mais violentas [Tácito, Historiae, 4.70]. – O ódio dos parentes é o mais impetuoso.

Acerrimus ex omnibus nostris sensibus est sensus videndi – o mais agudo dos nossos sentidos é o sentido da visão [Cícero, De Oratore, 2.357].

Acetum habet in pectore – tem vinagre no coração [Erasmo, Adagia, 2.3.52].

Acquisitio a non domino – aquisição pelo que não é dono. – É a aquisição que não se realiza por força de título de domínio.

Acta est fabula – atuada está a fábula. – Está representada a peça *[teatral]*; fim da representação. – Palavras com que, no teatro antigo, se anunciava o fim da representação. Foram também as últimas palavras de Augusto antes de morrer.

Acta est fabula, plaudite! – acabou-se o espetáculo, aplaudi!

Acta probant se ipsa – os autos provam-se a si mesmos. – O mesmo que *"acta publica probant se ipsa"* – os registos públicos provam-se a si mesmos. – Significa que os documentos autênticos afirmam a sua própria autenticidade, ou seja, que emanam de autoridade pública competente, fazendo prova do seu autor. O que não acontece com os documentos particulares. – O termo *"acta" [*de *"acta – actorum"]* aqui empregue tem o significado de documentos escritos dos atos oficiais de autoridades públicas, v. g. de magistrados e de habilitados agentes públicos. Acima, em *"acta est fabula"*, o termo *"acta"* é particípio do verbo *"ago" [agir, atuar].*

Acta publicam fidem faciunt – os registos *[públicos]* gozam de fé pública. – Como documentos autênticos, os registos públicos, por emanarem de autoridade pública competente, afiançam a sua própria autenticidade, fazendo prova do seu autor.

Acta simulata veritatis substantiam mutare non possunt – os atos simulados não podem mudar a essência da verdade. – Os atos simulados são manifestações de vontade em que, por acordo entre declarante e declaratário, há desacordo entre a vontade real e a vontade declarada no intuito de enganar terceiros. Tais atos são nulos [artigo 240.º do CC], ficando salvaguardada a essência da verdade.

Actio – ação. – No direito romano definia-se a «*ação*» como o direito de reivindicar judicialmente o que seja devido. Com efeito, dizia Celso que *"nihil aliud est actio quam ius quod sibi debeatur, iudicio persequendi"* – a ação não é outra coisa senão o direito de perseguir em juízo aquilo que ao próprio seja devido [Digesto, 44.7.51]. – Em termos genéricos pode dizer-se que a *ação* consiste numa pretensão, ou providência, requerida a um órgão jurisdicional com vista à definição da existência e do conteúdo de uma relação jurídica controvertida, ou seja, à satisfação de um direito subjetivo do requerente. – A resolução de um litígio através de uma ação é o modo de realização do direito por meio da justiça pública, que é a que a lei, por regra, admite. Apenas excecionalmente o legislador permite o recurso à justiça privada para defesa de um direito. – Em sentido restrito, pode afirmar-se que o direito de ação é a faculdade conferida por lei a toda a pessoa de poder obter em juízo o reconhecimento de um direito que lhe assista ou a prevenir ou reparar a violação dele e a realizá-lo coercivamente. – "*Actio*", na retórica, é um termo que significa a veemência que é empregue num discurso: gestos com a mão, variação de voz, envolvência com o público, etc., de forma a fazer passar com sucesso a mensagem que se pretende transmitir.

Actio ad exhibendum – ação para apresentação *[em juízo].* – No direito antigo era a ação com a finalidade de obrigar o demandado a apresentar uma coisa ou título em seu poder. Era preparatória para outra ação, que era uma ação real no sentido do direito romano, isto é, para a recuperação de uma coisa, móvel ou imóvel. – Atualmente diz-se mais da faculdade da parte, que é admitida contra a outra parte e contra terceiros, no sentido de os compelir a juntar ao processo documentos em sua posse e que tenham interesse para a decisão da causa.

Actio ad petendam matrimonii celebrationem – ação para pedir a celebração do casamento. – Este tipo de ação não é admitido no nosso direito, nem no direito canónico, porque apesar de a lei admitir a promessa de casamento, esclarece que esta não dá direito a exigir a celebração do casamento [artigo 1591º do CC], sempre em obediência ao mesmo princípio de que o casamento tem de ser um ato livre para ambas as partes.

Actio communi dividundo – ação de divisão de coisa comum. – É, em termos gerais, a ação que tem por finalidade colocar termo à compropriedade de determinado bem, convertendo o direito a uma fração desse bem num direito exclusivo de propriedade.

Actio contra defunctum coepta continuatur in heredes – ação iniciada contra o defunto é continuada contra os herdeiros. – O princípio não é absoluto e verifica-se apenas em matéria cível e "*intra vires hereditatis*" – dentro das forças *[do ativo]* da herança. Ele faz sentido sobretudo no que toca aos encargos ou dívidas da herança, para significar que por eles só responde o ativo da herança e não os bens próprios dos herdeiros [vide: artigos 2068.º e 2071.º do CC].

Actio de damno infecto – ação de dano receado. – Ação de dano temido era a ação fundamentada num prejuízo presumível, eventual, mas provável de acontecer. No direito moderno a finalidade daquele tipo de ação é alcançada através das providências cautelares previstas na lei do processo.

Actio de negotiis gestis – ação sobre os negócios feitos. – Ação de tomada e prestação de contas do gestor de negócios.

Actio de spolio – ação de espólio. – Era uma reivindicação, exercida na era feudal, de sucessão na propriedade *[eclesiástica]* de clérigos falecidos, pelo menos tal como havia derivado de seus benefícios eclesiásticos. – É a ação admitida pelo direito canónico contra terceiros de má fé que estejam na posse de coisa que tenha sido objeto de esbulho e que tem como justificação o facto de muitas vezes o esbulhador transmitir, de seguida ao esbulho, a coisa a outrem [Codex Iuri Canonici, Can. 1560 (1917), Can 1410 (1983)].

Actio est ius persequendi in iudicio quod sibi debetur – ação é o direito de perseguir judicialmente o que lhe é devido. – Era a noção de "*ação*" dada pelo direito romano, como acima se refere, e que hoje se pode definir como uma pretensão, ou providência, requerida a um órgão jurisdicional para definição da existência e do conteúdo de uma relação jurídica controvertida.

Actio ex emptori – ação pelo comprador. – Diz-se da ação de reivindicação pelo comprador da entrega da coisa vendida.

Actio finium regundorum – ação de regulamentação dos confins ou ação de demarcação dos limites [aludida em Gaio, Digesto, 2.1.11.2]. – No direito romano mais antigo era uma ação movida para delimitar as fronteiras entre países vizinhos. Posteriormente passou a dizer-se também da ação de demarcação e da ação para a determinação das estremas de prédios confinantes, quando dúvidas existam sobre os seus exatos limites. Tem, pois, como fundamentos ou condições que as partes em litígio sejam proprietárias de prédios confinantes e que não esteja definida a linha divisória entre os mesmos, tendo por pedido fixar essa linha determinante das respetivas estremas.

Actio in personam – ação pessoal ou sobre pessoa. – Diz-se de uma ação fundada sobre uma responsabilidade pessoal ou para obter a reparação pela violação de um "*jus in personam*" ou direito disponível contra um determinado indivíduo.

Actio in rem – ação real ou sobre coisa. – Afirma-se acerca de uma ação contra uma coisa específica, independentemente da propriedade, para fazer uma reclamação sobre ela ou para obter a satisfação de uma lesão alegada pelo requerente.

Actio in rem verso – ação de repetição do indevido. – A repetição do indevido traduz-se na obrigação de restituição que se gera quando uma pessoa integra no seu património um bem *[ou prestação]* a que não tinha direito.

Actio iudicati – ação [garantia] de coisa julgada. – É a ação que nasce de uma condenação, em que é reconhecido um direito que se pretende tornar efetivo através da mesma.

Actio libera in causa – ação livre na sua causa. – Aplica-se às situações em que o agente se coloca num estado de inimputabilidade, produzindo um resultado lesivo que pretendeu e previu ou, pelo menos, devia ter previsto. É o caso do indivíduo que se embriaga e depois comete um crime. Ou que o pratica sob o estado de paixão ou violenta emoção.

Actio negatoria servitutis – ação negatória da servidão. – É a ação pela qual o autor pede a declaração de a servidão estar extinta, pelo não uso, e em que o autor carece de provar que o dono do prédio dominante não usou da servidão durante vinte anos [artigo 1569º/1/b) do CC].

Actio negotiorum gestorum – ação dos negócios geridos. – Ação do gestor de negócios para haver o reembolso das despesas em virtude da gestão.

Actio non datur contra patrem pro delicto filii – não pode haver ação contra o pai por causa do delito do filho. – A responsabilidade por delito, enquanto responsabilidade criminal, tem um carácter pessoal pelo que só responsabiliza o agente do crime.

Actio non datur nisi constet de corpore delicti – não se admite ação *[penal]* sem que conste de corpo de delito. – O corpo de delito é a reunião de todos os elementos relevantes conexos com a prática de um crime. É constituido pelo *"corpus criminis"* – a pessoa ou a coisa sobre a qual recaiu o facto criminoso; pelo *"corpus instrumentorum"* – a coisa material com a qual se cometeu o facto; pelo *"corpus probatorum"* – o elemento de convicção: provas, vestígios, exames, perícias e outros meios de inferência realizados para apuramento da verdade material do facto criminoso.

Actio non datur non damnificato – não se admite ação ao não prejudicado. – É pressuposto da ação o interesse em agir, o que não se verifica no caso daquele que não seja detentor de prejuízo para invocar na ação.

Actio personalis – ação contra a pessoa. – O mesmo que *"actio in personam"*.

Actio personalis moritur cum persona – a ação pessoal extingue-se com a pessoa. – O princípio diz respeito à *"actio poenalis" [ação penal]*.

Actio poenalis in heredem non datur, nisi forte ex damno locupletior heres factus sit – não há lugar a ação penal contra o herdeiro, salvo se casualmente o herdeiro se tornou mais rico com o dano *[do delito]*.

Actio popularis – ação popular. – Ação intentada por qualquer pessoa, agindo apenas em defesa do interesse público. Também significa a faculdade conferida a todo o cidadão, no gozo dos seus direitos cívis e políticos, de recorrer das deliberações das entidades administrativas, reputadas de ilegais ou de lesivas do interesse coletivo. – A lei processual civil portuguesa admite expressamente ações para tutela de interesses difusos, de que qualquer cidadão, além de outras entidades, pode usar para defesa, designadamente da saúde pública, do ambiente, da qualidade de vida e do património cultural [vide: artigo 31.º do CPC].

Actio quanti minoris – ação de quantidade menor; ação de abatimento de preço. – Reporta-se àquelas situações em que o comprador tem direito à redução do preço, ou indemnização por defeitos da coisa vendida, de harmonia com os ónus ou limitações que afetavam a coisa e que, sem erro ou dolo, o mesmo desconhecia. Assim, o comprador do produto pode intentar uma ação em que, entre o mais, pode reivindicar uma redução do preço proporcional à redução no valor causada por um defeito e [ou] pedir indemnização que ao caso couber [vide: artigo 911.º do CC].

Actio reparationem damnorum – ação para reparação dos danos. – A ação para mera reparação de danos pode ter lugar em diversas situações em que em causa apenas está tal reparação. Assim, se *"ex matrimonii promissione non datur actio ad petendam matrimonii celebrationem; datur tamen ad reparationem damnorum, si qua debeatur"* – não sendo admissível a ação para pedir a celebração do casamento é, todavia, de admitir uma ação para reparação dos danos causados (por uma promessa de casamento não cumprida), se tal for devida [Codex Iuris Canonici – 1983, can. 1062, § 2].

Actio semel exstincta non reviviscit – a ação, uma vez extinta, não renasce. – A extinção da instância, por qualquer dos meios legais, faz cessar definitivamente a ação intentada através do meio processual utilizado. Mas há situações em que a extinção da instância deixa em aberto a possibilidade de instauração de nova ação e de renovação da instância [vide: artigos 279.º e 282.º, do CPC].

Actiones legis – ações legais.

Actiones liberae in causa – ações livres na sua causa. – O mesmo que *"actio libera in causa"*. – Diz-se daquelas ações que foram assumidas livremente pelo seu agente no momento da deliberação, ainda que no momento da sua prática o agente já estivesse privado ou limitado no uso da sua vontade. É exemplo o do agente que se coloca livremente num estado sob o efeito de álcool ou de drogas para praticar o crime.

Actiones transeunt ad heredes et in heredes – as ações trasitam em favor dos herdeiros e também contra os herdeiros. – O princípio, hoje, não é absoluto porque há ações que são transmissíveis e ações que são intransmissíveis.

Actor dicitur qui prius ad iudicium provocat – diz-se como autor quem primeiro chama para juízo. – O mesmo que *"actor videtur qui prius ad iudicium provocavit"* – considera-se autor o que primeiro chamou para juízo [decorre de Gaio, em Digesto, 5.1.13]. – Reporta-se o princípio ao autor enquanto parte em direito civil, sendo que *"partes"* são as pessoas, singulares ou coletivas, enquanto requerentes ou requeridas de determinada providência em juízo. A parte proponente da providência designa-se por autor e a parte contra a qual a providência é requerida designa-se por réu. – Equivalentes às designações de autor e de réu, porque a estas se reconduzem, são, respetivamente, as de demandante e demandado; requerente e requerido; exequente e executado; embargante e embargado; recorrente e recorrido, apelante e apelado.

Actor probat actionem, reus exceptionem – o autor prova a ação, o réu a exceção. – É a repartição natural e legal do ónus da prova [vide: artigo 342.º do CC].

Actor voluntarie agit; reus autem ex necessitate se defendit – o autor age por sua vontade; o réu, porém, defende-se por necessidade.

Actore non probante reus absolvitur – o réu é absolvido pelo autor que não fez a prova. – É princípio geral de direito o de que aquele que acusa, ou invoca direito, tem o ónus da prova dos factos imputados ao denunciado, ou alegados como fundamento do seu direito, sob pena de o réu vir a ser absolvido. Por isso, faz sentido dizer-se que o réu é absolvido pelo autor na medida em que este não fez a prova dos factos, ainda que seja o órgão jurisdicional competente a declarar a absolvição, com os respetivos fundamentos [vide: artigo 342.º do CC]. – O mesmo que *"actore non probante absolvendus est reus"*.

Actori incumbit probatio et reus in excipiendo fit actor – ao autor incumbe a prova e o réu alegando exceção se torna autor [vide: artigo 342.º do CC].

Actori non licet quod reo denegatur – ao autor não é permitido o que ao reu é negado. – É o princípio da igualdade das partes [vide: artigo 4.º do CPC].

Actori potius credendum est – ao autor de preferência é de conceder crédito [Paulo, Digesto, 45.1.83.1]. – A quem se dá ao incómodo de recorrer a juizo, em princípio, é de acreditar que se considere lesado no seu direito, não obstante seja necessário que comprove a lesão.

Actum nihil dicitur, cum aliquid superest agendum – nada se considera realizado, quando algo resta para fazer.

Actum suum nemo impugnare potest – ninguém pode impugnar um ato próprio. – Corresponde ao princípio *"nemo potest venire contra factum proprium"* – ninguém pode pôr em causa um facto próprio. Agir contra facto próprio é uma modalidade de abuso de direito, previsto no artigo 334º do Código Civil.

Actus agentum nunquam ultra eorum intentionem operantur – o ato nunca produz efeito além da intenção dos agentes.

Actus a principio nullus nullum producit effectum – um ato nulo desde o princípio não produz nenhum efeito. – Um ato nulo, por praticado contra lei imperativa, sem necessidade de declaração, não produz qualquer efeito, é insanável e pode ser invocado como tal por qualquer interessado, a todo o tempo, quer por via de ação quer por via de exceção [vide: artigos 286.º e 294.º do CC].

Actus corruit, omissa forma legis – omitida a forma legal, o ato fica corroído *[perde efeito]*. – Trata-se do ato formal ou solene, que é aquele para o qual se exige forma especial para a sua substância ou validade e para a sua prova.

Actus curiae neminem gravabit – a atuação do tribunal não causará gravame a ninguém. – A função do tribunal é a de promover a justa composição dos litígios, pelo que nessa restrita função não prejudica ninguém, desde que faça boa justiça, como lhe compete. – A máxima latina em apreço é, porém, mais ampla por se aplicar à própria condução e dinâmica do processo, no sentido de se assegurar que nenhuma das partes seja prejudicada por algum ato, ou omissão, imputável aos agentes do tribunal. Aliás, a lei moderna até é explícita ao estatuir que os erros e omissões dos atos praticados pela secretaria não podem, em qualquer caso, prejudicar as partes [vide: artigo 157.º/6 do CPC], o mesmo valendo, por maioria de razão, para os atos praticados pelos magistrados.

Actus debet semper interpretari ut aliquid operetur, non ut sit inanis et inutilis – o ato deve sempre interpretar-se de modo que produza algum efeito, não para que fique vazio e inútil.

Actus, in dubio, validus interpretari debet – o ato, em caso de dúvida, deve ser interpretado como válido. – O benefício da dúvida aproveita a quem pratica o ato, pelo que se o ato praticado está na condição da inexistência de uma certeza sobre a sua hipotética invalidade deve ser interpretado como válido. O ato deve ser interpretado mais para ser havido como válido do que para ser considerado nulo, conforme se exara na regra seguinte.

Actus inter vivos – ato *[ou negócio]* entre vivos. – É todo o ato que se destina a regular negócio entre vivos. Ou, noutra perspetiva, todo o ato que não seja *"mortis causa" [destinado a regular a sucessão do agente ou de um dos agentes]* esteja ou não relacionado com uma transmissão em vida. O ato não deixa de ser *"inter vivos"* pelo facto de os seus efeitos, ou parte deles, ficarem em suspenso até à morte do autor. A morte funciona então, não como causa dos efeitos, mas como termo suspensivo.

Actus interpretandus est potius ut valeat quam ut pereat – o ato deve ser interpretado mais para valer do que para perecer *[mais como válido do que como nulo]*.

Actus ipso iure nullus convalescere non potest – um ato nulo de pleno direito não pode convalescer *[produzir efeito]*. – Trata-se da nulidade absoluta do ato, tradicionalmente designada por nulidade do ato, que obsta a que o ato produza qualquer efeito.

Actus iudicialis – ato judicial; ato do juiz.

Actus iudicialis potentior est extraiudiciali – ato judicial tem mais força que o extrajudicial. – O ato judicial, enquanto ato do juiz, prevalece sobre o ato de qualquer outra entidade não judicial que disponha sobre a mesma matéria [vide: artigo 205.º/2 da CRP].

Actus iuridice perfectus – ato juridicamente perfeito. – Ato juridicamente perfeito é o que não enferma de qualquer irregularidade.

Actus legitimi conditionem non recipiunt neque diem – os atos legítimos não admitem condição nem dia [Decretais de Bonifácio VIII, Liv. V, Tit. XII, De Regulis Juris, L].

Actus limitatus, limitatum producit efffectum – o ato limitado produz efeito limitado.

Actus me invito factus non est meus actus – o ato realizado contra minha vontade não é ato meu. – O ato realizado contra vontade tem lugar no caso de coação física, quando a pessoa é conduzida pela força física para a realização de um ato jurídico e no caso da coação moral, quando a pessoa é levada para a realização do ato jurídico através da ameaça ilícita de um mal. No caso de coação física a pessoa tem a liberdade de ação totalmente excluída; no caso de coação moral a pessoa tem a liberdade de ação cerceada mas não excluída, podendo optar por diferente conduta.

Actus, non a nomine, sed ab effectu iudicatur – a ação avalia-se não pelo nome, mas pelo efeito.

Actus non dicitur perfectus, quando partim est factus, et partim non – o ato não se considera perfeito quando em parte está feito e em parte não.

Actus simulatus nullus est – o ato simulado é nulo. – O ato simulado é uma manifestação de vontade em que, por acordo entre declarante e declaratário, há desacordo entre a vontade real e a vontade declarada no intuito de enganar terceiros. Tal ato é nulo [vide: artigo 240.º do CC].

Ad absurda surdus esto – para as coisas absurdas sê surdo.

Ad absurdum – [condução] ao absurdo. – Usa-se mais enquanto integrada nas expressões *"redutio ad absurdum"* e *"argumentum ad absurdum"*, com o significado de refutação de uma proposição, mostrando que ela conduz a absurdas ou insustentáveis conclusões.

Ad abundantiorem cautelam – para maior cautela.

Ad accusandum – para acusar.

Ad adiuvandum – para ajudar.

Ad aemulationem – para emulação. – Atos emulativos são atos sem qualquer interesse justo ou legítimo, como os atos feitos com abuso do direito, com o único objetivo de prejudicar outrem.

Ad aeternam rei memoriam – para eterna recordação do facto. – O mesmo que *"ad perpetuam rei memoriam"*.

Ad aeternum – até à eternidade; para sempre. – O mesmo que "*in aeternum*". – Usa-se a expressão para chamar a atenção para a duração excessiva de qualquer acontecimento.

Ad aperturam libri – para abertura do livro. – A expressão abrir o livro, muito usada na linguagem corrente, significa alguém falar, em determinada circunstância, para dizer tudo o que lhe vai na alma sobre certo assunto ou acontecimento, normalmente perante uma plateia, que entusiasma e surpreende.

Ad appellandum – para apelar; para apelação. – Fala-se de apelação a propósito do recurso contra decisão que conheceu do mérito da causa.

Ad arbitrium – para arbitragem. – A arbitragem é, em termos gerais, a decisão tomada por árbitros, ou seja, por juízes do tribunal arbitral ou por arbitradores que colaboram com os tribunais comuns para emitirem informações ou relatórios de carácter técnico no âmbito de determinadas ações. – Também se utiliza a expressão, em sentido depreciativo, para designar qualquer tomada de decisão, mesmo a nível pessoal, sem atender às reais circunstâncias do caso ou situação. Este sentido é corroborado pela expressão "*facere libera arbitria*" – fazer juízos arbitrários *[julgar sem atender às circunstâncias]*.

Ad argumentandum – para argumentar [Cícero, De Inventione, 1.79].

Ad argumentandum tantum – apenas para argumentar. – Expressão muito usada na linguagem ou literatura forense para introduzir uma hipótese geralmente sem correspondência com o caso em apreciação, feita só para exercitar raciocínios ou deduzir argumentos para impressionar.

Ad astra – até às estrelas [à posição muito elevada]. – A expressão mais completa é "*sic itur ad astra*" – assim como ir para as estrelas; expressão esta, e semelhantes, utilizada por Virgílio [na Eneida, 9.641]. Usa-se para exprimir os caminhos difíceis que é necessário percorrer para se atingir uma realidade dificil de alcançar.

Ad astra per aspera – aos astros por meios ásperos. Significado semelhate a "*ad augusta per angusta*".

Ad augusta per angusta – às *[coisas]* augustas por angústias. O mesmo que "*per angusta ad augusta*". – Significa o aforismo que são angustiosos os caminhos para alcançar realidades augustas. As coisas confortáveis da vida, por regra, são inatingíveis sem transposição de duros incómodos, também segundo a máxima "*ubi commoda, ibi incommoda*".

Ad beneplacitum tuum – ao teu jeito; ao teu gosto.

Ad bestias – às feras. – Lançar alguém às feras, diz-se relativamente à pessoa colocada em situação difícil, pessoal ou profissional.

Ad calendas graecas – para as calendas gregas. – Significa *"para nunca"*, porque os Gregos não tinham calendas como os Romanos. Utiliza-se a expressão quando se quer referir um acontecimento que se sabe de antemão que não vai produzir-se. Ou então que vai demorar tempo sem fim à vista.

Ad calendas graecas soluturus – pagarei nas calendas gregas.

Ad captandum vulgum – para captar o vulgo. – Para concentrar a atenção e simpatia do povo.

Ad casus dubios – nas situações adversas [Horácio, Sermones, 2.2.108].

Ad causam – para a causa. – Diz-se, por exemplo, da legitimidade para a causa, ou na expressão mais completa *"legitimatio ad causam"*, com o mesmo sentido de *"legitimatio ad processum"*.

Ad causam pertinens – pertencente (relativo) à causa [Quintiliano, Institutio Oratoria, 7.3].

Ad cautelam – para cautela ou por mera cautela. – Afirma-se da atitude que se toma, pessoal ou discursiva, que embora se considerando por desnecessária, se julga, em todo o caso, útil para prevenir qualquer imprevisto ou imponderável, não calculados.

Ad colorandum possessionem – para colorir a possessão. – A fim de colorir a posse, isto é, para explicar o título possessório da coisa e explicitar os limites dessa posse. Para dar aparência de posse do bem e não de mera detenção precária.

Ad conclusum – para concluir; concluindo.

Ad defendendum caput proprium – para defender a própria vida.

Ad defensionem – para defesa.

Ad dexteram – à direita.

Ad diem – para o dia *[final de um prazo]*.

Ad diem pecunia non soluta – dívida não paga no vencimento [Pompónio, Digesto, 18.1.6.1].

Ad exemplum – para exemplo. – Tem o significado de *para explicação* ou confirmação e também de *para advertência* ou servir de lição. Assim, diz-se que a medida foi tomada para exemplo de todos.

Ad extremos morbos exacte extremae curationes optimae sunt – para males extremos são muito boas exatamente as curas extremas.

Ad extremum – até ao fim; até final. – O mesmo que *"ad finem"*.

Ad extremum casum – até caso extremo. – Caso extremo é o caso de verificação mais afastada, remota ou longínqua.

Ad extremum virium – até o limite das forças ; até não poder mais.

Ad fastigium – até enjoar; até à saciedade. – O mesmo que *"ad nauseam"; "ad satietatem"; "ad satietatem usque"; "usque ad fastigium"; "usque ad nauseam"; "usque ad satietatem".*

Ad fidem – com fidelidade.

Ad finem – até o fim.

Ad finem fidelis – fiel até o fim.

Ad futuram memoriam – para memória futura. – Aplica-se ao registo de declarações, de factos, de imagens ou coisas para uso no futuro, próximo ou porventura distante.

Ad gloriam – para glória. – Trabalhar *"ad gloriam"*, trabalhar pela glória, isto é, sem proveito material.

Ad hastam publicam – para hasta pública; para leilão judicial.

Ad Herculis Columnas – até às Colunas de Hércules [Erasmo, Adagia, 3.5.24]. – As Colunas de Hércules eram imaginadas como o ponto mais distante do mundo. A expressão *"Colunas de Hércules"* é utilizada para exprimir aquele limite atingível numa ciência, arte ou atividade.

Ad hoc – para isto. – Diz-se de uma incumbência precisa e temporária, atribuída a uma pessoa ou a um órgão com poderes limitados a essa finalidade. Também se diz dos testes [ou exames] realizados de modo menos formal, de abordagem menos estruturada, quando há tempo limitado para fazer testes exaustivos e devidamente planeados, geralmente, realizados uma só vez.

Ad hominem – para o homem; para a pessoa. – Argumento que visa a pessoa do adversário, procurando convencê-la com as suas próprias palavras, os seus atos, as suas opiniões, retirando delas consequências que contradigam a solução que ela defenda. A expressão é a forma simplificada de *"ad hominem argumentum"* e de *"argumentum ad hominem"*, que modernamente é utilizada sobretudo no sentido de um ataque contra o carácter de um oponente visando mais os seus sentimentos ou interesses do que a questão em debate.

Ad hominem argumentum – argumento contra o homem. – O mesmo que *"ad hominem".*

Ad honorem – para honra. – Esta locução é usada para caracterizar uma atividade realizada sem receber qualquer compensação financeira. O título *"ad honorem"* é muitas vezes atribuído a quem bem serviu por muito tempo um cargo público ou de interesse público.

Ad honores – para as honras. – O mesmo que *"ad honorem"*. – Ser nomeado *"ad honores"* é ser nomeado para o exercício gratuito de um cargo ou função como título de glória ou a título meramente honorífico.

Ad horam compositam – à hora marcada.

Ad immortalitatem – para a imortalidade.

Ad impossibile nemo obligatur – ninguém é obrigado ao impossível. – É um princípio de direito de que ao impossível ninguém está obrigado ou de que ninguém é responsável por não executar o impossível. O princípio tem aplicação em diversas situações. Assim, se o objeto do contrato é originalmente impossível, estamos em face de uma verdadeira inviabilidade objetiva da prestação, pelo que por ela o devedor se não obriga. Também o não cumprimento definitivo da obrigação, verificado nos casos em que a prestação, não tendo sido efetuada, já não é realizável no contexto da obrigação, porque se tornou impossível, deixa de obrigar o devedor à sua prestação [vide: artigos 281.º/1 e 790.º a 803.º do CC]. – O mesmo que *"nemo potest ad impossibile obligari"* – ninguém pode ser obrigado ao impossível [Decretais de Bonifácio VIII, Liv. V, Tit. XII, De Regulis Juris, IX].

Ad impossibilia nemo tenetur – às coisas impossíveis ninguém está obrigado. – O mesmo que *"ad impossibile nemo obligatur"*.

Ad imum – até ao fundo; até ao fim.

Ad incem – até à luz; até ao raiar do dia.

Ad infinitum – até ao infinito. – *"Ad infinitum"* é uma expressão que literalmente se traduz por *"até ao infinito"*, para designar um processo ou operação que continua indefinidamente ou para representar a ilimitabilidade das coisas, ou seja, o que é incontável ou inumerável, infindavelmente vasto e numeroso, o que não tem início, nem fim, nem limites. Ou, por outras palavras, algo que a mente humana, dadas as suas limitações, é capaz de conceber mas que jamais poderá alcançar.

Ad instar – para equilibrar. – Diz-se do peso que se coloca num dos pratos da balança para estabelecer o equilíbrio. A expressão aplica-se a propósito da conduta humana quando intervém na intenção de suprimir ou minimizar situações de desequilíbrio.

Ad interdicta – por meio de interdições. – Diz-se da posse, sendo a fórmula mais completa: *"possessio ad interdicta* – posse interditiva; posse de interdição. Trata-se de uma posse em que existe apenas poder de fato sobre a coisa (*corpus* e *animus*) e que gera proteção possessória (por meio de interdições), assegurando, substancialmente, a defesa decorrente dos meios possessórios e, eventualmente, de outras faculdades, entre as quais avulta a fruição, mas que nunca é boa para usucapião [vide: L. A. Carvalho Fernandes, citando Menezes Cordeiro, Lições de Direitos Reais, 4.ª ed., 283, nota 1].

Ad interim – interinamente. – Diz-se do exercício do cargo que não está a ser ocupado pelo seu titular natural, mas por outrem, a título provisório.

Ad iudicem – na presença do juiz.

Ad iudicem dicere – falar perante o juiz.

Ad iudicia – para as coisas da justiça; para fins judiciais ou para uso forense.

Ad iudicia et extra – para fins judiciais e extrajudiciais.

Ad iudicium provocare – chamar a juízo [Ulpiano, Digesto, 5.1.14]. – Intentar uma ação judicial.

Ad iura renuntiata non datur regressus – não se permite regresso a direitos renunciados. – A renúncia é a perda ou extinção de um direito por manifestação unilateral do respetivo titular. Esta perda é absoluta, não sendo o direito suscetível de regresso *[ou restituição]* ao renunciante.

Ad ius condendum necessaria est potestas – para constituir um direito, é necessária a autoridade. – O direito constitui-se através da lei e a feitura desta cabe a quem tem autoridade ou poder para legislar.

Ad iuvandam memoriam – para ajudar a memória; para recordação.

Ad libitum – à escolha; à vontade. – Aplica-se a tudo o que seja feito como desejado pelo seu autor, ou segundo o seu livre arbítrio. Locução que, quando utilizada na música, indica que o trecho pode ser tocado no movimento que mais agrade ao executante. No teatro designa os ditos *[as buchas]* que os atores podem improvisar em cena.

Ad limina – às moradas *[dos apóstolos]*. – Forma abreviada de *"ad limina apostolorum"*.

Ad limina apostolorum – às moradas dos apóstolos. – Expressão utilizada para significar a visita aos túmulos dos apóstolos [S. Pedro e S. Paulo] em Roma. Com o mesmo sentido usa-se frequentemente a forma abreviada *"ad limina"*. Assim, por exemplo, refere-se que os bispos portugueses se deslocaram a Roma para fazerem a *"visita ad limina"*, para significar a reunião que, a cada cinco anos, os bispos de todo o mundo têm no Vaticano com o Papa.

Ad litem – para a lide. – Ao incapaz que esteja por si como parte na ação, enquanto não lhe for nomeado um representante, deverá ser designado um curador provisório *"ad litem" [para aquela ação]*. Assim, o curador *"ad litem"* é o representante *"ad hoc"*, e não o representante geral do incapaz, para exercer a representação num determinado processo [vide: artigo 17.º do CPC].

Ad litteram – à letra; literalmente. – Diz-se do seguimento à letra de um autor ou de uma doutrina ou da interpretação da lei.

Ad Lunam – para a Lua. – Estar para a Lua, ou seja, distante do acontecimento. – Usa-se também a expressão mais ampla de *"argumentum ad Lunam"* para exercitar o raciocínio de que se conseguimos colocar o homem na Lua também podemos alcançar um outro desiderato difícil como o de acabar com a guerra ou com a fome no mundo.

Ad maiora nati sumus – nascemos para as coisas mais elevadas. – Fórmula de esperança para incentivo de resultados mais positivos no trabalho, nos estudos ou no empreendedorismo.

Ad maiora veniamus – passemos a questões mais importantes. – A expressão completa é *"(...) sed nimis multa de nugis: ad maiora veniamus"* – (...) mas demasiadas coisas ditas em frivolidades: voltemo-nos para coisas maiores [Cícero, Philippica, 2.78]. A ideia é deixar de lado ninharias para ir aos assuntos mais importantes.

Ad maiorem cautelam – para maior cautela; para mais segurança. – Aplica-se quando se usa de cuidado aparentemnete excessivo para evitar possíveis, ainda que improváveis, consequências nefastas.

Ad maiorem Dei gloriam – para maior glória de Deus. – Lema da Ordem dos Jesuítas, cujas iniciais A. M. D. G. servem de epígrafe à maior parte dos livros emanados desta Companhia.

Ad meliora – para as coisas melhores.

Ad meliora tempora – para tempos melhores.

Ad meliora vertamur – voltemo-nos para coisas melhores. – As expressões que antecedem usam-se como apelo ou voto de que coisas mais agradáveis e úteis aconteçam.

Ad mensuram – por medida. – Diz-se da venda *"ad mensuram"*, que é aquela em que se estipula o preço por medição.

Ad misericordiam – para misericórdia. – É uma simplificação de *"argumentum ad misericordiam"*, argumento baseado no apelo às emoções, ou que clama por compaixão. Trata-se de uma falácia lógica que envolve um recurso irrelevante ou altamente exagerado à piedade ou simpatia.

Ad modum – à maneira; à medida; conforme o uso.

Ad multos annos – por muitos anos.

Ad multos et faustissimos annos – por muitos e afortunadíssimos anos. – Expressões congratulatórias para desejar longos anos de vida ao aniversariante.

Ad mundum meliorem – para um mundo melhor.

Ad naturam – segundo a natureza; sem artifício.

Ad nauseam – até à náusea. – Expressão usada para referir algo que se tenha prolongado por um excessivo período de tempo, a ponto de a todos causar enfado. Algo que pode ou não ter sido desagradável no início. – Locução abreviada de *"argumentum ad nauseam"* – argumentação até provocar náusea, ou seja, argumentação por repetição insistentemente da mesma afirmação ao ponto de causar aborrecimento. – Este argumento assemelha-se ao *"argumentum ad infinitum"*, que é a argumentação constituída de infindáveis arguições, aparentemente lógicas, na intenção de causar maior convencimento. A falácia do *"argumentum ad infinitum"*, assim como a do *"argumentum ad nauseam"*, consiste no pressuposto *[errado]* de que, se ninguém rebate uma afirmação *[ou ideia]*, ela está correta e a de que quanto mais nela se insistir, ou se repetir, mais correta ou verdadeira se torna.

Ad necessitatem – por necessidade; segundo a necessidade. – Diz-se, por exemplo, em relação à pensão de alimentos que deve ser fixada tendo em conta, entre o mais, a necessidade daquele que houver de recebê-la [vide: artigo 2004.º do CC].

Ad negotia – para fins negociais; para uso comercial. – Diz-se da cláusula inserida em instrumento procuratório no sentido de que este é outorgado apenas para efetivação de negócios, não podendo, consequentemente, ser utilizado para fins judiciais, por restar excluída qualquer finalidade forense.

Ad nocendum potentes sumus – para fazer mal todos somos poderosos [Séneca, De Ira, 1.3.2].

Ad nomen tantum – apenas para nome. – Tem o sentido figurado de *para nomeada, honra* ou *fama*. – Note-se que o *"nomen"* em sentido literal assumia segundo os romanos as variantes de *"praenomen" [o prenome ou o primeiro nome]* que designava o indivíduo; de *"nomen" [o nome]* que distinguia a pessoa ou raça a que pertencia o mesmo indivíduo e o *"cognomem" [o cognome]* que marcava o ramo ou a família daquele. Por vezes, esses três nomes eram acrescidos de um quarto: o *"agnomen" [o apelido]*, deduzido de qualquer feito notável ou de alguma circunstância extraordinária.

Ad nostram consuetudinem – conforme o nosso costume. – Segundo o costume significa conforme a prática habitual e repetida de um modo de proceder com o sentimento da sua obrigatoriedade por parte da generalidade dos membros da comunidade.

Ad nummum – até ao sestércio; até ao cêntimo [Cícero, Ad Atticum, 5.21.12].

Ad nutum – à vontade; às ordens. – Diz-se do ato que pode ser revogado pela vontade de uma das partes ou da revogação contratual que pode ser desencadeada a todo o momento pela decisão soberana de uma única pessoa ou entidade com poderes para o efeito. – A destituição sem justa causa, também designada por destituição *"ad nutum"*, enquanto manifestação do princípio da livre destituição dos gerentes, administradores e diretores, que o nosso direito consagra, mostra-se aflorada nos artigos 257°, n.º 1, 403°, n.º 1 e 430°, n.º 3, todos do Código das Sociedades Comerciais. Por força deste princípio, em qualquer momento, podem, os sócios ou o conselho geral, deliberar a destituição de gerente, administrador ou diretor, conforme a situação, sem que tenham que invocar para o efeito qualquer motivo justificativo.

Ad nutum legislatoris – de acordo com a vontade do legislador.

Ad oponendum – para opor-se; como oposição.

Ad ostentationem – para ostentação; por vaidade. – Utiliza-se num sentido mais literal para significar *"para mera vanglória"* ou *"por bazófia"* e num sentido mais figurado para designar *"para amostra"* de uma coisa.

Ad paenitendum properat, cito qui judicat – quem julga com pressa, com pressa se arrepende. – Equivale aos seguintes adágios: "quem cedo se determina, cedo se arrepende"; "antes que conheças, nem louves nem ofendas"; "pressa só é útil para apanhar moscas".

Ad patres – para os antepassados. – Ir *"ad patres"* significa morrer.

Ad pedem litterae – à medida da palavra. – Significa que o que se transcreve ou refere se faz, exatamente, sem acrescentar ou tirar o que quer que seja, na sua integridade ou conteúdo.

Ad pedes – junto aos pés. – Estar junto aos pés é estar muito próximo de alguma pessoa ou coisa.

Ad perpetuam rei memoriam – para memória perpétua da coisa *[facto ou acontecimento]*. – Era a fórmula que se inscrevia no alto de determinadas bulas pontifícias e que se encontra igualmente em monumentos comemorativos, medalhas, etc. – Diz-se também da vistoria realizada nas expropriações por utilidade pública, pela qual se procura registar o estado da coisa expropriada, para memória futura, antes de a expropriação se concretizar e a coisa ser sujeita a alteração. Pode ter lugar no âmbito de outras ações judiciais em que haja necessidade de registar a lembrança da coisa ou do facto para prova futura [vide: artigo 21.º do Código das Expropriações (Lei n.º 168/99, de 18/9, com a última atualização dada pela Lei n.º 56/2008, de 4/9)].

Ad perpetuum – para sempre; definitivamente.

Ad petendam pacem – para conseguir a paz [Tito Lívio, Ab Urbe Condita, 30.36].

Ad petendam pluviam – para pedir chuva. – Expressão da igreja romana que tem por fim, segundo a fé, obter da misericórdia divina que chova, em anos de secas muito prolongadas, prejudiciais à agricultura.

Ad pompam et ostentationem – para pompa e ostentação; para alimentar a mera vaidade.

Ad posteritatis memoriam – para a recordação da posteridade [Cícero, Philippica, 5.17].

Ad postremum – por último; finalmente.

Ad praesens ova eras pulla sunt meliora – no presente os ovos são melhores que galinhas para amanhã. – Equivale ao provérbio: "um pássaro na mão vale mais que dois a voar".

Ad praeteritum – para o passado. – Juridicamente, caracteriza que os efeitos do ato jurídico, especificamente da lei, passam a valer desde um momento passado.

Ad probandum tantum – apenas para provar. – Somente para provar aplica-se ao ato que serve apenas para a sua prova.

Ad probationem – para a prova. – Quando a lei se referir, clara e expressamente, à prova do negócio, o documento considera-se exigido apenas como formalidade *"ad probationem"*. Neste caso, faltando o documento, o ato não é nulo, mas só pode provar-se por confissão expressa, judicial ou extrajudicial, devendo neste último caso constar de documento de igual ou superior valor probatório [vide: artigo 364.º do CC].

Ad processum – para o processo. – Aplica-se, por exemplo, a propósito da legitimidade – *"legitimatio ad processum"* – capacidade para agir ou reagir em juízo, por si ou representado por outrem.

Ad promissor – para o prometedor. – Diz-se da promessa acessória num contrato feito em benefício do credor e para o caso de insolvência do principal obrigado.

Ad quaestiones iuris respondeant iudices, ad quaestiones facti respondeant iuratores – às questões de direito respondam os juízes, às questões de facto respondam os jurados. – No processo penal português os juízes respondem às questões de direito mas também às questões de facto e os jurados respondem às questões de facto e, juntamente com os juízes, respondem também às questões da culpabilidade e da determinação da sanção [vide: artigos 365.º a 369.º do CPP].

Ad quem – para o qual. – Fala-se, ou escreve-se, do juiz ou tribunal para o qual se recorre, de despacho ou de sentença, de juiz de tribunal inferior *[a quo]*.

Ad referendum – para referendo; para a apreciação posterior; para consulta. – Assinatura sob condição de confirmação de uma outra entidade. – Fórmula diplomática: aceitar uma proposta para referendar, sob a condição de a submeter ao governo, que poderá aceitá-la definitivamente ou recusá-la.

Ad rem – para a coisa. – Direto à coisa ou assunto, por exemplo, responder *ad rem* [sem rodeios].

Ad rem nihil interest – para o caso nada interessa. – Frequentemente se refere assunto que para o caso nada interessa mas que pode ilustrar um ponto de vista em discussão.

Ad reparationem et sustentationem – para reparar e manter.

Ad sacra limina – para junto dos sagrados lugares. – Tem o mesmo significado que *"ad limina apostolorum"* – às moradas dos apóstolos, para expressar a visita aos túmulos dos apóstolos [S. Pedro e S. Paulo] em Roma.

Ad satietatem usque – até a saciedade em qualquer tempo e lugar [Erasmo, Adagia, 2.8.73].

Ad semen nata respondent, bona degenerare non possunt – os frutos correspondem à semente; o que é bom não pode degenerar [Séneca, Epistulae Morales, Liber XII-XIII, 87.25].

Ad sensum – pelo sentido.

Ad signum – pelo sinal; pela marca.

Ad similia – por semelhança; por analogia.

Ad solemnitatem – para a solenidade. – Utiliza-se para designar as formalidades exigidas por lei para a validade de certos atos.*"Ad solemnitatem"* diz-se da caracterização de um ato para cuja validade a lei exige que seja utilizado um formalismo específico, por exemplo, um legado, uma doação ou um contrato de casamento só têm valor se esses atos forem praticados perante a entidade pública competente. Tem o mesmo significado que *"ad substantiam"*, sendo, aliás, esta última expressão a mais usada.

Ad solvendum – para pagar; para pagamento.

Ad substantiam – para a substância. – Trata-se da formalidade que é necessária para a validade do ato. Quando a lei exige documento escrito, como forma de declaração, a regra é a de que o documento escrito, autêntico, autenticado ou particular, é exigido como formalidade *"ad substantiam"*. Neste caso, faltando o documento, o negócio é nulo, salvo se constar de documento de força probatória superior [vide: artigo 364.º do CC]. – Diferente da formalidade *"ad substantiam"* ou *"ad solemnitatem"* é a formalidade ou documento *"ad probationem"*, que é a formalidade ou documento exigido apenas para prova do negócio.

Ad substantiam actus – para a substância do ato.

Ad summam – em suma; numa palavra.

Ad summum – ao ponto mais alto.

Ad tempus – de modo temporário; por algum tempo.

Ad terrorem – para aterrorizar. – Diz-se do argumento com o objetivo definido de aterrorizar a pessoa contra quem é utilizado. – O *"argumentum ad terrorem"*, ou *"ad metum"*, é um ardil em que o agente busca sustentáculo para uma ideia, ou causa, através de sofismas ou falácias, no propósito de aumentar o medo e o preconceito contra um adversário. O apelo ao medo é comum em política.

Ad tutelam – para proteção.

Ad ultimum – por último; finalmente.

Ad unguem – à unha. – Alusão ao costume dos estatuários antigos, que passavam a unha pela superfície do mármore, para avaliarem o polimento e o grau de perfeição do seu trabalho.

Ad unum – sem faltar um. – Forma reduzida de *"omnes ad unun" [todos sem exceção; todos por um; unanimemente].*

Ad usucapionem – para usucapião. – Diz-se da posse exercida por usucapião.

Ad usum – para uso.

Ad usum Delphini – para uso do Delfim. – Nome dado às edições dos clássicos latinos, que se fizeram para o Delfim de França, filho de Luís XIV, e nas quais vários passos equívocos haviam sido suprimidos. – Aplica-se, ironicamente, esta locução a propósito de publicações expurgadas, ou cujo texto sofreu deturpações para um fim determinado.

Ad usum et beneficium – para uso e benefício.

Ad utrumvis [ou **utrumque**] **paratus** – preparado para tudo [Erasmo, Adagia, 3.8.33]. – Diz-se do preparado para qualquer das eventualidades.

Ad valorem – segundo o valor. – Quantificação dos direitos aduaneiros proporcionalmente ao valor dos objetos importados.

Ad verbum – à letra; literalmente.

Ad vim maiorem vel ad casus fortuitos non tenetur quis, nisi sua culpa intervenerit – ninguém é responsável em relação a uma força maior ou a casos fortuitos, a não ser que por sua culpa tenha intervindo.

Ad vitam aeternam – para a vida eterna; para sempre; para a eternidade.

Ad voluntatem – segundo a vontade.

Adactum iusiurandum – juramento obrigatório [Erasmo, Adagia, 3.2.82].

Addenda – adenda.

Addictio in diem – adiamento do dia. – No direito romano dizia-se da cláusula de um contrato de venda, segundo a qual as partes concordavam que, dentro de um determinado tempo, se o vendedor encontrasse uma pessoa que fizesse uma oferta melhor do que a do comprador original, o contrato podia ser rescindido. – Diz-se do pacto acessório de certos negócios jurídicos, geralmente de compra e venda, pelo qual uma pessoa reserva, dentro de determinado prazo, a faculdade de rescindir o contrato ou de celebrá-lo com terceira pessoa.

Adesse animo – estar com ânimo; não ter medo.

Adeste, fideles, laeti triumphantes, venite, venite in Bethlehem; natum videte regem angelorum; venite, adoremus, venite adoremus; venite adoremus Dominum – vinde, fiéis, alegres, triunfantes; vinde, vinde a Belém; vede o rei dos anjos que nasceu; vinde, adoremos, vinde, adoremos, vinde, adoremos o Senhor . – Hino religioso, cantado no Natal, com melodia da autoria de John Reading.

Adjectus solucionis causa – adjutor por causa do pagamento. – Diz-se daquele que se junta ao negócio entre dois outorgantes apenas para servir de auxiliar ao credor no recebimento da prestação ou do pagamento do preço. Verifica-se, assim, quando o credor se limita a autorizar que a prestação a que tem direito seja entregue a terceiro, que fica encarregado de recebê-la ou se reserva o direito de exigir que a prestação seja efetuada a terceiro. Nestes casos não há intenção de atribuir ao terceiro nenhum direito à prestação, ao contrário do que sucede no verdadeiro contrato a favor de terceiro.

Adhibenda est primum in iocando moderatio – é necessário ter moderação no divertimento [Cícero, De Oratore, 2.238].

Ad-huc et semper iustitia – justiça, até aqui e sempre.

Adhuc sub iudice lis est – até agora a causa está com o juiz [Horácio, Ars Poetica, 78]. – Utiliza-se a expressão para significar que a questão não está resolvida, que o juiz ainda não proferiu a decisão.

Adminicula servitutis – os pilares da servidão. – Aplica-se a propósito da servidão de aqueduto e consiste nos poderes que acompanham o direito principal, como os de limpar e reparar a conduta de passagem da água.

Admittitur et imprimatur – admite-se e imprima-se. – Fórmula usada nas licenças eclesiásticas para a impressão de obra que não contém doutrina heterodoxa.

Admonitio non est supervacua – uma advertência não é inútil [Séneca, Epistulae Morales, Liber XIV-XV, 94.46].

Adsum – estou *[presente].*

Adulterium certe sine duobus committi non potest – o adultério certamente não pode ser cometido sem a participação de duas pessoas [S. Jerónimo, Epistulae, 1.6].

Adulterium sine dolo malo non comittitur – não se comete adultério sem dolo [Gaio, Digesto, 48.5.44]

Adversus bonos mores – ofensivo dos bons costumes [Ulpiano, Digesto, 4.2.3.1; 47.10.15]. – Os bons costumes são constituídos pelo conjunto de regras éticas de que costumam usar as pessoas sérias, honestas e de boa conduta na sociedade onde se inserem. Os negócios jurídicos que são *"adversus bonos mores"* são nulos [vide: artigo 280.º/2 do CC].

Adversus doli exceptionem non dari replicationem doli – contra a exceção de dolo não se dá replicação de dolo [Ulpiano, citando Marcelo, Digesto, 44.4.4.13].

Adversus fiscum usucapio non procedit – não cabe usucapião contra o património público [Modestino, Digesto, 41.3.18].

Adversus periculum naturalis ratio permittit se defendere – a razão natural permite defender-se contra o perigo [Gaio, Digesto, 9.2.4].

Adversus omnes – contra todos. – O mesmo que *"erga omnes"*.

Aegrescit medendo – agrava a doença medicando-se [Virgílio, Eneida, 12.46].

Aegroto dum anima est, spes est – enquanto o doente tem vida, há esperança [Erasmo, Adagia, 2.4.12].

Aequitas est correctio legis generaliter latae, qua parte deficit – equidade é a correção da lei excessivamente geral, na parte em que é omissa.

Aequitas est quasi aequalitas – equidade é quase igualdade. – A equidade é o uso da retidão para reconhecer o direito de cada um, usando a igualdade de decisões para casos equivalentes, a fim de que em determinado caso específico se acolha a mais justa solução. De modo mais sintético, dizem alguns mestres do direito que equidade *"é a justiça do caso concreto"* [P. Lima e A. Varela, Noc. Fundamentais do Direito Civil, 6.ª ed., 104, nota 2; M. de Brito, C.C. Anot., 1.º, 19; Ferrer Correia e V. G. Lobo Xavier, R.D.E., IV, 124]. O que significa que sem equidade não se decide com justiça.

Aequitas in dubio praevalet – em caso de dúvida, prevalece a equidade.

Aequitas in omnibus, in iudiciis maxime servanda est – deve-se observar a imparcialidade em tudo, principalmente nos julgamentos.

Aequitas in paribus causis paria iura desiderat – em causas iguais a equidade requer direitos iguais.

Aequitas lucet ipsa per se, dubitatio cogitationem significat iniuriae – a equidade brilha por si mesma; a irresolução traduz ideia de injustiça [Cícero, De Officiis, 1.30]

Aequitas nihil aliud est quam ius quod lex scripta praetermisit – equidade não é outra coisa que o direito que a lei escrita omitiu.

Aequitas non facit ius, sed iuri auxiliatur – a equidade não faz o direito, mas presta auxílio ao direito.

Aequitas nunquam contravenit leges – a equidade nunca contraria a lei.

Aequitas sequitur legem – a equidade acompanha a lei.

Aequitatem ante oculos habere debet iudex – o juiz deve ter a equidade diante dos olhos.

Aequitatem, quae tollitur omnis, si habere suum cuique non licet – suprime-se toda a equidade, se não se permite a cada um ter o que é seu [Cícero, De Officiis, 2.78].

Aequitatem sequimur cum iure deficimur; ius autem scriptum sequimur contra aequitatem – seguimos a equidade quando a lei é omissa; porém seguimos o direito escrito contra a equidade.

Aequitatis ratio non patitur inaudita causa quem condemnari – a razão da equidade não permite condenar ninguém sem ser ouvida a sua causa. – As máximas que antecedem reportadas à equidade assinalam aspetos parcelares em que a equidade se manifesta ou se move, tendo de comum a necessidade de um tratamento de igualdade para casos iguais e de se fazer a melhor justiça para o caso concreto, em face da sua especificidade, mormente emprestando um tratamento mais adequado nas situações em que se tenham verificado imprecisões da prova ou em que as normas gerais e abstratas não constituam a chave da melhor solução, havendo antes de recorrer a princípios gerais e à consciência do próprio julgador.

Aequo animo – com ânimo igual; com a mente tranquila; com serenidade. – Suportar *"aequo animo"* as adversidades da vida, como sofrer uma perda ou padecer de uma doença, é suportá-las com serenidade e paciência, segundo o pensamento de Séneca, de que seguem exemplos, entre outros que se encontram na sua obra, designadamente em *"Epistulae Morales"*, como: *"aequo animo pati morbum"* [Liber VII, 66.35]; *"aequo animo perde"* [Liber XVI, 98.10]; *"aequo animo omnia apud alios videt"* [Liber VIII, 73.14]; *"amissum aequo animo fert"* [Liber I, 9.5]; *"aequo animo in rosa iaceat"* [Liber IV, 36.7]; *"aequo animo abire"* [Liber IV, 30.3]; *"aequo animo excipe necessária"* [Liber XVCI, 99.22]; *"aequo animo vitam relinquere"* [Liber I, 4.5]; etc., salientando-se as que seguem.

Aequo animo audienda sunt imperitorum convicia – com igualdade de ânimo devem ser ouvidas os insultos dos ignorantes [Séneca, Epistulae Morales, Liber IX, 76.4].

Aequo animo excipe necessaria – suporta as coisas inevitáveis com espírito sereno [Séneca, Epistulae Morales, Liber XVI, 99.22].

Aequo animo vitam relinquere – com mente tranquila deixar a vida [Séneca, Epistulae Morales, Liber I, 4.5].

Aequo Marte – com forças iguais; com iguais vantagens [César, De Bello Gallico, 7.19.3].

Aequo pulsat pede – bate à porta em pé de igualdade [Horácio, Carmina, 1.4.13]. – Expressão relativa à morte, que bate indiferentemente à porta dos palácios régios ou das choupanas dos pobres. É a forma abreviada da lírica de Horácio *"pallida mors aequo pulsat pede pauperum tabernas regumque turris"* – a morte pálida toca à porta em pé de igualdade nas cabanas dos pobres e nos palácios dos reis.

Aequum est – é justo. – Expressão que se usa correntemente no início do que se vai dizer ou escrever ou no fim do que se acaba de dizer ou escrever para significar a equidade ou justeza do que se vai expressar ou expressou.

Aequum est enim ut cuius participavit lucrum participet et damnum – é efetivamente justo que quem participou do lucro participe também do prejuízo [Ulpiano, Digesto, 17.2.55].

Aequum est neminem cum alterius detrimento fieri locupletiorem – é justo que ninguém se torne mais rico com prejuízo de outrem [Pompónio, Digesto, 12.6.14].

Aequum est peccatis veniam poscentem reddere rursus – é justo desculpar os erros de quem nos desculpa [Horácio, Sermones, 1.3.74].

Aequum et bonum est lex legum – a equidade e o bem é a lei das leis. – Diz-nos o princípio que a solução segundo a equidade natural constitui a solução justa para o caso concreto e, por isso, está acima da solução de qualquer lei. Por vezes assim será.

Aere perennius – mais duradouro que o bronze [Horácio, Carmina, 3.30.1]. – São palavras de Horácio, falando dos seus próprios poemas, como de um monumento que ao longo dos séculos será mais duradouro que o bronze, produzindo memória e fama imortais.

Aes alienum est, quod nos aliis debemus: aes suum est, quod alii nobis debent – dinheiro alheio *(dívida)* é o que nós devemos a outros; dinheiro nosso *(crédito)* é o que outros nos devem [Ulpiano, Digesto, 50.16.213.1].

Aes alienum solvere - pagar uma dívida [Gaio, Digesto, 30.69.2].

Aetas enim excusationem meretur - a idade merece ser desculpada [Ulpiano, Digesto, 29.5.1.32].

Aeternum vale - eterno adeus; adeus até à eternidade [Virgílio, Eneida, 11.97]. - Expressão que Ovídio pôs na boca de Orfeu, quando pela segunda vez perdeu a sua dileta Eurídice.

Affecta fides - crédito duvidoso. - Crédito duvidoso ou litigioso é o crédito que tenha sido contestado em juízo por qualquer interessado.

Affectio detinendi - intenção de deter a coisa. - O mesmo que *"animus detinendi"*. - A mera detenção da coisa não equivale à sua posse. O mero detentor - como o locatário, o depositário ou o comodatário - não é um autêntico possuidor por não se equiparar a este para todos os efeitos, nomeadamente para efeitos de usucapião.

Affectio maritalis - afeição matrimonial. - A afeição matrimonial é a vontade recíproca e duradoura dos cônjuges para viverem na situação de casados um com o outro.

Affectio possidendi - vontade de possuir. - É o mesmo que *"animus possidendi"*, ou seja, o elemento espiritual da posse, traduzido na intenção de possuir a coisa como própria. O outro elemento da posse é o *"corpus"*, isto é, a detenção da disponibilidade física da coisa, com a faculdade de sobre a mesma agir.

Affectio societatis - afeição da sociedade; ânimo de constituição de sociedade. - Diz-se a propósito do contrato de sociedade, do sentimento que deve unir todos os sócios e da vontade de todos em prosseguirem os fins comuns da sociedade.

Affines inter se non sunt affines - os afins não são afins entre si. - Por exemplo, os sogros ou os tios paternos e tios maternos de um dos cônjuges não estão relacionados *[ou não são afins]* com os sogros ou os tios paternos e tios maternos de outro dos cônjuges.

Affines sunt viri et uxoris cognati - afins são os parentes do marido e da mulher [Modestino, Digesto, 38.10.4.3]. - Afinidade é o vínculo que liga cada um dos cônjuges aos parentes do outro [vide: artigo 1584.º do CC].

Affinitas affinitatem non parit *[generat; causat]* - um parentesco por afinidade não gera outro.

Affinitas in superstite non deletur - a afinidade em relação a quem sobrevive não se extingue. - Princípio do direito canónico, que se harmoniza com o estatuído na nossa lei.

Affinitas morti divortiove solvitur – a afinidade dissolve-se pela morte e pelo divórcio. – Máxima do direito romano, que não tem consagração no nosso ordenamento jurídico na parte em que a afinidade não cessa pela dissolução do casamento por morte [vide: artigo 1585º do Código Civil].

Affirmans probat – quem afirma deve provar. – Forma abreviada das máximas *"affirmanti incumbit probatio"* e *"affirmanti non neganti incumbit probatio"*, mas com idêntico sentido.

Affirmanti incumbit probatio – a prova incumbe a quem afirma. – Com o mesmo significado de *"affirmanti non neganti incumbit probatio"*.

Affirmanti non neganti incumbit probatio – a prova incumbe ao que afirma, não ao que nega. – Aquele que invocar um direito tem de fazer prova dos factos constitutivos do direito invocado [vide: artigo 342º/1 do CC].

Afflicto non est danda afflictio – ao aflito não deve ser dada aflição.

Age quod agis – cuida o que fazes. – Presta atenção ao que fazes; conselho que se dá a uma pessoa que se deixa distrair por um objeto estranho à sua ocupação.

Agenda – agenda. – O que se deve tratar ou fazer.

Agens et consentiens eadem poena digni – o agente e o cúmplice merecem a mesma pena. – No direito penal português a pena aplicável ao cúmplice é a prevista para o autor do crime, mas especialmnete atenuada [vide: artigo 27.º/2 do CP].

Agere – agir *[processualmente]*.

Agere causam – defender uma causa.

Agere considerate pluris sit quam cogitare prudenter – agir com prudência vale mais que pensar com prudência [Cícero, De Officiis, 1.160]. – A prudência é uma característica da pessoa que se comporta com precaução de modo a evitar riscos ou consequências nefastas para a sua existência. Por isso, a prudência manifesta-se na ação, ainda que pressuponha uma mente ajuizada no comando do agir.

Agere etiam is videtur, qui exceptione utitur: nam reus in exceptione actor est – considera-se que também aciona quem opõe exceção, pois na exceção o réu passa a autor [Ulpiano, Digesto, 44.1.1]. – É princípio ainda atual no direito processual português.

Agere flammam – alimentar a chama.

Agere gratias – agradecer.

Agere invitus nemo compellitur – ninguém é obrigado a agir contra a vontade. – Assim, ninguém está obrigado a formar ou permanecer em sociedade: "*nemo enim invitus compellitur ad communionem*" – ninguém é compelido contra a vontade a formar uma sociedade [Ulpiano, Digesto, 12.4.26.4]. – A vontade é a capacidade de querer, de livremente praticar ou deixar de praticar algum ato. O que há de mais fundamental na existência humana é a liberdade, condição determinante daquilo que somos, sentimos e queremos. Ninguém pode ser obrigado a agir contra a sua vontade porque tal é contrário à livre determinação humana, sendo que todo o indivíduo tem direito à liberdade, conforme estabelece a Declaração Universal dos Direitos do Homem [vide: artigo 3.º].

Agere lege – agir segundo a lei.

Agere non valenti non currit praescriptio – a prescrição não corre contra quem não pode agir. – É o que se verifica no caso dos menores enquanto não tiverem quem os represente ou administre os bens [vide: artigo 320.º/1 do CC].

Agere otia – estar em descanso.

Agere pacem – estar em paz.

Agere paenitentiam – arrepender-se.

Ager publicus – terra pública. – Designava o conjunto de bens imóveis pertencentes ao Estado romano, muitos deles provenientes dos confiscos de terras aos vencidos.

Alea – elementos aleatórios, imponderáveis; acaso.

Alea jacta est – foi lançada a sorte. – Frase célebre de César, quando, de regresso da Gália, se preparava para passar o Rubicão, circunstância em que por lei era obrigado a desarmar o seu exército e não o fez; diz-se quando se toma uma decisão grave, depois de se ter hesitado muito.

Alea non facit omnia – a sorte não resolve todas as coisas. – Como se costuma dizer: a sorte tem de ser procurada e dá muito trabalho.

Alia committenda, alia celanda – umas coisas devem-se dizer, outras devem-se esconder [Erasmo, Adagia, 3.10.20].

Alia dicenda, alia reticenda – umas coisas devem ser ditas, outras devem ser caladas.

Alia est auctoritas praesentium testium, alia testimoniorum quae recitari solent – uma coisa é a autoridade das testemunhas presentes, outra a dos depoimentos que se costumam citar [Calistrato, Digesto, 22.5.3.4]. – O testemunho *direto*, ou "*de visu*", que é a narração de factos que foram pelo depoente adquiridos através dos sentidos, é mais relevante que o testemunho *indireto* ou de *ouvir dizer*, em que o depoente se limita a relatar o que "*de auditu*" percecionou de terceira pessoa.

Alia sunt tempora, alii mores – são outros tempos, *[são]* outros costumes. – Como dizia Camões, no poema com o mesmo nome, *"mudam-se os tempos, mudam-se as vontades"*.

Alias dictus – dito noutra ocasião ou lugar.

Alias saepe – muitas vezes antes.

Alibi – em outro lugar. – Facto justificativo que destrói uma acusação; impossibilidade de se cometer um crime, em razão do afastamento do lugar no momento em que o crime foi praticado. – Um álibi pode ser considerado um instrumento do acusado para provar a sua inocência, durante o processo criminal. Um álibi pode ser um documento, uma fotografia ou uma pessoa, desde que sejam suscetíveis de infirmar uma acusação. Por exemplo, quando o acusado consegue provar que não estava no local ou hora em que o evento que o incriminou aconteceu, impossibilitando, assim, ter sido ele o autor do ato criminoso. – A expressão *"álibi perfeito"* é utilizada quando alguém apresenta uma prova irrefutável da sua inocência, como a de que o denunciado se encontrava na cadeia a cumprir pena à data do crime que lhe é imputado, ocorrido fora da prisão.

Aliena gratia – por favor ou interesse alheio. – Diz-se do mandato outorgado no interesse de terceiro.

Aliena nomina – dívidas alheias. – Dívidas contraídas por outrem.

Alienare qui non potest, nec alienatione consentire – quem não pode alienar também não pode consentir na alienação. – Está em causa a mesma incapacidade de exercício do direito de alienar, ou seja, a inaptidão do sujeito jurídico para produzir aquele efeito por atuação pessoal ou mediante um representante.

Alienare videtur qui rem suam patitur usucapi – parece alienar quem permite que coisa sua seja usucapida.

Alienatio est omnis actus per quem dominium transfertur – alienação é todo ato pelo qual se transfere o domínio. – A alienação consiste na transmissão de um bem a título oneroso, normalmente contra dinheiro.

Alienatio rei – a alienação da coisa.

Alieni juris – por direito alheio; o que está submetido ao poder de outrem.

Alieno loco – em campo alheio.

Alieno nomine – em nome de outrem. – Diz-se nomeadamente da posse, quando se não tem a posse em nome próprio, mas sim em nome alheio. E também das dívidas contraídas por outrem.

Alieno tempore – em ocasião inoportuna; em tempo inoportuno; intempestivamente.

Alienum nobis, nostrum plus aliis placet – é mais agradável para nós o que é alheio, para os outros o que é nosso – Pensamos sempre que o que é dos outros é melhor que o que é nosso.

Alimonia denegans necare videtur – considera-se que quem nega alimento mata [decorre de Paulo, Digesto, 25.3.4]. – O mesmo que *"necare videtur is qui alimonia denegat"*.

Aliquando bonus dormitat Homerus – às vezes o grande Homero dormita [Horácio, Ars Poetica, 359]. – Expressão de Horácio, que mais rigorosa é *"quandoque bonus dormitat Homerus"*, para dizer que a suma perfeição não existia em poesia, pois até o grande Homero *[poeta épico da Ilíade e da Odisseia]* cometeu erros. Emprega-se para mostrar que uma falta pode ser cometida até pelos mais sábios e prevenidos.

Aliquando magis movent non dicta quam dicta – às vezes, tem mais força o que não se disse do que o que se disse. – Por vezes, quem cala consente quem fala dissente.

Aliquando non quaesita prodit veritas – às vezes, a verdade aparece sem ser chamada.

Aliquando peccat vir etiam sapientior – às vezes, até o homem mais sabedor erra.

Aliquando pro facundia silentium est – às vezes o silêncio substitui a eloquência. – Como diz o provérbio: o silêncio, às vezes, é mais eloquente do que os discursos.

Aliquem dolo interficere – matar alguém à traição.

Aliquid novi – algo de novo.

Aliquis non debet esse iudex in propria causa – ninguém deve ser juiz em causa própria. – O mesmo que *"in propria causa nemo iudex"*; *"iudex in causa propria nemo esse potest"*; *"nemo esse iudex in sua causa potest"*; *"nemo iudex in sua causa"*; *"nemo potest esse simul actor et iudex"*.

Alis volat propriis – voa com as próprias asas. – Tudo o que possui deve-o ao próprio esforço.

Aliter de illis ac de nobis iudicamus – julgamos de maneira diferente a nós e aos outros [Cícero, De Officiis, 1.30].

Aliud dixit, aliud voluit – uma coisa disse, outra coisa quis. – Diz-se a propósito da divergência entre a vontade declarada e a vontade real.

Aliud est maledicere, aliud accusare – uma coisa é maldizer outra é acusar. – Maldizer é fácil, qualquer o faz, acusar é difícil, por incomodar e carecer de prova.

Aliud pro alio invicto creditore solvi non potest – contra vontade do credor não se pode pagar com uma coisa por outra. – O mesmo que *"aliud pro alio, invito creditore, dari non potest"*. – A prestação de uma coisa diversa da que for devida, embora de valor superior, só exonera o devedor se o credor der o seu assentimento [vide: artigo 837.º do CC].

Aliud pro alio solvere – pagar uma coisa por outra. – O mesmo que *"datio in solutum"*.

Allegans contraria non est audiendus – quem alega coisas contraditórias não deve ser ouvido.

Alleganti probatio incumbit – a prova cabe ao alegante. – A prova incumbe ao que afirma; aquele que invocar um direito tem de fazer prova dos factos constitutivos do direito invocado [vide: artigo 342º/1 do CC].

Allegare nihil, et allegatum non probare, paria sunt – nada alegar e não comprovar o alegado se equivalem.

Allegari non debuit quod probatum non relevat – não devia ser alegado o que a comprovar não releva.

Allegata et probata – coisas alegadas e comprovadas.

Allegatio contra factum non est admittenda – uma alegação que contraria o facto não é admissível.

Allegatio et non probatio, quasi non allegatio – alegação e não provação [é] quase não alegação.

Allegatio sine probatione veluti campana sine pistillo – alegação sem provação [é] como sino sem badalo.

Alma mater – mãe criadora. – Expressão utilizada por vezes pelos poetas latinos para designar a Pátria.

Alma parens – o mesmo que *"alma mater"*.

Alpha et omega – alfa e ómega. – A primeira e a última letra do alfabeto grego. Utiliza-se para designar o princípio e o fim.

Altera pars auditur – deve-se ouvir a outra parte do litígio. – O mesmo que *"audi alteram partem"*. – Princípio geral do direito, princípio do contraditório, segundo o qual ninguém pode ser condenado sem ser ouvido, sem que possa defender-se [vide. Artigo 3.º do CPC].

Alter ego – outro eu; segundo ser. – Traduz a ideia de uma identidade entre duas pessoas, cuja amizade ou semelhança os leva a considerarem-se inseparáveis ou iguais. O mesmo que *"alter se"*.

Alter et idem – outro e o mesmo.

Alter idem – outro igual; outro eu [Cícero, De Amicitia, 80].

Alter lucrum tantum, alter damnum sentiret – um sentiria somente o lucro, o outro o prejuízo [Ulpiano, Digesto, 17.2.29.2].

Alteri stipulari nemo potest, praeterquam si servus domino, filius patri stipuletur – ninguém pode estipular a favor de terceiro, exceto se o servo estipular para o amo e o filho para o pai [Ulpiano, Digesto, 45.1.38.17]. – Princípio do direito romano que não admitia o contrato a favor de terceiro. Entendia-se que o terceiro não tinha *"actio"*, porque o promitente a nada se obrigava perante ele e que o promissário a nada tinha também direito, porque a prestação se lhe não destinava. – O Código de Seabra não fazia qualquer alusão ao contrato a favor de terceiro, mas a lei vigente não só reconheceu, em termos muito amplos, a validade das estipulações a favor de terceiro, como traçou o quadro das espécies que elas abrangem. Exemplo é o contrato de seguro de responsabilidade civil no interesse de terceiro, que até é imposto por lei [vide: artigos 443.º a 451.º do CC].

Alterum non laedere – não prejudicar o outro [Ulpiano, Digesto, 1.1.10.1]. – O direito tem uma componente de natureza ética que se traduz no dever de não causar dano a ninguém ou, se cometido, de o reparar.

Amantis iusiurandum poenam non habet – jura de namorado não tem castigo [Publílio Siro, Sententiae]. – Equivale aos provérbios: jura de namorado não é pecado; juramento de quem ama mulher não é para crer.

Amantium irae amoris integratio est – querelas dos amantes são renovação do amor [Terêncio, Andria, 555]. – Equivale aos adágios: arrufos de namorados, amores dobrados; brigas de namorados, amores renovados; amores arrufados, amores dobrados.

Amara est veritas – a verdade é amarga [S. Agostinho, Sermões, 153]. – A verdade é a conformidade com a realidade das coisas e dos factos. Essa conformidade, por vezes, é bem amarga. – Mas dizia José Saramago: *"O tempo das verdades plurais acabou. Vivemos no tempo da mentira universal. Nunca se mentiu tanto. Vivemos na mentira, todos os dias"*. E, noutro passo: *"Os políticos são a mentira, legitimada pela vontade do povo"* ["José Saramago Nas Suas Palavras", Fernando G. Aguilera, Ed. Caminho].

Ambiguitas contra stipulorem est – a ambiguidade *[está]* contra o seu estipulador. – A ambiguidade de uma cláusula, ou disposição, desfavorece quem a estipulou. O contrato deve ser interpretado contra o próprio estipulante que, podendo ser claro, não o foi.

Ambiguitas, vel dubietas, in meliorem semper partem est interpretanda – a ambiguidade ou dúvida deve sempre interpretar-se no melhor sentido.

Ambiguum pactum contra venditorem interpretandum est – um contrato ambíguo deve ser interpretado contra o vendedor [Paulo, Digesto, 50.17.172]. – A expressão mais completa é: "*in contrahenda venditione ambiguum pactum contra venditorem interpretandum est*" – num contrato de compra e venda, um pacto ambíguo deve ser interpretado contra o vendedor. – Era um princípio de interpretação do direito romano antigo que partia da suposição de que a iniciativa e a formulação do texto do contrato competia ao vendedor. Era uma extensão do princípio "*ambiguitas contra stipulorem*".

Ambiguum placitum interpretari debet contra proferentem – um pleito ambíguo deve ser interpretado contra quem o enuncia.

Ambulatoria voluntas eius usque ad vitae supremum exitum – [é] mutável a vontade dele *[do testador]* até o último momento de vida [Ulpiano, Digesto, 24.1.32.3].

Amici multi, amicus nemo – muitos amigos, nenhum amigo; amigo de todos, amigo de ninguém.

Amici nec multi, nec nulli – amigos nem muitos, nem nenhum.

Amici probantur rebus adversis – os amigos se conhecem nas situações adversas.

Amici vitia si feras, facis tua – se desculpas os defeitos *[vícios]* do amigo, teus os fazes.

Amicis quaelibet hora – para os amigos, a qualquer hora *[inscrição em relógio solar]*.

Amicis semper fidelis – sempre fiel aos amigos.

Amicitia sol et sal vitae – a amizade é o sol e o sal da vida.

Amicitia vera in calamitate agnoscitur – a verdadeira amizade na desgraça se conhece.

Amicitia vera, rara avis in terra – amizade verdadeira é ave rara na terra.

Amicum perdere est damnorum maximum – perder um amigo é a maior dos danos *[das perdas]*.

Amicus certus in re incerta cernitur – o amigo certo encontra-se na ocasião incerta.

Amicus curiae – amigo da cúria *[tribunal eclesiástico]*. – Pessoa que não é parte no processo, mas que fornece informação que contribui para esclarecer a verdade.

Amicus humani generis – amigo do género humano. – Amigo de toda a gente.

Amicus nocens ab inimico nihil distat - amigo que nos prejudica nada difere de um inimigo [atribuída a Eurípedes].

Amicus Plato, sed magis amica veritas - Platão é amigo, mas mais amiga é a verdade [atribuída a Aristóteles]. - A autoridade de um grande nome não basta para impor uma doutrina, é necessário que esta seja conforme à verdade.

Amor et tussis non celantur - o amor e a tosse não se podem ocultar.

Amor magister est optimus - o amor é ótimo mestre.

Amor omnia vincit - o amor tudo vence. - o mesmo que *"Omnia vincit Amor"* [Virgílio, Eclogae, 10.69].

Amovere a se culpam - desculpar-se.

Ampla ocasio - ocasião soberana.

Ample honores genere - exercer os cargos condignamente.

Ample loqui - falar com eloquência.

Anceps securis - machado de dois gumes. - Corresponde à expressão bíblica *"gladio ancipiti" (espada de dois gumes)* [Bíblia, Hebreus, 4.12], também designada *"faca de dois gumes"*, para significar algo de tal modo penetrante e incisivo que opere a separação das coisas. Segundo a passagem bíblica algo *"penetrante até onde a vida e o espírito se separam" (pertingens usque ad divisionem animae ac spiritus)*. Também se usam estes ditos para exprimir factos ou atitudes que podem ter o efeito contrário ao esperado ou desejado.

Anima sana in corpore sano *[asics]* - alma sã em corpo são. - O mesmo que ***"mens sana in corpore sano"*** - mente sã num corpo são. O verso mais completo é ***"orandum est ut sit mens sana in corpore sano"*** [Juvenal, Satirae, 10.356] - deve orar-se para que seja a mente sã num corpo são. - A máxima é amplamente utilizada em contextos educativos e desportivos, para expressar a ideia de que o exercício físico é uma parte importante ou essencial de bem-estar mental e psíquico.

Animalia mansuefacta - animais domesticados.

Animalia mansueta - animais domésticos.

Animi affectio suum cuique tribuens iustitia dicitur - a disposição de espírito de dar a cada um o que lhe pertence chama-se justiça [Cícero, De Finibus, 5.65]. - A justiça, em termos genéricos, pode dizer-se que designa o respeito pelos direitos de cada um, na salvaguarda de que todos são iguais perante a lei, gozando de idênticas garantias. Desde a Roma antiga que a justiça costuma ser figurada por uma estátua, representando uma mulher com olhos vendados, símbolo da imparcialidade, e com uma espada na mão, símbolo da força para impor o direito. Algumas configurações da justiça exibem ainda uma balança, que simboliza a ponderação dos interesses das partes em litígio com uso da equidade. – A palavra *"justiça"* também é utilizada para significar o sistema jurídico de composição dos litigíos.

Animo furandi – com inteção de furtar.

Animo lucri faciendi – com intenção de obter lucro.

Animus – ânimo; intenção. – O ânimo, ou intenção, consiste no desígnio de produzir determinado resultado, legítimo ou ilegítimo. A intenção, desígnio ou vontade, traduz-se, pois, no elemento subjetivo de um ato e tem variadas aplicações no direito civil e penal, como a seguir se exemplifica. Consiste nomeadamente no propósito de se exercer sobre uma coisa, como seu titular, o direito correspondente ao domínio de facto *[corpus]*.

Animus abutendi – intenção de abusar.

Animus aemulandi – intenção de imitar.

Animus adjuvandi – intenção de ajudar.

Animus aliena negotia gerendi – intenção de gerir negócios alheios.

Animus apropriandi – intenção de apropriar-se.

Animus caluniandi – intenção de caluniar.

Animus cancellandi – intenção de anular.

Animus capiendi – intenção de tomar; de se apoderar de uma coisa.

Animus celandi – intenção de ocultar.

Animus confitendi – intenção de confessar. – A intenção de confessar não é relevante perante a nossa lei, por não ser necessário para a sua validade que o confitente tenha tido, ou não, tal intenção.

Animus consulendi – intenção de consultar.

Animus contrahendi – intenção de contratar. – Consiste no elemento psicológico como base para a formação de um contrato, ou seja, o propósito de se fazer um contrato, dando origem à constituição de uma obrigação.

Animus corrigendi – intenção de corrigir.

Animus damni vitandi – intenção de evitar dano.

Animus decipiendi – intenção de enganar, de iludir. – Verifica-se no negócio simulado, no qual é necessário que ocorram três requisitos cumulativos: a) divergência entre a vontade real e a vontade declarada; b) intuito de enganar terceiros *(animus decipiendi)*; c) acordo simulatório, ou seja, o acordo entre as partes com o fim de criar uma falsa aparência do negócio *(pactum simulationis)* [vide : artigo 240.º/1 do CC].

Animus defendendi – intenção de defender. – Intenção de defesa verifica-se, nomeadamente, quando se utiliza uma ação idónea para afastar uma agressão ilegal e atual.

Animus delinquendi – intenção de cometer o crime. – A intenção de cometer o crime traduz-se numa conduta com o desígnio de provocar um resultado danoso, sancionado pela lei penal.

Animus derelinquendi – intenção de abandonar. – O abandono, entre outros, tem o significado de um ato voluntário pelo qual se abdica de imediato da posse de uma coisa [vide: artigo 1267.º/1 do CC].

Animus difamandi – intenção de difamar. – É o propósito deliberado de ofender a honra ou consideração alheia.

Animus differendi – intenção de adiar.

Animus disponendi – intenção de dispor. – É a intenção de proporcionar ou permitir o uso de alguma coisa a outrem e também o ato de distribuir ou colocar essa coisa por alguma ordem.

Animus domini – intenção de ser dono. – É a vontade de se comportar como proprietário.

Animus donandi – intenção de doar. – É a intenção de fazer uma liberalidade, enriquecendo o donatário por vontade do doador.

Animus et excelsus omni est liber cura – o ânimo excelso é o remédio gratuito para tudo [Cícero, De Finibus, 1.49]. A frase de Cícero é, mais exatamente: "*robustus animus et excelsus omni est liber cura*" – o ânimo forte e elevado é o tratamento sem custo para tudo.

Animus falsandi – intenção de falsear a verdade.

Animus fraudandi – intenção de defraudar.

Animus furandi – intenção de furtar.

Animus injuriandi – intenção de injuriar; intenção de ofender a honra ou dignidade de outrem.

Animus insaeviendi – intenção de exercitar crueldade ou sevícia.

Animus jocandi – intenção de zombar, de brincar.

Animus laedendi – intenção de ferir ou lesar.

Animus lucrandi – intenção de lucrar. – É o intuito de obter acréscimo de bens ou de capitais, envolvidos num negócio ou atividade.

Animus manendi – vontade de permanecer. – Aplica-se à intenção de fixar residência definitiva.

Animus narrandi – intenção de narrar.

Animus necandi – intenção de matar. – Agir culposamente com vontade de tirar a vida de outra pessoa.

Animus nocendi – intenção de prejudicar, de causar um dano ilícito.

Animus novandi – intenção de inovar. – É a vontade de extinguir uma obrigação e de constituir, em seu lugar, uma outra.

Animus occupandi – intenção de ocupar. – Para que se verifique a aquisição por ocupação torna-se necessário que haja intenção de ocupar e se apreenda materialmente a coisa. Em termos genéricos, podem ser adquiridos por ocupação os animais e outras coisas móveis que nunca tiveram dono ou que foram abandonados, perdidos ou escondidos pelos seus donos, com as restrições previstas na lei [vide: artigo 1318º do CC].

Animus offendendi – intenção de ofender; intuito de lesar a honra e consideração devida a outrem.

Animus possidendi – intenção de possuir [elemento subjetivo da posse]. – É a intenção de exercer sobre a coisa um direito real próprio.

Animus prevaricandi – intenção de prevaricar.

Animus recipiendi – intenção de receber.

Animus reconciliandi – desígnio de reconciliação. – É a intenção de restabelecimento da vida em comum de cônjuges que se haviam separado de facto.

Animus remanendi – intenção de parar; de ficar para trás.

Animus renunciandi – intenção de renunciar. – É a intenção de perder ou de extinguir um direito por manifestação unilateral do respetivo titular.

Animus retinendi – intenção de reter.

Animus retorquendi – intenção de devolver. – É a intenção de devolver a ofensa ou responder à que lhe é feita com outra de idêntico grau ofensivo.

Animus sibi habendi – intenção de possuir para si.

Animus simulandi – intenção de simular.

Animus solvendi – intenção de pagar. – É a intenção do cumprimento de uma obrigação mediante uma prestação, que pode ser em dinheiro, bens ou serviços.

Animus tenendi – intenção de ter; de conservar.

Animus violandi – intenção de violar.

Anno Domini – no ano do Senhor *[da era de Cristo].*

Anno mundi – no ano da criação do mundo. Refere-se a uma forma de contagem do tempo, específica do calendário hebraico, segundo a qual os anos são contados a partir da criação Adão, que se teria supostamente verificado no ano de 3760 A.C.

Anno Urbis conditae – ano da fundação da Cidade. Refere-se à cidade de Roma, fundada em 753 A.C.

Annus gratiae – ano da graça. – O mesmo que *"annus Domini" [ano do Senhor]*, ou *"era da graça"*, para designar a contagem do tempo segundo o calendário ocidental, que foi organizado de forma a contar o suposto ano do nascimento de Cristo como ano 1.

Annus horribilis – ano horrível. – A expressão *"annus horribilis"* foi utilizada pelos opositores do dogma da infalibilidade papal para cognominar o ano de 1870, ano em que a igreja Católica Romana estabeleceu aquele dogma no Concílio Vaticano I, convocado por Pio IX; expressão que também foi utilizada pela Rainha Elizabeth II, num discurso em 1992, para designar este ano, atendendo a vários eventos nefastos que atingiram a família real. – A locução é o oposto de *"annus mirabilis" [ano maravilhoso]* que é aquele ano raro em que só acontecem coisas boas.

Annus inceptus pro completo habetur – ano começado é contado como completo.

Annus luctus – ano de luto.

Annus mirabilis – ano maravilhoso. – Ano em que tudo correu às mil maravilhas.

Ante diem – antes do dia; antes do prazo; antes do tempo.

Ante meridiem – antes do meio-dia.

Ante nuptias – antes do casamento.

Ante obitum nemo beatus dici potest – ninguém pode ser declarado santo antes de morrer.

Ante tempus debita exigi non possunt – as dívidas não se podem exigir antes do tempo *[do prazo].*

Antecedens vult, qui vult consequens – quer o antecedente quem quer o consequente.

Antique – antigamente, segundo o antigo costume. – Também se usa com o mesmo significado a expressão *"ab antiquo"*.

Antiqui mores serventur – os costumes antigos devem ser respeitados.

Antiquorum tamen vitiorum remanent vestigia – dos vícios antigos remanescem vestígios [Séneca, o Velho, Controversiae, 2.2].

Aperta veritas – a verdade manifesta; a verdade nua e crua.

Apertis verbis – por palavras claras. – Utiliza-se a expressão, nomeadamente para referir a clareza de uma norma ou de uma regra.

Apices iuris non sunt iura – as minúcias do direito não constituem o direito.

Appellatio admittenda videtur in dubio – na dúvida deve admitir-se a apelação.

Appellatio est provocatio ad maiorem iudicem – a apelação é provocação a um juiz superior.

Appellatione interposita, sive ea recepta sit sive non, medio tempore nihil novari oportet – interposta a apelação, tenha ela sido aceita ou não, nesse meio tempo é preciso que nada seja modificado [Ulpiano, Digesto, 49.7.1].

Appetitus rationi pareat – o apetite *[desejo]* deve subordinar-se à razão.

Approbare censetur rem, vel personam, qui ea utitur – julga-se aprovar a coisa, ou a pessoa, quem dela usa.

Approbare quis non potest, quod semel impugnavit – alguém não pode aprovar aquilo que uma vez impugnou.

Approbari debet ab omnibus, quod omnes tangit – aprovado deve ser por todos o que a todos diz respeito.

Approbat qui non improbat – aprova quem não reprova.

Approbatione totius, quaelibet ejus pars approbata censetur – a aprovação do todo importa a de cada uma das partes.

Approbatum semel, no potest amplius reprobari – aprovado uma vez, não pode mais ser reprovado.

Apto tempore – no tempo certo; no momento próprio.

Apud – junto de. – Aplica-se para citar um autor ou uma obra.

Apud acta – junto aos autos *[de um processo]* ou segundo os autos.

Apud creditorem, maior quam apud debitorem debiti memoria – a lembrança da dívida é maior no credor do que no devedor.

Apud iudicem – jundo do juiz.

Apud Platonem – segundo Platão.

Apud populum – junto do povo.

Apud se esse – estar em si ou estar senhor de si.

Aqua profluens – água corrente; curso de água. – Aplica-se a propósito das águas sobejas provindas de prédio superior, cujo aproveitamento pelo prédio para onde se escoam, durante o tempo necessário à usucapião, confere ao utente um direito de propriedade sobre tais águas.

Aquila non capit muscas – a águia não caça moscas. – Emprega-se para exprimir que um espírito superior não se ocupa de coisas menores.

Arbiter nihil extra compromissum facere potest – o árbitro nada pode fazer fora dos limites do compromisso [Paulo, Digesto, 4.8.32.21].

Arbitrio iudicis relinquitur quod in iure definitum non est – ao arbítrio do juiz se deixa o que por direito não é definido.

Arbitrio suo – por seu arbítrio; por sua decisão.

Arbitrium est iudicium – o arbítrio é um julgamento.

Arbitrium est iudicium boni viri, secundum aequum et bonum – arbítrio é o juízo [julgamento] de um homem bom, feito segundo a equidade e o bem.

Arbitrium iudicis – arbítrio do juiz.

Arbitrum familiae herciscundae postulare – requerer um árbitro para a partilha.

Arbor civilis – árvore cívica; árvore genealógica. – Elenco histórico dos antepassados de um indivíduo ou família.

Arbor scientiae – árvore da ciência. – Também conhecida como *"árvore do conhecimento do bem e do mal" (lignumque scientiae boni et mali),* que foi plantada no Jardim do Éden, segundo o relato bíblico, tendo os seus frutos sido proibidos ao homem por Deus [Bíblia, Génesis, 2.9; 2.17].

Arcana imperii – os segredos de Estado. – Os segredo de Estado abrangem, genericamente, os factos cuja revelação possam causar dano à segurança, interna ou externa, ou à defesa da ordem constitucional de um determinado Estado. O regime do segredo do Estado Português encontra-se previsto na Lei Orgânica n.º 2/2014, de 6/8 [atualizada pela Lei n.º 1/2015, de 8/1].

Arcanum arcanorum – o segredo dos segredos. – Diz-se daquele segredo que se conserva escrupulosamente, de acesso a um restrito número de pessoas, geralmente familiares, relativamente a um evento passado ou a um procedimento futuro, como o inerente ao processo de fabrico de uma máquina ou de confeção de um alimento ou iguaria.

Arcus nimis intensus rumpitur – arco demasiado tenso parte. Rigor excessivo traz reação exagerada.

Arcus pluvius – o arco-íris.

Ardenter et constanter – com ardor e constância.

Ardentia verba – palavras inflamadas.

Area non aedificandi – área em que não se pode construir. – A área *"non edificandi"* é o espaço incluído em terreno rústico, inserido ou confinante com a orla marítima, zona de autoestradas, edifícios públicos, partes históricas, etc., em relação ao qual se verificam proibições ou condicionantes à edificação, construção, transformação, ocupação e uso do solo.

Argento oboediunt omnia – ao dinheiro tudo obedece.

Argentum et aurum faciunt recta curva – a prata e o ouro fazem retas as coisas curvas.

Arguere aliquem coram – acusar alguém na sua presença.

Argumenta afferre – apresentar provas.

Argumenta contra – argumentos contrários.

Argumenta ex vano – argumentos sem fundamento.

Argumenta ignota et obscura ad lucem rationis proferunt, et reddunt splendida – os argumentos trazem à luz da razão coisas desconhecidas e obscuras, e tornam-as brilhantes.

Argumenta ponderantur, non numerantur – os argumentos ponderam-se, não se enumeram.

Argumenta solvere – destruir provas.

Argumentandi causa – para argumentar.

Argumentandi gratia – para argumentar.

Argumentum a baculo – argumento de bastão. – O mesmo que *"argumentum baculinum"*.

Argumentum a contrario – argumento em sentido contrário; apelo do contrário. – Argumento de interpretação que considera válido ou permitido o contrário do que tiver sido proibido ou limitado. É um recurso utilizado como forma de resolver problemas não contemplados por um determinado sistema jurídico.

Argumentum a simili – argumento baseado na semelhança; argumento baseado na analogia.

Argumentum ab auctoritate est fortissimum in lege – o argumento derivado da autoridade tem grande força no direito. – É o argumento que se afirma com base na opinião de autores de reconhecido mérito que defenderam o mesmo ponto de vista ou teoria.

Argumentum ab impossibili valet in lege – argumento derivado da impossibilidade é válido no direito.

Argumentum ad absurdum – argumentação por absurdo. – Diz-se da refutação de uma proposição mostrando que ela conduz a absurdas ou insustentáveis consequências. O mesmo que *"redutio ad absurdum"*.

Argumentum ad captandum vulgus – argumento para atrair a multidão.

Argumentum ad crumenam – argumento à bolsa; apelo ao lucro para obter a concordância de alguém. – É o engano de admitir que dinheiro é o critério da verdade; que quem tem poder económico tem mais ensejo para ser considerado como detentor da verdade. Trata-se do oposto ao *"argumentum ad lazarum"*.

Argumentum ad feminam – argumento dirigido à mulher; argumento para atrair o interesse da mulher.

Argumentum ad hominem – argumento dirigido ao homem. – Argumento que visa a pessoa do adversário, procurando convencê-la com as suas próprias palavras, os seus atos, as suas opiniões, retirando delas consequências que contradigam a solução que ela defenda. A expressão também é utilizada na forma simplificada *"ad hominem"* e na forma *"ad hominem argumentum"*, sendo que modernamente é utilizada sobretudo no sentido de um ataque contra o carácter de um oponente visando mais os seus sentimentos ou interesses do que a questão em debate.

Argumentum ad ignorantiam – argumento contra a ignorância. – Argumento baseado no desconhecimento dos factos pelo adversário.

Argumentum ad individuum – argumento dirigido [contra] a pessoa.

Argumentum ad infinitum – argumentação até ao infinito. – É a argumentação constituída de infinitos passos lógicos, ou seja, uma argumentação sem fim. A falácia do *"argumentum ad infinitum"*, assim como a do *"argumentum ad nauseam"*, consiste no pressuposto *[errado]* de que, se ninguém rebate uma afirmação *[ou ideia]*, ela está correta e a de que quanto mais nela se insistir, ou se repetir, mais correta ou verdadeira se torna.

Argumentum ad invidiam – argumento *[apelo]* a invejar.

Argumentum ad iudicium – argumento *[apelo]* para julgamento *[de alguém]*.

Argumentum ad lapidem – recurso *[apelo]* à pedra; argumento da estupidez. – Trata-se de uma falácia lógica que desqualifica uma afirmação acusando-a de ser absurda ou falsa sem, no entanto, dar uma explicação no sentido de a abalar.

Argumentum ad lazarum – o apelo à pobreza; à compaixão. – É o engano de admitir que o pobre é mais íntegro e veraz que o rico. Esta falácia é a oposta à do *"argumentum ad crumenam"*.

Argumentum ad Lunam – apelo para a Lua. – Usa-se a expressão de *"argumentum ad Lunam"* para exercitar o raciocínio de que se conseguimos colocar o homem na Lua também podemos alcançar um outro desiderato difícil, como o de acabar com a guerra ou com a fome no mundo. Baseia-se numa falsa analogia.

Argumentum ad metum – argumento do medo. – É um ardil em que o agente busca sustentáculo para uma ideia, ou causa, através de sofismas ou falácias, no propósito de aumentar o medo e o preconceito contra um adversário. O apelo ao medo é comum em política. O mesmo que *"argumentum ad terrorem"*.

Agumentum ad misericordiam – recurso à misericórdia. – Também se usa a expressão simplificada *"**ad misericordiam**"*, argumento baseado no apelo às emoções, ou que clama por compaixão. Trata-se de uma falácia lógica que envolve um apelo irrelevante ou altamente exagerado à piedade ou simpatia.

Argumentum ad nauseam – argumentação até provocar náusea – Trata-se da argumentação por repetição insistentemente da mesma afirmação ao ponto de causar aborrecimento. Este argumento assemelha-se ao *"**argumentum ad infinitum**"*, que é a argumentação constituída de infinitos passos lógicos, ou seja, uma argumentação sem fim. A falácia do *"argumentum ad infinitum"*, assim como a do *"argumentum ad nauseam"*, consiste no pressuposto *[errado]* de que, se ninguém rebate uma afirmação *[ou ideia]*, ela está correta e a de que quanto mais nela se insistir, ou se repetir, mais correta ou verdadeira se torna.
O *"argumentum ad nauseam"* pode ser sintetizado na famosa frase, atribuída a Joseph Goebbels (político alemão apoiante de Adolfo Hitler) – *"uma mentira repetida mil vezes transforma-se em verdade"*. Independentemente de se tratar de proposição verdadeira ou falsa, o martelar constante de determinadas afirmações pode ser eficaz para produzir crenças, que gradativamente se consolidam no indivíduo e na sociedade, convertendo-se em *"verdades"* incontestáveis.

Argumentum ad populum – apelo ao povo.

Argumentum ad rem – argumento quanto à coisa *[discutida]*.

Argumentum ad terrorem – argumento do terror; apelo ao sentimento de medo. – É um ardil em que o agente procura sustentáculo para uma ideia, ou causa, através de sofismas ou falácias, no propósito de aumentar o medo e o preconceito contra um adversário. O apelo ao medo é comum em política. O mesmo que *"argumentum ad metum"*.

Argumentum ad verecundiam - apelo à vergonha *[ao pudor ou à consciência]*.

Argumentum baculinum - argumento do bastão. - É o estratagema do apelo à força ou à provocação do medo humano para conseguir a aceitação de uma atitude ou ideia.

Argumentum est ratio quae dubiae rei fidem faciat - argumento é um raciocínio que dá credibilidade a uma coisa duvidosa [Cícero, Topica, 64]. - Cícero complementava a sua explicação dizendo: *"Multa enim sunt quae faciunt fidem, sed quia rationes non sunt, ne argumenta quidem esse possunt, ut visus facit fidem his quae videntur, sed quia ratio non est visus, ne argumentum quidem esse potest"* - na verdade muitas são as coisas que fazem fé, mas porque não são raciocínios não podem ser argumento algum, tal como o que é visto faz fé para aqueles que viram as coisas, mas porque o raciocínio não é visão não pode esta ser qualquer argumento.

Argumentum ex concesso - argumento pelo concedido *[pelo opositor]*. - Um argumento baseado nos pontos com que o adversário já concordou.

Argumentum ex silentio - argumento pelo silêncio. - Pretender comprovação originada no silêncio.

Argumentum in contrario - um argumento em sentido contrário.

Argumentum maioris ponderis - um argumento do maior peso.

Argumentum pari - um argumento baseado em semelhança.

Arma armis propulsantur - armas repelem-se com armas.

Arma armis repellere licet - é lícito repelir as armas usando armas. - O mesmo que *"vim vi repellere licet"* - é lícito repelir a força com a força.

Arma nesciunt leges - as armas não conhecem leis.

Arma non servant modum - as armas não conhecem limites.

Arma pacis fulcra - as armas são os sustentáculos da paz.

Arma virumque cano - Eu canto as armas e o homem (varão) [Virgílio, Eneida, 1.1]. - O início da Eneida, de Virgílio, poema épico que glorifica a história e a grandeza do povo romano e no qual Camões se inspirou para escrever *"Os Lusíadas"*.

Armaque in armatos sumere iura sinunt - as leis autorizam tomar armas contra inimigos armados [Ovídio, Ars Amatoria, 3.490].

Armis et castris – com armas e bagagens.

Arripere verba de foro – servir-se dos termos forenses.

Arrogantia odium parit – a arrogância gera ódio.

Arrogare sibi sapientiam – arrogar-se de sapiente.

Ars cogitandi – a arte de pensar *[a lógica]*.

Ars dicendi – a arte de dizer *[a retórica]*.

Ars disserendi – a arte de falar *[a dialética]*.

Ars docendi – a arte de ensinar.

Ars est celare artem – a arte está em esconder o artifício.

Ars litigandi – a arte de pleitear em juízo.

Artes ingenuae – belas artes.

Artes liberales – artes liberais.

Artes sordidae – artes mecânicas.

Asinus in cathedra – é um burro na cátedra. – Diz-se do ignorante que quer dar lições aos outros.

Asserere manu in libertatem – conduzir pela mão para a liberdade. – No antigo direito romano aquele que pretendia libertar um escravo levava-o pela mão perante um juiz para confirmar a libertação.

Assidua stilla saxum excavat – a gota contínua perfura a pedra [Erasmo, Adagia, 3.3.3].

Assiduitas durissima vincit – a persistência vence as coisas mais difíceis.

Assuetudo omnia reddit facilia – o hábito torna fáceis todas as coisas.

Assuetum relinquere difficile est – é difícil abandonar um costume. – O costume é como que uma segunda natureza.

Ater dies – um dia infeliz.

Attica fides – fidelidade de ateniense; fidelidade a toda prova.

Auctionem constituere – vender em hasta pública.

Auctionem proscribere – anunciar uma hasta pública.

Auctor – autor *[de uma ação ou processo]*. – Aquele que vai a juízo, apresentando demanda para ver reconhecido ou acautelado um direito.

Auctor sequitur forum rei – o autor deve seguir [intentar a ação no tribunal] o foro da coisa.

Auctor sucessionis – o autor da sucessão. – Autor da sucessão é aquele de que provêm os direitos e obrigações numa declarada herança.

Auctori cognita techna nocet – astúcia conhecida prejudica o seu autor.

Auctori incumbit probatio – a prova compete ao autor. – Aquele que acusa ou demanda tem de provar o que alega.

Auctoritas – autoridade. – É o poder de unilateralmente exigir uma conduta de outrem, que esteja sujeito ao dever de a acatar.

Auctoritas prudentum – a autoridade dos sábios; a autoridade dos jurisconsultos.

Auctoritates maiorum non sunt contemnendae – as opiniões dos mais velhos não devem ser desprezadas.

Aucupia verborum sunt iudice indigna – subtilezas capciosas são indignas de um juiz.

Audaces fortuna juvat – a fortuna *[sorte]* favorece os audazes.

Audemus iura nostra defendere – ousemos defender nossos direitos.

Audentes fortuna juvat – a sorte ajuda os audazes.

Audi alteram partem – ouve a outra parte. – Princípio do contraditório, que consiste na audição prévia da parte contrária a qualquer decisão que a possa afetar ou prejudicar. Porque cada uma das partes tem no processo um interesse distinto, senão antagónico, da outra parte, apresentando ao tribunal uma perspetiva unilateral da facticidade em discussão e do direito aplicável, o juiz apenas fica habilitado a exercer o seu poder decisório depois de recolher as versões de ambas as partes e de as confrontar com o entendimento que, de facto e de direito, entenda de acolher [vide: artigo 3.º do CPC].

Audi multa, loquere tempestiva – ouvir muitas coisas, falar coisas oportunas.

Audi utramque partem, et recte iudica – ouve ambas as partes e julga com honestidade.

Audi, vide, tace, si vis vivere in pace – ouve, vê e cala, se queres viver em paz.

Audiatur et altera pars – oiça-se também a outra parte. – O mesmo que *"audi alteram partem"*. A obrigatoriedade de audição da parte contrária conduz a que a lei coloque especiais cuidados quanto à sua citação ou notificação e preveja sanções para a sua falta como a declaração de nulidade do ato.

Audit quod non vult qui pergit dicere quod vult – ouve o que não quer aquele que insiste em dizer o que quer. – Quem diz o que quer, ouve o que não quer.

Aura popularis – aura popular; a popularidade ou o favor do povo. – Camões em *"Os Lusíadas"* reporta-se à aura popular, nos famosos versos:
"Ó glória de mandar! Ó vã cobiça / Desta vaidade a quem chamamos fama!
Ó fraudulento gosto, que se atiça / Cua aura popular que honra se chama!"

Aurea mediocritas – áurea mediocridade. – A mediocridade era vista pelos escritores do século XVI como condição para a felicidade e traduzia-se em levar uma vida calma e descontraída, em contacto com a natureza e com o que ela oferece, longe das cidades e de uma vida turbulenta para o corpo e atribulada para o espírito. Foi com esse espírito que, em 1867, Alexandre Herculano se retirou definitivamente da cidade para a Quinta de Vale de Lobos [Azoia de Baixo, Santarém] para se dedicar essencialmente à agricultura como produtor de azeite, como ele próprio havia de dizer, *"ancorado no porto tranquilo e feliz do silêncio e da tranquilidade"* [in Advertência prévia a Opúsculos I].

Aures habent et non audient – têm ouvidos e não ouvem [Bíblia, Salmos, 115 (113 B).6].

Auri sacra fames – execrável fome de oiro [Virgílio, Eneida, 3.57]. – Expressão de Virgílio, na Eneida. – A ganância amaldiçoada do dinheiro é uma feição de análise semelhante à que exprime a seguinte máxima de S. Paulo: *"Radix enim omnium malorum est cupiditas"* – a raiz de todos os males é o amor ao dinheiro [Bíblia, Paulo, Primeira Carta a Timóteo, 6.10].

Auro suadente, nil potest oratio – quando o ouro persuade, de nada vale a palavra.

Austriae Est Imperare Orbi Universo – cabe à Áustria reinar sobre todo o Universo. – **[A. E. I. O. U.]** abreviatura da legenda simbólica da casa imperial da Áustria. – Frederico III da Áustria, casado com a princesa portuguesa D.ª Leonor, filha de D. Duarte de Portugal, movido pelo delírio das grandezas, mandou estampar nas paredes do palácio imperial, na baixela, nos livros e em toda a parte, a sigla AEIOU.

Aut est aut non est – ou é ou não é.

Aut vincere aut mori – ou vencer ou morrer.

Auxilium in periculo – auxílio no perigo. – Divisa de várias corporações de bombeiros.

Avis rara – ave rara. – Diz-se da pessoa ou coisa que aparece, ou se vê, raras vezes.

Avis sinistra – ave de mau agoiro; mau presságio.

B

Barba non facit philosophum – a barba não faz o filósofo [decorre de Aulus Gellius, Noctes Atticae, 9.2.1 a 5]. – De outro modo, costuma-se dizer que *"o hábito não faz o monge"*.

Beati pauperes spiritu – Bem-aventurados os pobres de espírito [Bíblia, Mateus, 5.3]. – Bem-aventurados os pobres de espírito, isto é, os que possuem espírito de pobreza – palavras de Cristo no Sermão da Montanha.

Beati possidentes – afortunados os que têm a posse. – Expressão para significar que, com vista a reivindicar o direito à propriedade sobre uma coisa, o melhor é começar por ter a posse dela.

Bella matribus detestata – as guerras são detestadas pelas mães [Horácio, Carmina, 1.1.24].

Belle negandum est – deve-se recusar com delicadeza [Cícero, Commentariolum Petitionis, 45.9].

Beneficium accipere, libertatem est vendere – aceitar um benefício é vender a liberdade [Publílio Siro, Sententiae]. – Aceitar uma benesse é aceitar um favor que, com favor, se paga.

Beneficium competentiae – privilégio da capacidade. – O *"beneficium competentiae"* era uma instituição relevante no direito romano, pela qual se protegia o interesse do devedor e que consistia no facto de o devedor poder exigir a redução da prestação com fundamento nas suas condições pessoais, designadamente na precária situação económica em que o cumprimento o deixaria. – Hoje, o devedor não goza deste benefício, pois que tal iria contra o princípio base de que lhe cabe cumprir integralmente a obrigação nos termos em que foi constituída [artigo 763.º do CC].

Beneficium dando accepit, qui digno dedit – recebeu um benefício, aquele que deu a quem é digno [Publílio Siro, Sententiae].

Beneficium ecclesiasticum non potest licite sine institutions canonica obti-

neri – um benefício eclesiástico não pode ser licitamente obtido sem instituição canónica [Decretais de Bonifácio VIII, Liv. V, Tit. XII, De Regulis Juris, I].

Beneficium excussionis – benefício da excussão. – O benefício da excussão é o direito que cabe ao fiador de se opor à execução dos seus bens enquanto não se encontrarem excutidos todos os bens do devedor principal e ainda, se feita a excussão, se provar que o crédito não fora satisfeito por culpa do credor, por não ter atuado com a diligência devida na cobrança do mesmo crédito [vide: artigos 638.º a 643.º do CC].

Beneficium inventarii – a benefício de inventário. – A aceitação da herança a benefício de inventário, que se verificava no direito antigo e se verifica no atual, tem significado muito diferente na lei presente e apresenta importância apenas para efeitos de prova, gerando a presunção de que a herança não compreende outros bens nem outros ónus além dos inventariados [vide: artigos 2052.º e 2053.º do CC].

Beneficium juris nemini est denegandum – a ninguém deve ser negado o benefício do direito. – De acordo com este princípio, a artigo 20.º, n.º 1, da Constituição da República Portuguesa, e demais normas da legislação comum, garantem que a todos é assegurado o direito a que a sua causa seja submetida a juízo, para a declaração e o exercício de direitos, através dos meios processuais adequados, de modo a obter, em prazo razoável, uma decisão judicial que aprecie com força de caso julgado a pretensão regularmente deduzida, sendo que tal garantia constitucional implica o direito ao patrocínio judiciário, sem limitações ou entraves decorrentes da condição social ou económica do autor.

Beneficium legis frustra implorat, qui committit in legem – o benefício da lei em vão invoca quem procede contra a lei.

Beneficium non confertur invito – não se concede benefício a quem não o deseja.

Bene vulgo audire est alterum patrimonium – ter boa opinião pública *[reputação]* é um segundo património.

Benigna interpretatio – interpretação benévola ou favorável; interpretação segundo a equidade.

Bibe cum gaudio vinum tuum – bebe o teu vinho com satisfação [Bíblia, Eclesiastes, 9.7].

Bis dat qui cito dat – dá duas vezes quem dá depressa [Erasmo, Adagia, 1.8.91]. – Pensamento que significa que a dádiva a quem precisa tem mais valor se feita com prontidão.

Bis de eadem re ne sit actio – não pode haver ação duas vezes sobre a mesma coisa. – Tem razão semelhante a *"ne bis* *in idem*" ou "*non bis in idem*". – O "*ne bis in idem*" tem especial aplicação em matéria de direito penal: ninguém pode ser condenado duas vezes pelo mesmo facto. Também se aplica no direito fiscal: não se podem cobrar dois tributos pelo mesmo facto gerador. Além disso, em direito civil também não pode haver duas ações iguais sobre a mesma matéria, sob pena de litispendência ou caso julgado.

Bis in idem – duas vezes contra a mesma coisa.

Bis repetita placent – as coisas que agradam repetem-se outra vez. – Utiliza-se mesmo a expressão "*bis*" para se pedir a repetição do que se acabou de ouvir.

Bona causa nullum iudicem verebitur – uma causa honesta não temerá nenhum juiz [Publílio Siro, Sententiae].

Bona est lex si quis ea legitime utatur – boa é a lei se dela se usar com legitimidade. – O bom uso da lei pressupõe a sua utilização segundo a finalidade para que foi instituída e não para qualquer outro fim que dela se afaste.

Bona fide – de boa fé. – Diz-se do comportamento na relação jurídica pautado pela atuação de uma pessoa de bem, de uma pessoa que é correta, fiel, honesta e leal. – Tal comportamento é exigido pela ordem jurídica, pois que segundo o artigo 227º/1, do Código Civil, "*quem negoceia com outrem para conclusão de um contrato deve, tanto nos preliminares como na formação dele, proceder segundo as regras da boa fé, sob pena de responder pelos danos que culposamente causar à outra parte*".

Bona fides contraria est fraudi et dolo – a boa fé é contrária à fraude e ao dolo.

Bona fides est primum mobile ac spiritus vivificans commercii – a boa fé é o primeiro móbil e o espírito vivificante do comércio. – Nos sistemas jurídicos oriundos do direito romano a boa fé está consagrada como um princípio geral, que também se afirma como princípio orientador e vivificador da cena mercantil.

Bona fides exigit ut quod convenit fiat – a boa fé exige que se faça o que foi combinado [Javoleno, Digesto, 19.2.21].

Bona fides in contractibus est servanda – a boa fé deve ser observada nos contratos. – A boa fé contratual pode dizer-se que se traduz em comportamentos de lealdade e correção que vão de encontro aos interesses legítimos que as partes intentaram prosseguir com a celebração do negócio jurídico.

Bona fides non patitur, ut bis idem exigatur – a boa fé não admite que se exija duas vezes a mesma coisa [Gaio, Digesto, 50.17.57].

Bona fides non patitur, ut semel exactum iterum exigatur – a boa fé não permite que o que foi cobrado uma vez seja novamente exigido [Decretais de Bonifácio VIII, Liv. V, Tit. XII, De Regulis Juris, LXXXIII]. – Os dois princípios que antecedem são equivalentes e mostram que nesta, como em muitas outras matérias, os princípios do "Corpus Juris Civilis" e do "Corpus Juris Canonici" se harmonizam.

Bona fides semper praesumitur, nisi mala adesse probetur – a boa fé sempre se presume, a não ser que se prove que existe má fé. – A presunção da boa fé é um princípio fundamental em toda a relação humana, quer seja na mera convivência social, quer no mundo do trabalho, quer no cenário da política, quer em sede dos negócios. Este universo de relações estaria condenado ao insucesso se não fosse de admitir, como regra, a existência de boas intenções nos comportamentos humanos.

Bona fides tantumdem possidenti praestat, quantum veritas, quotiens lex impedimento non est – a boa fé aproveita ao possuidor tanto quanto a verdade [seja verdadeira], sempre que a lei não o impeça [Paulo, Digesto, 50.17.136].

Bona fiscalia – os bens públicos.

Bona fortuna saepe in malum vertitur – a boa sorte muitas vezes acaba mal.

Bona gratia – por mútuo consentimento.

Bona immobilia – bens imóveis; bens de raiz. – Entende-se por imóveis, segundo o nosso direito civil, os prédios rústicos e urbanos com todas as coisas e direitos a eles ligados [vide: artigo 204.º do CC].

Bona intelleguntur cuiusque, quae deducto aere alieno supersunt – entende-se por bens de alguém aquelas coisas que sobram deduzida a dívida [Paulo, Digesto, 50.16.39.1]. – É uma noção de "*bens*" reportada ao património líquido do seu titular.

Bona mobilia – bens móveis. – Entende-se por móveis, segundo o nosso direito civil, todas as coisas não consideradas imóveis [vide: artigo 205.º do CC].

Bona peritura – bens perecíveis. – Bens perecíveis são bens que se adulteram, rápida ou lentamente, mesmo sem uso, tendendo ao desaparecimento. São bens perecíveis nomeadamente as coisas consumíveis que são "*as coisas cujo uso regular importa a sua destruição ou a sua alienação*" [vide: artigo 208.º do CC].

Bona praedia – bens hipotecados. – São bens, imóveis ou móveis *[automóveis, navios ou aeronaves]* do devedor, onerados com a garantia real, devidamente registada, de o seu valor responder perante determinado credor com preferência sobre os restantes credores.

Bona publica – bens públicos; bens que se encontram na titularidade do Estado.

Bona vacantia – bens abandonados. – Bens abandonados, ou bens vagos, são os bens que não têm proprietário conhecido ou que não são reclamados por ninguém.

Bona vacantia ad fiscum pertinent – os bens vacantes pertencem ao fisco [Juliano, Digesto 30.96.1]. – Segundo o direito civil português, as coisas imóveis sem dono conhecido, como poderá ser o caso das abandonadas, consideram-se património do Estado [vide: artigo 1345.º do CC]. As coisas móveis abandonadas ou que nunca tiveram dono, ou foram perdidas ou escondidas pelos seus donos, podem ser adquiridas por qualquer pessoa por ocupação, com as restrições previstas na lei [vide: artigo 1318.º do CC]. Em termos genéricos, também os imóveis podem ser adquiridos por usucapião pelas pessoas singulares [vide: artigo 1316.º do CC].

Bonae fidei emptor esse videtur qui ignoravit eam rem alienam esse, aut putavit eum qui vendidit ius vendendi habere, puta procuratorem aut tutorem esse – considera-se comprador de boa fé aquele que ignorava que a coisa era alheia, ou julgava que quem vendia tinha o direito de vender, por exemplo como sendo procurador ou tutor [Modestino, Digesto, 50.16.109].

Bonae fidei hoc congruit, ne de alieno lucrum sentiat – é próprio da boa fé o que concorre para que não se aufira lucro do alheio [Ulpiano, Digesto, 17.1.10.3].

Bonae fidei non congruit de apicibus juris disputare – não é próprio da boa fé discutir subtilezas do direito.

Bonae fidei non congruit qui de alieno lucrum sentiat – não procede de boa fé quem aufere lucro do alheio [é outra leitura do princípio *uti supra* de Ulpiano].

Bonae fidei possessor – possuidor de boa fé.

Bonae fidei possessor fructus suos facit – o possuidor de boa fé faz seus os frutos. – O possuidor que estiver de boa fé faz seus os frutos naturais percebidos até ao dia em que tiver conhecimento de estar a lesar, com a sua posse, o direito de terceiro e também os frutos civis correspondentes ao mesmo período [vide: artigo 1270º/1 do CC].

Bonae leges ex malis moribus procreantur – as boas leis são criadas por causa de maus costumes [Erasmo, Adagia, 1.10.61].

Boni iudicis est causas litium dirimere – é dever do bom juiz decidir as questões dos debates jurídicos.

Boni iudicis est iudicium sine dilatione mandare executioni – é dever do bom juiz encaminhar sem demora a sentença para execução.

Boni mores – bons costumes; princípios da boa-fé. – Representam o conjunto de normas de natureza ética que as pessoas, honestas e bem formadas, aceitam como regras de boa convivência no meio social onde se mostram inseridas.

Bono publico usucapio introducta est, ne scilicet quarundam rerum diu et fere semper incerta dominia essent – a usucapião foi introduzida para o bem público, com a finalidade de que certas coisas não ficassem por muito tempo e inteiramente sob domínio incerto. – A justificação coerente para o instituto da usucapião reside no interesse público, da comunidade, na certeza da existência dos direitos reais de gozo sobre as coisas e dos respetivos titulares, sendo que, em muitas situações, o único meio de prova seguro e possível reside numa posse pública, pacífica e protraída no tempo.

Bonum est ex integra causa; malum ex quovis defectu – o bem procede de causa íntegra; o mal vem de qualquer defeito. – O mesmo que *"bonum ex integra causa; malum ex quocumque defectu"*.

Bonum est nos hic esse – é bom nós estarmos aqui [Bíblia, Mateus, 17.4]. – Palavras pronunciadas por Pedro dirigindo-se a Jesus durante o milagre da Transfiguração.

Bonum vinum laetificat cor hominis – o bom vinho alegra o coração do homem. – Aforismo de inspiração na frase bíblica *"o vinho alegra a vida"* [Bíblia, Eclesiástico, 40.20].

Bonus – bónus. – O bónus pode considerar-se como um benefício suplementar concedido numa certa operação ou condição. Usa-se para designar a percentagem concedida pelo vendedor ao comprador, além do desconto usual, sobre a importância total da fatura, quando as compras atingiram um total acordado. – Dá-se também este nome aos dividendos extraordinários que algumas sociedades anónimas dão aos acionistas.

Bonus atque fidus iudex honestum praetulit utili – o juiz justo e íntegro prefere o honesto ao vantajoso [Horácio, Carmina, 4.9.40].

Bonus dolus est quo malus pellitur – dolo bom é aquele que repele o mau. – O mesmo que *"dolus bonus est quo malus pellitur"*.

Bonus dux bonum reddit comitem – um bom guia torna bom o companheiro [Erasmo, Adagia, 1.8.100].

Bonus esse non potest aliis malus sibi – não pode ser bom para os outros e mau para si.

Bonus iudex damnat improbanda, non odit – o juiz honesto condena as coisas censuráveis, não odeia [Séneca, De Ira, 1.16.6].

Bonus pastor animam suam dat pro ovibus suis – o bom pastor dá a própria vida pelas suas ovelhas [Bíblia, João, 10.11].

Bonus pater familias – o bom pai de família [Ulpiano, Digesto,7.1.9.2; Gaio, Digesto, 18.1.35.4 e Africano, Digesto, 40.4.22]. – Expressão utilizada pelos romanos para designar o homem tipo, o bom cidadão, o padrão do homem médio, para efeito de avaliação do grau de diligência exigível no cumprimento de obrigações. Expressões semelhantes são usadas nos textos do Digesto, Código de Justiniano e Institutas, tais como: *Diligens pater familias* (Pompónio, D., 35.1.111; Paulo, D., 13.7.14; Verónio, D., 45.1.137.2 e CJ, 2.41.1pr]; *Bonus et diligens pater familias* [Paulo, D., 38.1.20.1]; *Prudens et diligens pater familias* [Labeo, D., 19.1.54pr.]; *Diligentissimus pater familias* [Gaio, D., 13.6.18pr.]; *Studiosus pater familias* [Paulo, D., 22.3.25pr.]. – No direito moderno o "*bom pai de família*" entende-se como o homem normal, ou o cidadão comum, não só enquanto age no espaço da comunidade familiar como nos mais variados segmentos da vida de relação humana e que a lei tem em mente ao instituir os direitos e deveres das pessoas em sociedade. – Saber se alguém atuou ou não como um bom pai de família tem interesse nomeadamente para determinar a diligência que lhe era exigível e, em consequência, aferir da existência ou não de culpa na conduta assumida [vide: artigo 487.º do CC]. – Note-se que a palavra "*familias*" é a forma arcaica do genitivo de "*familia*", que se manteve através dos tempos, utilizada para o *pater*, mas também para outros membros da família. Assim, temos as expressões: *Mater familias* [Ulpiano, D., 11.7.20.2]; *Filius familias* [Paulo, D., 2.8.14; Ulpiano, D., 2.13.42; 2.14.7.18 e 5.1.15pr.] e *Filia familias* [Paulo, D., 2.14.21.3; Ulpiano, D., 3.3.8pr.], entre muitas encontradas nos textos antigos.

Por isso, não é correta a expressão "*bonus pater familiae*", que, por vezes, se vê utilizada na literatura forense, mas não nos mestres do Direito, como se passa a exemplificar.

O Prof. Inocêncio Galvão Telles, a propósito da apreciação da culpa em abstrato diz o seguinte: "Como se vê, o Código vigente, para dar corpo ao conceito de apreciação da culpa em abstrato, ou seja, de apreciação da culpa segundo um critério objetivo, adotou a locução «*bom pai de família*», diretamente extraída da correspondente locução romana – «bonus pater familias» –, de que igualmente lançara mão, na correspondente versão francesa, o Código Civil napoleónico ao mandar observar, no artigo 1137, n.º 1, *tous les soins d'un bon père de famille.*" [Direito das Obrigações, 7.ª ed., 352-353]. E o Prof. Antunes Varela sobre o mesmo tema – da distinção da *culpa em concreto* da culpa em abstrato – escreveu: «No primeiro caso, mede-se a culpa em concreto, pelo figurino real do próprio lesante; no segundo, determina-se a culpa em abstrato, pelo modelo de um homem-tipo, pelo padrão de um sujeito ideal, a que os romanos davam a designação prosaica de *bonus pater familias*, e que é, no fundo, o tipo de homem-médio ou normal que as leis têm em vista ao fixarem os direitos e deveres das pessoas em sociedade» [Das Obrigações em geral, I, 3.ª ed., 464]. [Vide: também F. Torrinha, Dicionário Latino-Português, ed., Marânus, pg. 326, onde o termo "*pater familias*" é utilizado, na indicação dos significados de "*familia*"].

Bonus praeceptor bonum discipulum facit – o bom professor faz o bom aluno.

Bonus quilibet praesumitur – bom qualquer se presume. – Costuma-se acrescentar: até prova em contrário.

Bonus vir nemo est, nisi qui bonus est omnibus – homem de bem só é quem é bom para todos [Publílio Siro, Sententiae].

Bonus vir non modo facere, sed ne cogitare quidem audebit, quod non audeat praedicare – o homem de bem não só não ousará fazer, mas nem mesmo pensar aquilo que não ousa proclamar [Cícero, De Officiis, 3.77].

Breve et irreparabile tempus omnibus est vitae – o tempo de vida é breve e irrecuperável para todos [Virgílio, Eneida, 10.467].

Brevi manu – com mão rápida; de pronto [Ulpiano, Digesto, 23.3.43.1]. – Dizia-se da entrega do dote pelo marido à mulher que era feita de mão para mão sem formalismos. – Usa-se também para significar que o tribunal atuou sumária e prontamente ou sem formalidade ou que aplicou uma pena benevolente em função da gravidade do crime praticado.

Brevi tempore – dentro de pouco tempo; em pouco tempo.

Breviarium – sinopse; sumário; resumo.

Breviculus – pequeno sumário.

Brevis est occasio lucri – a oportunidade de ganho passa rápida [Marcial, Epigrammata, 8.9.3].

Brevissime dies – o dia mais curto do ano.

Brevitatis causa – por causa da brevidade. – Aplica-se no discurso para exprimir que se pretende abreviar a exposição.

Brevitatis gratia – por amor à brevidade.

Breviter – em poucas palavras.

Bus illis – busílis. – A expressão resulta de outra mais completa "*in diebus illis*", abaixo explicitada no local próprio.

C

Cadit quaestio – cai a questão. – Diz-se do argumento que perde a força ou do assunto que está encerrado, por não caber mais discussão.

Caeca est in propriis rabulae sententia causis – é cega a sentença do rábula nas próprias causas. – Ninguém é bom juiz em causa própria.

Caecus non iudicat de colore – o cego não opina sobre a cor. – Não se deve falar do que se não sabe.

Caelum et terra transibunt, verba autem mea non praeteribunt – passarão o céu e a terra, mas não passarão as minhas palavras [Bíblia, Mateus, 24.35].

Calliditas non debet alicui prodesse, et alteri nocere – a astúcia não deve aproveitar a um e prejudicar a outro.

Capitis deminutio – diminuição da capacidade. – É uma expressão da lei romana para significar a extinção, no todo ou em parte, da capacidade jurídica de uma pessoa ou a perda, total ou parcial, dos direitos de cidadão. – Hoje a expressão também é usada para exprimir toda e qualquer diminuição na capacidade jurídica do indivíduo e ainda o regime discriminatório que atinge alguém na sua personalidade e carácter e sobretudo a diminuição ou perda da autoridade, quando desprestigiante ou desonrosa.

Carcere duro – em prisão rigorosa. – Utiliza-se para exprimir que a prisão deve ser penosa em determinados tipos de crimes, como os cometidos por assassinato, por atos de terrorismo, por associações mafiosas de tráfico de estupefacientes e de substâncias psicotrópicas, de sequestro para fins de roubo ou extorsão, de exploração da prostituição de menores, de manutenção em escravidão ou servidão, etc.

Caro de carne mea – carne da minha carne. – Diz-se de pessoa muito querida, muito íntima.

Carpamus dulcia – gozemos as coisas boas *[doces]*. – Máxima dos epicuristas.

Carpe diem – goza o dia; aproveita o momento.

Carpe diem, quam minimum credula postero – aproveite o dia de hoje e confia o mínimo possível no dia seguinte [Horácio, Carmina, 1.11.8]. – Para Horácio, a sabedoria consiste em conseguir aproveitar o presente, usufruindo intensamente seus momentos, sem preocupação com o dia de amanhã, sem pensar no que o futuro nos reserva, porque a vida é breve.

Castigat ridendo mores – castiga *[corrige]* os costumes rindo [Divisa da comédia, atribuída Jean de Santeuil].

Casus belli – caso de guerra. – Diz-se do facto suscetível de provocar e justificar uma guerra.

Casus exceptus firmat regulam in contrarium – o caso excetuado firma a regra em contrário.

Casus foederis – caso de aliança. – Diz-se do facto ou situação suscetível de desencadear o cumprimento de obrigações assumidas em virtude de um tratado ou aliança.

Casus fortuitus – caso fortuito. – Caso fortuito é o evento imprevisível que cria uma impossibilidade de cumprir um dever, não imputável à vontade do agente.

Casus fortuitus est qui humano consilio nullo praevideri potest – caso fortuito é o que por nenhum modo pode ser previsto pela perceção humana.

Casus fortuitus regulariter neminem obligat – o caso fortuito por regra não cria obrigação para ninguém.

Casus legis – o objeto da lei; o fim da lei.

Casus omissus pro omisso habendus est – um caso omisso deve ser tido como intencionalmente omitido. – Casos omissos ou lacunas da lei são aquelas relações da vida social que a lei não regula expressamente e, em princípio, porque não quis regular. Saber se deveria ter regulado será outra questão.

Causa agens in ipso pacto vestita – causa de agir no próprio pacto incorporada. – Tem aplicação quando a causa da celebração do contrato, ou a sua razão justificativa, decorre com clareza da própria formulação do negócio ou dos termos em que o negócio foi vertido. O que, por regra, acontece nos negócios nominados, que contêm já uma causa específica devidamente concretizada.

Causa causae est causa causati – a causa da causa é causa do causado. – A causa da causa deve ser considerada também como causa do efeito.

Causa causans – causa causante. – É a causa imediata ou determinante; a causa real e efetiva do dano; o último elo na cadeia da causalidade.

Causa cessante, cessat effectus – cessada a causa, cessa *[também]* o efeito. – O princípio pressupõe que o efeito não possa subsistir depois de cessada a causa, o que nem sempre acontece. O mesmo que *"cessante causa, cessat effectus"*.

Causa cognoscitur ab effectu – a causa conhece-se pelo efeito. – A causa é toda a ação geradora de um determinado resultado, aquilo que faz com que uma coisa ou evento aconteça. Por seu lado, efeito é tudo o que decorre de uma determinada ação, por ela se explicando ou justificando e sem a qual não se podia ter produzido. A causa conhece-se pelo efeito quando este dela promana numa relação única de conexão.

Causa criminalis non praeiudicat civili – a causa criminal não prejudica a civil. – Quando a responsabilidade civil está conexa com a criminal, pelo facto de estar em causa um ilícito com a dupla natureza de civil e criminal, o facto de o responsável vir a ser ilibado do ilícito criminal não significa que não seja responsabilizado pelo ilícito de natureza civil. Daí que a causa criminal não prejudica a causa civil. No nosso ordenamento jurídico, ao contrário de outros, o pedido de indemnização civil fundado na prática de um crime é deduzido no processo penal respetivo, só o podendo ser em separado, perante o tribunal civil, nos casos previstos na lei [vide: artigo 71.º do CPP]. E a lei é clara em assinalar que *"a decisão penal, ainda que absolutória, que conhecer do pedido civil constitui caso julgado nos termos em que a lei atribui eficácia de caso julgado às sentenças civis"* [vide: artigo 84.º do CPP].

Causa debendi – a causa da dívida. – É o negócio jurídico que determinou em concreto certa dívida.

Causa debet praecedere effectum – a causa deve preceder o efeito.

Causa efficiens matrimonii est mutuus consensus – a causa eficiente do matrimónio é o mútuo consentimento.

Causa essendi – a causa de ser.

Causa fiendi – causa de fazer.

Causa est ratio per quam aliquid datur vel fit – a causa é a razão pela qual se dá ou se faz alguma coisa.

Causa facit rem dissimilem – é a causa que distingue uma ação de outra [Juvenal, Satirae, 8.215].

Causa finita est – questão está encerrada.

Causa levis litem debet habere brevem – causa de pouca importância deve ter lide breve.

Causa mortis – a causa da morte. – Saber a causa da morte é determinar as razões, os fatores, traumatismos ou doenças que produziram o decesso de determinada pessoa. – Tem significado diferente de *"mortis causa"*, que significa *"por causa da morte"*. Por exemplo: o contrato sucessório é um negócio jurídico *"mortis causa"*, isto é, que só produz efeitos após o falecimento de uma das partes.

Causa patrocinio non bona peior erit – a causa não boa torna-se pior pelo patrocínio.

Causa petendi – causa de pedir; fundamento do pedido numa ação. – É o facto jurídico de que dimana o direito do autor, em face da pretensão material deduzida em juízo.

Causa proxima, non remota, spectatur – é a causa imediata que se considera, não a remota. – Esta máxima relativa à causalidade é de aplicar em termos gerais e significa que a causa mais próxima na ordem de causalidade, sem qualquer causa concomitante eficiente para produzir o resultado, deve ser considerada como a causa direta do evento. Por exemplo, se uma casa ruiu durante um violento furacão, a causa da sua perda deve ser atribuída às condições de mau tempo, independentemente de quaisquer outros fatores que possam ter contribuído para sua destruição.

Causa traditionis – causa da entrega.

Causa turpis – causa torpe.

Causae eventorum magis movent quam ipsa eventa – as causas dos acontecimentos comovem mais do que os próprios acontecimentos [Cícero, Ad Atticum, 9.5.2].

Causae finitae – litígios terminados.

Cave ab homine unius libri – cuidado com o homem de um só livro. – O mesmo que *"timeo hominem unius libri"*.

Cave canem – cuidado com o cão. – Inscrição gravada nos umbrais das casas romanas, cujo uso se transmitiu até aos nossos dias.

Cave canem ac dominum – cuidado com o cão e com o dono. – Expressão mais feliz, para os dias de hoje.

Cave illum semper qui tibi imposuit semel – acautela-te sempre de quem uma vez te enganou.

Cave ne cadis – cuidado não caias. – Usa-se em sentido figurado para chamar a atenção de alguém para tomar cuidado com determinado tipo de relação pessoal ou negocial.

Caveant consules ne quid detrimenti respublica capiat – acautelem-se os cônsules para que a república não sofra qualquer dano. – Palavras que constituíam uma fórmula pela qual, nos momentos de crise, o Senado romano investia os cônsules de um poder ditatorial.

Caveat populus – acautele-se o povo *[de quem o dirige ou governa para não ser enganado]*.

Cavendi nulla est dimittenda occasio – de precaver-se nenhuma ocasião deve ser desprezada [Publílio Siro, Sententiae]. – Coisas nefastas acontecem frequentemente num momento único de descuido da pessoa normalmente cautelosa.

Cavendum est etiam ne maior poena quam culpa sit et ne iisdem de causis alii plectantur, alii ne appellentur quidem – deve tomar-se cautela para que não seja a pena maior do que a culpa *[o crime]* e para que pelas mesmas causas não sejam, uns castigados e outros nem acusados [Cícero, De Officiis,1.89].

Cavendum ne fiat pro consilio convicium – cuidado para que não ocorra um insulto em lugar de um conselho [Erasmo, Colloquia Familiaria].

Cavendum vero est ne etiam in graves inimicitias convertant se amicitiae – é preciso cuidar para que as amizades se não convertam em graves inimizades [Cícero, De Amicitia, 78].

Cavendus dolus est – a má fé deve ser evitada [Salústio, Oratio Macri, 5].

Cavillationem cavillatione repellere licet – é lícito repelir a cavilação com a cavilação. – Se alguém usa de astúcia para nos enganar também podemos usar de astúcia para não sermos enganados.

Cedant arma togae concedat laurea laudi – as armas cedam às togas, a coroa de louros *[glória]* seja concedida pelo mérito [Cícero, De Officiis, 1.77]. – Pretende-se significar que os responsáveis políticos devem ser escolhidos pelos ideais que defendem e não através das armas.

Celeritas in malis optima – nas situações difíceis, a rapidez é ótima [Erasmo, Adagia, 5.1.85].

Certa pro incerta dimittenda non sunt – as coisas certas não se devem trocar pelas incertas.

Certum est, quia impossibile – é certo porque é impossível [Tertuliano, De Carne Christi, 5.4]. – Tertuliano fala da ressurreição de Cristo e diz *"Et sepultus resurrexit; Certum est, quia impossibile"* – e tendo sido sepultado, ressuscitou; é certo porque é impossível. – Para procurar entender este pensamento de Tertuliano é necessário lembrar outra expressão célebre que lhe é atribuída, que é *"credo quia absurdum"* – acredito porque é absurdo. Quer dizer: Tertuliano, através da fé acredita e aceita como certo o que é impossível ou absurdo, sendo que o verdadeiro sentido de ter fé consiste nisso mesmo.

Certum est, quod is committit in legem, qui, legis verba complectens, contra

legis nititur voluntatem – é certo que comete falta contra a lei quem, respeitando as palavras da lei, avança contra a vontade da lei [Decretais de Bonifácio VIII, Liv. V, Tit. XII, De Regulis Juris, LXXXVIII].

Certum est tenendum, incertum dimittendum – o que é certo, deve ser mantido; o incerto deve ser abandonado.

Cessante causa, cessat effectus – cessada a causa, cessa o efeito. – O princípio é mais de natureza filosófica e pressupõe que o efeito não possa subsistir depois de cessada a causa.

Cessante causa impedimenti, cessat impedimentum – cessando a causa do impedimento, cessa o impedimento.

Cessante causa privilegii, cessare debet privilegium – cessando a causa do privilégio, deve cessar o privilégio.

Cessante causa tollitur effectus – cessando a causa, tira-se o efeito. O mesmo que *"causa cessante, cessat effectus"*.

Cessante ratione legis, cessat eius dispositio – cessando a razão da lei, cessa aquilo que ela dispõe.

Cessante ratione legis, cessat et ipsa lex – cessada a razão da lei, cessa também a própria lei. – A máxima significa que nenhuma regra de direito comum pode sobreviver aos motivos em que se funda, porque se a razão para a existência de uma lei cessa, a própria lei também deve cessar, sem necessidade de diploma para a revogar. Uma vez cessado o objeto determinante da lei, por virtude da mesma lei, deixa de haver campo de aplicação para ela.

Cessibile quod non est nec transmissibile – o que não é cessível *[cedível]* não é transmissível.

Cessio bonorum – cessão de bens *[ao credor]*. – Já existia no direito romano, onde se destinava a livrar o devedor da execução, que sem má fé havia caído numa situação de insolvência. A *"cessio bonorum"* evitava não só a prisão do devedor como também a nota de infâmia em que aquele caía, mas subentendia a cedência de todos os bens [vide: artigos 831.º a 836.º do CC].

Cessionarium habetur pro creditore qui in omne jus cedentis succedit – tem-se por credor o concessionário que sucede em todo direito do cedente.

Ceteris paribus – mantendo-se as restantes circunstâncias inalteráveis; sendo iguais os restantes elementos. – A condição *"ceteris paribus"* é usada sobretudo na economia para efetuar uma análise de mercado no concernente à influência de um fator sobre outro, quando as demais variáveis não sofram modificações. Esta condição é particularmente importante no estudo da relação de causa e efeito entre duas variáveis específicas, sempre que outros fatores relevantes que influenciam estas estão em condicionalismo inalterável. – O contrário desta condição é a condição de "*mutatis mutandis*", mais usada no discurso jurídico, para significar que determinada teoria aplicada a certa situação se aplica de igual modo a outra, fazendo-se as necessárias alterações.

Circulus inextricabilis – círculo inextricável *[vicioso]*. – Esta expressão designa uma sucessão, geralmente ininterrupta, de acontecimentos que se repetem e voltam sempre ao ponto de origem, colidindo sempre com o mesmo obstáculo. – Na doutrina de Aristóteles esta locução designava uma falha lógica que consistia em alcançar dedutivamente uma proposição por meio de outra que, por sua vez, não podia ser demonstrada senão através da primeira.

Citatio est fundamentum totius judicii – a citação é o alicerce de toda a ação judicial. – A citação é o ato judicial pelo qual se dá conhecimento ao demandado da ação contra ele intentada, chamando-o a intervir e a defender-se, querendo. Pela citação ficam constituídas as bases ou fundações do processo, a fim de este prosseguir seus termos. Sem citação, ou inobservadas as formalidades para ela prescritas na lei, é nulo o que se processe depois da petição inicial [vide: artigos 187.º a 191.º do CPC].

Citatio libellata interrumpit praescriptionem etiam coram judice incompetenti facta – a citação feita em libelo interrompe a prescrição, mesmo feita perante juiz incompetente. – É o que decorre também do que estabelece o artigo 323.º, n.º 1 do Código Civil português.

Citatio quod defensionem est juris naturalis – relativamente à defesa, a citação é de direito natural. – A citação é acolhida no direito por determinação da reta razão, por aquilo que é justo pela própria natureza das coisas.

Citatio remanet circumducta actore non comparente in termino ad quem reum citari facit – a citação fica frustrada pelo autor não comparecente no ato para o qual fez citar o réu.

Citato loco – no lugar citado. O mesmo que "*in loco citato*" e "*loco citato*". – Usa-se para para designar a página de uma obra já anteriormente citada.

Citatur reus ad petitionem actoris – o réu deve ser citado para a petição do autor.

Citius, altius, fortius – o mais rápido, mais alto, mais forte. – Expressão da autoria do padre dominicano Henri Didon que as utilizou pela primeira vez na cerimónia de um evento desportivo em 1881. Pierre de Coubertin, amigo daquele padre, veio a adotar aquelas palavras como lema olímpico aquando da criação do Comitê Olímpico Internacional em 1894. Este lema foi utilizado nos Jogos Olímpicos de Verão de 1924, em Paris. – Esta expressão traduz as aspirações do Movimento Olímpico não apenas no seu sentido atlético e técnico, mas também do ponto de vista moral e educacional.

Citra petita – aquém do solicitado; além do pedido feito ao tribunal. – Apenas em casos excecionais, que a lei preveja, a condenação pode ir além do pedido.

Civilis ratio civilia quidem iura corrumpere potest, naturalia vero non potest – a lei civil pode, na verdade, mudar os direitos civis, os verdadeiramente naturais não pode [Institutiones de Gaio, 1.158].

Civilis ratio civilia quidem iura corrumpere potest, naturalia vero non utique – a lei civil pode, por certo, mudar os direitos civis, os verdadeiramente naturais não *[pode]* em qualquer caso [Institutas, Lib. I, Tit. XV, 1].

Civilis ratio naturalia iura corrumpere non potest – a lei civil não pode mudar os direitos naturais. – Os princípios que antecedem são antigos e são também atuais, porque eternos. O direito natural, enquanto o conjunto de princípios emanados da razão para estabelecer o que é justo de forma universal, ou como o conjunto de princípios que já nascem com o homem, como os do direito à vida, à liberdade, à saúde e à defesa, não sofre alterações através da história e da evolução da sociedade, tendo, assim, como principais características a estabilidade e imutabilidade. Daí que as leis humanas não possam mudar os direitos naturais.

Civis romanus sum – sou cidadão romano [Cícero, In Verrem, 2.5.147]. – Frase repetida com orgulho, por diversas personagens importantes da história romana, tinha a função de enfatizar os privilégios dados aos cidadãos romanos. Ser cidadão romano era possuir as nobres qualidades que tinha aquele cidadão: ser como ele homem livre, carácter independente, ânimo forte, capaz de enfrentar todos as adversidades. – Ser cidadão romano era ser membro livre de uma cidade a que se pertencia por origem ou adoção. Os próprios prisioneiros podiam beneficiar das vantagens desta prerrogativa. Assim, S. Paulo, ao ser julgado, apelou ao imperador romano, invocando o seu direito como cidadão romano de ser julgado em Roma, apelo que foi aceite e o processo judicial foi suspenso até que ele, acorrentado e escoltado por guardas, foi levado até à capital para o efeito.

Civis totius mundi – cidadão de todo o mundo [Cícero, De Legibus, 1.61]. – Cícero reporta-se ao cidadão cuja popularidade é reconhecida não apenas num local definido, mas antes em todo o mundo como numa única cidade *[popularem alicuius definiti loci, sed civem totius mundi quasi unius urbis agnoverit]*. Modernamente o homem é, cada vez mais, um *"cidadão do mundo"*, porque o mesmo mundo se foi transformando numa aldeia global por força dos avanços tecnológicos nas comunicações e em outras especialidades do empreendimento humano.

Clandestina possessio – posse clandestina. – É a exercida às ocultas do interessado em conhecê-la.

Clara et distincta cognitio – conhecimento claro e distinto [Baruch Spinoza, Ethica, 5.20]. – Spinoza fala do conhecimento *claro e distinto* reportando-se àquelas coisas que facilmente concebemos *[facile concipimus]* e pelas quais podemos atingir um terceiro género de conhecimento *[tertium illud cognitionis genus]*. Neste ponto de vista parece claramente influenciado pelo pensamento de Descartes, embora seja certo que Spinoza ao longo das suas obras se foi afastando de várias teses do mesmo Descartes.

Claudere aures ad voces – fechar os ouvidos às vozes; fazer ouvidos de mercador.

Coacta voluntas, sed voluntas – vontade coagida, mas apesar de tudo vontade. – Aplica-se à coação relativa, em que a liberdade do ato está coartada mas não excluída.

Coemptio, imaginaria venditio – a coempção *[compra recíproca]* é uma venda imaginária.

Cogitationis poenam nemo patitur – ninguém pode ser punido por pensar [Ulpiano, Digesto, 48.19.18]. – O pensamento é livre e todos têm o direito de exprimir e divulgar livremente o seu pensamento, como consagra o artigo 37º/1 da Constituição da República Portuguesa.

Cogito ergo sum – penso, logo existo [Descartes, Principia Philosophiae, 1.7.10]. – *"Cogito ergo sum"* é a tradução latina da expressão original *"Je pense, donc je suis"*, do filósofo francês René Descartes [1596-1650], que constitui o princípio sobre o qual fundou a sua doutrina filosófica, explanada no famoso Discurso do Método [1637]. – Dizia Descartes que notando que a verdade *"eu penso, logo existo"*, era tão firme e tão certa que todas as extravagantes suposições dos céticos seriam impotentes para a abalar, julgou que a podia aceitar, sem escrúpulo, para primeiro princípio da filosofia que procurava. E a partir dessa certeza primordial e manifesta *"penso logo existo"*, procurou deduzir todas as verdades do saber humano.

Cogit rogando cum rogat potentior – coage-se pedindo quando se pede com maior poder. – Costuma-se dizer que os pedidos dos poderosos valem por ordens.

Cognatum fratremque cave carumque sodalem – desconfia de teu parente, de teu irmão e do amigo íntimo [Ovídio, Ars Amatoria, 1.753].

Cognitio sui ipsius est sapientia magna – o conhecimento de si mesmo é uma grande sabedoria.

Colorem habent, substantiam vero nullam – têm aparência, mas não têm substância.

Comitas gentium – cortesia internacional. – Diz-se de práticas não vinculativas seguidas nas relações internacionais por razões de respeito mútuo, cuja violação não implica responsabilidade legal para o incumpridor.

Commerciandi libertas ex jure est primario gentium quod naturalem et perpetuam causam habere – a liberdade de comerciar é, primariamente, do direito das pessoas, porque tem causa natural e perpétua.

Commercium est commutatio mercium – o comércio é uma troca de mercadorias.

Commercium est emendi vendendique invicem ius – o comércio é o direito de comprar e vender reciprocamente. – Mais rigorosamente, o comércio caracteriza-se por uma atividade intermediária, regular e lucrativa, de circulação de mercadorias ou serviços entre o produtor e o consumidor.

Commoda – consequências vantajosas. – Costuma utilizar-se a palavra na expressão *"ubi commoda ibi incommoda"* para significar que quem se quiser aproveitar dos benefícios de determinada situação terá também de aceitar os malefícios que ela comporte.

Commodati actio – ação de comodato; ação para recuperar coisa emprestada.

Commoditatis causa – por causa da comodidade. – Diz-se da atitude que se toma, no discurso ou na ação, que tem em vista simplificar e exprimir de forma mais incisiva determinada realidade. Assim, dá-se um nome persuasivo a determinada operação policial ou evento mediático, usa-se de determinada terminologia, cita-se determinado autor ou reproduz-se certo arrazoado, etc., tudo *"commoditatis causa"*, por comodidade da opção escolhida.

Commodum – proveito; interesse; vantagem.

Commodum eius esse debet, cuis est periculum – o benefício deve reverter a favor de quem assume o risco.

Commodum ex iniuria sua nemo habere debet – ninguém deve obter vantagem da sua injustiça. – A lei não faculta àquele que pratica um ato injusto ou criminoso tirar benefício da sua conduta.

Commodum representationis – cómodo representativo. – Verifica-se quando se extinga uma obrigação por impossibilidade da prestação imputável ao devedor e por virtude do facto que originou esta impossibilidade o devedor viu constituído um direito a seu favor, sobre certa coisa ou terceiro, situação em que o credor tem direito de se substituir ao devedor no direito por aquele adquirido. Trata-se de um fenómeno de sub-rogação no objeto da prestação [vide: A. Varela, Das Obrigações, II, 7.ª ed., 113].

Communi consensu – de comum acordo.

Communia sunt omnia necessitatis tempore – todas as coisas são comuns em tempo de necessidade.

Communio solet discordias excitare, nemoque ideo cogitur in communione persistire – a comunhão costuma excitar discórdias, e, portanto, ninguém é obrigado a persistir nela.

Communis error – erro comum.

Communis error facit jus – o erro comum *[repetido]* cria o direito [decorre de Paulo, Digesto, 33.10.3.5]. – Esta máxima reporta-se apenas ao erro impróprio, e não ao erro vício, e significa que no caso de faltar um requisito de validade de determinado negócio jurídico não haverá lugar à sua nulidade se estiver generalizada a convicção da existência daquele requisito.

Communis opinio – opinião comum. – É a opinião geral, ou opinião aceite por todos, por ex. a opinião comum na doutrina e na jurisprudência sobre determinada matéria em face do direito constituído. – A *"communis opinio"* afirmou-se, em meados do século XV, como a opinião mais difundida entre os juristas, seguida por juízes e advogados para tentar desenvencilhar a ordem jurídica do problema da incerteza na aplicação do direito. Estava-se num contexto caracterizado pela multiplicidade de fontes de direito, pela inexistência de jurisprudência com alguma utilidade e pela incapacidade do legislador estadual para criar novas leis, pelo que os juristas, aderindo às necessidades da realidade em constante mudança, tiveram de encontrar as regras, baseadas na *"communis opinio"*, para fundamentar as doutrinas a adotar e, no caso dos juízes, as decisões a proferir. – Hoje, o julgador tem de ser livre perante a *"communis opinio"*, mas não pode deixar de a considerar.

Communis opinio doctorum – opinião geral dos doutores; opinião comum no âmbito da doutrina.

Compensatio damnorum et expensarum – compensação de prejuízos e despesas. – Uma das compensações a considerar na indemnização devida à vítima por um facto danoso de terceiro.

Compensatio doloris – compensação da dor. – Porque a dor não tem preço, estipula-se uma indemnização compensatória. Para tanto é necessário recorrer ao *"quantum doloris" [quanto de dor]*, ou seja, o grau de sofrimento da vítima, decorrente de evento causado por terceiro.

Compensatio est debiti et crediti inter se contributio – a compensação é a reunião *[encontro]* entre si de um débito e de um crédito [Modestino, Digesto, 16.2.1]. – A compensação é a extinção de uma dívida perante o credor, operada mediante a extinção de um crédito equivalente para com o mesmo credor. Traduz a eliminação recíproca de duas obrigações existentes em sentido inverso entre os mesmos indivíduos, ambos titulares de um crédito e de um débito.

Compensatio est instar solutionis – a compensação é semelhança de pagamento.

Compensatio lucri cum damno – compensação do lucro com o dano. – É o princípio para cálculo do montante da indemnização. Este princípio tem aplicação quando o facto determinante da responsabilidade, ao mesmo tempo que causa um dano, faculta ao lesado uma vantagem, situação em que haverá que abater, por regra, o valor desta ao montante do prejuízo, a fim de se determinar o valor justo da indemnização a atribuir ao lesado. Terá é de existir um verdadeiro nexo de causalidade entre o facto danoso e a vantagem obtida pelo lesado e não uma coincidência de eventos, meramente fortuita ou casual.

Compensatio vim solutionis habet – a compensação tem eficácia de pagamento.

Concedens unum ex pluribus, videtur cetera omnia denegare – quem concede apenas uma de várias coisas entende-se que nega as demais.

Concessa venia – com a devida vénia; com o devido respeito; com a devida permissão. – Expressão que se utiliza no discurso oral do advogado perante o juiz, no sentido de manifestar o seu respeito perante o órgão de soberania, ao qual se dirige. Por vezes, também é usada por escrito, designadamente em alegações de recurso. *"Concessa venia"* é ainda aplicada como fórmula de cortesia para se iniciar uma argumentação que vai no sentido de discordar do interlocutor. É o mesmo que *"data venia"* ou *"permissa venia"*.

Concessio gratuiti patrocinii – concessão de patrocínio gratuito.

Concesso uno, concessum dicitur omne, quod ad illud requiritur – concedida uma coisa, considera-se concedido tudo quanto para ela se exige.

Concessum dicitur, quidquid expresse prohibitum non reperitur – reputa-se concedido tudo o que não foi expressamente proibido.

Concipere iusiurandum – ditar a fórmula de um juramento.

Conclusio libelli, non narratio, attendenda est – a conclusão do libelo, não a narração, deve ser considerada. – A conclusão do libelo, ou da ação, consiste no pedido, que sempre terá de constar da petição inicial e cuja falta torna a petição inepta, mesmo que tal pedido possa decorrer da parte narrativa da mesma petição [vide: artigo 186.º do CPC].

Concordia Discordantium Canonum – Harmonização dos Cânones Discordantes. – Nome de obra do Direito Canónico, da autoria do monge e jurista Graciano, escrita em Bolonha entre 1140 e 1142, que constitui uma das seis obras do "*Corpus Iuris Canonici*" e que visa conciliar a totalidade das normas canónicas existentes desde séculos anteriores, muitas delas opostas entre si. Foi editada em Portugal pela primeira vez em 1483, pertencendo, assim, aos livros designados por "*incunábulos*" [livros impressos até fins de 1500].

Condemnare aliquem capitis – condenar alguém à morte.

Condemnare aliquem scelere – condenar alguém por crime.

Condicio [ou **Conditio**]– condição; pacto. – É a cláusula por via da qual a eficácia de determinado negócio jurídico é colocada na dependência de um evento futuro e incerto, de modo que o negócio apenas produzirá o seu normal efeito uma vez verificado o dito evento.

Conditio habetur pro impleta quando stet per illum, cujus interest adimplere – a condição considera-se cumprida, quando esteja satisfeita através daquilo que era o interesse em cumprir.

Conditio indebiti – condição do indevido. – Diz-se do recebimento indevido, relativamente ao qual estabelece o artigo 476º/1 do CC que o que for prestado com intenção de cumprir uma obrigação pode ser repetido *[isto é, revertido]*, se esta não existia no momento da prestação *[conditio indebiti]*. O que se pode verificar naqueles casos em que a obrigação nunca existiu, como nos casos em que, embora tendo existido, já se encontrava extinta e ainda nas situações em que a obrigação exista com conteúdo inferior ao da prestação, hipótese em que a "*conditio indebiti*" é atendível apenas quanto à diferença.

Conditio in praeteritum vel praesens collata – condição conferida para o passado ou para o presente. – A condição de que dependa a eficácia de um negócio jurídico é posta na dependência de um evento futuro e incerto, de sorte que o negócio só produzirá o seu efeito normal uma vez verificado o dito evento. – A condição colocada para o passado ou para o presente não pode ser admitida, porque a condição tem a exigência da incerteza, pelo que sempre tem de ser reportada a um facto ou acontecimento futuro. Por isso faz todo o sentido o princípio de que "*nulla est condicio* *quae in praeteritum confertur, vel quae in praesens"* – é nula a condição que seja conferida para o passado ou que *[seja conferida]* para o presente.

Conditio juris – condição de direito; condição legal. – Diz-se do requisito da produção de determinados efeitos jurídicos de um ato ou facto jurídico imposto pela lei, que pode consistir na formalidade de que depende a validade de um negócio jurídico. Distingue-se da *"conditio facti"*, que é a condição de produção de determinado efeito jurídico estabelecida por vontade das partes. Ambas as condições, normalmente, coexistem na feitura dos negócios jurídicos.

Conditio ob causam finitam – condição dada por causa que deixou de existir. – Diz-se a propósito de um enriquecimento por prestação recebida com base em causa que deixou entretanto de existir, ou seja, quando a causa jurídica da prestação realizada desaparece posteriormente à sua realização, situação que se mostra contemplada, designadamente, no artigo 473.º/2, do CC.

Conditio ob rem – convenção por coisa material ou vantajosa.

Conditio pars juris – condição de igualdade de direitos. – A igualdade de direitos é hoje dado adquirido e consagrado nas legislações ocidentais relativamente aos direitos fundamentais, pelo que a condição de igualdade de direitos apenas se pode colocar em relação àqueles direitos menores onde pode haver diferenciação de tratamento.

Conditio sine qua non – condição sem a qual não. – Condição indispensável para a produção de um efeito; requisito essencial. – Consagra-se no artigo 563º do Código Civil a teoria da causalidade adequada, estabelecendo-se que a obrigação de indemnização só existe em relação aos danos que o lesado provavelmente não teria sofrido se não fosse a lesão. Para se saber se estamos perante uma relação de causalidade adequada, formulou Enneccerus-Lehmann a teoria de que o facto que atuou como condição do dano só deixará de ser considerado como causa adequada se, dada a sua natureza geral, se mostrar de todo em todo indiferente *[gleichgultig]* para a verificação do dano, tendo-o provocado só por virtude das circunstâncias excecionais, anormais, extraordinárias ou anómalas, que intercederam no caso concreto [vide: A. Varela, Das Obrigações em Geral, 3.ª ed. 1.º, 769 a 773] .

Conditio supervacua – condição supervácua *[supérflua]*. – É a condição que decorre da própria natureza do negócio jurídico, pelo que se torna inútil a sua estipulação como elemento autónomo.

Conditio viduitatis – condição de viuvez. – Quando na lei ou num documento se fala em estado de viuvez, há referência apenas ao estado civil. Assim, referida tal condição num testamento, de per si, não reflete a condição de vida afetiva ou sentimental.

Condicione deficiente, contractus celebratus ab initio resolutus consetur – não sendo cumprida a condição, o contrato a ela subordinado resolve-se desde o princípio.

Conditione pendente, actus non dicitur perfectus; suspendit enim conditio actum in effectum, vel eventum conditionis – enquanto pende a condição, o ato não se diz perfeito; a condição suspende efetivamente o ato quanto ao efeito até ao implemento da condição.

Conditiones latae – condições salutares.

Conditiones turpes – condições torpes. – São as designadas condições imorais, v. g. dou-te x se furtares y a z.

Condominium – condomínio. – Termo do Direito Internacional que designa a existência num território de duas soberanias estatais distintas. – Termo do Direito Civil para designar a situação de coisa materialmente indivisa ou com estrutura unitária, pertença de vários contitulares, mas tendo, cada um deles, direitos privativos ou exclusivos sobre fração individualizada da coisa, como acontece na propriedade horizontal ou nas águas fruídas em comum.

Condonare hereditatem alicui – adjudicar uma herança a alguém.

Confessio conscientiae vox est, confessio coacti et quae fecit agnoscentis verbum est – a confissão é a voz da consciência, a confissão do coagido mesmo aquela que fez é mera palavra do confesso [Séneca, o Velho, Controversiae, 8.1.1]. – Séneca reporta-se à verdadeira confissão, àquela que é feita voluntariamente e que se distingue da confissão feita pelo coagido *[coacti]* ou pelo submetido a tortura *[tortor]*, que é apenas palavra *[verbum est]*, que não dimana da voz da consciência.

Confessio erronea non nocet, et confiteri non videtur qui errat – a confissão errónea não prejudica; quem erra não se considera confessar.

Confessio est probatio omnibus melior – a confissão é a melhor de todas as provas.

Confessio est regina probationum – a confissão é a rainha das provas. – O artigo 352.º do Código Civil português diz que confissão é o reconhecimento que a parte faz da realidade de um facto que lhe é desfavorável e favorece a parte contrária. A confissão é de valor inabalável pelo seguinte: obriga o confitente de modo a não a poder retirar; vincula o juiz a aceitá-la e oferece à parte contrária uma prova que supera todas as outras. Por tal motivo, os jurisconsultos antigos a designavam como a melhor de todas as provas ou rainha das provas ou ainda a prova máxima ou superlativa.

Confessio spontanea minuit delictum, et poenam – a confissão espotânea diminui o delito e a pena.

Confessus pro iudicato est, qui quodammodo sua sententia damnatur – o que confessa é tido como julgado, o qual de algum modo se condena por sua decisão [Paulo, Digesto, 42.1.50.1]. – No direito romano antigo se o réu, conduzido à presença do pretor, confessava o pedido, a "*actio*" não seguia para o julgamento pelo "*judex*", porque valia a confissão feita pelo réu, que se condenara a si mesmo, a qual servia como título para a execução.

Confiare judicia – formular juízos; julgar.

Confictio criminis – acusação falsa.

Confugere ad opem judicum – recorrer à ação dos juízes.

Confundere foedus – violar um tratado.

Confuso est quidquid usque in pulverem sectum est – causa confusão tudo que é dividido até virar pó [Séneca, Epistulae Morales, Liber XIV-XV, 89.3].

Conjecturis non est opus in claris, et presumptio cedit veritati – nas coisas claras não há labor para conjeturas e a presunção cede à verdade.

Conscientia periculi – consciência do perigo.

Consensus nuptias facit, dissensus divortium facit – o consenso faz o casamento, o dissenso faz o divórcio.

Consensus omnium – consenso de todos; unanimidade [Cícero, Ad Familiares, 4.13].

Consensus tollit errorem – o consentimento sana o erro.

Consentire autem etiam is videtur, qui non testificatur dissentire – entende-se que também concorda aquele que não se declara dissentir [Código de Justiniano, 10.62.1].

Consentire non videntur errantes, et ignorantes, nec ad incogitata consensus trahitur – não se consideram consentir os que erram e os ignorantes, nem o consentimento se estende às coisas não cogitadas.

Consentire, vel non contradicere, paria sunt – consentir e não contradizer são coisas iguais.

Consequens qui vult, et antecedens – quem quer o consequente, também quer o antecedente.

Consequens, ubi est falsus, antecedens subsistire non potest – sendo falso o consequente, o antecedente não pode subsistir.

Conservare jusiurandum – cumprir um juramento.

Consilio manuque – com o conselho e com a mão. – Aplica-se relativamente à educação que deve ser dada através do ensino e de algum adequado castigo, se necessário.

Consilium fraudis – união na fraude; plano de fraude. – Diz-se das partes que compartilham o mesmo estado de espírito fraudulento para prejudicar terceiros.

Consilium in melius commutandum – para melhor a decisão deve ser mudada [Erasmo, Adagia, 3.8.97].

Consilium nobis resque locusque dabunt – a utilidade e a oportunidade nos darão conselho [Ovídio, Amores 1.4.54].

Consilium pro tempore et re capere – tomar o conselho segundo a ocasião e a utilidade.

Constituti – [dever] de constituir; de estabelecer. – Diz-se da cláusula que contém uma obrigação de transferir a coisa.

Constitutiones tempore posteriores potiores prioribus – as disposições posteriores no tempo prevalecem sobre as mais antigas.

Consuetudine quasi alteram quandam naturam effici – com o hábito como que se forma uma certa segunda natureza [Cícero, De Finibus, 5.74.] – Reporta-se a expressão à natureza humana, onde é possível distinguir uma *"primeira natureza"*, caracterizada pela racionalidade do indivíduo enquanto capacidade de produzir o pensamento e uma *"segunda natureza"* desenvolvida através de processos educacionais que instituem hábitos e convenções.

Consuetudinis magna vis est – é grande a força do hábito [Cícero, Tusculanae Disputationes, 2.40].

Consuetudo – costume. – Costume é a prática social constante de determinada conduta, acompanhada do sentimento da sua obrigatoriedade pela generalidade das pessoas que a utilizam, ou reconhecem, no âmbito de determinada sociedade.

Consuetudo autem est ius quoddam moribus institutum, quod pro lege suscipitur, cum deficit lex – o costume é uma espécie de direito instituído pelos usos, que se toma por lei, quando a lei é deficiente [S. Isidoro de Sevilha, Ethymologiae (Origines), Liber V, III].

Consuetudo est altera lex – o costume é uma segunda lei. – A afirmação faz sentido, porque o costume quando adquire carácter de obrigatoriedade assemelha-se à lei.

Consuetudo est optima legum interpres – o costume é ótimo intérprete das leis.

Consuetudo jus est moribus constitutum – o costume é um direito constituído sobre os usos.

Consuetudo mercatorum – usos e costumes dos comerciantes. O mesmo que "*lex mercatoria*".

Consummatum est – tudo está consumado [Bíblia, João, 19.30]. Últimas palavras de Cristo na cruz. – Aplica-se a propósito de uma grande catástrofe, ou de uma vida que acaba de extinguir-se.

Consuus – cúmplice.

Contentio libertatis – luta pela liberdade.

Contentum sequitur naturam continentis – o conteúdo segue a natureza do continente.

Continuum – continuidade; sequência.

Contra atque fieri solet – contra até o que costuma fazer-se.

Contra bonos mores – contra os bons costumes [Código de Justiniano, 2.3.6]. – O Código de Justiniano reporta-se aos pactos feitos contra as leis ou os bons costumes, dizendo que neles nenhuma força pode haver de direito incontestável *[nullam vim habere indubitati iuris est]*.

Contra eum, qui legem dicere potuit apertius, est interpretatio facienda – a interpretação deve ser feita contra aquele que poderia tê-la dito mais claramente [Decretais de Bonifácio VIII, Liv. V, Tit. XII, De Regulis Juris, LVII].

Contra factum non datur argumentum – contra facto não há argumento.

Contra factum non valet argumentum – contra facto não tem força argumento. – Um facto é uma realidade indiscutível, não podendo ser negado ou questinado, pelo contra o mesmo não é possível argumentar.

Contra factum proprium nemo potest agere – ninguém pode agir contra facto próprio. – O mesmo que "*contra factum suum nemo venire debet*" *e que* "*factum proprium nemo impugnare potest*".

Contra ius gentium – contra o direito das gentes [Pompónio, Digesto, 50.7.18]. – Pompónio diz que se alguém matar um emissário do inimigo isso deve ser reputado contra o direito das gentes, porque os mensageiros devem ser considerados inocentes *[quia sancti habentur legati]*.

Contra legem – contra a lei. – Aplica-se em relação a tudo que é contrário à lei, expressa ou tacitamente, ou que na lei não tem cobertura de direito.

Contra legem facit, qui id facit quod lex prohibet; in fraudem vero, qui salvis verbis legis sententiam eius circumvenit – procede contra a lei quem faz aquilo que a lei proíbe; procede em fraude da lei quem, respeitadas as palavras da lei, viola a sua intenção [Paulo, Digesto, 1.3.29].

Contra non valentem agere nulla currit praescriptio – nenhuma prescrição corre contra quem não pode agir. – Exemplo disso na nossa lei é o facto de o titular estar impedido de exercer o seu direito por motivo de força maior, o que conduz à suspensão da prescrição [vide: artigo 321.º, n.º 1 do CC].

Contra rerum natura – contra a natureza das coisas. – Contra a natureza das coisas é, em tentativa de enunciado, tudo quanto seja usado para desvirtuar a intrínseca e imutável condição de ser de cada coisa, enquanto posicionada com ordem, finalidade e interação dentro do universo das restantes.

Contra scriptum testimonium, non scriptum testimonium non fertur – contra testemunho escrito *[prova documental]* não se opõe testemunho não escrito. – A frase faz sentido quando a prova tenha de ser documental e se pretenda fazê-la ou contrariá-la por testemunha [vide: nomeadamente artigo 394.º do CC].

Contra torrentem niti – nadar contra a corrente [Erasmo, Adagia, 3.2.9].

Contra veritatem lex nunquam aliquid permittit – a lei nunca permite algo contrário à verdade. – Sendo a verdade a conformidade com a realidade das coisas e dos factos, a lei enquanto disposição imperativa emanada de um órgão estadual não pode consagrar algo que seja contrário à verdade.

Contractus, aut totus accipiendus est, aut totus repudiandus – o contrato ou deve ser integralmente aceite ou integralmente rejeitado. – A máxima faz hoje todo o sentido relativamente ao contrato de adesão, ou seja, o contrato cujo conteúdo foi previamente fixado por uma das partes para ser aceite sem discussão pela parte aderente [vide: A. Varela, Das Obrigações, 3.ª ed. I, 227].

Contractus est duorum vel plurium in idem placitum consensus, animo contrahendae obligationis – contrato é o acordo de duas ou mais pessoas no mesmo desejo, com intenção de contrair uma obrigação [Ulpiano, Digesto, 2.14.2]. – É uma noção de contrato de acordo com o direito romano antigo. – Hoje pode definir-se o contrato como o acordo vinculativo, decorrente de duas ou mais manifestações de vontade, pelo qual se ajustam reciprocamente os interesses das partes, numa regulamentação unitária criadora de direitos e obrigações e com obediência ao eventualmente estabelecido na lei na fixação do seu conteúdo.

Contractus ex conventione legem accipere dignoscitur – os contratos se reconhecem por admitir uma lei através de um acordo [Decretais de Bonifácio VIII, Liv. V, Tit. XII, De Regulis Juris, LXXXV].

Contractus ex conventione partium legem accipiunt – os contratos recebem lei da convenção das partes.

Contractus ex turpi causa, vel contra bonos mores, nullus est – contrato por causa torpe, ou contra os bons costumes, é nulo. – Nos termos do artigo 271.º/1 do CC "*é nulo o negócio jurídico subordinado a uma condição contrária à lei ou à ordem pública, ou ofensiva dos bons costumes*".

Contractus imaginarius – contrato fingido. – É o mesmo que "*simulatio*". No direito romano não se utilizava o termo "*simulatio*", mas sim "*contractus imaginarius*", para exprimir a mesma realidade de contrato falso.

Contractus inter partes legem facit – o contrato entre as partes faz lei.

Contractus inter partes parem vim habet cum lege – o contrato entre as partes tem força igual à de uma lei.

Contractus non debent operari ultra intentionem agentium – os contratos não devem ter efeitos além da intenção das partes.

Contractus qui habent tractum successivum et dependentiam de futuro rebus sic stantibus intelleguntur – os contratos que têm duração contínua e dependência do que há de ocorrer entendem-se como sendo mantidas as mesmas condições. – Os contratos duradouros, que são os que criam relações jurídicas destinadas a perdurar no tempo, determinado ou indeterminado, pressupõem que as condições em que foram firmados se mantenham.

Contradictio in adiecto – contradição na afirmação.

Contradictio in terminis – contradição nos *[próprios]* termos. – Diz-se de duas proposições que são inconciliáveis nos termos em que se encontram formuladas.

Contraria contrariis curantur – os contrários curam-se com os contrários. – Máxima da medicina clássica em oposição à da homeopatia: "*similia similibus curantur*" *[os semelhantes curam-se com os semelhantes]*.

Contraria simul esse non possunt – as coisas contrárias não podem existir ao mesmo tempo. – É o velho princípio de que ser e não ser ao mesmo tempo e sob o mesmo aspeto não pode acontecer.

Contrarie – em sentido contrário; de modo oposto.

Contrarius actus – ato contrário. – Teoria do paralelismo das formas: um ato celebrado de determinada forma deve ser abolido de uma forma exatamente contrária.

Contrarius consensus – consenso em sentido contrário. – É a convenção pela qual as partes revogam um contrato anterior. Não tem, necessariamente, que ter eficácia retroativa.

Controversia juridicialis *[ou iuridicialis]* – controvérsia de direito. – Discussão sobre matéria de direito.

Controversia negocialis – controvérsia de facto. – Discussão sobre matéria de facto.

Contumaces non videntur, nisi qui, cum oboedire deberent, non obsequuntur – só se consideram contumazes aqueles que, quando deveriam obedecer, não se submetem [Hermogeniano, Digesto, 42.1.53.3].

Contumacia est actus spernendi leges – a contumácia é o ato de desprezar as obrigações *[ordens]*. – A contumácia é a desobediência deliberada em não comparecer, após convocação, a um julgamento.

Convalidatio, actus quo matrimonium invalidum reditur validum – convalidação, é o ato pelo qual um matrimónio inválido se torna válido. – Em termos gerais, a convalidação é a ratificação ou correção dos vícios ou defeitos de um ato jurídico. – A convalidação, segundo o direito canónico, é uma das formas de validação do casamento. A outra é a *"sanatio in radice"*. A convalidação simples do casamento nulo exige uma nova prestação de consentimento por parte dos cônjuges ou de um deles, enquanto a *"sanatio in radice"* é uma verdadeira ratificação do casamento operada por um ato de graça da Santa Sé [vide: Codex Iuris Canonici (1983), Cann. 1156 a 1165].

Convenienter cum natura – de acordo com a razão natural; de acordo com as leis da natureza.

Convenit dimicare pro legibus, pro libertate, pro patria – é justo lutar pelas leis, pela liberdade, pela pátria [Cícero, Tusculanae Disputationes, 4.43].

Conventio est lex – o que foi acordado é lei.

Conventio omnis intellegitur rebus sic stantibus – toda convenção é entendida permanecidas assim as coisas *[condições]*. – Entende-se que toda convenção será válida enquanto se mantiverem as condições que a determinaram.

Conventio privatorum non potest publico iuri derogare – a convenção de particulares não pode substrair-se ao direito público. – Direito público é o instituído para tutelar fundamentalmente o interesse público, pelo que as convenções dos particulares não podem prejudicar aquele interesse.

Copia verborum – abundância de palavras.

Copula carnalis – cópula carnal; coito.

Cor lapideum portat qui nulla movetur compassione circa proximum –

traz coração de pedra quem não tem nenhuma compaixão *[clemência]* pelo seu próximo [S. António de Lisboa, Sermoni Domenicali (Sermões Dominicais), De Vaticinio Simeonis, 11].

Coram lege – em face da lei.

Coram populo – na presença do povo.

Corpus – corpo. – O corpo é *"omne quod potest videri"* – tudo o que pode ver-se. Diz-se de uma coleção de escritos, sobretudo de natureza jurídica. Também se aplica à retenção material da coisa *[elemento da posse].*

Corpus Christi – o Corpo de Cristo.– Utiliza-se para significar a hóstia consagrada e a solenidade da igreja católica, em que se celebra o mistério da Eucaristia.

Corpus civitatis – o conjunto dos cidadãos. – Etimologicamente *"corpus"* significa corpo, enquanto junção de partes para formar um todo. No domínio do direito romano, o *"corpus"* se elegeu para designar a ideia de conjunto. Daí a formulação latina de *"corpus civitatis" [o conjunto dos cidadãos].*

Corpus delicti – corpo do delito. – A expressão é utilizada para significar o registo da existência dum ato criminoso, consubstanciado no conjunto de provas da prática de um crime contra certa pessoa. O corpo do delito consiste, assim, na concentração de todos os elementos pertinentes ligados com a prática de um determinado crime, sendo integrado pelo *"corpus criminis"* – a pessoa ou a coisa sobre a qual recaiu a suspeita do facto criminoso; pelo *"corpus instrumentorum"* – a coisa material, ou ferramenta, com a qual se cometeu o facto; pelo *"corpus probatorum"* – o elemento de convicção: provas, vestígios, exames, perícias e outros meios de inferência realizados para apuramento da verdade material do facto criminoso.

Corpus juris – coleção de direito; código. – Significa uma compilação sistematizada de normas jurídicas sobre um determinado ramo do direito.

Corpus Juris Canonici – Corpo de Direito Canónico. – O *"Corpus Juris Canonici"* [Corpo de Direito Canónico] é uma compilação de leis da Igreja Católica Romana que representa a principal legislação eclesiástica da Idade Média. O *"Corpus Juris Canonici"* veio a ser substituído em 1917 pelo *"Codex Juris Canonici"* [Código de Direito Canónico], cuja versão veio a ser substituída por outra em 1983.

Corpus Juris Civilis – Corpo do Direito Civil. – Reporta-se a expressão à compilação do Direito Romano promovida pelo Imperador Justiniano no século VI, muito aludida nesta obra [Código de Justiniano, Institutas; Digesto, Código Novo e Novelas].

Corpus liberum – pessoa livre.

Corpus sine pectore – corpo sem alma.

Corruptae iudicum videntur esse sententiae, si sint legibus mitiores – as sentenças dos juízes parecem ser corruptas, se pelas leis *[aplicáveis]* são muito brandas.

Cotidie multatur, qui semper timet – é castigado todos os dias, quem sempre está com medo [Publílio Siro, Sententiae].

Credant posteri – creiam os vindouros. – Emprega-se para salientar um acontecimento extraordinário.

Creditor ad petitionem debiti urgeri minime potest – o credor não pode, de forma alguma, antecipar o pedido do débito.

Credo quia absurdum – creio porque é absurdo [Tertuliano]. – A expressão, apesar de não se encontrar textualmente nos escritos de Tertuliano, mas apenas algumas semelhantes, condensa bem o seu pensamento. – Tertuliano precedeu Santo Agostinho, que também viria a utilizar a expressão, segundo a qual, para crer não é necesário compreender.

Crescentibus delictis, etiam exasperandi sunt poenae – pelos delitos maiores, também as penas são de elevar.

Crimen – crime. – Representa a desobediência a uma lei penal, a que corresponda uma sanção de natureza restritiva da liberdade ou de natureza pecuniária.

Crimina morte extinguuntur – os crimes extinguem-se com a morte. – O que acontece de acordo com o princípio de que *"mors omnia solvit"* – a morte tudo apaga. Nos termos da lei penal portuguesa *"a morte do agente extingue tanto o procedimento criminal como a pena ou a medida de segurança"* [vide: artigo 128.º, n.º 1 do CP].

Criminose interrogare – interrogar capciosamente.

Cui licet quod est plus, licet utique quod est minus – a quem é permitido o que é mais é permitido também o que é menos. [Decretais de Bonifácio VIII, Liv. V, Tit. XII, De Regulis Juris, LIII].

Cui plus licet, quam par est, plus vult, quam licet – aquele a quem se permite mais do que é justo quer mais do que é permitido [Publílio Siro, Sententiae].

Cui prodest scelus, is fecit – a quem aproveita o crime, esse o cometeu [Séneca, Medea, 500].

Cuilibet in arte sua perito est credendum – deve dar-se crédito ao perito na sua arte. – É critério que o juiz deve seguir na sua decisão. À falta de melhores elementos para decidir, deve acolher o parecer dos peritos, sobretudo se tirado por unanimidade.

Cuique facere licet, nisi quod iure prohibetur – a cada um é permitido fazer *[o que quiser]*, exceto o que é proibido pelo direito.

Cuique in sua arte credendum – cada um na sua arte é credível; respeitar cada um em seu ofício.

Cuique licet iuri in favori suo introducto renuntiare – a cada um é permitido renunciar a direito em seu favor estabelecido. – A máxima reporta-se a direito em que é admitida a renúncia, que se traduz na perda absoluta de um direito por manifestação de vontade unilateral do seu titular. Mas existem direitos irrenunciáveis em que o respetivo titular não pode dispor deles por um ato de vontade.

Cuique suum – a cada um o que é seu. – O mesmo que *"cuique suum tribuere"*. – Apela a expressão à justiça distributiva, ou seja, àqueles princípios de equidade que devem servir de base para uma distribuição equitativa de responsabilidades e de benefícios em variados campos de aplicação. Assim, em dada situação, será de justiça dar a cada um valor igual; ou dar a cada um em função das suas necessidades; ou dar a cada um em virtude do seu empenho; ou dar a cada um por causa do seu contributo social; ou dar a cada um de harmonia com seu mérito; ou ainda dar a cada um de acordo com as regras de mercado. – A justiça distributiva assenta, como último fundamento, no princípio da igualdade, concebido como dever de tratar por igual o que é igual e por diferente o que é diferente.

Cuique suum tribuere – dar o seu a seu dono [Ulpiano, Digesto, 1.1.10.1].

Cuius est dare, eius est disponer – quem tem o direito de doar tem o direito de regular a doação.

Cuius est dominium, eius est periculum – de quem é o domínio, dele é o risco.

Cuius est solum, eius est usque ad caelum et usque ad inferos – de quem é o solo, dele é até ao céu e até aos infernos *[centro da Terra]*. – Este princípio continua a ser admitido no direito moderno, mas em termos mais mitigados. Segundo o artigo 1344.º do CC, a propriedade dos imóveis abrange o espaço aéreo e o subsolo com tudo o que neles se contém, mas o proprietário não pode proibir atos de terceiros que, pela altura ou profundidade, não tenha interesse em impedir.

Cuiusvis hominis est errare, nullius, nisi insipientis, in errore perseverare – todo homem erra; nenhum, a não ser o ignorante, persevera no erro.

Cuivis dolori remedium est patientia – a paciência é o remédio das dores de cada um.

Cuivis potest accidere, quod cuiquam potest – o que pode acontecer a um pode acontecer a todos [Publílio Siro, Sententiae].

Culpa aquiliana – culpa aquiliana. – É a culpa extracontratual ou *"ex delitu"*.

Culpa caret, qui scit, sed prohibere non potest – está isento de culpa aquele que sabe mas não pode impedir [Paulo, Digesto, 50.17.50].

Culpa est bis ad eumdem lapidem offendere – é negligência tropeçar duas vezes na mesma pedra. – Como se costuma dizer *"ao que erra, perdoa-lhe uma vez, mas não três"*.

Culpa est immiscere se rei ad se non pertinenti – é negligência alguém imiscuir-se em coisa que não lhe pertence [Pompónio, Digesto, 50.17.36]. – Refere-se à responsabilidade da pessoa, por exemplo, por um ato temerário que provocou prejuízo material, moral ou espiritual a outrem.

Culpa est non praevidere quod facile potest evenire – é negligência não prever o que facilmente pode acontecer. – Quem não prevê um evento previsível omite um dever de diligência, eventualmente suscetível de responsabilidade civil ou criminal.

Culpa est quod, cum a diligente provideri potuit, non esset provisum – culpa é aquilo que ao mesmo tempo pode ser providenciado por *[pessoa]* diligente e não foi providenciado [Paulo, Digesto 9.2.31]. – É outro exemplo de culpa dado pelo direito antigo, que reside no facto de não se ter tomado uma providência que uma pessoa normalmente diligente teria tomado.

Culpa in contrahendo – culpa na negociação; culpa na formação do contrato; responsabilidade pré-contratual. – Consagrada no artigo 227º/1, do CC, existe quando a violação dos deveres de proteção, de informação e de lealdade conduza à frustração da confiança criada na contraparte pela atividade do violador daqueles deveres ou quando tal violação retira às negociações o seu sentido substancial profundo de busca de um consenso na formação de um contrato válido.

Culpa in custodiendo – culpa na vigilância ou na custódia. – O mesmo que *"culpa in vigilando"*. – É a culpa na guarda dos instrumentos ou materiais fornecidos pelo comitente ao comissário e na fiscalização da tarefa deste.

Culpa in eligendo – culpa na escolha; culpa na eleição. – É a culpa que reside, por parte do comitente, na escolha da pessoa do comissário.

Culpa in instruendo – culpa na ordem ou instrução. – É culpa das ordens ou instruções dadas para o comissário.

Culpa in ommitendo – culpa por omissão. – É a culpa daquele que não deu a ordem que devia ter dado.

Culpa in vigilando – culpa na vigilância ou na custódia. – O mesmo que *"culpa in custodiendo"*. – É a culpa na guarda dos instrumentos ou materiais fornecidos pelo comitente ao comissário e na fiscalização da tarefa deste.

Culpa lata – culpa grave. – *"Latae culpae finis est non intellegere id quod omnes intellegunt"* – a essência da culpa grave está em não entender o que todos entendem [Paulo, Digesto, 50.16.223pr.]; *"lata culpa est nimia neglegentia, id est non intellegere quod omnes intellegunt"* – culpa grave é a grande negligência, isto é, não entender o que todos entendem [Ulpiano, Digesto, 50.16.213.2]. – Apresenta-se como uma negligência grosseira. É a culpa imputável ao agente que usa de uma diligência abaixo do mínimo tolerável, comportando-se como pessoa extremamente descuidada, irrefletida, imprevidente e irresponsável.

Culpa lata dolo aequiparatur – a culpa grave deve ser equiparada ao dolo. – Embora, conceptualmente, a culpa grave se distinga do dolo, sobretudo do dolo direto, o certo é que em termos da responsabilidade do agente, civil e criminal, se equiparam.

Culpa levis – culpa leve; culpa ligeira. – Culpa leve é a culpa imputável ao agente que usa de uma diligência que não utilizaria uma pessoa cuidadosa, refletida, previdente e responsável, ou seja, da diligência média, própria do *"bonus pater familias"*.

Culpa levissima – culpa levíssima. – A culpa levíssima é aquela que apenas se pode imputar ao agente que não usou dos cuidados, cautelas e providências que utilizaria uma pessoa extremamente cuidadosa e cautelosa. – A culpa levíssima, porque decorrente de omissão de diligência não exigível, não é para a lei verdadeira culpa, sendo irrelevante juridicamente, pelo que não pode constituir o devedor em responsabilidade civil. – O que importa sempre indagar é se a atuação do agente se configura de culpa grave ou de culpa leve, por ser matéria relevante com vista à determinação de responsabilidade na produção de determinado evento. Isto porque, no que concerne à responsabilidade extra-obrigacional, o grau de culpabilidade pode influir no montante da indemnização [vide: artigo 494º do CC] e se houver concorrência de culpas na produção do evento a responsabilidade será suportada por cada um na medida da sua culpa [vide: artigo 497º/2 do CC].

Culpa non imputatur ei, qui non facit, quod factum non profuisset – a culpa não se imputa a quem não fez o que, feito, não aproveitaria.

Culpa non potest imputari ei qui non facit quod facere non tenebatur – não se pode imputar culpa a quem não faz o que não tinha de fazer. – A culpa pressupõe sempre a omissão de um dever de diligência.

Culpa ubi maior est, ibi gravior debet esse poena – onde maior é a culpa, aí mais pesada deve ser a pena.

Culpa ubi non est, nec poena esse debet – onde não há culpa, também não deve haver punição.

Culpa vacare maximum est solatium – estar isento de culpa é uma grande tranquilidade.

Culpae poena par esto – a pena deve ser equivalente à culpa. – Este princípio, considerado pedra basilar da justiça criminal, significa que a punição deve ser proporcional ao crime praticado.

Cum accusas alium, propriam prius inspice vitam – quando acusares alguém, examina antes a própria vida.

Cum bona gratia dimittere aliquem – despedir alguém com boas maneiras.

Cum brutis non est luctandum – com brutos não se deve lutar.

Cum grano salis – com um grão de sal; de modo flexível. – Utiliza-se para exprimir que o que se diz não deve ser tomado a sério ou à letra. Isto porque leva certa dose de bom humor e de malícia.

Cum in eadem personam ius stipulantis promittentisque devenit – algumas vezes na mesma pessoa se junta o direito do devedor e do credor. – Quando na mesma pessoa se reúnam as qualidades de credor e de devedor da mesma obrigação extingue-se o crédito e a dívida [vide: artigo 868º do CC]. É a designada confusão.

Cum in testamento ambigue aut etiam perperam scriptum est, benigne interpretari et secundum id, quod credibile est cogitatum, credendum est – quando no testamento se escreve com ambiguidade, ou também incorretamente, deve-se interpretar favoravelmente e segundo o que é digno de crédito, o que como fiável é cogitado [Marcelo, Digesto, 34.5.24].

Cum in verbis nulla ambiguitas est, non debet admitti voluntatis quaestio – quando não há nenhuma ambiguidade nas palavras, não deve ser admitido o questionamento da vontade [Paulo, Digesto 32.25.1].

Cum lex in praeteritum quid indulget, in futurum vetat – quando a lei para o passado foi algo indulgente, para o futuro vai proibir [Ulpiano, Digesto, 1.3.22].

Cum liberis mandatis – com poderes de condição livre; com plenos poderes.

Cum lingua aberrat, vera saepe nunciat – quando a língua se engana, muitas vezes diz a verdade.

Cum moderatione inculpata tutela – com moderação *[usa]* a legítima defesa.

Cum non exemplis sed legibus iudicandum est – não se deve julgar pelos exemplos *[precedentes]*, mas pelas leis [Código de Justiniano, 7.45.13]. – O mesmo que "*non exemplis, sed legibus est iudicandum*". – Justiniano justificava o princípio dizendo que se alguma questão não tinha sido bem dirimida no julgamento de outras o vício tinha oportunidade de estender-se, pelo que não se devia julgar pelos antecedentes mas pelas leis.

Cum pertinentiis – com as coisas pertinentes.

Cum praecedit opus merces numerata futurum, artificis frigent manus – quando o pagamento precede a obra a ser feita, as mãos do artífice perdem a força.

Cum quibus – com os quais; com que meios; com que recursos.

Cum quid nescitur, quaerere quemque decet – quando não se sabe alguma coisa, convém perguntar.

Cum quid prohibetur, prohibentur omnia, quae sequuntur ex illo – quando se proíbe alguma coisa, proíbe-se tudo que dela deriva.

Cum Romae fueritis, romano vivite more – quando fores a Roma, vive de acordo com o costume romano. – Em Roma faz como os romanos; na terra onde fores ter, faz como vires fazer.

Cum potuerit – quando puder. – Cláusula segundo a qual o devedor cumpre a obrigação quando puder.

Cum re praesenti deliberare – deliberar segundo o estado presente da questão. – Diz-se da deliberação que é tomada em função dos elementos possuídos pelo decisor no momento da decisão.

Cum sit fur, alios esse fures suspicatur – como é ladrão, julga que os outros ladrões são. – Como costuma dizer-se, *"o ladrão julga que todos o são"*.

Cum tacet indoctus, poterit consultus haberi – quando o ignorante se mantém calado, poderá passar por letrado *[erudito]*.

Cum voluerit – quando quiser. – Cláusula pela qual o devedor cumpre a obrigação quando quiser.

Cuncta docet necessitas – a necessidade ensina todas as coisas.

Cunctarum rerum doctor certissimus usus – o uso é o mais eficiente mestre de todas as coisas.

Cupiditas est ipsa hominis essentia – a ambição é a própria essência do homem.

Cura te ipsum – cura-te a ti mesmo.

Cura ut exacte scribas, potius quam multa – preocupa-te em escrever com exatidão mais do que em escrever muito.

Cura ut valeas - cuida da saúde. - Expressão que se usava na despedida das cartas.

Curator - curador. - O curador é aquele que tem o encargo da administração dos bens do inabilitado [vide: artigo 154.º do CC].

Curator ad hoc - curador para o caso.

Curator ad litem - curador para a lide. - Pode ser o caso do curador especial nomeado para receber a citação para a causa de pessoas que, por anomalia psíquica ou outro motivo grave, estejam impossibilitadas de receber a citação [vide: artigo 20.º do CPC].

Currente calamo - ao correr da pena. - Escrever de forma rápida e sem preocupação com o estilo.

Curriculum vitae - carreira da vida. - Percurso *[académico, profissional]* da pessoa ao longo da vida.

Currit tempus contra desides et sui iuris contemptores - o tempo corre contra os preguiçosos e os que desprezam os seus direitos.

Curvo dignoscere rectum - pelo curvo diagnosticar o reto. - Distinguir a falsidade da verdade.

Custodia libertatis - conservação da liberdade.

Custos legis - o guardião da lei.

Custos legum - o guardião das leis.

Custos morum - o guardião dos costumes; o detentor da moral.

D

Da locum melioribus – cede o lugar aos melhores [Terêncio, Phormio, 522].

Da mihi factum, dabo tibi jus – dá-me os factos, dar-te-ei o direito. – No direito antigo a expressão tinha o significado de que a parte carecia essencialmente de fundamentar a ação quanto aos factos, porque a falta, ou deficiência, da fundamentação de direito seria suprida pelo juiz. – Hoje a locução reporta-se mais ao princípio do dispositivo, segundo o qual o juiz está dependente dos factos alegados e provados pelas partes, só podendo socorrer-se de tais factos, exceto de factos notórios ou de que tenha conhecimento em virtude do exercício das suas funções. Quanto à fundamentação de direito, a parte deve indicá-la, mas o tribunal continua ainda a poder suprir as suas falhas e insuficiências.

Da mihi te placidum – concede-me a tua benevolência. – Fórmula para pedir desculpa por uma falta.

Damnatio est enim iudicum, quae manebat, poena legis, quae levabatur – a condenação que é de aplicar é dos juízes, a pena que fora criada é da lei [Cícero, Pro Sulla, 63].

Damnosa hereditas – herança danosa [Institutiones de Gaio, 2.163]. – Diz-se da herança com encargos, em vez de benefícios.

Damnum absque injuria – dano sem intenção de prejudicar. – Aplica-se ao dano indireto, ou seja, ao dano que não decorre imediatamente do ato ilícito.

Damnum appelandum est cum mala fama lucrum – deve chamar-se dano ao lucro com má fama. – Um lucro adquirido ilicitamente não pode deixar de ter, como primeiro e mais relevante significado, um dano para terceiro.

Damnum dedisse videtur, qui occasionem damni dat – Considera-se que causa dano quem dá ocasião ao dano.

Damnum emergens – dano emergente. – É o prejuízo imediato, sofrido pelo lesado, compreendendo a perda ou diminuição de valores já existentes no seu património, que ficou mais empobrecido, ou por diminuição do ativo ou por aumento do passivo.

Damnum facere dicitur, qui facit quod sibi non est permissum – diz-se que causa dano aquele que faz o que não lhe é permitido.

Damnum fatale – dano fortuito. – Acontece quando a causa do dano está fora do controle humano.

Damnum infectum – dano incompleto; dano imperfeito ou não concluído.

Damnum infectum est damnum nondum factum, quod futurum veremur – dano imperfeito é o dano ainda não concluido, que tememos que venha a consumar-se [Gaio, Digesto, 39.2.2].

Damnum injuria datum – dano produzido pela ofensa *[lesão]*.

Damnum, quod quis sua culpa sentit, sibi debet, non aliis, imputare – quem sofre dano por sua culpa deve atribuí-lo a si mesmo, não aos outros [Decretais de Bonifácio VIII, Liv. V, Tit. XII, De Regulis Juris, LXXXVI].

Damnum rei amissae – dano de coisa perdida. – Aplica-se ao prejuízo resultante de pagamento feito por erro de direito.

Damnum sentire non videtur qui sibi damnum dedit – não se considera que sofra prejuízo quem causou o prejuízo a si mesmo.

Dare et remittere paria sunt – dar e perdoar são o mesmo.

Dare nemo potest quod non habet – ninguém pode dar o que não tem.

Dare nemo potest quod non habet neque plus quam habet – ninguém pode dar o que não tem, nem mais do que tem. – Cada um dá o que tem segundo a sua pessoa.

Dare significat dominium transferre – dar significa transferir o domínio.

Dare sui documentum – dar de si prova. – A prova é essencial, desde a prova de vida à prova do valor.

Dat veniam corvis, vexat censura columbas – dar estima aos corvos e maltratar as pombas [Juvenal, Satirae, 2.63]. – Aplica-se quando se perseguem ou condenam os inocentes e se deixam na impunidade os culpados. Também a crítica, por vezes, é indulgente com aqueles que se podem defender e severa com os fracos.

Data permissa – com a devida permissão.

Data venia – com a devida vénia; com o devido respeito; com a devida permissão. – Expressão que se utiliza no discurso oral do advogado perante o juiz, no sentido de manifestar o seu respeito perante o órgão de soberania, ao qual se dirige. Por vezes, também é usada por escrito, designadamente em alegações de recurso. – *"Data venia"* é ainda aplicada como fórmula de cortesia para se iniciar uma argumentação que vai no sentido de discordar do interlocutor. É o mesmo que *"concessa venia"* ou *"permissa venia"*.

Datio in solutum – dação em cumprimento. – A dação em pagamento consiste em o devedor entregar ao credor para extinção imediata da dívida coisa diversa da que era devida. – É correntemente interpretada no sentido de que o *"aliud pro alio solvere"* tanto abrange a dação de uma coisa em vez de outra, como a dação de uma coisa em lugar de dinheiro ou a dação de dinheiro no lugar da coisa. Em qualquer das situações trata-se da entrega pelo devedor de coisa diversa da que é devida com o fim de extinguir imediatamente a obrigação.

Datio in solutum vicem obtinet solutionis – a dação em pagamento faz as vezes de pagamento.

Datio in solvendo – dação em função do pagamento. – O mesmo que *"datio pro solvendo"*. – Trata-se da realização de uma prestação diferente daquela que é devida com a finalidade de facilitar o cumprimento da obrigação e não de a extinguir imediatamente.

Datio pro solvendo – dação a favor do pagamento. – É uma dação em cumprimento condicional, que apenas opera se o credor realizar o valor correspondente ao montante da prestação a que tinha direito. É frequente no pagamento através de cheque com a cláusula *"salvo boa cobrança"* [Menezes Cordeiro, Dir. Obrigações, 1980, 2.º, 211].

Datum noli repetere – não tires o que deste [Godfrey de Winchester, Epigrammata, XXV].

De absentibus nihil nisi bonum – dos ausentes nada *[se diga]* a não ser bem. – É eticamente reprovável atacar ou maldizer de quem, por estar ausente, não se pode defender.

De adquirendo rerum dominio – da aquisição do domínio das coisas [Digesto, 41.1.0].

De apicibus iuris disputare – argumentar com as subtilezas do direito [Ulpiano, Digesto, 17.1.29.4]. – Ulpiano dizia que *"de bona fide enim agitur, cui non congruit de apicibus iuris disputare"* – age de boa fé aquele que não usa argumentar com as minúcias do direito.

De auditu – por ouvir dizer. – Diz-se da testemunha de outiva ou de ouvir dizer *[testis de auditu]*.

De bona fide enim agitur, cui non congruit de apicibus iuris disputare – age efetivamente de boa fé aquele que não escolhe argumentar com subtilezas de direito [Ulpiano, Digesto, 17.1.29.4].

De commodo et incommodo – do cómodo e do incómodo. – Este aforismo costuma apresentar-se de forma mais completa na expressão *"ubi comoda ibi incomoda"*, para significar que quando se querem as vantagens duma coisa têm de se aceitar também as desvantagens.

De cujus – [aquele] de cuja [sucessão]; morto; falecido. – O mesmo que *"auctor sucessionis"*. – A expressão é a abreviatura de *"id de cujus sucessione agitur"* – aquele de cuja sucessão se trata.

De die – de dia.

De die in diem – de dia para dia.

De domo sua nemo extrahi debet – da sua casa ninguém deve ser tirado [Paulo, Digesto, 2.4.21].

De eadem re alio modo – da mesma coisa, de maneira diferente [Cícero, Ad Familiares, 13.27].

De facto – de facto. – Usa-se para exprimir a realidade fáctica *versus* realidade *"de jure" [de direito]*.

De fide et officio iudicis non recipitur quaestio, sed de scientia sive sit error iuris sive facti – da honestidade e integridade do juiz, não se aceita questionamento, mas sim de seu conhecimento, seja o erro de direito ou de facto.

De fructu arborem cognosco – pelo fruto conheço a árvore [Erasmo, Adagia, 1.9.39].

De gratia – de graça; de favor.

De gustibus et coloribus non disputandum – os gostos e as cores não se discutem.

De gustibus non est disputandum – de gostos não se deve discutir.

De his criminibus, de quibus absolutus est accusatus, non potest accusatio replicari – daqueles crimes de que o acusado foi absolvido não se pode repetir a acusação.

De iure iudices, de facto iuratores respondent – quanto ao direito respondem os juízes, quanto aos factos os jurados. – No processo penal português os juízes respondem às questões de direito mas também às questões de facto e os jurados respondem às questões de facto e, juntamente com os juízes, respondem também às questões da culpabilidade e da determinação da sanção [vide: artigos 365.º a 369.º do CPP].

De jure – de direito. – Utiliza-se em oposição a *"de facto"*.

De jure et de facto – de direito e de facto.

De jure condendo – do ponto de vista do direito a constituir *[a legislar]*. – O mesmo que "*de jure constituendo*" ou "*de lege ferenda*".

De jure condito – do ponto de vista do direito constituído *[existente]*. – O mesmo que "*de jure constituto*" ou "*de lege data*".

De jure constituto – tem o mesmo significado de "*de jure condito*".

De lana caprina contendere – discutir a respeito da lã da cabra. – Dizia Horácio que "*alter rixatur de lana saepe caprina, propugnat nugis armatus*" – aquele que debate muitas vezes sobre a lã de cabra, luta armado contra ninharias [Horácio, Epistulae, 1.18.15]. – Utiliza-se a propósito de polémica sobre futilidades sem qualquer valor ou alcance.

De lege condenda – da lei vigente.

De lege ferenda – pela lei a criar.

De lege lata – pela lei promulgada; pela lei existente.

De meritis – do mérito. – Conhecer do mérito é conhecer do fundo da questão.

De minimis non curat lex – a lei não cuida de pequenas coisas.

De minimis non curat praetor – o pretor não cuida das coisas mínimas. – Usa-se para significar que uma pessoa colocada em posição elevada não se preocupa com ninharias. Um espírito superior não se ocupa de coisas menores.

De more uxorio – à maneira do casamento. – Tem campo de aplicação na designada "*união de facto*".

De mortuis nihil nisi bonum – dos mortos nada senão bem [atribuída a Diógenes de Laércio].

De non molestando in possessionem – de não perturbar a posse.

De omni re scibili *(et quibusdam aliis)* – de todas as coisas que é possível saber *(e ainda de algumas outras)*. – ***"De omni re scibili"*** era a divisa do célebre Pico della Mirandola, que pretendia poder discutir, fosse com quem fosse, sobre todos os ramos da ciência humana; – ***"et quibusdam aliis"*** é uma adjunção irónica de Voltaire que quis zombar das pretensões do jovem prodígio. – A divisa e o seu complemento passaram a máxima e aplicam-se todas as vezes que alguém emite a pretensão de discorrer sobre muitos assuntos, de possuir um saber enciclopédico.

De omnibus dubitandum – deve-se duvidar de todas as coisas *[princípio da filosofia de Descartes]*.

De per se – de per si.

De persona ad personam – de pessoa a pessoa.

De plano – de entrada; à cabeça; à primeira vista; sem dificuldade. – Em linguagem jurídica, significa imediatamente, sem inquérito prévio, sem formalidades.

De profundis – das profundezas. – A expressão *"de profundis"* faz referência ao salmo 130 (129) da Bíblia, no qual é usada como metáfora de uma terrível angústia, salmo que começa assim: *"De profundis clamavi ad te Domine: Domine exaudi vocem meam: fiant aures tuae intendentes in vocem deprecationis meae"* – Das profundezas eu clamo a Ti, Jave: Senhor ouve o meu grito! Que teus ouvidos estejam atentos à voz da minha súplica! [Bíblia, Salmos, 130 (129).1-2]. – A expressão é também título de um célebre escrito *[extensa carta]* de Óscar Wilde, redigido na prisão e publicado em 1905. E também o nome de um livro de José Cardoso Pires, mais precisamente designado *"De Profundis, Valsa Lenta"*, publicado em 1997 *[testemunho dramático do autor que viveu um prenúncio de morte em vida, após ter sido vítima de um AVC]*.

De quota litis – da quota da lide. – Diz-se da fixação dos honorários de advogado em função do resultado em concreto do litígio, sobretudo quando este apresente conteúdo puramente monetário. – Se for ajustado que o mandatário irá receber uma percentagem do que vier, em concreto, a ser recebido, pelo constituinte, tal cláusula consubstanciará um caso de *"quota litis"*, que é de haver por nula, uma vez que está expressamente proibida pelo artigo 106.º do Estatuto da Ordem dos Advogados [aprovado pela Lei n.º 145/2015, de 9 de setembro].

De verbo ad verbum – de palavra para palavra. – Exprime uma transcrição textual ou *"ipsis verbis"*.

De vita et moribus – sobre a vida e os costumes.

De visu – por ter visto. – Diz-se da testemunha *"presencial"*, que sabe dos factos por os ter observado.

De visu et de auditu – de vista e de ouvido.

Debellatio – extinção de um Estado por absorção noutro Estado. – Tem lugar quando se verifica a subjugação completa de um país beligerante com envolvimento da perda de soberania.

Debellatum est – vencido está o combate. – Diz-se da guerra terminada com vitória.

Debemur morti nos nostraque – destinados estamos a morrer, nós e as nossas coisas [Horácio, Ars Poetica, 63]. – Pensamento de Horácio sobre a brevidade da vida humana.

Debet quis iuri subiacere ubi delinquit – a pessoa deve ser submetida à lei *[do lugar]* onde delinquiu.

Debita sequuntur personam debitoris – os débitos seguem a pessoa do devedor.

Debitor aliud pro alio, invito creditore, solvere no potest – o devedor não pode pagar uma coisa por outra, contra a vontade do credor.

Debitor speciei liberatur interitu rei – o devedor em espécie fica exonerado pelo perecimento da coisa devida. – O devedor em espécie é o devedor de uma coisa determinada, e não de um valor genérico.

Debitor sui ipsius esse nemo potest – ninguém pode ser devedor de si mesmo.

Debitum conjugale – débito conjugal. – Um dos deveres da vida em comum do casal é o dever de coabitação, que abrange o *"ius in corpus"*, ou seja, direito-dever dos cônjuges de cederem reciprocamente os seus corpos à mútua realização sexual [vide: artigo 1672.º do CC e A. Varela, Direito da Família, 1.º, 5.ª ed. 345].

Debitum cum re junctum – débito *[contraído]* juntamente com a coisa. – Diz-se das despesas feitas por causa da coisa ou danos por ela causados nas condições definidas no artigo 754º do CC, que estabelece o direito de retenção a favor de quem deva entregar a coisa e possui crédito pelas ditas despesas.

Debitum et contractus sunt nullius loci – a dívida e o contrato não pertencem a nenhum lugar. – Significa que a obrigação de pagar é pessoal, independente do lugar em que foi assumida.

Debitum insolubile – débito insolúvel; dívida impagável.

Decepta voluntas est voluntas – a vontade enganada é vontade. – A vontade enganada verifica-se quando tenha sido determinada por dolo que induza em erro o autor da declaração. Apesar de tudo é vontade, que só deixa de produzir efeito se o seu autor anular a declaração [vide: artigo 254.º/1 do CC].

Deceptis, non decipientibus opitulatur – a lei protege os enganados, não os enganadores [Ulpiano, Digesto 16.1.2.3].

Deceptor – enganador; autor do dolo.

Deceptus – enganado; vítima do dolo.

Decere de bonis suis – fazer cessão de seus bens.

Decet concessum a principe beneficium esse mansurum – convém que o benefício concedido pelo príncipe seja estável [Decretais de Bonifácio VIII, Liv. V, Tit. XII, De Regulis Juris, XVI].

Decies senos tercentum et quique dies – trezentos e sessenta e cinco dias. – Expressão para, obviamente, designar o número de dias do ano comum.

Decipi ille non censetur qui scit sese decipi – não passa por enganado quem sabe que está sendo enganado.

Decipimur specie recti – enganados somos pela aparência do que é reto [Horácio, Ars Poetica, 25].

Decipit frons prima multos – a primeira impressão engana a muitos [Fedro, Fabulae, 4.1.16].

Decisus – decidido *[por transação]*.

Declarare voluntatem verbis vel factis paria sunt – declarar a vontade por palavras ou por atos importa o mesmo.

Declaratio nullitatis – declaração de nulidade.

Decoctus semper dolosus praesumitur, in iudicio civili, donec contrarium probetur – no juízo civil, o falido é sempre considerado doloso, até prova em contrário.

Decora teipsum – respeita a ti mesmo [Erasmo, Adagia, 4.2.10].

Decus in labore – dignidade no trabalho. – Divisa da Livraria Lello & Irmão, cujo edifício *[livraria]* construído na cidade do Porto e inaugurado em 1906, com a presença, entre outros, de Guerra Junqueiro, José Leite de Vasconcelos e Afonso Costa, é considerado como dos mais belos do mundo.

Dedignari aliquem maritum – recusar alguém para marido.

Deductis deducendis – deduzidos os devidos deduzíveis; descontado o que deve ser descontado.

Defectus litterae non viciat rescriptum – o defeito da letra não vicia o rescrito *[documento]*.

Defendi uxores a viris, non viros ab uxoribus aequum est – o justo é que as esposas sejam defendidas pelos maridos, não os maridos pelas esposas [Paulo, Digesto, 47.10.2].

Defensor ex officio – defensor por ofício; defensor público.

Deficit – défice; saldo negativo.

Defuncti voluntas antiquior iure est – a vontade do falecido é mais sagrada do que a lei [Plínio, o Moço, Epistulae, 5.7].

Dei gratia – por graça de Deus.

Deliberando saepe perit occasio – o absorvido na deliberação, muitas vezes perde a ocasião [Publílio Siro, Sententiae]. – Pensar demasiado tempo para tomar uma opção pode significar a perda de uma boa oportunidade.

Delicta facti permanentis – delitos de facto permanente. – Delitos que deixam vestígios permanentes.

Delicta facti transeuntis – delitos de facto temporário. – Delitos que só deixam vestígios temporários.

Delicta juris gentium – violação do direito das gentes. – Reporta-se a expressão aos crimes contra o direito internacional, crimes de guerra, crimes contra a humanidade e contra a paz.

Delicta parentium non nocent - os delitos dos pais não prejudicam *(os filhos)* [Código de Justiniano, 6.7.2pr.].

Delicti cessatio radix est veniae - a cessação do delito é a raiz do perdão.

Delicto par poena sit - a punição deve corresponder ao crime.

Delictum continuatum - crime continuado.

Delictum habituale - crime habitual.

Delictum iteratum gravius est - delito reiterado é mais grave.

Delictum non est ubi poena non cadit, etiam quod illicitum sit - não existe delito onde não cabe pena, mesmo que seja um ilícito. - Trata-se do delito de natureza penal, traduzido numa ação, ou omissão, cominada com uma pena ou medida de segurança.

Delictum non praesumitur in dubium - o delito não se presume em caso de dúvida. - Porque *"in dubio pro reo"*.

Delictum personae non debet in detrimentum ecclesiae redundare - o delito de uma pessoa não pode redundar em detrimento da Igreja [Decretais de Bonifácio VIII, Liv. V, Tit. XII, De Regulis Juris, LXXVI].

Delinquitur autem aut proposito, aut impetu, aut casu - comete-se delito ou por vontade, ou por impulso *[ímpeto]*, ou por acaso [Marciano, Digesto, 48.19.11.2]. - Marciano, na continuação do texto, explica que cometem delito por vontade os ladrões, que agem com maquinação; por ímpeto, os que por embriaguez atacam com as mãos ou com um ferro; por acaso, os que no exercício da caça atiram contra a fera e matam uma pessoa. - Para os romanos, os crimes cometidos, por exemplo, em estado de embriaguez eram reputados como delitos de ímpeto e punidos com alguma atenuação.

Delirium tremens - delírio de alcoólatra. - É um rápido início de confusão geralmente causada por retirada de álcool. Quando ocorre, as pessoas podem ver ou ouvir coisas que outras pessoas não veem ou ouvem. Os efeitos físicos podem incluir agitação, tremores, ritmo cardíaco irregular, e ocasionalmente uma temperatura corporal muito alta ou convulsões.

Denegatio justitiae - denegação de justiça. - A proibição da denegação de justiça, ou do *"non liquet"*, significa que o juiz não pode abster-se de julgar, invocando a falta ou obscuridade da lei ou a dúvida sobre os factos. Pelo contrário, o juiz deve resolver todas as questões que as partes tenham submetido à sua apreciação [vide: artigo 608.º/2 do CPC].

Denuntiare alicui testimonium - anunciar o testemunho de alguém. - Indicar como testemunha.

Deo gratias – graças a Deus. – Locução utilizada nas preces litúrgicas. – Emprega-se, familiarmente, para exprimir satisfação, quando termina uma coisa que causava tédio ou fadiga.

Deo ignoto – ao Deus desconhecido. – S. Paulo pregando o Evangelho em Atenas e lendo num templo a inscrição *"ao deus desconhecido"*, declarou aos Gregos que o Deus dos cristãos era esse precisamente [Bíblia, Atos dos Apóstolos, 17.23].

Deo juvante – ajudando Deus. – Se Deus o quiser ou com a ajuda de Deus.

Deposcere aliquem in poenam – reclamar o castigo de alguém.

Depositum est, quod custodiendum alicui datum est – é depósito o que é dado a alguém para guardar [Ulpiano, Digesto, 16.3.1]. – Depósito é a entrega de bens ou dinheiro a determinada pessoa ou instituição com obrigação de os conservar e de os devolver quando solicitados [vide: artigo 1185.º do CC].

Derelictio – abandono. – O abandono *[de coisa]* é o despojamento voluntário da posse, com intenção de fazer extinguir essa mesma posse.

Derelictio rei – abandono da coisa. – O abandono, puro e simples, duma coisa por vontade unilateral do seu proprietário, que renuncia ao seu direito, é uma forma de extinção dos direitos reais sobre bens móveis. Na verdade, o abandono tem o significado de um ato voluntário pelo qual se abdica de imediato da posse de uma coisa [vide: artigo 1267.º/1 do CC].

Descendere ad consilium – chegar a uma resolução.

Descendere ad vim – recorrer à força.

Descernere rem dubiam – resolver uma dúvida.

Desiderata – as coisas desejadas.

Desideratum – que se deseja; o objetivo.

Desuetudo – desuso; falta de hábito; descostume.

Deus ex machina – deus a partir da máquina. – Utilizava-se a expressão para designar um ente sobrenatural que, numa peça de teatro e através de certo maquinismo, baixava sobre a cena. Usa-se também em sentido figurado para designar uma pessoa cuja influência é muito preponderante numa empresa ou num negócio.

Deus ita artifex magnus in magnis, ut minor non sit in parvis – Deus é tão grande artífice nas coisas grandes que não pode ser menor nas coisas pequenas [S. Agostinho, De Civitate Dei, 11.22].

Dicat testator et erit lex voluntas eius – diga o testador e a sua vontade será lei.

Dicatio ad patriam - doação à pátria; cedência a favor da comunidade. - A *"dicatio ad patriam"* é um instituto legal traduzido no comportamento voluntário do proprietário de um bem imóvel que coloca o mesmo disponível para a comunidade através do estabelecimento de uma servidão de uso público da propriedade com efeito imediato ou, após o uso pretendido do imóvel pela coletividade indiferenciada de cidadãos, durante o tempo necessário para a usucapião. - A *"dicatio ad patriam"* ou a cedência ao domínio público é, por si só, um instrumento de aquisição da posse a favor da coletividade e também, em sentido inverso, um meio da sua perda pelo *"tradens"* e, finalmente, uma via de aquisição do domínio correspondente a essa posse; desde logo, se esta, enquanto pública, se prolongou pelo tempo necessário para a usucapião, recorrendo-se para o cômputo do prazo respetivo, se necessário, ao instituto da junção ou acessão da posse anterior do *"tradens"*, autor da *"dicatio"*, nos termos do preceituado pelo artigo 1256º, do CC. A *"dicatio ad patriam"* traduz-se, assim, no facto, realizado por qualquer sujeito, de admitir o uso público em relação aos bens da sua propriedade, num instrumento específico e autónomo de ingresso da coisa no domínio público, de per si, como instituto de direito público.

Dicere causam - expor uma questão.

Dicere enim bene nemo potest nisi qui prudenter intellegit - só pode falar bem, quem pensa com sabedoria [Cícero, Brutus, 23].

Dicere in aurem - falar ao ouvido.

Dicere jus - expor o direito.

Dicta est injuria quod fit non jure - diz-se injustiça o que se faz contra o direito. - É uma noção basilar de injustiça, enquanto ação ou comportamento que se opõe ao direito de outrem.

Dicta et facta distant multum - os ditos e os feitos distam muito.

Dicta semel nullum patiuntur verba recursum - uma vez ditas, as palavras nenhuma volta admitem. - Como se costuma dizer *"palavra e pedra solta não têm volta"*.

Dictis manere - cumprir a palavra.

Dicto citius - num abrir e fechar de olhos.

Dictum - dito; afirmação de uma decisão judicial.

Dictum est - está dito. - Expressão que o orador utiliza para dizer que acabou o seu discurso.

Dictum indictum fieri nequit - o que foi dito não pode fazer-se não dito. - Ainda que se possa dar o dito por não dito, não se pode é converter o dito em não dito.

Didita fama terris – fama espalhada pelo mundo.

Diditur rumor per agmina – corre a notícia através da multidão em movimento.

Dies ad quem – dia até ao qual. – Diz-se do termo final, resolutivo ou perentório. É aquele dia, só, até ao qual se produzem os efeitos do negócio jurídico.

Dies ad quem computatur in termino – o último dia conta-se no prazo. – Mas se o prazo terminar em domingo ou dia feriado transfere-se para o primeiro dia útil [vide: artigo 279.º/e) do CC].

Dies a quo – dia a partir do qual. – Diz-se do termo inicial, suspensivo ou dilatório. – É aquele dia, só, a partir do qual se produzem os efeitos de um negócio jurídico ou a partir do qual se começa a contar um prazo.

Dies a quo non computatur in termino – o dia inicial não se conta no prazo. – Na contagem de qualquer prazo não se inclui o dia, nem a hora, se o prazo for de horas, em que ocorrer o evento a partir do qual o prazo começa a correr [vide: artigo 279.º/b) do CC].

Dies certus an certus quando – dia certo quanto à verificação e quanto à data. Exemplo: 25 de Abril de 1974.

Dies certus an incertus quando – dia certo quanto à verificação e incerto quanto à data. Por exemplo: quando o testador falecer.

Dies certus et locus specificus sunt de substantia litterarum cambii – o dia certo e o lugar específico são da essência da letra de câmbio.

Dies incertus an certus quando – dia incerto quanto à verificação e certo quanto à data. Ex. quando atingir a maioridade.

Dies incertus an incertus quando – dia incerto quanto à verificação e quanto à data. – Ex. quando vier a casar.

Dies interpellat pro homine – o dia interpela em vez do homem. – Tendo a obrigação prazo certo não é necessária a interpelação para que exista mora. Se o prazo for incerto vigora o princípio da essencialidade da interpelação. Note-se que a solução decorre, como consequência necessária, do significado normal a conferir à estipulação de uma data determinada para a obrigação ser cumprida pelo devedor [vide: artigos 777.º a 782.º do CC].

Dies irae – dia da ira. – *"Dies Irae"* é um famoso hino, em latim, do século XIII, em que se alude ao juízo final, que é atribuído a Tomás de Celano [1190-1260], inspirado no Velho Testamento [Sofonias] e é também um dos hinos do Requiem de Mozart, Verdi e do contemporâneo Penderecki.

Dies juris – termo legal.

Dies natalis – dia do nascimento.

Dies termini computatur in termino – o dia do vencimento se conta no termo.

Dies venit – o dia vem ; dia do vencimento.

Difficile assueta corrigere – é difícil mudar o que é de costume.

Difficile est crimen non prodere vultu – é difícil não revelar o crime no rosto [Ovídio, Metamorfoses, 2.447].

Difficultas magna impossibilitati aequiparatur – uma grande dificuldade é equiparável à impossibilidade. – A grande dificuldade é equiparável a uma impossibilidade relativa, entendida como uma onorosidade excessiva da prestação. A impossibilidadae propriamente dita é uma impossibilidade absoluta da prestação.

Difficultas praestandi – dificuldade de prestar. – A prestação torna-se impossível, quando por qualquer razão ou circunstância, o comportamento exigível ao devedor em face do conteúdo da obrigação se tornou inviável. Acontece que a impossibilidade que exonera o devedor carece de ser superveniente, objetiva e definitiva, ou seja, uma impossibilidade absoluta, pois que só esta libera o devedor e não a mera impossibilidade relativa, que se identifique com a *"difficultas prestandi"*, ou a *"difficultas rei nummariae"* ou a *"dificuldade económica"* [vide: artigos 790.º a 793.º do CC].

Difficultas praestationis – dificuldade da prestação. – O mesmo que *"difficultas praestandi"*.

Difficultas rei nummariae – dificuldade financeira.

Dignitas delictum auget – a categoria elevada agrava o delito.

Dignitas delinquentis peccatum auget – a posição elevada do ofensor aumenta a gravidade da infração.

Dijudicare causam – julgar a causa.

Diligens in omnibus rebus – diligente em todas as coisas.

Diligentia – diligência. – A diligência consiste numa atitude de interesse, cuidado e zelo do agente com vista ao cumprimento de um dever.

Diligentia quam in suis – diligência como nas suas coisas. – A mesma diligência que é posta nos assuntos ou negócios próprios. É a diligência que é exigida, por exemplo, ao depositário.

Diligentiam quam suis rebus adhire solet – diligência que o agente costuma aplicar nos seus atos. – O princípio reporta-se à diligência de que o agente normalmente é capaz, cuja omissão manifesta a culpa em concreto. – Outro princípio relativo à diligência é aquele que reporta a diligência à de um homem normal, medianamente sagaz, prudente, avisado e cuidadoso, cuja omissão revela a culpa em abstrato. – O atual direito civil português consagra a tese da culpa em abstrato quer na responsabilidade contratual, quer na responsabilidade extracontratual [vide: artigos 227.º/1 e 487.º/2 do CC].

Dimidium fact, qui bene coepit, habet – tem meia tarefa feita quem começou bem.

Disciplina pauperibus divitiae, divitibus ornamentum, senibus oblectamentum – a sabedoria é a riqueza dos pobres, o ornamento dos ricos e o prazer dos velhos.

Discite justitiam moniti et non temnere divos – aprendei a conhecer a justiça e a não desprezar os seres divinos [Virgílio, Eneida, 6.620]. – *"Divus"* – divino, era o epíteto dado aos imperadores romanos depois da morte.

Discretio est discernere per legem quid sit iustum – discrição é discernir através da lei o que é justo.

Disparata non debent iungi – as coisas opostas não se devem misturar.

Dispendium propter compendium – despesa por causa do lucro.

Disponat testator, et erit lex – determine o testador e será lei.

Dispositio secundum jus vigens tempore dispositionis – a disposição regula-se pela lei vigente ao tempo dela.

Dispositio variatur mutatione conditionis et status – qualquer disposição varia pela mudança da condição e do estado.

Dissoluta negligentia prope dolum est – negligência descomedida é quase dolo.

Distinguo – distingo. – Aplica-se quando se pretende dar uma resposta explicada para contemplar várias soluções em consideração.

Distractus ejus est naturae cujus contractus, et aequiparatur – o distrato é da mesma natureza do contrato, ao qual se equipara. – O distrato [ou *"contrarius consensus"*; *distrate*; *mútuo dissenso*] é a convenção pela qual as partes revogam uma convenção anterior.

Diu delibera – decide sem pressa [Erasmo, Adagia, 4.2.75].

Diu non latent scelera – crimes não ficam ocultos por muito tempo.

Diuturni mores consensu utentium comprobati legem imitantur – os costumes diuturnos confirmados pelo consenso dos usuários representam a lei.

Diversitas fori non debet meritum causae vitiare – a diversidade do foro não deve viciar o mérito da causa.

Diversitas rationis, deversitatem juris inducit – diversidade na razão, diversidade no direito.

Dives est qui sibi nihil deesse putat – rico é aquele que julga que nada lhe falta.

Divide et impera – divide e reina.

Divide ut imperes – divide para que imperes. – Máxima política pretensamente enunciada por Maquiavel.

Divide ut regnes – divide para reinar [atribuída a Júlio César]. – O mesmo que *"divide ut imperes"*.

Divisio confessionis cum onere probandi partem divisam est permissa indistincte – a divisão da confissão com o ónus de provar a parte dividida é permitida indistintamente. – A divisão da confissão em princípio não é admissível, pelo que a parte que dela quiser aproveitar-se como prova plena tem de aceitar também como verdadeiros os outros factos ou circunstâncias invocados pelo confitente e a este favoráveis. Porém, se a parte contrária ao confitente conseguir provar que não são verdadeiros os factos favoráveis ao confitente já a confissão pode ser dividida, isto é, pode aquela aproveitar-se da prova plena que ela produz em relação aos factos desfavoráveis ao confitente [vide: artigo 360.º do CC].

Divitiae mutant mores, raro in meliores – as riquezas modificam os costumes, raramente para melhor.

Divortium est quod in diversas partes eunt qui discedunt – chama-se divórcio pelo facto de irem para partes diferentes os que se separam.

Dixi – disse, tenho dito. – Fórmula com que se dá por concluído um discurso ou um arrazoado.

Dixit – ele disse.

Do, dico, addico – eu dou, eu digo, eu adjudico. – Palavras que resumiam, no direito romano, a extensão da jurisdição civil do pretor: *"**Do**" [produzo as regras para a ação]; "**Dico**" [declaro a lei a aplicar (promulgando o decreto)];"**Addico**" [invisto o juiz com direito a julgar].*

Do ut des – dou para que dês *[toma lá, dá cá]*. – Categoria dos contratos inominados que tem por causa a entrega de coisa já realizada e por objeto outra entrega de coisa, que se espera da outra parte.

Do ut facias – dou para que faças. – Categoria dos contratos inominados que tem por causa a entrega de coisa já realizada e por objeto uma prestação de facto, que se espera da outra parte.

Docta ignorantia – douta ignorância. – Inspira-se na máxima socrática do *"tantum scio quod nihil scio" [apenas sei que nada sei]*. Para Sócrates o mais sábio é aquele que sabe que, afinal, é nulo o seu saber. O reconhecimento da própria ignorância já representa um douto saber.

Doctor in utroque [iure] – doutor num e noutro direito *[civil e canónico]*.

Doctus cum libro – douto com o livro. – Aplica-se para significar a pessoa sem ideias próprias e que só sabe o que está no livro.

Docui te urinandi artem, et tu vis me demergere – eu te ensinei a arte de mergulhar e tu me queres afogar [Erasmo, Adagia, 3.4.84].

Doli capax – capaz de intenção criminosa.– Diz-se do que tem capacidade de distinguir o bem do mal.

Doli forenses – astúcias forenses; artifícios usados nas lides forenses.

Doli incapax – incapaz de dolo.

Dolo autem facere videtur, qui id quod potest restituere non restituit – parece atuar com dolo quem não restitui o que pode restituir [Ulpiano, Digesto, 17.1.8.9].

Dolo causa dans – dolo causa determinante; dolo substancial. – O dolo é considerado um ato ilícito, que pode fazer incorrer o seu agente em responsabilidade civil, na medida em que cause prejuízos. E até em responsabilidade penal se estiver em causa a prática de ilícito de tal natureza. – O dolo substancial é o dolo que diz respeito à relação jurídica material, ou seja, de direito substantivo. Verifica-se quando o litigante usa de dolo, ou de má fé, para obter uma decisão de causa que não corresponda a uma decisão justa. – O dolo substancial distingue-se do dolo instrumental, que diz respeito à relação jurídica processual e verifica-se quando o litigante procura através da sua conduta no processo desmotivar o adversário para a ação, v.g. pressionando-o e conseguindo conduzi-lo para um acordo injusto.

Dolo facit, qui petit quod redditurus est – atua com dolo o que pede aquilo que tem de restituir [Paulo, Digesto, 44.4.8pr.]. – O credor pode opor-se à anulação do ato se provar que o devedor não teve nenhum prejuízo com a prestação efetuada e se em consequência da anulação renasceria a mesma obrigação de prestar por parte do devedor.

Dolo facit, qui petit quod restituere oportet eundem – age com dolo quem pede aquilo que deve restituir [Decretais de Bonifácio VIII, Liv. V, Tit. XII, De Regulis Juris, LIX].

Dolo malo non videtur habere qui suo iure utitur – não se considera usar de dolo mau quem usa do seu direito [Ulpiano, Digesto 43.29.3.2].

Dolo malo pactum se non servaturum – o que foi pactuado com fraude não se manterá [Ulpiano, Digesto, 2.14.7.9].

Dolum ex insidiis perspicuis probari convenit – convém comprovar o dolo resultante de artifícios evidentes [Código de Justiniano, 2.20.6].

Dolus apertus – dolo evidente. – Dolo que se pode ver na conduta do agente.

Dolus bonus – dolo bom; dolo benévolo ou inocente. – Diz-se a propósito de uma certa argúcia negocial, reputada como legítima pelas conceções dominantes.

Dolus bonus est quo malus pellitur – dolo bom é aquele pelo qual se repele o mau.

Dolus cum dolo compensatur – o dolo com o dolo se compensa. – Princípio do direito romano que se reportava ao dolo de ambas as partes. Assim se ambas as partes agissem com dolo nenhuma poderia alegá-lo para anular o ato ou reclamar indenização. Se o dolo se compensasse com dolo o negócio jurídico era válido; – Este princípio não se aplica em face do nosso ordenamento jurídico que diz que a anulabilidade não é excluída pelo facto de o dolo ser bilateral [vide: artigo 254.º/1, do CC].

Dolus est consilium alteri nocendi – o dolo é a intenção de fazer mal a outrem.

Dolus et fraus praesumi non debet – não se deve presumir nem o dolo nem a fraude.

Dolus in re ipsa – dolo *[evidenciado]* pelo próprio facto; dolo presumido ou objetivo. – Este enunciado corresponde a uma das antigas presunções do dolo, que a nossa doutrina e jurisprudência atuais não admitem. – Concetualizar o dolo como emanação da própria factualidade objetiva, ou como inerente a essa factualidade, um "*dolus in re ipsa*", é de considerar inequivocamente como ultrapassado, como pura reminiscência das antigas "*presunções do dolo*". O que, porém, não é impeditivo de «o juiz comprovar a existência do dolo através de presunções naturais *[não jurídicas]* ligadas ao princípio da normalidade ou da regra geral ou às chamadas máximas da vida e regras da experiência» [Figueiredo Dias, in «Ónus de Alegar e de Provar em Processo Penal?», Revista de Legislação e Jurisprudência n.º 3474. P. 142]. – Entende-se, assim, que não é admissível a ideia de um "*dolus in re ipsa*", ou seja, a presunção do dolo resultante da simples materialidade de uma infração, isto sem embargo de se poder operar a comprovação do dolo pelo recurso a presunções legais, coisa bem diferente, mesmo porque, salvo os casos de confissão por parte do agente de um crime, a prova do dolo tem de se inferir do conjunto da prova produzida na audiência de julgamento e, nomeadamente, de presunções legais [vide: Ac. do STJ, de 20.11.2014, DR. I, n.º 18, de 27-01-2015, p. 582 – 597].

Dolus malus – dolo mau, malévolo. – É o dolo direto, em que o agente tem a intenção de alcançar determinado resultado ilícito, que de antemão representou.

Dolus malus est, cum aliud simulatur, aliud agitur – dolo mau existe quando se simula uma coisa e se faz outra [Cícero, Topica, 40].

Dolus malus est omnis calliditas, fallacia, machinatio ad circumveniendum, fallendum, decipiendum alterum adhibita – dolo mau é toda a astúcia, engano, maquinação para iludir, induzir em erro, enganar a outrem [decorre de Ulpiano, Digesto, 4.3.1.2]. – A frase de Ulpiano é mais concretamente: *"itaque ipse sic definiit dolum malum esse omnem calliditatem fallaciam machinationem ad circumveniendum fallendum decipiendum alterum adhibitam. Labeonis definitio vera est"* – portanto ele [Labeão] assim definiu o dolo mau, que é toda a astúcia, engano, maquinação para iludir, induzir em erro, enganar outrem. A definição de Labeão é veraz.

Dolus non praesumitur – o dolo não se presume.

Dolus omnimodo puniatur – que o dolo de todas as maneiras seja punido [Nerva, Digesto, 44.4.11.1].

Dolus praesumitur in eo, qui facit, quod tenetur non facere – o dolo presume-se em quem faz o que tinha obrigação de não fazer. – Presunção antiga de dolo.

Dolus ubi non adest, non est delictum poena dignum – onde não há dolo, não há delito merecedor de pena.

Dolus unius alterum nocere non debet – o dolo de um não deve prejudicar a outro.

Dolus vilatus – dolo disfarçado.

Domesticus testis – testemunha da própria casa.

Domicilium bonorum – domicílio dos bens. – Reporta-se ao centro de interesses de ordem patrimonial.

Domicilium personae – domicílio da pessoa. – Refere-se ao centro de vida pessoal; ao lugar da sua residência habitual.

Dominia rerum traditionibus transferuntur – os domínios das coisas transferem-se pelas entregas.

Dominium – domínio. – É o direito da pessoa de usufruir e de dispor de um bem que lhe pertença e de o reclamar de quem indevidamente o tiver na sua posse.

Dominium a possessione coepisse dicitur – considera-se que o domínio começa com a posse.

Dominium est ius in re corporali - domínio é o direito sobre a coisa material.

Dominium est ius utendi, fruendi, et abutendi re sua, quatenus iuris ratio patitur - domínio é o direito de usar, gozar e dispor de propriedade sua, até onde a razão de direito o permite. - O direito romano reconhecia ao proprietário o direito de usá-lo sem limites. No direito moderno, porém, o exercício do direito de propriedade é limitado devido à importância social atribuído à instituição da propriedade nas Leis Fundamentais dos Estados.

Dominium nihil aliud est quam ius utendi re in usum suum - o domínio não é mais que o direito de dispor de uma coisa para uso próprio.

Dominium proprietatis est ius disponendi de re tamquam sua, nisi lex, vel pactum obsistat - o domínio é o direito de dispor de uma coisa como sua, a não ser que uma lei ou um contrato o impeça.

Dominium sine possessione non acquiritur - não se adquire o domínio sem a posse.

Dominus litis - senhor da lide. - Diz-se daquele que tem comando sobre os atos judiciais.

Dominus mihi adjutor - o Senhor é o meu auxílio. - Divisa da Dinamarca.

Dominus negotii - dono do negócio. - É o sujeito de determinado empreendimento, que acorda com terceiros a prática de atos com vista à efetivação do resultado em vista, mediante um preço.

Dominus tecum - o Senhor esteja contigo. - Fórmula de saudação das cerimónias religiosas da igreja católica. - Emprega-se hoje familiarmente quando alguém espirra, a par de outras como: Deus te salve; Jesus Cristo; vivas, etc. Isto porque o espirro era considerado um prenúncio de morte em face de qualquer doença grave, pelo qual se manifestava.

Dominus vobiscum - o Senhor esteja convosco. - Antiga forma de saudação, cuja resposta é *"et cum spiritu tuo" [e com o teu espírito],* tradicionalmente usada pelo clero na missa do rito romano e na administração de outros sacramentos.

Domus municipalis - casa municipal [Câmara municipal].

Donari videtur, quod nullo iure cogente conceditur - considera-se que é doado aquilo que se concede sem que lei alguma o obrigue [Papiano, Digesto, 50.17.82].

Donatio ante nupcias - doação para casamento. - Doação que no direito antigo era feita pelo marido à mulher, como compensação pelo facto de o *"dote"* ser constituído a favor do mesmo marido e não da mulher. A doação para casamento no direito português pode ser feita a um dos esposados ou a ambos em vista do seu casamento [vide: artigos 1753.º a 1760.º do CC].

Donatio est aliud genus acquisitionis – a doação é outra espécie de aquisição.

Donatio inofficiosa – doação inoficiosa. – Doação praticada em detrimento de um herdeiro legitimário.

Donatio inter vivos – doação entre vivos. – É o contrato pelo qual uma pessoa, por mera liberalidade, transfere para outra um determinado bem do seu património.

Donatio marito delata ad onera matrimonii sustinenda – doação oferecida ao marido para sustentar os encargos do matrimónio. – No direito antigo o "*dote*" era constituído a favor do marido para este fazer face aos encargos familiares.

Donatio mortis causa – doação por morte. – Doações por morte são aquelas que se destinam a produzir os seus efeitos depois da morte do doador. São proibidas na nossa lei, com ressalva dos casos legalmente previstos ou de poderem valer como disposições testamentárias se foram observadas as respetivas formalidades [vide: artigo 946º do CC].

Donatio omnium bonorum, reservato sibi usufructo, valida est – é válida a doação de todos os bens, reservado para si o usufruto.

Donatio perficitur possessione accipientis – a doação se completa com a posse do recebedor.

Donatio propter nupcias – doação por causa do casamento. – É a designação dada posteriormente, no direito justinianeu, à "*donatio ante nupcias*". – Nos sistemas jurídicos atuais, por regra, as doações para casamento *[donationes contemplatione matrimonii]* podem ser constituídas a favor de qualquer dos nubentes, tanto por cada um deles a favor do outro, como por terceiro, não tendo ligação com o dote, nem estando sujeitas a disciplina específica [vide: artigos 1753.º e 1754.º do CC].

Donatio remuneratoria – doação remuneratória. – É a doação feita espontaneamente como recompensa por serviços prestados.

Donatio sub modo – doação sob condição.

Dormientibus bona non deferuntur – as coisas não chegam a quem dorme.

Dormientibus non succurrit ius – o direito não ajuda os que dormem. – Utiliza-se a expressão a propósito da aquisição originária de direitos através da posse, ou seja, da usucapião, para significar que o direito não está a favor daqueles que se descuidam quanto à posse dos bens, antes favorece aqueles que dela usufruem de forma pública, pacífica e com ânimo de domínio.

Dotis causa perpetua est, et cum voto eis qui dat, ita contrahitur, ut semper apud maritum sit – a causa perpétua do dote é, com vontade daquele que dá, assim contraída, para que sempre esteja junto do marido. – No primitivo direito romano, o dote era pertença do marido, daí os princípios aludidos, que não têm correspondência no direito moderno, que evoluiu para a conceção de os bens dotais poderem ser constituídos a favor de qualquer dos esposados ou de ambos [vide: artigos 1753.º e 1754.º do CC].

Dubia in meliorem partem interpretari debent – as coisas duvidosas devem ter a interpretação mais favorável.

Dubitando ad veritatem pervenimus – duvidando chegamos à verdade. – Trata-se de uma máxima atribuída a Cícero, que encerra em si o germe da teoria da dúvida metódica de Descartes. Na verdade, Cícero, acerca da dúvida nas nossas cogitações, assim se exprimiu: "*dubitans, circumspectans, haesitans, multa adversa reverens tamquam in rate in mari inmenso nostra vehitur oratio*" – duvidador, circunspecto, hesitante, temente de muitas coisas adversas, tal como em jangada no alto mar, brota o nosso raciocínio (pensamento) [Cícero, Tusculanae Disputationes, 1.73].

Dulce et decorum est pro patria mori – é doce e honroso morrer pela pátria [Horácio, Carmina, 3.2.13].

Dulcissime rerum – a mais doce das coisas.

Dum parant consultamque – enquanto se preparam e tomam decisões.

Dum spiro spero – enquanto respiro, tenho esperança. – Enquanto há vida, há esperança.

Duorum in solidum dominium vel possessionem esse non posse – a inteira *[plena]* propriedade ou posse de uma pessoa sobre uma coisa não pode acontecer com a de outra pessoa [Ulpiano, Digesto, 13.6.5.15]. – A propriedade de um bem, pertença de uma pessoa, atenta a sua natureza absoluta e exclusiva, não pode coexistir com a propriedade desse mesmo bem enquanto pertença de outra pessoa.

Dura lex, sed lex – a lei é dura, mas é lei. – A expressão é muito antiga tendo surgido no período em que foram introduzidas as leis escritas na vetusta Roma. Anteriormente as leis não eram escritas sendo transmitidas por via oral, sofrendo diversas alterações por parte dos julgadores, que as adaptavam ao caso concreto de acordo com tradições locais, introduzindo-lhes interpretações pessoais, por serem detentores desse poder de acomodação. Uma vez introduzidas as leis escritas, estas passaram a ser iguais para todos e assim deviam ser acatadas, por mais duras que se configurassem. – Esta expressão é de frequente referência quando se quer aludir a uma regra ou norma severa, mas que é forçoso acatar e cumprir. – A *"dura lex"*, nos casos em que corresponde a uma lei que não é justa, é uma lei que carece de ser alterada, sendo frequentes a alterações legislativas com o fundamento de a lei não ser a mais justa para prevenir determinada situação.

Durum hoc est sed ita scripta est – isto é duro, mas assim está escrito na lei [Ulpiano, Digesto, 40.9.12.1]. – Diz o mesmo que o princípio *"dura lex, sed lex"*.

E

E pluribus unum – um de entre muitos. – Era a antiga divisa nacional dos Estados Unidos, usada em muitas das suas moedas e inscrita no Capitólio. Também é usada como o lema do Sport Lisboa e Benfica, desde 28 de fevereiro de 1904. – A frase veio originalmente de um poema escrito por Virgílio, *Moretum (Salada),* para descrever a mistura de vários produtos provenientes do campo *(ervas, alho, queijo e vinho)* da qual resultava uma espécie de salada de uma só cor: *"color est e pluribus unus"* – e de muitos vem uma única cor [Virgílio, Appendix Vergiliana, Moretum, 102].

Ea enim obligatione consistere quae pecunia lui praestarique possunt – podem constituir obrigação as coisas que podem ser pagas e prestadas em dinheiro.

Ea, quae fiunt a iudice, si ad eius non spectant officium, viribus non subsistunt – as coisas feitas pelo juiz, se não dizem respeito ao seu ofício, por suas forças não se impõem [Decretais de Bonifácio VIII, Liv. V, Tit. XII, De Regulis Juris, XXVI].

Ea quae in partes dividi non possunt, solida a singulis heredibus debentur – as coisas que não podem ser divididas são devidas inteiras por cada um dos herdeiros.

Ea quae lege fieri prohibentur, si fuerint facta, non solum inutilia, sed pro infectis etiam habeantur – aquelas coisas que pela lei são proibidas de fazer, se forem feitas, não só são inúteis, mas também devem ser consideradas como inexistentes [Código de Justiniano, 1.14.5.1].

Ea, quae raro accidunt, non temere in agendis negotiis computantur – as coisas que raramente acontecem não devem ser consideradas nas transações comerciais sem razão suficiente [Juliano, Digesto 50.17.64]

Eadem causa – a mesma causa. – A mesma causa *[ação idêntica]* é a que tem as mesmas partes, a mesma causa de pedir e o mesmo pedido que outra causa.

Eadem causa obligandi – a mesma causa de obrigar. – A identidade de causa da obrigação diz-se das obrigações solidárias enquanto nascidas do mesmo facto jurídico: do mesmo contrato ou negócio unilateral, do mesmo facto ilícito, etc.

Eadem causa petendi – a mesma causa de pedir. – Causa de pedir é o facto jurídico de que emerge o direito que alguém pretende invocar numa ação.

Eadem conditio personaram – a mesma condição de pessoas. – Utiliza-se a expressão para indicar a identidade de sujeitos, que se verifica quando as partes são as mesmas do ponto de vista da sua qualidade jurídica. – As partes são as mesmas, sob o aspeto jurídico, desde que são portadoras do mesmo interesse substancial. O que conta, pois, para o efeito da identidade jurídica é a posição das partes quanto à relação jurídica substancial e não a sua posição quanto à relação jurídica processual. Daí que o facto de numa das ações figurar como autor quem na outra figura como réu não compromete, nem destrói, a identidade dos litigantes; as partes são as mesmas, embora ocupem posições opostas em cada um dos processos.

Eadem est vis taciti atque expressi consensus – igual é a força do consentimento tácito e do expresso.

Eadem personae – as mesmas pessoas.

Eadem res – a mesma coisa. – As expressões que antecedem aplicam-se relativamente a duas ações que são idênticas, por numa e noutra as partes serem as mesmas *[eadem personae]*, o objeto ser o mesmo *[eadem res]* e por ser a mesma a causa de pedir *[eadem causa petendi]*. O que significa que ou estaremos em face de uma situação de litispendência *[se ambas as ações estiverem pendentes]* ou de caso julgado *[se uma delas já tiver decisão transitada]*.

Ecce iterum Crispinus – eis outra vez Crispim [Juvenal, Satirae, 4.1]. – Emprega-se geralmente em sentido depreciativo, para anunciar o regresso de um indesejado.

Ecce Homo – eis o Homem [Bíblia, João, 19.5]. – Palavras proferidas por Pilatos quando apresentou Jesus Cristo aos sumos sacerdotes para a crucificação, depois de açoitado, coroado de espinhos e com cana verde na mão em sinal de cetro.

Editio princeps – edição principal. – Utiliza-se a expressão para designar a primeira edição de um livro.

Effectus cognosci solet per suas causas – costuma-se conhecer o efeito pelas causas.

Effectus cognoscitur per causas – o efeito conhece-se pelas causas.

Effectus durat durante causa – dura o efeito durando a causa.

Effectus in omnibus consideratur – em tudo se considera o resultado.

Ego sum qui sum – Eu sou quem sou *[ou aquele que é]*. – Palavras de Deus a Moisés no monte Sinai, quando o enviou para libertar o povo de Israel no Egito [Bíblia, Êxodo, 3.14].

Ego sum alpha et omega, primus et novissimus, principium et finis – Eu sou o alfa e o ômega, o primeiro e o último, o princípio e o fim [Bíblia, Apocalipse, 22.13].

Eheu! fugaces labuntur anni – ah! como os anos passam fugidios [decorre de Horácio, Carmina, 2.14.1]. – Palavras nostálgicas [de Horácio], que traduzem a fugacidade com que a vida passa.

Eheu! nullum infortunium venit solum – ah! nenhum infortúnio vem só. – Significa que uma desgraça nunca vem desacompanhada.

Ei incumbit probatio qui dicit non qui negat – a prova incumbe àquele que afirma e não àquele que nega [Paulo, Digesto, 22.3.2]. – A prova dos factos constitutivos de um direito compete àquele que o invoca. E a prova dos factos impeditivos, modificativos ou extintivos do direito invocado compete àquele contra quem a invocação é feita [vide: artigo 342º, n.ºs 1 e 2, do CC].

Eius est nolle, qui potest velle – pode não querer quem pode querer. – Dito de outro modo: quem pode querer também pode não querer, por força do livre arbítrio de que cada pessoa é dotada.

Eiusdem iuris esse debent qui sub eodem rege victuri sunt – devem ficar sob a mesma lei os que vão viver sob o mesmo rei [Quinto Cúrcio, Historiae Alexandri Magni, 10.3].

Ejus est interpretari legem cujus est condere – a lei deve ser interpretada pelo órgão que a aprovou. – Reporta-se ao princípio da interpretação autêntica da lei. Como se sabe, não é a única, nem a mais prática ou usual interpretação, mas também se verifica [vide: artigos 9.º a 13.º do CC].

Ejusdem farinae – da mesma farinha. – Usa-se geralmente em sentido pejorativo, aludindo a pessoas que têm os mesmos vícios ou defeitos.

Ejusdem furfuris – do mesmo farelo. – O mesmo sentido da expressão anterior.

Elapsa verba reprendo – retiro as palavras que me fugiram. – Serve para, de forma indireta, pedir desculpa.

Electa una via non datur regressus ad alteram – eleita uma via *[judicial]* não se pode substituí-la por outra.

Elegantia juris – elegância *[na expressão]* do direito.

Emancipatio est tactus quo pater liberos ex potestate dimittitur – a emancipação é o ato pelo qual o pai afasta de seu poder o filho.

Emere judicem donis – aliciar o juiz com presentes.

Emptio consensu peragitur – a compra se completa pela concordância [Paulo, Digesto 18.1.1.2].

Emptio et venditio contrahitur, simul atque de pretio convenerit – a compra e venda está contraída logo que se tenha acordado o preço [Institutas, Lib. III, Tit. XXIII.1].

Emptio non tollit locatum – a venda não acaba com o arrendamento. – É o princípio que vigora no nosso direito atual [vide: artigo 1051.º do CC]. No entanto, em relação à venda judicial, há que ter presente que qualquer situação locatícia, registada ou não, constituída após o registo da hipoteca, arresto ou penhora é inoponível ao comprador do imóvel em sede de venda judicial, na justa medida em que após a concretização desta caduca automaticamente [vide: artigo 824.º do CC e Acórdão da RL de 24.05.2012, acessível em www.dgsi.pt].

Emptio rei – compra da coisa. – É a aquisição de bens ou de valores mediante a entrega de numerário.

Emptio rei sperate – compra da coisa esperada. – Trata-se da estipulação aposta num contrato sobre bens futuros, segundo a qual a obrigação de pagar o preço apenas surge se e quando aparecer a coisa objeto do contrato. Se a coisa não aparecer o contrato fica sem efeito.

Emptio spei – compra da expectativa. – A compra de mera expectativa é uma compra de bens futuros, segundo a qual há obrigação de pagar o preço, mesmo que a compra se torne ineficaz por os bens não chegarem a surgir, salvo estipulação em contrário. A compra configura-se, assim, como um contrato aleatório [vide: artigos 880.º e 881.º do CC].

Emptio tam sub conditione quam pure contrahi potest – a compra pode ser contraída tanto sob condição como puramente.

Emptio tollit locatum – a venda acaba com o arrendamento. – Era princípio vigente no direito romano. – Com efeito, dizia Gaio: "*qui fundum fruendum vel habitationem alicui locavit, si aliqua ex causa fundum vel aedes vendat, curare debet, ut apud emptorem quoque eadem pactione et colono frui et inquilino habitare liceat: alioquin prohibitus is aget cum eo ex conducto*" – aquele que tomou de arrendamento a alguém o gozo de um fundo ou de uma habitação, se por qualquer motivo a terra ou a habitação é vendida, deve certificar-se de que o comprador nos mesmos termos permite tanto ao rendeiro fruir como ao inquilino habitar, de contrário fica impedido de agir em juízo por causa do ajustado [Gaio, Digesto, 19.2.25.1]. – Este princípio é o contrário do princípio *"emptio non tollit locatum"*, acima aludido e que é o que vigora, como regra, no direito atual.

Emptor emit quam minimo potest, venditor vendit quam maximo potest – o comprador compra pelo menor preço que pode; o vendedor vende pelo maior preço que pode.

Entia non sunt multiplicanda praeter necessitatem – as coisas não se devem multiplicar desnecessariamente. – O princípio é frequentemente designado pela expressão latina *"Lex Parsimoniae" (regra da parcimónia)* que recomenda que se escolha a teoria explicativa que envolva o menor número de argumentos e explicações de uma determinada realidade, com afastamento de afirmações não demonstradas. É um princípio vindo da filosofia medieval e que se encontra muito ligado à figura de Guilherme de Ockham, pelo muito uso que dele fez como de um princípio metodológico, que também veio a ficar conhecido por *"Navalha de Ockham"*, segundo o qual *"se em tudo o mais forem idênticas as várias explicações de um fenómeno, a mais simples é a melhor"*. Hoje é considerado como uma das máximas heurísticas que aconselham economia, parcimónia e simplicidade.

Eodem iure quo res contrahitur, dissolvitur – pelo mesmo direito com que se contrai uma dívida, se paga.

Epistola si recognita non fuerit, non facit probationem – a carta se não for reconhecida, não faz prova.

Equidem virum odi duplicem sermonibus, verbis amicum, sed malignum moribus – odeio o homem de dois discursos, amigo com as palavras, mas malvado nas ações [André Schott, Adagia, 60].

Erga omnes – em relação a todos. – Diz-se dos direitos que são de produção de efeitos jurídicos em relação à generalidade dos sujeitos, como o direito de propriedade privada.

Erga tertius – contra terceiros.

Ergo – portanto. – Palavra utilizada para se indicar que se passa a tirar uma consequência lógica.

Eripuit coelo fulmen sceptrumque tyrannis – retirou o raio ao céu e o cetro aos tiranos. – Inscrição gravada no pedestal de Franklin, alusiva à sua descoberta do para-raios e ao seu papel histórico nas lutas da liberdade.

Erit autem lex: honesta, iusta, possibilis, secundum naturam, secundum consuetudinem patriae, loco temporique conveniens, necessaria, utilis; manifesta quoque, ne aliquid per obscuritatem in captionem contineat; nullo privato commodo, sed pro communi utilitate civium scripta – a lei será: honesta, justa, possível, segundo a natureza, segundo os usos e costumes da pátria, adequada ao lugar e ao tempo, necessária, útil; também clara, para que não contenha nenhuma armadilha por obscuridade; escrita não para vantagem pessoal, mas para utilidade comum dos cidadãos [Santo Isidoro de Sevilha, Etymologiae, V.XXI].

Errando corrigitur error – errando se corrige o erro. – Significa que a errar também se aprende, porque com a prática se vai adquirindo o saber necessário para errar menos.

Errantis voluntas nulla sit – a vontade de quem erra será nula [Código de Justiniano, 1.18.8].

Errare commune est mortalibus – errar é comum aos mortais.

Errare humanum est – errar é próprio do homem. – Expressão que se utiliza sempre que se pretende desculpar erros próprios ou alheios, muitas vezes sem que a desculpa se justifique.

Errare humanum est, perseverare diabolicum – errar é humano perseverar no erro é diabólico.

Errasse humanum est; et confiteri errorem prudentis – ter errado é humano, e prudente é confessar o erro [S. Jerónimo, Epístula Ad Pammachium, LVII, XII].

Errata – errata. – Correção dos erros de impressão.

Erratum – errado. – Falta, falha, erro geralmente involuntário *[erro de impressão]*.

Error – erro. – É o conhecimento falso da realidade de um facto ou de um acontecimento.

Error causam dans – erro que dá causa. – É o erro essencial, causal ou determinante. O *"error causam dans"* terá de ser o erro que seja causa do negócio jurídico nos seus termos em concreto, ou que conduziu o errante a concluir o próprio negócio e não apenas nos termos em que foi feito. É um erro na declaração ou sobre os motivos, que pode conduzir à anulabilidade do negócio jurídico nos termos dos artigos 247.º e 252.º do Código Civil.

Error calculi non facit jus – o erro de cálculo não gera direito. – O erro de cálculo ou de escrita, segundo o artigo 249.º do Código Civil, apenas dá direito à retificação da declaração, não criando outro qualquer direito.

Error circa indolem et natura – erro sobre a índole e natureza *[do negócio]*. – O mesmo que *"error in negotio"*.

Error communis facit jus – o erro comum *[repetido]* cria o direito [Paulo, Digesto, 33.10.3.5]. – Esta máxima reporta-se apenas ao erro impróprio, e não ao erro vício, e significa que no caso de faltar um requisito de validade de determinado negócio jurídico não haverá lugar à sua nulidade, se estiver generalizada a convicção da existência daquele requisito. – O mesmo que *"communis error facit jus"*.

Error est enim cum sequitur aliquid quod non ad id ducit quo volumus pervenire – dá-se o erro quando seguimos alguma coisa que não nos conduz ao lugar a que queremos chegar [S. Agostinho, De Libero Arbítrio, 1.26].

Error excludit consensum – o erro exclui o consentimento. – O erro quando conduz a que a vontade declarada não corresponda à vontade real do declarante vicia o consentimento do mesmo, desde que o declaratário conhecesse ou não devesse ignorar a essencialidade do elemento sobre que incidiu o erro, tornando a declaração negocial anulável [vide: artigo 247.º do CC]. Se o erro não for determinante da vontade do declarante já não exclui o consentimento deste. Exemplo disso é o que se dispõe no Cânone 1099 do Codex Iuris Canonici (1983): *"Error circa matrimonii unitatem vel indissolubilitatem aut sacramentalem dignitatem, dummodo non determinet voluntatem, non vitiat consensum matrimonialem"* – o erro sobre a unidade ou indissobilidade ou a dignidade sacramental do matrimónio, desde que não determine a vontade, não vicia o consentimento matrimonial.

Error facti – erro de facto. – Erro de facto é o erro que recai sobre os elementos da vida real envolventes de determinado negócio jurídico.

Error in eligendo – erro na escolha.

Error in facto proprio allegari non potest, nec relevat – o erro de facto próprio não se pode alegar, nem desculpa. – O erro sobre facto próprio é o erro que o declarante podia e devia ter evitado, por não poder ignorar, sendo um erro indescupável.

Error in futurum – erro sobre o futuro. – Invoca-se a propósito da teoria da pressuposição contratual, ou seja, do motivo essencial que conduziu a parte a contratar, mas que por o considerar óbvio, não o inseriu nos termos do negócio, v.g. o funcionário que arrenda uma casa para habitação no pressuposto de que vai ser transferido para a respetiva localidade, não se vindo depois a concretizar a transferência por razões estranhas à sua vontade.

Error in judicando – erro de julgamento. – Verifica-se quando o julgador decidiu erradamente, ou por ter decidido contra lei ou por ter decidido contra factos apurados ou, em qualquer dos casos, fazendo má interpretação dos factos ou má aplicação da lei substancial.

Error in negotio – erro sobre negócio. – É o erro que recai sobre a identidade do negócio ou sobre a sua substância ou características.

Error in objecto – erro sobre o objeto *[do negócio]*. – O mesmo que *"error in negotio"*.

Error in persona – erro sobre a pessoa. – O mesmo que *"aberratio personae"*. – É o erro que recai sobre a identidade ou sobre as qualidades de determinada pessoa, que tenham sido determinantes da declaração emitida pelo declarante. Pode verificar-se quando o agente criminoso ofende fisicamente uma pessoa quando desejava e pensava estar a agredir outra.

Error in procedendo – erro no procedimento ou erro de atividade. – Verifica-se quando o julgador faz uma má interpretação ou má aplicação da lei processual, cometendo uma nulidade de processo ou de decisão.

Error in substantia – erro sobre a substância. – É o erro sem o qual o negócio não se celebraria.

Error in vigilando – erro na vigilância.

Error incidens – erro incidental, não causal; erro indiferente. – Trata-se do erro que não tem influência sobre a substância e conclusão do negócio jurídico, que sem ele sempre seria concluído, tendo apenas interferência sobre elementos secundários ou acidentais do negócio.

Error juris non excusat – o erro de direito não desculpa. – O erro de direito é o erro sobre a lei aplicável ou a sua interpretação. É irrelevante o erro de direito, porque a ignorância ou má interpretação da lei não justifica a falta do seu cumprimento nem isenta as pessoas das sanções nela estabelecidas [vide: artigo 6.º do CC].

Errore enim veritas originis non amittitur – por um erro não se perde a verdade de origem [Ulpiano, Digesto, 50.1.6].

Errores scribentis nocere non debent – os erros do escrivão não devem prejudicar. – O princípio encontra-se expressamente previsto na lei portuguesa, que diz que *"os erros e omissões dos atos da secretaria judicial não podem, em qualquer caso, prejudicar as partes"* [artigo 157.º, n.º 6 do CPC].

Erunt duo in carne una – serão dois numa só carne. – Simboliza a união entre homem e mulher.

Esse documento alicui – ser exemplo para alguém; servir de testemunho. – O vocábulo latino «*documentum*» tem, entre outros, os significados de documento, exemplo ou testemunho. O Código Civil português diz que é documento *"qualquer objeto elaborado pelo homem com o fim de reproduzir ou representar uma pessoa, coisa ou facto"* [artigo 362.º]. – As expressões *"esse documento alicui"*, *"dare sui documentum"* ou *"ex aliquo documentum capere"*, todas utilizam o termo *"documentum"*, não no sentido que a lei portuguesa atualmente confere a este termo, reportado a qualquer objeto elaborado pelo homem, mas antes no de exemplo ou de testemunho que é dado por uma pessoa ou recebido de uma outra pessoa.

Esse in exspectatione – estar na expectativa. – Estar na esperança de um direito ou de uma situação jurídica com interesse.

Esse in laude cum populo – gozar de consideração geral.

Esse in ore atque sermone omnium – andar na boca de toda a gente.

Essentialia negotii – elementos essenciais do negócio *[jurídico]*. – São os elementos sem os quais o negócio jurídico não se pode considerar perfeito ou concluído.

Est cupiditati et ipsa tarda celeritas – para o desejo, a própria celeridade é lenta.

Est enim aliquid quod non oporteat, etiam si licet; quicquid vero non licet, certe non oportet – alguma coisa existe que não se deve fazer, mesmo se permitida; mas qualquer coisa que não é permitida certamente que é necessário não fazer [Cícero, Pro Balbo, 1.8].

Est enim amicitia nihil aliud nisi omnium divinarum humanarumque rerum cum benevolentia et caritate consensio – a amizade nada mais é que o entendimento com benevolência e compreensão de todas as coisas divinas e humanas [Cícero, De Amicitia, 20].

Est homini semper diligenti aliquid super – existe sempre para o homem diligente alguma coisa a superar; o homem ativo tem sempre em que se ocupar. – Dito de outro modo, o homem preguiçoso nunca tem que fazer.

Est modus in rebus, sunt certi denique fines, quos ultra citraque nequit consistere rectum – nas coisas há uma justa medida; existem, afinal, certos limites além ou aquém dos quais não se pode manter o que é reto [Horácio, Sermones, 1.1.106].

Est pactio duorum pluriumve in idem placitum consensus – pacto é o concenso de duas ou mais pessoas sobre a mesma resolução [Ulpiano, Digesto, 2.14.1.2].

Est pater ille quem iustae nuptiae demonstrant – é pai aquele que as núpcias legítimas indicam [vide: artigo 1826.º/1 do CC].

Est solitudo mater sollicitudinis – a solidão é a mãe da inquietação.

Est utique profunda ignorantia nescire, quod pecces – sem dúvida é uma profunda ignorância não perceber o próprio erro [Publílio Siro, Sententiae].

Est vita vino nostra quam simillima: ubi paululum restat, in acetum vertitur – a nossa vida é quão semelhante ao vinho: quando resta muito pouco, transforma-se em vinagre [atribuída a Aristófanes].

Esto brevis et placebis – sê breve e agradarás. – É a regra de oiro da oratória.

Et alii – e outros.

Et altera pars audiatur – oiça-se também a parte contrária.

Et arma et verba vulnerant – tanto ferem as armas quanto as palavras.

Et caetera [ou *"et cetera"*] – e as demais coisas.

Et commodum eius esse debet cuius periculum est – quem tem o risco, desse também deve ser o lucro [Institutas, Lib. III, Tit. XXIII, § 4].

Et crimine ab uno disce omnes – e por um só crime descobre todos. – O *"modus operandi"* do criminoso, geralmente repetitivo, é um meio valioso para um investigador sagaz poder desvendar toda a atividade delituosa do primeiro.

Et reliqua – e as restantes coisas.

Et sequentia – e as coisas que se seguem.

Etiam celeritas in desiderio mora est – naquilo que se deseja, até a rapidez é considerada demora [Publílio Siro, Sententiae].

Etiam cum vulnus sanatum est, cicatrix manet – mesmo quando a ferida está curada, fica a cicatriz [Séneca, De Ira, 1.16.7].

Etiam hosti est aequus, qui habet in consilio fidem – quem tem responsabilidade *[honra]* na decisão é imparcial até com o inimigo [Publílio Siro, Sententiae].

Etiam in secundissimis rebus est utendum consilio amicorum – mesmo nas coisas mais secundárias deve-se usar o conselho dos amigos [Cícero, De Officiis, 1.91].

Etiam prudentissimi peccant – até os mais prudentes cometem erros [Séneca, De Ira, 3.25.2].

Etiam qui faciunt, oderint injuriam – até os que a cometem detestam a injustiça [Publílio Siro, Sententiae].

Eum igitur, qui cum armis venit, possumus armis repellere – aquele que vem com armas podemos com armas repelir [Ulpiano, Digesto, 43.163.9].

Eum, qui certus est, certiorari ulterius non oportet – quem está certo de um facto não pode exigir mais provas [Decretais de Bonifácio VIII, Liv. V, Tit. XII, De Regulis Juris, XXXI].

Eum qui hominem occidit, si non occidendi animo hoc admisit, absolvi posse – aquele que matou um homem, se não o fez com a intenção de matar, pode ser absolvido [Marciano, Digesto, 48.8.1.3].

Eum, qui nasci speratur, pro superstite esse, tunc verum est, cum de ipsius iure quaeritur – aquele que se espera nascer, é tido como existente, neste caso como é justo, visto que se trata de seu direito [Paulo, Digesto, 50.16.231]. – Corresponde ao princípio, "*in loco*" anotado, "*nasciturus pro jam nato habetur, quotidiens de commodis eius agitur*".

Eventum litis – resultado da ação.

Eventus damni – resultado do dano.

Ex abrupto – subitamente; sem preparação. – O mesmo que "*ab abrupto*". – Diz-se por exemplo de quem fala inesperadamente e com vivacidade.

Ex abundanti cautela – por cautela mais do que suficiente.

Ex abundantia – por abundância; com abundância ou abundantemente. – Diz-se, por exemplo, da prova que não deixa dúvidas, por decorrer de variadas fontes e de forma convincente.

Ex abundantia cordis – da magnificência do coração. – Forma abreviada da expressão seguinte.

Ex abundantia enim cordis os loquitur – a boca fala a partir do que abunda no coração [Bíblia, Mateus, 12.34].

Ex abundantis – abundantemente. – Diz-se sobretudo da prova realizada por todos os meios possíveis.

Ex abusu non arguitur in usu – do abuso não se tira argumento contra o uso.

Ex adspectu nascitur amor – o amor nasce do olhar [Erasmo, Adagia, 1.2.79].

Ex adverso – de modo contrário ou oposto.

Ex aequo – de modo igual; com igual direito; de acordo com a equidade. – Com igual mérito ou título; situação de igualdade entre concorrentes. Diz-se por exemplo de concorrentes que fazem o mesmo tempo numa prova de atletismo, natação, ciclismo, etc..

Ex aequo et bono – de acordo com a equidade e o bem. – Aplica-se por exemplo para cálculo de indemnização a atribuir, à falta de elementos objetivos para o efeito.

Ex aequo lex alligat omnes – a lei liga a todos sem distinção.

Ex animo dicere – falar com sinceridade.

Ex ante – antes; de antemão; anteriormente.

Ex auctoritate judicis deciduntur controversiae – as controvérsias são decididas pela autoridade do juiz.

Ex auctoritate legis – pela autoridade da lei.

Ex auctoritate propria – por sua própria autoridade.

Ex auditu – de ouvir dizer.

Ex auditu alieno – por ouvido alheio; por ouvir dizer.

Ex bona fide – de boa fé. – É a conduta de uma pessoa de bem.

Ex bono et aequo – conforme o que é bom e justo.

Ex cathedra – da cátedra. – A cadeira a que esta locução alude é a de S. Pedro em Roma, e a expressão usa-se aplicada ao Papa quando fala *"Urbi et Orbi" [para Roma e para o Mundo]* em matéria de fé. Quando o Papa fala *"ex cathedra"*, é como chefe da Igreja universal. Por extensão, falar *"ex cathedra"* é falar em tom doutoral ou do alto da cadeira. Também se diz em português: *falar de cátedra.*

Ex cohaerentibus – através de coisas conexas *[unidas na formação de um todo].* – Aplica-se em relação às coisas compostas com vista à constituição de uma unidade que em seu funcionamento é indivisível, como um relógio, um carro, um edifício ou uma qualquer máquina.

Ex commodo – à vontade.

Ex confesso – por confessado; em resultado de confissão.

Ex consensu – por consentimento ou concordância.

Ex consensu omnium – com a concordância de todos.

Ex contractu – por força do contrato. – Nas obrigações *"ex contractu"* a sua causa está no contrato.

Ex contrario – pelo contrário.

Ex corde – do coração.

Ex delicto – proveniente do delito. – Diz-se do dano causado por ilícito penal com repercussão na área cível.

Ex delicto, non ex supplicio, emergit infamia – a infâmia provém do crime, não da punição.

Ex desuetudine amittuntur privilegia – os privilégios perdem-se com a falta de uso.

Ex die – desde o dia *["a quo"].*

Ex dispositione juris – por disposição do direito.

Ex distantibus – através de coisas distantes. – Tem aplicação em relação às coisas compostas com o objetivo da constituição de uma unidade que se pode dividir sem que o seu funcionamento seja afetado, como acontece com um rebanho.

Ex domestico judicio intellegere – entender pelo seu próprio discernimento.

Ex empto – pela compra; que é decorrente de compra.

Ex eo non debet quis fructum consequi, quod nisus exstitit impugnare – ninguém deve tirar fruto daquilo que procurou impugnar [Decretais de Bonifácio VIII, Liv. V, Tit. XII, De Regulis Juris, XXXVIII].

Ex eodem facto non debet quis poenam et praemium reportare – ninguém deve receber uma punição e uma recompensa pelo mesmo facto.

Ex facto oritur jus – do facto nasce o direito; o direito é gerado pelos factos. – Quer dizer que apenas depois de apurado o facto se pode saber qual a norma legal suscetível de o reger. Por isso, qualquer decisão passa por em primeiro lugar fixar os factos para, só depois, os subsumir ao direito aplicável.

Ex falsis verum effici non potest – a verdade não pode promanar das coisas falsas [Cícero, De Divinatione, 2.51].

Ex fictione iuris – por uma ficção de direito.

Ex fide bona – por boa fé.

Ex forma non servata resultat nullitas actus – da não observância da forma resulta nulidade do ato.

Ex frequenti delicto augetur poena – com a frequência do delito, a pena aumenta.

Ex gratia – de graça. – Favorecer o gozo de um bem sem qualquer contrapartida e sem o sentimento de se cumprir uma obrigação jurídica.

Ex improviso – de improviso.

Ex informata conscientia – de uma consciência informada.

Ex injuria jus non oritur – o direito não pode nascer da injustiça. – Os atos ilícitos não podem constituir direito, ou seja, um direito não pode originar-se num ato ilegal.

Ex insidiis – por engano.

Ex integro – na íntegra; integralmente.

Ex iure – pelo direito; conforme o direito.

Ex iusta causa – por justa causa.

Ex lege – pela lei; por força da lei; segundo a lei.

Ex legibus – segundo as leis.

Ex lenitate iudicis crudelitas plebis – da clemência do juiz *[nasce]* a crueldade do povo.

Ex-lex – fora da lei. – Diz-se do que está fora da lei ou que não está sujeito à lei.

Ex libris – ex-líbris; *[tirado]* dos livros. – Diz-se geralmente de qualquer monumento ou obra de arte, natural ou manufaturada pelo homem, que é símbolo identificador de uma cidade ou localidade.

Ex locato – do alugado; pelo alugado. – Diz-se da relação locatícia.

Ex malis moribus fiunt bonae leges – por causa de maus costumes se fazem boas leis.

Ex mandato – por força do mandato; em razão de mandato.

Ex mea sententia – na minha opinião.

Ex memoria – de memória.

Ex mera gratia – por um mero favor.

Ex merito – por mérito.

Ex modo praescripto – do modo determinado.

Ex mora – pela demora; pelo atraso.

Ex more – de acordo com o costume.

Ex natura ortum est ius – o direito nasceu da natureza [Cícero, De Legibus, 1.34].

Ex natura rerum – pela natureza das coisas. – Ver anotação em *"rerum natura"*.

Ex necessitate – em razão da necessidade.

Ex nihilo – do nada; a partir do nada.

Ex nihilo crevit – surgiu do nada.

Ex nihilo nihil – do nada, nada.

Ex nihilo nihil fit – do nada, nada se faz.

Ex novo – de novo; por forma nova.

Ex nunc – a partir de agora. – Diz-se do ato cujos efeitos começam a vigorar desde a sua prática ou celebração, sem retroatividade. Tem significado semelhante a *"abhinc" [ab-hinc ou ab hinc]* – a partir deste momento; desde agora.

Ex nudo pacto non oritur actio – de simples promessa não nasce negociação.

Ex officio – pelo ofício ou oficiosamente. – Por iniciativa do próprio órgão; por dever do cargo; ato oficial que se realiza sem provocação das partes.

Ex officio judicis – por iniciativa do juiz.

Ex ore parvulorum veritas – a verdade sai da boca das crianças. – As crianças não sabem desfigurar a verdade.

Ex parte emptoris – da parte do comprador.

Ex parte venditoris – da parte do vendedor.

Ex positis – posto isto; do exposto; dos *[fundamentos]* expostos. – Fórmula utilizada pelos juízes ao terminar a fundamentação da decisão para passarem a decidir. Expressão também usada em final de petição ou final de contestação.

Ex possessione de praeterito arguitur possessio de praesenti et medio tempore, nisi contrarium probetur – pela posse no passado demonstra-se a posse no presente, a menos que se prove o contrário. – Corresponde à presunção de que a posse continua em nome de quem a começou [vide: artigo 1257º/2 do CC].

Ex post – depois de; depois do facto.

Ex post facto – depois de facto; depois do acontecimento. – Aplica-se a propósito de leis retroativas, por exemplo, a lei que torna ilegal um ato que foi legal quando cometido ou que aumenta as penas para uma infração depois de ter sido cometida é uma lei *"ex post facto"*. A Constituição Portuguesa proíbe a elaboração de leis *"ex post facto"* no que concerne a leis restritivas de direitos, liberdades e garantias, que têm de revestir carácter geral e abstrato e não podem ter efeito retroativo nem diminuir a extensão e o alcance do conteúdo essencial dos preceitos constitucionais [vide: artigo 18.º/3].

Ex potestate legis – pelo poder da lei.

Ex praedicto – de acordo com o ajustado; conforme o combinado.

Ex professo – pelo declarado *[de forma magistral]*. – Falar de um assunto como quem está inteiramente senhor do mesmo; com conhecimento pleno; como grande mestre.

Ex proprio jure – por direito próprio.

Ex radice – desde a raiz; pela raiz. – Diz-se por exemplo *"cortar o mal pela raiz"*, que significa remover um problema ou dificuldade através da remoção das suas causas.

Ex ratione loci – em razão do lugar.

Ex ratione materiae – em razão da matéria.

Ex ratione personae – em razão da pessoa. – As expressões que antecedem aplicam-se por exemplo a propósito da jurisdição de um tribunal, ou seja, do poder de julgar atribuído a um determinado tribunal. A medida dessa jurisdição, que se chama competência do tribunal, pode ser determinada, nomeadamente em razão do lugar, da matéria, da pessoa, da hierarquia, etc.

Ex re et tempore – segundo as circunstâncias.

Ex re ipsa – pela própria coisa.

Ex rerum natura – pela natureza das coisas. – A natureza das coisas é a disposição inata ou qualidade essencial de cada ser e do próprio universo. Assim, a indivisibilidade da coisa pode resultar da natureza dela mesma, por ser na sua essência física indivisível. – Ver anotação em *"rerum natura"*.

Ex rigore iuris – do rigor da lei; pelo rigor da lei.

Ex sententia animi – pelo decreto da razão. – Princípio segundo o qual o juiz deve decidir, segundo a sua convicção, de a quem assiste razão no resultado da lide.

Ex tanto intervallo – depois de tanto tempo.

Ex toto corde – de todo o meu coração.

Ex tunc – desde então. – Reporta-se a decisão, a negócio jurídico ou a lei nova, que produzam efeitos retroativos, ou seja, que devam valer também a partir de dado momento do passado, afetando atos anteriores à sua formalização.

Ex tuo ingenio alios iudicas – julgas o carácter dos outros pelo teu.

Ex turpi causa non oritur actio – por uma causa torpe não se legitima uma ação. – Trata-se de um princípio jurídico segundo a qual não é possível prosseguir ação legal se ela surge em conexão com um ato ilegal do autor.

Ex uno latere – de um lado; de cada lado.

Ex usu – de acordo com o uso; pelo uso.

Ex utraque parte – de ambas as partes.

Ex vano – em vão.

Ex vi – por força de.

Ex vi contractus – por força do contrato.

Ex vi legis – por força da lei.

Ex vi termini – pela força da expressão.

Ex vi verborum – por força das palavras.

Ex visu – de vista; pelo aspeto.

Ex voluntate – pela vontade; voluntariamente.

Excelsior – sempre para cima; mais elevado; sublime. – Lema ou divisa do Estado americano de New Yor.

Exceptio – exceção *[meio de defesa]*. – Diz-se dos factos que obstam à apreciação do mérito da causa ou que constituem causa impeditiva, modificativa ou extintiva do direito invocado pelo autor, determinando a improcedência total ou parcial do pedido.

Exceptio alieni dominii – exceção de bem alheio. – Por exemplo: recusar a entrega da coisa ao depositante invocando como fundamento não ser ele o proprietário da mesma mas sim terceira pessoa.

Exceptio declarat regulam – a exceção aclara a regra. – O mesmo que *"exceptio probat regulam"*.

Exceptio doli – exceção do dolo. – A *"exceptio doli"* é o exercício de uma posição jurídica que é interdito por o seu autor incorrer em dolo. A exceção do dolo exprime de forma genérica os comportamentos contrários à boa fé, não tendo conteúdo dogmático próprio.

Exceptio est strictissimae interpretationis – a exceção é de estritíssima interpretação. – As exceções devem ser interpretadas em sentido específico, estrito ou substancial.

Exceptio excipiendis – exceção para os excetuáveis.

Exceptio longae possessionis – exceção de longa posse. – O mesmo que *"praescriptio longi temporis"* ou *"exceptio longi temporis"*.

Exceptio longi temporis – exceção de longo tempo. – O mesmo que *"praescriptio longi temporis"*, que no direito romano permitia à pessoa possuidora de uma coisa durante vinte anos defender-se em juízo, com base nesse facto, das pretensões de qualquer outro arrogado titular. A prescrição de longo tempo, ou positiva, corresponde ao que hoje designamos por usucapião [vide: artigo 1287.º do CC].

Exceptio mutati libelli – exceção de alteração do libelo. – Poderá verificar-se, em matéria penal e em determinado condicionalismo, quando os factos que se comprovaram, finda a instrução do processo, forem diferentes daqueles que haviam sido imputados ao arguido na peça acusatória [vide: artigos 303.º e 359.º do CPP].

Exceptio non adimpleti contractus – exceção de não cumprimento do contrato. – É a faculdade que o devedor tem de poder recusar a contraprestação exigida por outro contraente, numa obrigação em que há prestações recíprocas, enquanto o seu credor-devedor estiver em falta. – Estabelece o artigo 428º, n.º 1 do CC que *"se nos contratos bilaterais não houver prazos diferentes para o cumprimento das prestações, cada um dos contraentes tem a faculdade de recusar a sua prestação enquanto o outro não efetuar a que lhe cabe ou não oferecer o seu cumprimento simultâneo"*. Trata-se da denominada *"exceptio non adimpleti contractus"*.

Exceptio non rite adimpleti contratus – exceção de não cumprimento rigoroso do contrato. – No caso de cumprimento defeituoso, ou de não cumprimento parcial, o contraente pode recusar a sua prestação, enquanto a contraprestação não for retificada ou completada.

Exceptio plurium – exceção de muitas. – Forma abreviada de *"exceptio plurium concubentium"*.

Exceptio plurium concubentium – exceção de vários concúbitos; de várias cópulas carnais. – Meio de defesa na ação de investigação de paternidade, em que se alega que a mãe teve relações sexuais com outros homens durante o período legal de conceção.

Exceptio probat regulam – a exceção confirma a regra. – O mesmo que *"exceptio declarat regulam"*. – Também se diz: não há regra sem exceção.

Exceptio proprietatis – exceção de domínio. – A exceção de domínio pode dizer-se da defesa efetuada em ação possessória, fundada na invocação do direito de propriedade sobre a coisa objeto da ação.

Exceptio quae obstat cedenti obstat cessionario – a exceção que obsta ao cedente também obsta ao cessionário.

Exceptio rei judicata – exceção de caso julgado. – O caso julgado pressupõe a repetição de uma causa, que se verifique depois de a primeira causa ter sido decidida por sentença que já não admite recurso ordinário, repetição que a lei não admite, para evitar que o tribunal seja colocado na alternativa de contradizer ou de reproduzir uma decisão anterior. – Importa distinguir o caso julgado material do caso julgado formal. O primeiro versa sobre a relação material controvertida e uma vez formado passa a obrigar dentro e fora do processo [vide: artigo 619.º, CPC]. O segundo diz respeito apenas à relação processual e uma vez formado obriga apenas dentro do processo [vide: artigo 620.º, CPC]. Só o caso julgado material integra a exceção dilatória em apreço.

Exceptio rei venditae et traditae – exceção de coisa vendida e entregue.

Exceptio stricti juris – exceção de estrito direito; exceção substancial.

Exceptio veritatis – exceção da verdade. – É a prova da verdade dos factos imputados nos crimes lesivos da honra.

Exceptionem objiciens non videtur de intentione adversarii confiteri – o que opõe em sua defesa uma exceção não se considera confessar sobre a acusação do adversário [Decretais de Bonifácio VIII, Liv. V, Tit. XII, De Regulis Juris, LXIII].

Exceptis excipiendis – excetuados os excetuáveis. – As exceções, precisamente porque se afastam da regra, terão de ser taxativas, pois que, de contrário, formariam uma nova regra contraditória da primeira.

Excessus in iure reprobatur – o excesso é condenado em direito.

Excipiens non videtur fateri – quem exceciona não se considera confessar.

Exclusive – exclusivamente.

Executio iustitiae vim exigit coercendi – a execução da justiça exige o poder de obrigar.

Exempla docent, non jubent – os exemplos ensinam, não ordenam.

Exempla magis, quam verba, movent – os exemplos movem mais do que as palavras.

Exempla praesentia futuri periculi nos admonent – os exemplos de hoje nos advertem do perigo futuro.

Exempli causa – a título de exemplo.

Exempli gratia – por exemplo ou exemplificando.

Exemptio ab expensis iudicialibus – isenção das despesas judiciais.

Exemplis non est iudicandum, sed legibus – deve-se julgar pelas leis, não pelos precedentes. Vide: *"cum non exemplis sed legibus iudicandum est"*.

Exequatur – execute-se; cumpra-se. – Consiste na atribuiçãoo de força executória a uma sentença estrangeira ou a uma sentença arbitral, conferindo-lhe validade e eficácia formal ao seu conteúdo substancial.

Expensae litis – as despesas do processo.

Experientia rerum omnium mater est et magistra – a experiência é mãe e mestra de todas as coisas.

Experimentum in anima vili – experiência numa vida sem valor. – Diz-se de uma experiência médica feita num ser considerado inferior, como um animal.

Expressis verbis – por *[rigorosas]* palavras expressas; de maneira expressa.

Expressis et apertis verbis – por palavras expressas e claras.

Expressum dicitur, quod subintelligitur a jure – expresso se diz o que por direito se subentende.

Exquirere sententias – solicitar pareceres.

Exsequatur – cumpra-se. – O mesmo que *"exequatur"*.

Exsequi jus suum – fazer valer o seu direito.

Exsul mentis – privado da razão.

Extentio non habet locum in poenalibus – a extensão não tem lugar em matéria penal. – Reporta-se a regra à interpretação extensiva.

Exteriora indicant animi secreta, e per exteriorem cognoscentur interiora – as coisas exteriores indicam os secretos da alma e pelo exterior se conhecem as coisas interiores.

Extra causam – fora de causa.

Extra commercium – fora do comércio. – Aplica-se aos bens que não podem ser objeto de negócios jurídicos privados, como os bens do domínio público.

Extra legem – fora da proteção da lei.

Extra legem positus est civiliter mortuus – quem é colocado fora da lei é um morto para a sociedade.

Extra matrimonium – fora do casamento.

Extra modum – além da medida.

Extra muros – fora das muralhas; fora dos limites.– Diz-se das edificações, como basílicas ou igrejas, construídas fora das cidades amuralhadas, como a Basílica Papal de S. Paulo em Roma, edificada do lado de fora da Muralha Aureliana que protegia Roma na época em que foi construída.

Extra patrimonium – fora do património. – Referência a haveres que não faziam parte do conjunto de bens pertencentes ao *"pater familias"*.

Extra petita – fora do pedido. – Diz-se da sentença quando condena em desacordo com o pedido.

Extra tempora – fora do tempo; fora da época.

Extrema omnia sunt vitiosa – todos os extremos são viciosos; todos os excessos são maus.

Extrema ratio – extrema razão; inteira razão.

Exuit personam iudicis, quisquis amici induit – quem veste a personalidade de amigo, despe a de juiz.

Ex-voto – ex-voto; por voto; por promessa. – O ex-voto é o objeto exposto num local de culto religioso e nele dadivado por um fiel em cumprimento de promessa ao santo ou divina entidade da sua devoção.

F

Fac totum *[ou **factotum**]* – faz tudo. – Diz-se da pessoa imprescindível ou do indivíduo cuja função é ocupar-se de todos os labores de outrem; ou da pessoa que numa empresa tudo resolve.

Facere – fazer.

Facere dicitur qui, cum possit, non prohibet – diz-se fazer aquele que, quando pode, não proibe.

Facere libera arbitria – julgar segundo o livre arbítrio. – Aplica-se ao julgamento feito sem atender às circunstâncias do caso.

Facies – face; rosto; forma exterior.

Facies indicat quale sit cor – a face indica qual seja o coração.

Facile mutari non debet quod per longa saecula custoditur – não se deve mudar facilmente o que é guardado por longos séculos.

Faciles res – coisas fáceis. – Negócios ou atividades que correm bem.

Facilis cursus – curso feliz.

Facio ut des – faço para que dês. – Categoria dos contratos inominados que tem por causa uma prestação de facto já realizada e por objeto a entrega de coisa, que se espera da outra parte.

Facio ut facias – faço para que faças. – Categoria dos contratos inominados que tem por causa uma prestação de facto já realizada e por objeto outra prestação de facto, que se espera da parte contrária.

Fac-simile – fac-símile; faz igual; reprodução exata; cópia fiel. – Diz-se da reprodução fiel de um original. Adotado também para designar o aparelho com que se faz a transmissão telegráfica de documentos *[fax, telefax]*.

Facta concludentia – factos concludentes. – Factos ou comportamentos que revelam de modo convincente uma manifestação de vontade. Aplica-se, nomeadamente, à declaração negocial tácita, ou seja, a declaração produzida em determinado sentido, mas que lateralmente permite deduzir com toda a probabilidade um outro sentido.

Facta concludentia: facta ex quibus voluntas concludi potest – factos concludentes: factos pelos quais a vontade pode concluir-se. Também costuma falar-se a este propósito de procedimento concludente, com a característica de este dever ser inequívoco.

Facta lege, inventa fraus – feita a lei, inventada a fraude.

Facta, non verba – factos, não palavras.

Facta praeterita – factos passados.

Facta sunt potentiora verbis – os factos têm mais força que as palavras.

Facti narratio non facit ius – a narração de um facto não faz direito.

Facti species – facto-espécime; facto modelo ou facto padrão. – Também se utiliza o termo italiano "*fattispecie*". – Trata-se do facto jurídico que desencadeia a aplicação da norma estabelecida de modo genérico e abstrato *[subsunção]*. Atendendo à sua proveniência jurídica, pode exprimir-se por: previsão; conteúdo; facto gerador; tipo legal ou elemento *[da norma jurídica]*.

Factum a iudice, quod ad officium eius non pertinet, ratum non est – o ato realizado pelo juiz que não pertença ao seu ofício não é *[ato]* sentenciado [Paulo, Digesto, 50.17.170]. – O pensamento de Paulo quer significar que o ato praticado pelo juiz fora do exercício de suas funções não tem natureza de ato de julgamento ou de decisão judicial.

Factum contra jus pro non facto habetur – o facto contra o direito tem-se por não feito.

Factum, forma juris aut statuti non servata, est nullum – o facto é nulo, não se tendo observado a forma exigida pela lei.

Factum haeredis, defuncti factum judicatur – o facto de herdeiro julga-se facto de defunto.

Factum impugnare non debet, qui adversus alios illud defendere tenetur – o facto não deve impugnar quem a defendê-lo se obriga contra outros.

Factum infectum fieri nequit – facto que não aconteceu não pode ser considerado.

Factum legitime retractari non debet, licet casus postea eveniat, a quo non potuit inchoari – o que se fez legitimamente não deve ser retratado, ainda que tenha sobrevindo uma circunstância pela qual não pôde ter efeito [Decretais de Bonifácio VIII, Liv. V, Tit. XII, De Regulis Juris, LXXIII].

Factum negantis, nulla probatio est – nenhuma prova se exige de quem nega o facto.

Factum praesumitur, quod fieri consuevit – o que é costume fazer-se como facto se presume.

Factum principis – facto do príncipe. – Aplica-se ao ato próprio de um chefe de Estado.

Factum probandum – facto a provar. – Diz-se do facto alegado mas ainda não provado no âmbito do processo no qual é invocado.

Factum probans – facto que prova. – Diz-se daquele facto cuja veracidade se impõe por prova inelutável.

Factum proprium – facto próprio. – É o facto pessoal, que a pessoa conhece ou tinha obrigação de não ignorar. Agir contra facto próprio é agir de modo indesculpável, no limite ou no âmbito do abuso de direito.

Factum proprium nemo impugnare potest – o facto próprio ninguém deve impugnar.

Factum tutoris consetur factum pupili – facto do tutor reputa-se facto de seu pupilo.

Facultas agendi – faculdade de agir.

Facultas belandi – faculdade de declarar guerra.

Falsa causa non nocet – a causa sem justificação não prejudica. – O princípio pode aceitar-se no sentido de que uma causa injusta ou sem fundamento está votada ao insucesso. Porém, quando se traduzir num abuso do direito de ação causador de prejuízos ao demandado injustamente terá de concluir-se pela asserção contrária.

Falsa demonstratione rem non perimi – por uma descrição errada não se perde o negócio [Institutiones de Gaio, 4.58]. – Com efeito, era este o pensamento de Gaio: *"si in demonstratione plus aut minus positum sit, nihil in iudicium deducitur, et ideo res in integro manet; et hoc est, quod dicitur falsa demonstratione rem non perimi"* – se na descrição mais ou menos seja afirmado, mas nada seja conduzido a juízo, o negócio permanece íntegro, isto é, o que se diz por errada descrição não destrói o negócio.

Falsa demonstratio non nocet – a errada descrição não prejudica. – A errada descrição de um segmento de documento legal não comporta necessariamente a sua anulação se ele puder ser aproveitado a partir de outros segmentos. Assim, o facto de o testador ter feito uma descrição errada no seu testamento não impede que a sua vontade produza efeitos no que concerne à vontade pretendida, se ela puder ser aferida por outros elementos. Mas a descrição errada pressupõe que esteja acompanhada com outra descrição que se considere certa, a fim de se poder ignorar a errada e o negócio poder subsistir.

Falsa grammatica non vitiat chartam – má gramática não vicia um documento.

Falsa laus adulatio est – elogio falso é adulação.

Falsa orthografia non vitiat chartam – ortografia incorreta não vicia um documento.

Falsae litterae – carta falsa. – Aplica-se a qualquer escrito, registo ou documento desconformes com a realidade.

Falsi testes peiores sunt latronibus – as testemunhas falsas são piores do que ladrões.

Falsitas est veritatis dolosa mutatio et in alterius praeiudicio facta – falsidade é a dolosa mutação da verdade feita em prejuízo de outrem.

Falsitas, nemini nociva, non punitur – falsidade, nociva para ninguém, não se pune.

Falsitas nihil aliud est quam veritatis imitatio – a falsidade não é senão a imitação da verdade.

Falsum committit, qui verum tacet – comete falsidade quem cala a verdade.

Falsum etiam est verum, quod constituit superior – até o falso é verdadeiro, quando assim o decide o superior [Publílio Siro, Sententiae].

Falsum, largissime sumptum, est is quod non est verum – falso, tomado no sentido amplo, é tudo aquilo que não é verdadeiro.

Falsum maledictum malevolum mendacium est – uma acusação falsa é uma mentira maldosa [Publílio Siro, Sententiae].

Falsum quod est, nihil est – o que é falso nada vale.

Falsum testimonium non dices adversus proximum tuum – não dirás falso testemunho contra teu próximo.

Falsus creditor est qui se simulat creditorem – o falso credor é o que se simula credor.

Fama est – existe fama disso; é voz corrente; dizem por aí.

Fama est iudicium multorum de nobis ac de nostris rebus – a reputação é o julgamento de muitos sobre nós e sobre nossas ações.

Fama volat – a fama voa [Virgílio, Eneida, 3.121]. – A fama é a voz corrente ou voz pública. Também tem o significado mais preciso de reputação de uma pessoa, quer seja boa ou má.

Fama volat parvam subito vulgata per urbem – a voz pública *[corrente]* voa subitamente espalhada pela mesquinha cidade [Virgílio, Eneida, 8.554].

Fames ac frigus miserrima mortis genera – a fome e frio são os mais miseráveis géneros de morte [decorre de Tito Lívio, Ab Urbe Condita, 27.44].

Fandus et nefandus sanguinis – sangue de pessoas inocentes e de pessoas criminosas.

Fas – direito divino; direito natural. – Enquanto direito divino "*fas*" contrapõe-se a "*ius*", este com o significado de "*direito humano*".

Fas nefasque – o justo e o injusto.

Fas omne abrumptere – violar todo o direito natural.

Fas omne est te fide – todo o direito natural está na tua confiança.

Fatetur facinus is qui iudicium fugit – quem foge do julgamento confessa seu crime [Publílio Siro, Sententiae].

Fatuus fatuum invenit – um idiota inventa outro.

Favete linguis – calai-vos com as línguas *[com a fala]*. – Emprega-se para pedir que se oiça em silêncio quem vai falar.

Favorabilia amplianda, odiosa restringenda – as coisas boas devem ser ampliadas, as más restringidas. – O bem deve ser aplaudido e o mal reprovado.

Favor debitoris – a favor do devedor. – Princípio que em caso de dúvida favorece o devedor, por este não dever ser responsabilizado sem prova suficiente da sua condição de não pagador.

Favor iudicis – a benevolência do juiz.

Favor laboris – a favor do trabalhador. – Princípio do direito laboral que se traduz no tratamento mais favorável do trabalhador. – O significado essencial do *favor laboratoris*, enquanto princípio norteador da aplicação das normas juslaborais desdobra-se, analiticamente, nas seguintes proposições: "I) o Direito do Trabalho consiste num ordenamento de carácter protetivo e compensador da assimetria típica da relação laboral, desempenhando uma função tuitiva relativamente ao trabalhador subordinado; II) esta função tutelar é cumprida através de normas que, em regra, possuem uma natureza relativamente imperativa (normas imperativas mínimas ou semi-imperativas, normas de ordem pública social); III) do que decorre que, no tocante às relações entre a lei e a convenção coletiva, o princípio da prevalência hierárquica da lei deve articular-se com o princípio do *favor laboratoris* (assim, e em princípio, o regime convencional poderá afastar-se do regime legal, desde que a alteração se processe *in melius* e não *in pejus*); IV) o *favor laboratoris* perfila-se, pois, como uma técnica de resolução de conflitos entre lei e convenção coletiva, pressupondo que, em princípio, as normas juslaborais possuem um carácter relativamente imperativo, isto é, participam de uma imperatividade mínima ou de uma «inderrogabilidade unidirecional»; V) trata-se, afinal, de duas faces da mesma moeda: favor laboratoris e imperatividade mínima das normas juslaborais" [João Leal Amado, em artigo na Revista Evocati, n.º 19, de 01/07/2007].

Favor libertatis – o favor da liberdade.

Favor negotii – a favor do negócio. – Tratamento favorável do negócio jurídico, no sentido de salvar a sua sobrevivência; princípio da utilidade do aproveitamento do negócio jurídico.

Feci quod potui, faciant meliora potentes – fiz o que pude, façam melhor os que podem.

Felix qui potuit rerum cognoscere causas – feliz o que pode perscrutar as origens das coisas [Virgílio, Georgica, 2.490].

Fere in omnibus poenalibus iudiciis et aetati et imprudentiae succurritur – em quase todos os julgamentos penais se atende não só à idade como também à ignorância [Paulo, Digesto, 50.17.108].

Fervet opus – a obra está com grande atividade. – Aplica-se à construção de determinada obra que cresce a olhos vistos, em que a atividade dos que nela laboram é manifesta.

Festina lente – apressa-te devagar (lentamente) [Erasmo, Adagia, 2.1.1]. – O axioma, encerrando aparente paradoxo, é atribuído ao imperador romano Augusto, que o terá adotado como lema, e significa que o trabalho deve ser executado com prontidão, mas com o tempo necessário à sua execução de maneira refletida e diligente. Mais tarde Erasmo acolheu a expressão nos "*Adagia*".

Festinatio improvida est et caeca – a pressa é imprevidente e cega [Tito Lívio, Ab Urbe Condita, 22.39].

Festinatio iustitiae est noverca infortunii – a pressa da justiça é a madrasta do infortúnio.

Festinatio tarda est – a pressa chega atrasada [Quinto Cúrcio, Historiae Alexandri Magni, 9.9].

Festinum remedium – remédio urgente.

Fiat – faça-se. – Expressão para anuir ao desiderato de outrem.

Fiat justitia, pereat mundus – pereça o mundo, mas faça-se justiça. – Esta expressão, que terá sido o lema de Fernando I, Imperador do Sacro Império Romano, caracteriza aquela atitude que quer proporcionar justiça a qualquer preço. Dela fez uso o filósofo Immanuel Kant, na sua obra "A Paz Perpétua" (1795) para resumir a natureza contra utilitarista de sua filosofia moral, no sentido de haver uma tolerância de todos a fim de que se alcance uma convivência plena. Dela também foi feita a versão *"fiat justitia, ne pereat mundus"* – faça-se justiça para que o mundo não pereça.

Fiat justitia, ruat coelum – faça-se justiça, nem que caia do céu. – Tem o mesmo significado de *"fiat justitia, pereat mundus"*. – Significa que a justiça deve ser prosseguida independentemente das consequências.

Fiat lux – faça-se a luz [Bíblia, Génesis, 1.1.3]. – A expressão remete para a passagem bíblica da criação divina da luz descrita no Livro dos Génesis *[dixit Deus fiat lux et facta est lux]*. – A frase é usada também em sentido metafórico como incentivo para dissipar a ignorância.

Fiat prout fieri consuevit; nil temere novandum – faça-se conforme era de uso fazer; nada deve ser inovado sem motivo.

Fiat ut petitur – faça-se como se requer.

Fiat voluntas tua – seja feita a tua vontade [Bíblia, Mateus, 6.10]. – Palavras pronunciadas por Cristo, quando ensinou aos apóstolos a oração do "Pai nosso" e quando orou no Jardim das Oliveiras. – São usadas para exprimir assentimento resignado ou demonstrar submissão em situações de contrariedade.

Ficta confessio – confissão ficta ou tácita. – A confissão tácita, ficta ou presumida é a decorrente de não contestação ou da não impugnação dos factos alegados pela outra parte.

Ficta possessio – posse fictícia ou falsa. – É a falsa sensação de detenção de uma coisa.

Fictio cedit veritati – a ficção cede à verdade.

Fictio cessat ubi veritas locum habet – a ficção cessa quando a verdade aparece.

Fictio est falsitas pro veritate accepta – ficção é a falsidade aceite em lugar da verdade.

Fictio fingit vera esse quae vera non sunt – a ficção finge ser verdadeiro o que não é verdadeiro.

Fictio iuris – ficção jurídica; de direito. – Ficção de direito, segundo certa teoria, que não parece de seguir, é a atribuição de vontade *[própria do homem]* a uma pessoa coletiva.

Fictio iuris non est ubi veritas – onde há verdade não há ficção de direito.

Fidejussio indemnitatis – fidejussória *[caução]* de segurança. – É o contrato pelo qual o fiador se compromete a pagar, após a excussão do devedor principal, a soma não recuperada pelo credor ou a ressarcir, nas mesmas condições, o dano por este sofrido.

Fidem abrogare – tirar o crédito.

Fidem dare suam – dar a sua palavra.

Fidem exsolvere – cumprir a palavra.

Fidem facere – fazer crer.

Fidem fallere – faltar à palavra.

Fidem habere alicui – ter confiança em alguém.

Fidem servare – conservar a confiança.

Fides – fé. – É a crença, religiosa ou não, numa divindade, ser, coisa, compromisso ou empresa, que se julga digna de confiança e espera.

Fides bona contraria est fraudi et dolo – a boa fé é contrária à fraude e ao dolo.

Fides punica – fé púnica. – Os romanos consideravam os cartagineses os seus odiosos inimigos, por traiçoeiros e falsos e acusavam-nos de violar os tratados, pelo que *"fides punica"* era sinónimo de faltar à palavra, de má fé, de fidelidade ambígua e de desconfiança.

Fides scripturae est indivisibilis – a fé da escritura é indivisível.

Fides veritatis verborum adminicula non desiderat – a autoridade da verdade não carece do auxílio de palavras.

Fiducia cum amico – confiança com amigo. – É a atribuição de um direito a determinada pessoa, que apenas pode exercê-lo em determinado sentido, v.g. de exercer mandato, de alienar ou administrar, de depositar ou de prestar serviços.

Fiducia cum creditore – confiança com credor. – É a atribuição de um direito a determinada pessoa, que apenas pode exercê-lo no sentido de servir de garantia de um crédito que aquela tenha sobre o transmitente. – Se é válido, ou não, o negócio fiduciário, com amigo ou credor, é questão debatida na doutrina.

Fiducius indemnitatis – depositário de segurança; fiador.

Fidus interpres – tradutor fiel.

Fidus judex – juiz íntegro.

Figura iuris – figura de direito.

Filius, ergo heres – filho, logo herdeiro.

Filius nullius – filho de ninguém.

Filius sapiens lætificat patrem: filius vero stultus mœstitia est matris suæ – o filho sapiente alegra o pai; o filho insensato entristece a mãe [Bíblia, Provérbios, 10.1].

Filio semper honesta et sancta persona patris videri debet – a pessoa do pai deve parecer sempre respeitável e santa ao filho [Ulpiano, Digesto, 37.15.9].

Finiti ad infinitum nulla est proportio – do finito para infinito não existe dimensão *[grandeza]*.

Finito iure dantis, finitur ius accipientis – terminado o direito de quem dá, cessa o direito de quem recebe.

Finitur autem ususfructus morte fructuarii – o usufruto extingue-se pela morte do usufrutuário [Institutas, Lib. II, Tit. IV].

Finitur usus fructus aut morte aut tempore: morte cum usufructuarius moritur; tempore, quoties ad certum tempus usus fructus legatur – o usufruto extingue-se ou pela morte ou pelo tempo: pela morte quando o usufrutuário morre; pelo tempo quando o usufruto é legado por prazo certo [decorre de Digesto, 7.1.3.3 a 7.9.3.3]. – Note-se que nos textos consultados do Digesto figura a expressão *"usus fructus"* e nos das Institutas o termo *"ususfructus"*.

Firmior et potentior est operatio legis quam dispositio hominis – a ação da lei é mais firme e mais eficaz do que a vontade do homem.

Firmum in vita nihil – nada é firme na vida. – Na vida tudo é fugaz e passageiro.

Flagrans – ardente, abrasador. – Diz-se do que é claro, evidente, patente, em sentido figurado.

Flagrans crimen – crime em execução.

Flagrante crimine – no ato de execução do crime.

Flagrante delicto – em flagrante delito. – É a prática de um delito por parte do criminoso, que é surpreendido no ato de execução ou imediatamente após ou até de seguida, quando perseguido por qualquer pessoa ou agente de autoridade e tenha na sua posse objeto ou sinais evidentes de lhe poder ser imputável a autoria do crime.

Flatus fortunae – bafejo da sorte.

Flatus vocis – sopro de voz.

Florent facta virum – a lembrança das belas ações perdura.

Flutuat nec mergitur – flutua, mas não se afunda. – Divisa da cidade de Paris que tem por emblema um navio.

Foedum consilium – decisão vergonhosa.

Forma dat esse rei – a forma dá existência à coisa.

Forma legalis, forma essentialis – a forma legal é a forma essencial.

Forma legis omissa, corruit actus – omitida a forma da lei, o ato é viciado.

Forma mutata, mutatur substantia – mudada a forma, modifica-se a substância.

Forma non observata, infertur annullatio actus – inobservada a forma *[da lei]*, ocorre a anulação do ato.

Formula cadere – perder a questão.

Fors in aliquibus rebus plus quam ratio potest – a fortuna em algumas coisas pode mais que a razão [decorre de Cícero, Ad Atticum, 14.13.3]. – Cícero diz, mais precisamente: "*fors viderit, ea quae talibus in rebus plus quam ratio potest*" – a fortuna parece aquela que em determinadas coisas pode mais que a razão.

Fors omnia versat – a fortuna tudo muda [Virgílio, Eclogae, 9.5]. – Reportam-se os anteriores ditados ao poder que o dinheiro tem na sociedade, com ele tudo se muda, por vezes até a razão.

Fortiter in re, blanditer in verbis – mais forte na ação, mais brando na expressão *[nas palavras]*. – Adágio que se refere à atuação do advogado em juízo, que deve ser enérgica mas respeitosa.

Fortuita oratio – discurso improvisado.

Fortuitos casus nullum humanum consilium providere potest – nenhuma intuição humana pode prever os acontecimentos fortuitos [Ulpiano, Digesto, 50.8.27].

Fortuna adversa – a má sorte.

Fortuna magna, magna domino est servitus – grande fortuna, grande servidão para seu dono. – Quanto maior é o barco maior é a tormenta.

Fortuna prospera – a boa sorte.

Forum commissi delicti – foro do lugar da prática do delito.

Forum continentia causaram – foro das causas conexas.

Forum destinatae solutionis causatur ab expresso consensu partium – o foro de determinado pagamento é causado *[originado]* pelo expresso acordo das partes.

Forum executionis – foro da execução.

Forum hereditatis – foro da herança.

Forum indicere – ministrar justiça.

Forum rei sitae – foro da situação da coisa. – É o foro do lugar da situação da coisa objeto do litígio.

Fraudator creditorum – defraudador dos credores; falido.

Fraudem legi facere – fazer fraude à lei; iludir a lei. – O mesmo que *"fraus legis"*.

Fraus enim legi fit, ubi quod fieri noluit, fieri autem non vetuit, id fit – comete-se fraude contra a lei, quando se pratica o que ela não quis que se fizesse, mas não proibiu se fizesse [Ulpiano, Digesto, 1.3.30].

Fraus est celare fraudem – é crime encobrir um crime.

Fraus et dolus nemini patrocinari debent – fraude e dolo não devem proteger ninguém.

Fraus et ius nunquam cohabitant – a fraude e a justiça nunca moram juntas.

Fraus legis – fraude à lei. – Diz-se do negócio jurídico realizado contra o espírito da lei, nomeadamente quando se procura evitar a aplicação de uma lei imperativa.

Fraus non in consilio, sed in eventu – a fraude não está na intenção, mas no resultado.

Fraus omnia corrumpit – a fraude tudo corrompe. – Aplica-se ao ato jurídico praticado com fraude, o qual pode ser objeto de declaração de nulidade.

Fraus sine poena esse potest; poena sine fraude esse non potest – crime sem punição pode acontecer; punição sem crime não pode *[deve]* acontecer [Ulpiano, Digesto, 50.16.131pr.].

Frenare impetum scribendi – refrear o ímpeto de escrever.

Fronti nulla fides – nenhuma confiança para a fachada *[aparência]*. – As aparências iludem, não merecendo credibilidade relevante.

Fructus consumptos – frutos consumidos.

Fructus extantes – frutos subsistentes.

Fructus non intelliguntur nisi deductis impensis – os frutos não são de reconhecer senão deduzidas as despesas.

Fructus pendentes pars fundi videntur – frutos pendentes consideram-se parte do fundo (imóvel) [Gaio, Digesto, 6.1.44]. – Ainda assim se considera no direito civil português, segundo o qual *"os frutos naturais, enquanto estiverem ligados ao solo"* são partes integrantes do imóvel [vide: artigo 204.º, n.º 1, al. d), do CC].

Fructus perceptos villae non esse constat – entende-se que os frutos colhidos não fazem parte da propriedade [Ulpiano, Digesto, 19.1.17.1].

Fructus, quamdiu solo cohaerent, fundi esse – os frutos, enquanto estiverem ligados ao solo, fazem parte do fundo.

Frustra est potentia quae nunquam venit in actum – é inútil a potência que nunca chega a ato.

Frustra legis auxilium invocat qui in legem committit – invoca em vão o auxílio da lei quem age contra ela.

Frustra legit, qui non intellegit – lê em vão quem não compreende.

Frustra petis quod mox es restiturus – não adianta pedir o que logo vais devolver.

Frustra petis quod statim alteri reddere cogeris – pedes em vão aquilo que poderás logo ser obrigado a devolver a outrem.

Frustra sibi fidem quis postulat ab eo servari, cui fidem a se praestitam servare recusat – quem se recusa a cumprir a palavra que deu a outro, em vão exige deste que cumpra a sua [Decretais de Bonifácio VIII, Liv. V, Tit. XII, De Regulis Juris, LXXV].

Fuge lites cum viro maiore – evita demandas com homem mais poderoso.

Fugienda semper iniuria est – a injustiça deve sempre ser evitada [Cícero, De Officiis, 1.25].

Fugit inreparabile tempus – foge irrecuperavelmente o tempo [Virgílio, Georgica, 3.284].

Fumus boni juris – fumo de um bom direito. – Aparência ou probabilidade de existência do direito alegado *[pressuposto do decretamento das providências cautelares].*

Fumus juris – fumo de direito; aparência jurídica.

Fundamenta iustitiae, primum ut ne cui noceatur, deinde ut communi utilitati serviatur – os fundamentos da justiça [são]: primeiro que não prejudique ninguém, depois que se esteja sujeito ao bem-estar comum [Cícero, De Officiis, 1.31].

Fur semper moram facere videtur – aquele que furta sempre é considerado em mora [Ulpiano, Digesto, 13.1.8.1]. – A frase de Ulpiano é mais precisamente *"semper enim moram fur facere videtur"*. – Aquele que furta, ou rouba, é sempre de haver em situação de incumprimento, porque o seu dever de devolver a coisa subtraída começa a partir do momento da substração e não desde a intimação ou do pedido da vítima. – A máxima resume o princípio de que o devedor, nos casos de ato ilícito extracontratual, está em mora, mesmo no momento em que se compromete a cumprir, sem necessidade de qualquer interpelação por parte do credor, porque a mora se conta desde a prática do ato ilícito. – O termo latino "*fur*" contrapõe-se ao termo latino "*latro*", pois que o primeiro significa o que furta sem violência e o segundo é o que furta com violência *[rouba].*

Furor contrahi matrimonium non sinit, quia consensu opus est – o entusiasmo de contrair não permite o matrimónio, porque é necessário o consenso [Paulo, Digesto, 23.2.16.2].

Furor scribendi – entusiasmo de escrever.

Furtum committit qui de alieno elargitur – comete furto quem faz liberalidade com o alheio.

Furtum enim sine affectu furandi non committitur – não se comete furto sem a intenção de furtar [Institutas de Justiniano, Lib. IV, Tit. I, § 4]. – O furto é a apropriação de coisa alheia sem consentimento e contra vontade de seu dono e com a intenção de a fazer sua.

Furtum rei – furto da coisa.

Furtum sine dolo malo non committitur – não se comete furto sem dolo *[sem intenção de furtar]*.

Furtum usus – furto do uso *[da coisa]*. – O "*furtum rei*" distingue-se do "*furtum usus*", em conformidade com a intenção do agente, que pode ser de se apossar definitivamente da coisa ou apenas de a utilizar temporariamente.

G

Gaudium dolori iunctum – o prazer está junto à dor [Erasmo, Adagia 3.10.61].

Generale dictum generaliter est interpretandum – uma afirmação geral deve ser interpretada em sentido geral.

Generalia praecedunt, specialia sequuntur – as questões gerais precedem, as especiais seguem.

Generalia specialibus non derogant – as *[leis]* gerais não se substituem *[não derrogam]* às especiais.

Generalia sunt praeponenda singularibus – as questões gerais devem preceder as questões particulares.

Generalia verba sunt generaliter intellegenda – afirmações gerais devem ser entendidas em sentido geral.

Generalibus specialia derogant – as *[leis]* especiais substituem-se *[derrogam]* às gerais.

Generalis regula generaliter est intellegenda – uma regra geral deve ser entendida em sentido geral.

Generalitas obscuritatem parit – a generalidade traz obscuridade.

Generaliter – geralmente; de um modo geral.

Generi per speciem derogatur – o género é derrogado pela espécie [Decretais de Bonifácio VIII, Liv. V, Tit. XII, De Regulis Juris, XXXIV].

Generis humani vinculum est ratio et oratio, quae conciliant inter se homines – o vínculo da raça humana é a razão e a palavra, as quais estabelecem a conciliação entre os homens [decorre de Cícero, De Officiis 1.50].

Genitalis hora – hora do nascimento [decorre de Tácito, Annales, 6.21].

Genitivum nomen – o nome de nascença *[de família]*.

Gens – gente; família; raça; nação. – Dizia-se da família, na sua configuração de grupo, que crescia constantemente como uma árvore que vai lançando seus ramos.

Gens togata – povo togado. – A expressão era utilizada para significar a *"nação romana"*. *"Togatus"* significava cidadão romano.

Gentilicium nomen – o nome da *"gens" [dos antepassados]*.

Genus est mortis male vivere – viver mal é uma espécie de morte [Ovídio, Ex Ponto, 3.4.75].

Genus nunquam perit – o género nunca se perde. – Aplica-se às obrigações genéricas, relativamente às quais há sempre obrigação de prestar [vide: artigo 540º do CC].

Genus perire non censetur – o género não é de perecer. – Enquanto houver coisas dentro do género fixado, o devedor continua adstrito à obrigação, mesmo que pereça a coisa com que pensava cumprir.

Genus vitae – modo de vida.

Genus vivendi – maneira de viver. – O mesmo que *"genus vitae"*.

Gestor negotii – gerente de empresa.

Gloriae et virtutis invidia est comes – a inveja é companheira da glória e da virtude. – A inveja procura desfazer a virtude e o mérito alheio.

Gloria in excelsis Deo – glória a Deus nas alturas. – É um hino muito antigo da liturgia católica, que se completa com *"et in terra pax hominibus bonae voluntatis"* – e paz na terra aos homens de boa vontade. Este hino é de há muito utilizado na celebração da missa, cantado ou recitado por todos, em todas as festas e solenidades litúrgicas e ainda aos domingos, exceto os do Advento e os da Quaresma, sendo enquanto objeto de composição musical uma das partes mais solenes da liturgia, dada a profundidade de todo o poema.

Gloria victis – glória aos vencidos.

Glossa viperina est quae corrodit viscera textus – interpretação viperina *[perversa]* é a que corrompe a essência do texto.

Graecum est, non legitur – é grego, não se lê. – Expressão utilizada pelos romanos, que não sabiam grego.

Grammatica falsa non vitiat instrumentum – a gramática errada não vicia o documento.

Gratia argumentandi – apenas para argumentar.

Gratia gratiam parit – gentileza origina gentileza [Erasmo, Adagia, 1.1.34].

Gratia malorum tam infida est quam ipsi – o favor dos maus é tão perigoso quanto eles [Plínio, o Moço, Epistulae, 1.5.16].

Gratis – de graça.

Gratis dictum – afirmação gratuita.

Gratis pro Deo – gratuitamente por Deus.

Gratius ex ipso fonte bibuntur aquae – bebem-se com mais prazer as águas da própria fonte [Ovídio, Ex Ponto, 3.5.18].

Gratuitum enim debet esse commodatum – o comodato deve ser gratuito [Institutas Lib. III, Tit. XIV, § 4]. – O comodato é o contrato gratuito pelo qual o dono de uma coisa, móvel ou imóvel, a entrega alguém para dela se servir, com a obrigação de a restituir [vide: artigo 1129.º do CC].

Grave est fidem fallere – é grave faltar à palavra [Ulpiano, Digesto 13.5.1pr].

Gravi necessitate nihil fortius – nada é mais forte que uma grande necessidade [Schottus, Adagia, 400].

Graviori culpae gravior poena – para culpa mais grave, pena maior.

Gravissime decernere de aliquo – castigar alguém com maior rigor.

Gravis testis – testemunha fidedigna. – É a testemunha que, pela razão de ciência invocada e pelo depoimento que prestou sobre os factos, mereceu ser havida como credível pelo tribunal perante o qual depôs e o seu depoimento tido como relevante para a decisão da causa.

Grosso modo – de modo grosseiro; aproximadamente; mais ou menos. – Usa-se a expressão, essencialmente, em relação à apresentação de um cálculo, projeto ou ideia, de modo impreciso, sem entrar nos pormenores que exijam algum rigor.

Gurges omnium vitiorum – recetáculo de todos os vícios.

Gutta cavat lapidem – a gota fura a pedra [Ovídio, Ex Ponto, 4.10.5]. – Corresponde ao provérbio: "água mole em pedra dura tanto dá até que fura".

H

Habeas corpus – que tenhas corpo. – A expressão mais completa é *"habeas corpus ad subjiciendum" [que tenhas o corpo para apresentar em juízo]* e o instituto é originário de Inglaterra, tendo esse nome por ser a ordem que obrigava o carcereiro a apresentar o *"corpo" [a pessoa]* do preso perante um juiz; surgiu num quadro de luta entre o absolutismo do rei e um parlamento progressivamente liberal, tendo sido fixado definitivamente no *"Habeas Corpus Act de 1679"*, aprovado pelo rei Carlos II, como defesa da liberdade individual contra mandados de detenção, mesmo da autoria do rei. – Na lei inglesa, quando admitido, o *"habeas corpus"* garante a liberdade individual aos cidadãos, dando aos acusados o direito de serem imediatamente julgados ou de aguardarem o seu julgamento em liberdade, mediante fiança. – Na nossa lei é uma providência extraordinária destinada, não a reparar os efeitos da ilegalidade da prisão, mas a pôr termo à situação ilícita que é a prisão ilegal. Sempre que alguém sofrer ou se achar ameaçado de sofrer violência ou coação na sua liberdade de locomoção, por ilegalidade ou abuso de poder, poderá requerer a providência de *"habeas corpus"* ao juiz competente.

Habemus confitentem reum – temos o réu confitente. – Expressão para significar que o réu *[suspeito]* acaba de confessar a autoria do crime.

Habemus Papam – temos Papa. – Fórmula com que se anuncia à multidão na Praça de S. Pedro em Roma que está eleito um novo Papa.

Habentur pro veritate – tem-se por verdade.

Habere et tenere potest etiam fur et nequam; possidet nemo nisi qui rei relictae aut emptae aut donatae dominus est – até o ladrão e o criminoso pode ter e manter; só possui quem é o dono da coisa herdada, ou comprada, ou doada.

Habere magnam fiduciam rerum suarum – ter grande certeza das suas coisas.

Habiles ad matrimonium – aptos para o casamento.

Habilis ad nupcias, habilis ad pacta nupcialia – hábil para as núpcias, hábil para os pactos nupciais. – O que bem se compreende, pois que quem tem capacidade para o mais também não pode deixar de ter para o menos.

Habitat – habitat; local para habitação. – É o local próprio de cada ser vivo organizado, onde nasce, cresce e vive naturalmente.

Habitus non facit monachum, sed professio regularis – o hábito não faz o monge, mas *[o faz]* a profissão canónica [Decretais de Gregório IX, Liber III, Tit. XXXI, Cap. XIII].

Haereditarius – hereditário.

Haereditas [ou **Hereditas**] – herança.

Haereditas est successio in universum jus, quod defunctus habuit – a herança é a sucessão no direito universal, que o defunto teve.

Haereditas, pro parte acceptari et pro parte repudiari, non potest – a herança não se pode em parte aceitar e em parte repudiar.

Haereditas viventis non datur – não existe herança de pessoa viva.

Haeres [ou **Heres**] – herdeiro. – Ser herdeiro era no direito antigo ser participante da soberania gentílica por decesso de um dos chefes *[patres]*.

Haeres haeredis primi testatoris dicitur haeres – herdeiro do herdeiro do primeiro testador se diz herdeiro.

Haeres nondum habet sed habere sperat – o herdeiro ainda não possui mas espera possuir.

Haeres semel, non potest desinere esse haeres – herdeiro uma vez não pode deixar de ser herdeiro.

Heredem relinquere – deixar como herdeiro.

Heredis fletus sub persona risus est – as lágrimas de herdeiros são risos sorrateiros.

Hereditas ab intestato – herança de pessoa intestada.

Hereditas damnosa – herança danosa. – Acontece no caso de a herança impor ao herdeiro encargos de valor maior que o dos bens herdados.

Hereditas jacens – herança jacente. – É a herança já aberta, mas ainda não aceite nem declarada vaga para o Estado [vide: artigo 2046.º do CC].

Hereditas nihil aliud est, quam sucessio in universum ius quod defunctus habuerit – a herança não é mais que a sucessão no universo jurídico *[direitos e obrigações]* que o falecido possuía [Juliano, Digesto, 50.16.62]. – Fórmula já antiga mas que mantém atualidade. A herança representa, assim, o conjunto de situações jurídicas *[não só de bens]* que se encontravam na titularidade do "*de cujus*" no momento do seu decesso e que não devam extinguir-se por efeito da morte.

Heres est alter ipse – o herdeiro é um segundo eu.

Heres ex asse – herdeiro universal *[único]*.

Heres ex omnibus bonis – herdeiro universal.

Heres heredis mei est meus heres – herdeiro de meu herdeiro é meu herdeiro.

Heres legitimus – herdeiro legítimo.

Heres personam defuncti sustinet – o herdeiro continua a pessoa do defunto.

Heres succedit in virtutes et vitia possessionis defuncti – o herdeiro sucede nas virtudes e nos vícios da posse do defunto.

Hic – aqui.

Hic et nunc – aqui e agora.

Hic et ubique – aqui e em toda a parte.

Hic jacet – aqui jaz. – Primeiras palavras de uma inscrição tumular.

Hic jacet lepus – aqui se esconde a lebre. – Aqui é que está a dificuldade.

Hic labor est – aqui está o trabalho *[a dificuldade]*.

Historia nuntia vetustalis – a história é a mensageira do passado.

Hoc erat in more maiorum – isto estava no costume dos antepassados.

Hoc erat in votis – isto estava nos anseios. – Aplica-se quando se obtém algo muito desejado.

Hoc natura aequum est neminem detrimento locupletari – é naturalmente equitativo que ninguém enriqueça com prejuízo *[de outrem]*.

Hoc opus, hic labor est – ali *[está]* a obra, aqui está o trabalho [Virgílio, Eneida 6.129]. – Utiliza-se para exprimir a dificuldade ou fadiga que se experimenta na realização de uma determinada obra.

Hoc possumus, quod iure possumus – só podemos aquilo que de direito podemos.

Hoc sensu – neste sentido. – Usa-se a expressão para chamar a atenção para um dos sentidos em que determinado conceito, figura jurídica ou instituto, é utilizado no contexto em apreciação.

Hoc solum scio, nihil scio – só sei que nada sei. – Máxima socrática.

Hoc tam turbido tempore – neste tempo tão conturbado.

Hodie mihi, eras tibi – hoje a mim, amanhã a ti.

Homicidium ex casu – homicídio por acidente.

Homicidium ex necessitate – homicídio por necessidade. – Aplica-se ao homicídio perpetrado para defesa de uma pessoa ou de bem.

Homicidium ex voluntate – homicídio voluntário.

Homines sunt eiusdem farinae – são homens da mesma farinha. – Também se diz: são farinha do mesmo saco ou vinho da mesma pipa.

Hominum causa omne jus constitutum est – todo o direito é constituído por causa do homem [Hermogeniano, Digesto, 1.5.2]. – O direito existe em função do homem e para o homem, pela necessidade de criar mecanismos reguladores da sua coexistência em sociedade.

Homo debet sequi aequitatem legis, non proprii capitis – o homem deve seguir a justiça da lei, não a da própria cabeça.

Homo emunctae naris – o homem de nariz limpo *[sem moncos]*. – Para significar o homem educado e de fino trato.

Homo diligens et studiosus pater familias – é um homem dedicado e zeloso pai de família [Paulo, Digesto, 22.3.25pr.].

Homo homini lupus – o homem é lobo para o homem [Erasmo, Adagia, 1.1.70]. – O pensamento reporta-se à faceta do instinto inato do homem para suplantar o seu semelhante, fazendo como o lobo que, para sobreviver, aniquila presa mais frágil. Quem primeiro utilizou a expressão foi Plauto, dizendo "*lupus est homo homini*" – lobo é o homem para o homem [Asinaria, Actus II.IV (495)], num dos mais antigos textos do latim. Também foi divulgada por Thomas Hobbes.

Homo medius – homem médio *[comum]*. – O homem médio é o homem tipo, o bom cidadão, que atua com a diligência devida tal como um bom pai de família.

Homo nihili – homem inútil; imbecil; idiota.

Homo sui iuris – o homem *[no gozo]* do seu direito [Código de Justiniano, 8.47.10.5]. – Diz-se do homem no gozo de seus direitos, do homem independente.

Homo sum: humani nil a me alienum puto – sou homem e nada do que é humano me é estranho [Públio Terêncio, Heanton Timorumenos, 77]. – Expressão de Terêncio que refletia que não podia ser indiferente a tudo o que respeitava ao homem.

Homo toties moritur quoties amittit suos – o homem morre tantas vezes quantas perde os seus.

Honestatem laedes, cum pro indigno petes – lesas a honestidade quando intervéns em favor do indigno.

Honeste vivere, alterum non laedere cuique suum tribuere – viver honestamente, não lesar a outrem e dar a cada um o que é seu [Ulpiano, Digesto, 1.1.10.1; Institutas de Justiniano, Lib. I, Tit. I, § 3].

Honestius est cum iudicaveris amare, quam cum amaveris iudicare – é mais honesto amar, quando se julga, do que julgar, quando se ama.

Honestum lucrum illud est per quod nemo laeditur – o lucro é honesto quando não prejudica ninguém.

Honestum non est semper quod licet – nem sempre o que é permitido é honroso.

Honor est maximum bonorum exteriorum – a honra é a maior das riquezas conhecidas.

Honor honestum decorat, inhonestum notat – a honra distingue o homem honesto, censura o desonesto.

Honores mutant mores – as honras modificam os costumes.

Honoris causa – por causa da honra; a título de honra ou de homenagem. – Concessão de um título ou qualidade, em termos honoríficos, desprovida de efeitos jurídicos; título honorífico universitário conferido a pretexto de homenagem.

Honoris causa et vita aequiparantur – a causa da honra e a vida se equiparam.

Honos alit artes – a honra incita as artes [Cícero, Tusculanae Disputationes, 1.4]. [*honos = honor*].

Horribile dictu – horrível de contar-se.

Horribile visu – horrível de ver-se.

Hospes, hostis – estrangeiro, inimigo. – Conceito antigo que induz o sentimento de desconfiança e hostilidade para com pessoa estranha.

Hostes generis humani – inimigos públicos do género humano. – A expressão começou por ser utilizada para significar as pessoas cujas ações constituíam uma ameaça para todas as sociedades, tais como piratas e traficantes de escravos. Depois da Segunda Guerra Mundial, a aplicação do epíteto foi alargado para os autores de genocídio e mais recentemente para os traficantes de droga, de armas, de órgãos e seres humanos e terroristas.

Humaniorem sententiam pro durioribus sequi – [é de] adotar sentença mais humana às mais rigorosas [Código de Justiniano, 7.7.2.3].

I

Ibi sit poena, ubi et noxa est – onde existe culpa, aí haja pena.

Ibidem – no mesmo lugar. – Utiliza-se quando se repete uma citação da mesma obra.

Id a quo aliquid fit – aquilo do qual algo se faz. – Reporta-se a expressão à causa eficiente de alguma coisa.

Id certum est quod certum reddi potest – certo é o que pode ser tornado certo. – Aplica-se quando algo não é conhecido, mas pode ser determinado, por exemplo, o valor de um bem que deva ser determinada por um avaliador.

Id possumus quod de iure possumus – nós *[só]* podemos fazer aquilo que por lei é permitido.

Id propter quod aliquid fit – aquilo por causa do qual algo se faz. – Refere-se à causa final, ou seja, ao motivo pelo qual se produz determinado efeito. A causa final é o termo da ação, na ordem da execução e o princípio da ação, na ordem da intenção.

Id quod adhuc est suspiciosum – o que ainda é apenas uma suspeita. – O que é apenas uma mera suspeita, ou desconfiança, distingue-se, pelo menor nível de segurança, da fundada suspeita, que é a que permite ao poder judicial, ou policial, agir contra alguém visado com o comportamento suspeito.

Id quod eius interest contractum initum non fuisse – aquilo que é o interesse daquele cujo contrato não fora cumprido.

Id quod initio viciosum vel inutile est non potest tractu temporis convalescere – o que de início é vicioso ou inútil não pode pelo decurso do tempo convalescer. – Prevalesce o princípio unitivo de que o que nasceu com valor jurídico em face da lei aplicável nessa data conserva esse mesmo valor, enquanto aquilo que nasceu privado de valor jurídico assim se manterá ao longo do tempo.

Id quod interest – o que está entre; aquilo que é o interesse *[interesse económico da prestação]*. – O "***Id quod interest***" é figura profundamente enraizada no direito romano em que o *interesse* era concebido como *"o que está entre" [a diferença entre]* a posição atual do credor e a que ele teria se o contrato tivesse sido oportunamente cumprido e em que a satisfação do *interesse* existia como penalidade para um devedor que atrasou ou não cumpriu a prestação. – O "***Id quod interest***", numa noção menos alargada, era assim definido: *"Id quod interest est utilitas quae mihi habest, quamve adipisci potui, nisi mihi optitisset adversarium"* – aquilo que é o interesse é a utilidade que alguma coisa tem para mim, ou por quanto a pude ter adquirido, se nada me tivesse obstado em contrário. – O "***Id quod interest***", numa visão mais ampla, de a *"utilitas"* abarcar o dano no seu conjunto, tinha aplicação sobretudo no caso de *"emptio rei" [compra de coisa]* em que o vendedor não fazia a *"traditio" [entrega]* ou a fazia de modo tardio ou defeituoso. Com efeito, dizia Ulpiano: *"Si res vendita non tradatur, in id quod interest agitur, hoc est quod rem habere interest emptoris: hoc autem interdum pretium egreditur, si pluris interest, quam res valet vel empta est"* – se a coisa vendida não é entregue, naquilo que é o interesse a realizar, este é o que a coisa tem no interesse do comprador, ou seja, o preço que entretanto se elevar, posto que pelo maior valor do interesse, acima do que a coisa vale ou foi comprada [Digesto, 19.1.1pr]. Decorre do texto que o valor do interesse podia ser superior ao valor da coisa, quiçá em função do dano acrescido e do lucro cessante para o titular do interesse. – A expressão é utilizada pela doutrina moderna para referir-se à obrigação de ressarcimento de danos ou prejuízos, como autêntica responsabilidade civil pela falta do cumprimento com a prestação devida, aliás em consonância com o princípio que segue.

Id quod interest non solum ex damno dato constat, sed etiam ex lucro cessante – aquilo que é o interesse decorre não só do dano sofrido como também do lucro cessante.

Id quod iure gestum est revocari non potest – o que nasceu com valor jurídico não pode ser anulado.

Id quod nostrum est sine facto nostro ad alium transferri non potest – o que é nosso não pode ser transferido a outrem sem facto nosso [Pompónio, Digesto, 50.17.11].

Id, quod nullius sit, occupantis fit – o que não é de ninguém passa a ser de quem o ocupa [Pompónio, Digesto, 41.1.30.4]. – Hoje, no nosso direito, a ocupação pode fazer-se nos termos regulados nos artigos 1318.º a 1324.º do Código Civil.

Id quod plerumque accidit – o que normalmente acontece. – Ao estatuir determinado comando, o preceito legal dirige-se à generalidade média dos casos, àquilo que é normal.

Id quod plerumque fit – o que geralmente se faz. – Assim diz-se que a lei regula para o que normalmente acontece na vida das pessoas, fazendo-o, em termos genéricos e abstratos, de forma a abarcar todas as situações subsumíveis à sua previsão.

Id quod semper aequum ac bonum est ius dicitur, ut est ius naturale – considera-se direito aquilo que sempre é justo e bom, como é o direito natural [Paulo, Digesto, 1.1.11].

Id solum nostrum quod debitis deductis nostrum est – só é nosso aquilo que é nosso depois de deduzidos os débitos.

Ideae, quae sunt clarae et distinctae, nunquam possunt esse falsae – as ideias, que são claras e distintas, nunca podem ser falsas [Baruch Spinoza, Tractatus De Intellectus Emendatione, IX.68]. – Este pensamento já decorria da filosofia de Descartes, o qual argumentava com um exemplo, dizendo "*ideae quas habeo caloris & frigoris, tam parum clarae & distinctae sunt, ut ab iis discere non possim, an frigus sit tantum privatio caloris, vel calor privatio frigoris, vel utrumque sit realis qualitas, vel neutrum*" – as ideias que possuo de calor e de frio são assim tão claras e distintas que a partir delas eu não possa inquirir se o frio é somente uma privação de calor, ou o calor uma privação de frio, ou ainda se um e outro são qualidades reais, ou não existentes [René Descartes, Meditações Metafísicas, III.19]. E esta impossibilidade de indagação existe para Descartes porque as ideias claras e distintas das coisas corpóreas são ideias verdadeiras, nunca podendo ser falsas.

Idem – o mesmo; a mesma coisa.

Idem est facere et non prohibere cum possis – é a mesma coisa fazer e não proibir *[de fazer]* quando se pode.

Idem est non esse et non apparere – é o mesmo não ser e não aparecer.

Idem, ibidem – o mesmo e no mesmo lugar. – Aplica-se para citar o mesmo autor e no mesmo lugar.

Idem, per idem – o mesmo pelo mesmo. – Trata-se do processo de argumentação em que algo se demonstra por palavras, que significam o mesmo.

Idonei non videntur esse testes, quibus imperari potest, ut testes fiant – não podem ser vistas como idóneas as testemunhas, às quais se pode ordenar que sejam testemunhas [Licínio, Digesto, 22.5.6].

Ignorantia differt ab errore – a ignorância difere do erro. – Na verdade, a ignorância é a falta de conhecimento de uma determinada realidade, enquanto o erro é o conhecimento, ou representação mental, desconforme com essa realidade.

Ignorantia eorum quae quis scire tenetur non excusat – a ignorância das coisas, que se supõe que a pessoa deva saber, não desculpa. – A ignorância do facto desculpa desde que se trate de facto de que a pessoa não tenha obrigação de conhecer, pois que se tiver tal obrigação não desculpa, como acontece no caso de um facto próprio.

Ignorantia excusatur, non iuris, sed facti – pode-se desculpar o desconhecimento do facto, não da lei.

Ignorantia facti et iuris – ignorância de facto e de direito.

Ignorantia facti excusat, ignorantia iuris non excusat – a ignorância do facto pode desculpar, ignorância da lei não desculpa.

Ignorantia iudicis est calamitas innocentis – a ignorância do juiz é a adversidade do inocente.

Ignorantia iuris litigiosa est – a ignorância da lei provoca litígio.

Ignorantia iuris quod quisque tenetur scire, neminem excusat – o desconhecimento da lei que cada um deve conhecer não desculpa a ninguém.

Ignorantia iuris sui non praeiudicat iuri – a ignorância do próprio direito não é prejudicial ao direito.

Ignorantia juris – ignorância do direito.

Ignorantia juris neminem excusat – a ignorância do direito não desculpa ninguém.

Ignorantia legis non excusat – a ignorância da lei não desculpa. – Este princípio é norma que vem consagrada no artigo 6.° do Código Civil português.

Ignorantia non est argumentum – a ignorância não é argumento.

Ignorantia vel error iuris non excusat; ignorantia vel error facti excusat – a ignorância ou erro de direito não excusa; a ignorância ou erro do facto excusa.

Ignoscere delictis – perdoar as faltas.

Ignoti nulla cupido – não se deseja ao que se ignora.

Illa quae sunt deserta fiunt iure gentium et naturali occupantis – as coisas que estão abandonadas são, pelo direito das gentes e pelo direito natural, do ocupante. – O princípio não tem plena aplicação nos dias de hoje. As coisas abandonadas, perdidas ou escondidas pelos seus donos, apenas podem ser objeto de ocupação nos termos regulados nos artigos 1318.º a 1324.º do Código Civil, para os quais se remete.

Illata iniuria – feita a injúria.

Illata vulnera – dado o golpe.

Ille cui nihil sit pensi – aquele que nada respeita.

Imitatio veritatis – a simulação da verdade.

Immergere se in consuetudem alicuius – intrometer-se na intimidade de alguém.

Immobilia situm sequuntur – as coisas imóveis seguem a sua região. – São regidas pelas leis do lugar onde estão situadas.

Immodica imperia – autoridade absoluta.

Imo pectore – do fundo do peito. – Também se utiliza "*ab imo pectore*" – do fundo do coração ou da alma.

Impedimenta dirimentia, irritantia – impedimentos dirimentes *[são]* írritos *[causam a nulidade]*. – Estes impedimentos matrimoniais são os que destroem, prejudicam ou afetam a validade do ato, tornando nulo ou anulável o casamento que venha a ser celebrado contra a sua proibição. Correspondem aos impedimentos dirimentos absolutos da lei civil portuguesa [vide: artigo 1601.º do CC].

Impedimenta matrimonii – impedimentos matrimoniais. – Impedimentos matrimoniais são os factos ou circunstâncias que obstam à celebração do casamento sob pena da sua nulidade ou anulabilidade ou de aplicação de outras sanções [vide: artigos 1600.º a 1609.º do CC].

Impedimenta mera prohibentia, impedientia – impedimentos de mera proibição *[causam]* a impediência *[da celebração do ato]*. São os impedimentos matrimoniais impedientes [vide: artigo 1604.º do CC]. – Estes impedimentos matrimoniais impedientes são os que obstam a celebração do casamento, mas que, apesar de tudo, se este for celebrado, não provocam a sua invalidade, apenas desencadeiam outras sanções contra os cônjuges [A. Varela, Dir. Família, 1.º, 5.ª ed. 247].

Impedimenti causa cessante, cessat impedimentum – cessada a causa do impedimento, cessa o impedimento.

Impedimentum non praestat excusationem quando potuit facile removeri – o impedimento não excusa, quando facilmente podia ser removido.

Impedito non currit tempus – para o impedido não corre o tempo.

Impensa voluntas – grande interesse.

Impenso pretio – elevado preço; caro.

Imperatae paecuniae – impostos pecuniários.

Imperatum frumentum – imposto em trigo.

Imperiosus sibi – senhor de si.

Imperitia culpae adnumeratur – a imperícia compara-se à culpa [Gaio, Digesto, 50.17.132]. – A imperícia consiste na falta de conhecimentos práticos, ou na sua não utilização, para o desempenho de determinada atividade, conhecimentos que o agente estava obrigado a possuir e utilizar. Sendo assim, a imperícia tem na lei um tratamento equiparado ao da negligência ou culpa.

Imperium – império. – Consiste na possibilidade de, por via normativa, emitir comandos vinculativos e executáveis pela força, se necessário, contra aqueles a quem são dirigidos. Usa-se também para designar o poder de soberania do Estado.

Imperium in imperio – um império no império. – Locução que se emprega para indicar que certa instituição se tornou demasiadamente poderosa e se julga superior às leis.

Impossibile idem esse ac non esse – é impossível o mesmo ser e não ser. – Não é possível a mesma coisa ser e não ser ao mesmo tempo.

Impossibilis condicio pro non scripta habetur – condição impossível é havida por não escrita.

Impossibilium nulla obligatio est – o impossível nenhuma obrigação gera [Celso, Digesto, 50.17.185]. – Reporta-se o princípio à impossibilidade originária da prestação, que produz a nulidade do negócio jurídico [vide: artigo 401º/1 do CC].

Impotentia coendi – impotência para cópula carnal.

Impotentia concipiendi – impossibilidade de conceber. – Diz respeito à esterilidade feminina.

Impotentia generandi – impotência para fecundar. – Diz respeito à esterilidade masculina.

Imprimatur – imprima-se. – Reporta-se à autorização para imprimir determinadas obras, especialmente falando-se de publicações eclesiásticas ou religiosas de qualquer natureza.

Improbus – desonesto.

Improbus administrator – administrador desonesto.

Improbus litigator – litigante desonesto.

Impunitas continuum affectum tribuit delinquendi – a impunidade estimula a contínua disposição de delinquir.

Impunitas peccandi illecebra – a impunidade é atrativo para delinquir.

Impunitas semper ad deteriora invitat – a impunidade sempre convida para as coisas piores.

In absentia – na ausência.

In abstracto – em abstrato.

In actu – no ato.

In actine de peculio occupantis melhor est condicio – em ação sobre a propriedade de pequeno património *[pecúlio]* a melhor condição é a do ocupante [Gaio, Digesto, 15.1.10].

In aequali iure melior est condicio possidentis – em direito igual, é melhor a condição de quem tem a posse. – Posse aqui tem o significado de fruição material de um direito sobre coisa corpórea.

In aeternum – para sempre; perpetuamente; para a eternidade. – Usa-se a expressão para chamar a atenção para a duração excessiva de qualquer acontecimento. Com o mesmo significado se utiliza a expressão *"ad aeternum"*.

In aevum – para sempre. – Tem o mesmo significado da anterior.

In albis – em branco. – Ficar na mesma; sem compreender. Diz-se da noite passada sem dormir ou da pessoa que está sem conhecimento ou estudo de determinada matéria.

In alieno solo – em terra alheia.

In alterius praemium verti alienum metum non oportet – não convém que o medo de um se transforme em benefício de outro [Ulpiano, Digesto, 4.2.14.5].

In alternativis debitoris est electio, et sufficit alterum adimpleri – nas alternativas a eleição é do devedor e é suficiente que ele satisfaça uma das opções [Decretais de Bonifácio VIII, Liv. V, Tit. XII, De Regulis Juris, LXX].

In alternativis electio est debitoris – nas alternativas a escolha é do devedor. – Reporta-se o princípio às obrigações alternativas, que são as que comportam duas ou mais prestações mas em que o devedor se libera mediante o cumprimento de apenas uma delas, mediante escolha, que tanto poderá caber ao devedor como ao credor, conforme for determinado pelas partes, mas na falta de determinação caberá ao devedor [vide: artigo 543.º do CC].

In ambiguis orationibus, maxime sententia spectanda est eius, qui eas protulisset – nos discursos ambíguos, é sobretudo de considerar a intenção daquele que os proferiu [Mecenato, Digesto, 50.17.96].

In ambiguis rebus humaniorem sententiam sequi oportet – nas questões *[judiciais]* ambíguas convém adotar a decisão mais benigna [Ulpiano, Digesto, 34.5.10.1].

In ambiguo – na dúvida. – Também se utiliza para exprimir estar em risco.

In amicos fidissimus – fidelíssimo para com os amigos.

In anima nobili – em alma nobre. – Expressão que se usa a propósito de experiências científicas feitas em seres humanos.

In anima vili – em alma vil. – Expressão que se usa a propósito de experiências científicas feitas originariamente em animais, por exemplo, experimentar o efeito de um veneno.

In apicibus iuris – nas subtilezas do direito.

In appelatione nondum deducat deducendi, nondum probata probandi – na apelação os factos ainda não deduzidos *[alegados]* devem ser deduzidos e os factos ainda não provados devem ser comprováveis. – Reporta-se o princípio a um segundo grau de jurisdição completo, que o nosso sistema jurídico não admite, nem parece que devesse admitir, em face da sua, já excessiva, complexidade.

In argumentum trahi nequunt, qua propter necessitatem aliquando sunt concessa – não se podem alegar como argumento aquelas coisas que alguma vez se concederam por necessidade [Decretais de Bonifácio VIII, Liv. V, Tit. XII, De Regulis Juris, LXXVIII].

In articulo – no momento; no imediato [Código de Justiniano, 1.33.3].

In articulo mortis – à hora da morte; na iminência da morte; em perigo de morte. – É uma expressão que se emprega para indicar aqueles atos celebrados estando uma das partes em perigo grave ou iminente de perder a vida, v.g. confessar-se, fazer o seu testamento "*in articulo mortis*" ou "*in extremis*".

In articulo necessitatis – em momento de necessidade.

In atrocioribus delictis punitur affectus licet non sequatur effectus – nos delitos atrozes pune-se a intenção, mesmo que não se siga o efeito. – A pura intenção não é punível no sistema penal português, mas se for acrescida de tentativa e ao crime corresponder pena de prisão superior a três anos já é punível [vide: artigo 23.º/1 do CP].

In bonae fidei contractibus ex mora usurae debentur – nos contratos feitos de boa fé, pela mora são devidos juros [Marciano, Digesto, 22.1.32.2].

In bonis defuncti – entre os bens do falecido [Ulpiano, Digesto, 35.2.62.1].

In capita – na cabeça.

In casibus extraordinariis – nos casos extraordinários.

In cassum – em vão.

In casu – no caso. – Usa-se frequentemente no discurso escrito par conferir mais ênfase à prosa.

In casu appellationis – no caso de apelação.

In casu consimile – em caso semelhante.

In casu exceptionis de incompetentia – no caso de exceção de incompetência.

In casu extremae necessitatis omnia sunt communia – no caso de extrema necessidade todas as coisas são comuns [S. Tomás de Aquino, Summa Theologiae, 2.ª Pars, Questio 2, Artigo 32]. – No caso de extrema necessidade, ou em estado de necessidade, é lícito utilizar coisa alheia e até destruí-la ou danificá-la desde que para remover o perigo atual de um dano manifestamente superior do agente ou de terceiro [vide: artigo 339.º/1 do CC].

In casu peremptionis – no caso de perenção.

In casu suspicionis – no caso de suspeição.

In casu urgentis necessitatis – em caso de necessidade urgente.

In cauda venenum – na cauda está o veneno. – É na parte final do discurso que o autor põe toda a malícia.

In claris non est locus coniecturis – em coisas óbvias não há lugar para conjeturas.

In claris non fit interpretatio – nas coisas claras não se faz interpretação. – Este e semelhantes brocardos não possuem origem romana, surgem na época medieval, como reação às subtilezas dos glosadores, e visam a afirmação da certeza do direito. Quando o texto da declaração é cristalino não deve haver lugar para interpretação, pois que aquele texto traduz objetivamente a vontade real do declarante e é nesse sentido que a declaração deve valer.

In commitendo – em cometer. – Diz-se a propósito da culpa quando o agente assume uma conduta comissiva pela qual viola um dever jurídico.

In communione vel societate nemo compellitur invictus detineri – na comunhão ou na sociedade ninguém é obrigado a permanecer contra sua vontade [Código de Justiniano, 3.37.5]. – Também nenhum dos comproprietários está obrigado a permanecer na indivisão de determinada coisa, salvo convenção em contrário [vide: artigo 1412º/1 do CC].

In concreto – em concreto.

In coniunctivis, oportet utramque partem esse veram – nas parcerias, é necessário que cada uma das partes seja sincera.

In consimili casu, consimile debet esse remedium – em caso semelhante o remédio deve ser semelhante.

In conspectu legum – no conspecto das leis; no exame ou análise das leis.

In continenti – imediatamente; logo no mesmo instante.

In continenti tempore – sem perda de tempo; imediatamente.

In contractibus rei veritas potius scriptura prospici debet – nos contratos deve-se considerar a verdade do negócio mais que o escrito [Código de Justiniano, 4.22.1].

In contractibus tacite insunt quae sunt moris et consuetudinis – nos contratos tacitamente estão incluídas aquelas coisas que são do uso e costume.

In contrahendo – ao contratar. – Utiliza-se a expressão a propósito da culpa na formação do contrato, a que se reporta o artigo 227º do CC. Culpa *"in contrahendum"* é a culpa pré-contratual, que impede a formação de um contrato conforme com a lei, provocando, por isso, a sua nulidade ou anulabilidade.

In contrahendo quod agitur pro cauto habendum est – ao contratar, aquilo que é negociado deve ser feito com cautela [Pompónio, Digesto, 12.1.3].

In controversiis, quas in iudiciis moveri contigerit, aequalitatem litigatoribus volumus servari – nas controvérsias que caberá agitar em ações judiciais, queremos que seja observada igualdade para os litigantes [Código de Justiniano, 12.19.12.4]. – É o princípio da igualdade das partes, consagrado no artigo 4.º do Código do Processo Civil português.

In contumácia – em contumácia; em recusa de comparecer em juízo.

In corde spes, vis et vita – no coração *[está]* a esperança, a força e a vida.

In curia – na cúria; no tribunal *[eclesiástico]*.

In custodia legis – sob a guarda da lei.

In custodiendo – em guardar.

In delegatione semper inest novatio – na delegação sempre entra a novação. – Velha máxima que se reporta à novação subjetiva, que é a que envolve a substituição de uma obrigação por outra que se estabelece entre o mesmo devedor e credor diferente ou entre o mesmo credor e devedor diferente. Distingue-se da novação objetiva que é a extinção de uma obrigação pela constituição de uma nova entre os mesmos sujeitos [Vide: Menezes Cordeiro, Direito das Obrigações, 1980, 2.º, 227].

In delictis nemo excusatur per iuris ignorantiam, etiam minor – nos delitos, ninguém se escusa por ignorância da lei, nem mesmo o menor.

In die – de dia a dia.

In dies – todos os dias.

In diebus illis – naqueles dias. – A expressão é curiosa porque dela terá, por mera casualidade, derivado a palavra portuguesa *"busílis" [grande dificuldade ou enigma].* – Conta-se que a expressão *"in diebus illis"* se encontrava escrita em determinado documento de forma que o *"in die"* ocupava o fim da página e o *"bus illis"* encontrava-se no início da página seguinte. O tradutor depois de traduzir o *"in die"* por *"no dia"*, ao virar a página, ficou embaraçado com o *"bus illis"*, não lhe sabendo dar significado deixou-a sem tradução e por isso ficou mesmo assim, como expressão indecifrável. Daí resultou a palavra *"busílis"* como sinónimo de dificuldade extrema, ponto obscuro.

In discussione autem fas unicuique est a pristina sua conclusione recedere – no debate é justo que qualquer pessoa recue de sua primeira afirmação [Codex Iuris Canonici (1917), can. 1871.4].

In diversum trahere – interpretar de diversas maneiras.

In dubiis – no caso de dúvida.

In dubiis abstine – nas coisas duvidosas abstém-te.

In dubiis benigniora praeferenda sunt – nas coisas duvidosas são de preferir as mais benignas *(justas)* [Gaio, Digesto, 50.17.56].

In dubiis, magis dignum est accipiendum – na dúvida deve-se aceitar o que é mais digno.

In dubiis non est agendum – nas coisas duvidosas não é de proceder judicialmente.

In dubiis, quod minimum est sequitur – nos casos duvidosos deve seguir-se o que é menos *[duvidoso ou oneroso].* – É um princípio de interpretação dos contratos, segundo o qual, no caso de dúvida, devem aqueles ser interpretados da maneira menos onerosa para o devedor.

In dubio, contra fiscum – na dúvida, contra o fisco. – Não é uma verdadeira regra de interpretação de direito fiscal, mas uma regra de decisão sobre facto incerto na aplicação da lei, isto é, de um princípio de distribuição do dever de prova no processo tributário gracioso e que obriga a Administração Fiscal a investigar plenamente os factos tributários.

In dubio, favores sunt ampliandi et odia restringenda – na dúvida devemos enaltecer as coisas favoráveis e desvalorizar as coisas desvantajosas. – O mesmo que *"odiosa restringenda, favorabilia amplianda"* – as coisas odiosas devem ser restringidas, as coisas favoráveis devem ser ampliadas.

In dubio mitius – na dúvida, com mais suavidade.

In dubio nihil faciendum – na dúvida nada é de fazer. – O mesmo que "*in dubiis, abstine*".

In dubio pro laboratore – na dúvida a favor do trabalhador. – Ver o princípio do "*favor laboratoris*".

In dubio pro libertate – na dúvida a favor da liberdade. – O princípio "*in dubio pro libertate*" é antigo. O "*Corpus Iuris Civilis*" declarava: "*quotiens dubia interpretatio libertatis est, secundum libertatem respondendum erit*" – sempre que exista dúvida, a interpretação da liberdade deve ser respondida a favor da liberdade [Pompónio, Digesto, 50.17.20], ou seja, sempre que haja dúvida interpretativa em elementos relacionados com a liberdade, a decisão deve ser a favor da liberdade.

In dubio pro misero – na dúvida a favor do mais desfavorecido. – Princípio segundo o qual, em caso de dúvida, a justiça deve favorecer a parte mais fraca.

In dubio pro possessore – na dúvida a favor do possuidor.

In dubio pro reo – na dúvida a favor do réu. – Este princípio de direito penal respeita sobretudo ao direito probatório. A presunção de inocência do arguido implica que, sendo incerta a prova, se não use de um critério formal como o resultante do ónus legal da prova para decidir da condenação do réu, a qual terá sempre de assentar na certeza dos factos probandos. – Há quem estenda este princípio, relativo à prova, à matéria de interpretação da lei no sentido de que o intérprete, em caso de dúvida, deva seguir aquela das interpretações que mais favoreça o réu. Não é pacífico este entendimento.

In dubio reus est absolvendus – na dúvida, o réu deve ser absolvido.

In dubio semper, id quod minus est, debetur – em caso de dúvida sempre se deve o que é menos *[em valor]*.

– As máximas que antecedem, transpostas para o domínio do direito, têm o significado de que, em regra, as disposições legais que restringem direitos devem ser interpretadas de forma restrita e as que alargam direitos de forma irrestrita.

In dubium vocare – colocar em dúvida.

In eligendo – em escolher. – Diz-se da culpa com que o ato é praticado.

In eo quod plus sit, semper inest et minus – no que é mais sempre está contido o que é menos [Paulo, Digesto, 50.17.110pr.].

In extenso – por extenso.

In extremis – nos extremos. – Nos últimos momentos; em último recurso; no fim.

In facie curae – diante do tribunal.

In facie Ecclesiae – à face da Igreja. – Utiliza-se a expressão para explicar o que acontece com determinado facto enquanto praticado no âmbito da jurisdição eclesial ou enquanto analisado sob o ponto de vista usual da Igreja Católica.

In faciendo – no fazer. – Diz-se da culpa decorrente da ação.

In fictione iuris semper aequitas existit – na ficção do direito sempre existe equidade. – A *"fictio iuris" [ficção jurídica]* é um conceito criado pela doutrina para explicar situações que não são contempladas na lei e que precisam de soluções lógicas, que só podem ser encontradas através da equidade.

In fieri – no ato de fazer ou de nascer.

In fine – no fim. – No fim de um parágrafo, de um capítulo.

In foro conscientiae – no foro da consciência. – A expressão reporta-se àquelas situações que integram um problema de consciência, e não uma questão de direito. Assim, se um vendedor numa transação ocultar factos suscetíveis de fazer falhar o negócio, pode não estar a violar a lei, mas está a agir contra os ditames da sua consciência.

In fraudem creditorum – com intenção de enganar os credores [Código de Justiniano, 1.17.2.7d].

In fraudem legis – em fraude à lei.

In fraudem legis facit qui, salvis verbis legis, sententiam eius circumvenit – comete fraude contra a lei quem, salvas as palavras da lei, se desvia da sua determinação. – A fraude à lei verifica-se, em termos gerais, quando se assume um comportamento contrário ao espírito da lei, quer procurando evitar a sua aplicação, quer procurando aplicá-la a situações que ela não abarca. Representa um vício do negócio, nomeadamente no caso de interposição fictícia de terceiro.

In futurum – no futuro; para o futuro.

In generali concessione non veniunt ea, quae quis non esset verisimiliter in specie concessurus – na concessão geral não vem aquilo que não tenha sido verosimilmente concedido em espécie [Decretais de Bonifácio VIII, Liv. V, Tit. XII, De Regulis Juris, LXXXI].

In genere – em género.

In gremio legis – no seio da lei.

In his, quae contra rationem iuris constituta sunt, non possumus sequi regulam iuris – não podemos encontrar regra de direito naquelas coisas que foram realizadas contra a razão jurídica [Juliano, Digesto, 1.3.15].

In hoc signo vinces – com este sinal vencerás. – O historiador Eusébio de Cesareia afirma que Constantino estava progredindo com seu exército quando o sol começava a declinar e um sinal extraordinário aparece no céu. Então, Constantino vê com os próprios olhos, no céu, mais acima do sol, o troféu de uma cruz de luz sobre a qual estavam traçadas as palavras "In hoc signo vinces" [in Vita Constantini, Lib. I, Cap. XXVIII]. Note-se que Eusébio de Cesareia escreveu o livro em grego pelo que a expressão resulta da tradução para latim. A veracidade desta cena, a mais famosa da obra, é colocada em causa pelos historiadores.

In hoc tempore – neste tempo. – Atualmente; nos tempos que correm.

In honorem tanti festi – para glória de tamanha festa. – Para celebrar tão faustoso acontecimento.

In illiquidis non fit mora – nas coisas ilíquidas não se verifica a mora. – Se a obrigação for ilíquida, por não estar ainda apurado o montante da prestação, não se verifica a mora, exceto se a falta de liquidez decorrer de causa imputável ao devedor. A regra é justificada pelo facto de o credor não poder cumprir a obrigação nesses casos *(illiquidis)*[vide: artigo 805.º/3 do CC].

In illo tempore – naquele tempo. – Expressão utilizada usualmente no início da narração do Evangelho. Também é o nome de obra de Trindade Coelho, livro de memórias publicado em 1902. Nele, o autor evoca o ambiente boémio e muitas das figuras da Universidade de Coimbra, onde estudou Direito.

In initio litis – no início da lide.

In integrum – na íntegra ou integralmente, inteiramente.

In integrum restituere – restituir integralmente. – Fazer voltar ao primitivo estado.

In itinere – no caminho. – Aplica-se a expressão quanto aos factos jurídicos mais complexos, de formação sucessiva e enquanto se mostrarem incompletos, imperfeitos ou em formação *[in itinere]*, insuscetíveis de produzir os efeitos próprios, mas capazes de gerar legítimas expectativas jurídicas. – Aplica-se a expressão, ainda com mais frequência, a propósito do acidente que o trabalhador sofre na ida para o local de trabalho ou durante o regresso a casa, seguindo um percurso normal e durante o período habitualmente gasto pelo trabalhador, mesmo quando esse trajeto tenha sofrido interrupções ou desvios determinados pela satisfação de necessidades atendíveis do trabalhador, bem assim por motivo de força maior ou por caso fortuito [vide: artigo 9.º da Lei 98/2009, de 4/9].

In iudicando criminosa est celeritas – ao julgar, a pressa é reprovável [Publílio Siro, Sententiae].

In iudiciis, minori aetati succurritur – nos tribunais, a menoridade é favorecida.

In iudicio criminali reus aut a se electum aut a iudice datum semper habere debet advocatum – no juízo criminal, o réu sempre deve ter advogado, seja por si constituído, seja nomeado pelo juiz.

In iure – em direito; de acordo com o direito.

In iure non remota causa sed proxima spectatur – no direito não se considera a causa remota mas a próxima. – O mesmo que *"causa proxima, non remota, spectatur"*, anotada no local próprio.

In judicium venire – comparecer em tribunal.

In jus nunquam ivit – nunca foi ao tribunal.

In limine – no limiar; liminarmente. – Por exemplo: o autor do livro faz uma declaração *"in limine"*.

In limine litis – no começo da lide; no início do processo. – Por exemplo: apresentar um requerimento no momento em que o processo vai começar.

In limine mortis – no limiar da morte. – Às portas da morte.

In loco – no lugar certo; no próprio local.

In maiorem cautelam – para maior segurança.

In maleficiis voluntas spectatur, non exitus – nas coisas más considera-se a intenção, não o resultado [Calistrato, Digesto, 48.8.14].

In maleficio ratihabitio mandato comparatur – na ação criminosa a ratificação equivale a uma aprovação [Ulpiano, Digesto, 50.17.152.2].

In malis promissis fidem non expedit observari – em promessas desonestas não se deve guardar fidelidade [Decretais de Bonifácio VIII, Liv. V, Tit. XII, De Regulis Juris, LXIX].

In materia poenali retrospectio legum munquam – em matéria penal nunca há retroatividade das leis. – Conforme o Código Penal português *"só pode ser punido criminalmente o facto descrito e declarado passível de pena por lei anterior ao momento da sua prática"* [artigo 1.º/1].

In medio stat virtus – no meio está a virtude [Aristoteles, Ética a Nicómaco, Liv. II, Cap. IV]. – Dizia Aristóteles que entre o excesso e o defeito o ponto médio é a *virtude [magnificência]* e designava de *"contrários" [da virtude]* os extremos mais distantes. Para o filósofo a virtude tem a característica de mediocridade, surgindo entre o excesso e a deficiência em ponto de equilíbrio dificultoso de atingir. Assim, é difícil ser bom porque é difícil encontrar o ponto médio, pelo que a função da educação é precisamente ajudar a alcançá-lo. – A expressão também se usa abreviadamente "*in medio virtus*".

In mellius – para melhor.

In memoriam – em memória. – Esta expressão é usada sobretudo em citações, epitáfios, obituários e placas comemorativas e também em livros e obras de arte, em forma de dedicatória a alguém que já faleceu.

In memoriam sempiternam – para eterna recordação.

In mente – na mente.

In mercibus illicitis non sit commercium – não deve haver comercialização de mercadorias proibidas.

In misero facile fit potens iniuria – contra o infeliz a injustiça facilmente se torna devastadora [Publílio Siro, Sententiae].

In more venire – passar a costume.

In morem – segundo o costume.

In mutui datione oportet dominium esse ante – na dação do mútuo é preciso ter o domínio anteriormente. – Uma vez que o contrato de mútuo envolve a transferência da propriedade da coisa apenas pode, consequentemente, emprestar ou mutuar quem tiver poderes de disposição sobre a mesma.

In natura – em natureza; de acordo com a natureza; ao natural. – Diz-se da prestação ou execução específica. Também se fala do "*pagamento in natura*", que é o pagamento feito em mercadoria em lugar de dinheiro.

In naturalibus – no estado da natureza; em estado de nudez.

In nomine – em nome.

In novissimis – nos últimos lugares; nos últimos tempos; nos últimos dias.

In nuda veritate – na verdade nua.

In obscuris – nos casos obscuros.

In obscuris inspici solere, quod verisimilius est aut quod plerumque fieri solet – nos casos obscuros costuma-se seguir o que é mais verosímil, ou o que geralmente acontece [Paulo, Digesto, 50.17.114].

In obscuris quod minimum est sequimur – nos casos obscuros seguimos o que é menos *(obscuro)* [Ulpiano, Digesto, 50.17.9].

In omittendo – em omitir. – Diz-se da culpa por omissão de comportamento devido.

In omnia familiaria iura assuetus – habituado a todos os direitos da intimidade.

In omnia paratus - preparado para todas as coisas.

In omnibus autem negotiis priusquam aggrediare, adhibenda est praeparatio diligens - em todos os empreendimentos, antes de começar, deve-se realizar uma preparação diligente [Cícero, De Officiis, 1.73].

In omnibus fere minus valent praecepta quam experimenta - em quase tudo valem menos os preceitos que a experiência [Quintiliano, Institutio Oratoria, 2.5.15].

In omnibus fere rebus mediocritatem esse optimam - em quase todas as coisas o meio termo é o melhor [Cícero, Tusculanae Disputationes, 4.46].

In omnibus porro quae fiunt, quaeritur aut quare, aut ubi, aut quando, aut quo modo, aut per quae facta sunt - em tudo que acontece pergunta-se ou porquê, ou onde, ou quando, ou de que modo ou por que meio aconteceu [Quintiliano, Institutio Oratoria, 5.10.32].

In omnibus quidem, maxime tamen in iure, aequitas spectanda est - em todas as coisas, mas principalmente no direito, deve observar-se a imparcialidade [Paulo, Digesto, 50.17.90]

In omnibus rebus est aliquid optimum, etiam si lateat - em todas as coisas há algo de bom, mesmo que esteja oculto [Cícero, Orator, 36].

In omnibus rebus respice finem - em todas as coisas considera o fim [Tomás de Kempis, De Imitatione Christi, 1.24.1].

In opportuno tempore - em tempo oportuno.

In pari causa - em causa igual; em caso semelhante.

In pari causa possessoris melior condicio habeatur - em causa equivalente considera-se melhor a condição do possuidor [Código de Justiniano, 4.7.2].

In pari causa possessor potior haberi debet - em causa igual quem tem a posse deve ser preferido [Paulo, Digesto, 50.17.128pr.].

In pari casu melior est condicio possidentis - em igualdade de situações é melhor a condição de quem tem a posse.

In pari delicto - numa falta igual.

In pari delicto vel causa potior est conditio possidentis - em causa ou delito igual é melhor a condição do que possui [Decretais de Bonifácio VIII, Liv. V, Tit. XII, De Regulis Juris, LXV].

In pari materia - em matéria igual; em igualdade de assunto.

In paribus causis, paria iura - em causas iguais, julgamentos iguais.

In pejus – para pior. – Diz-se da *"reformatio in pejus"*, sendo princípio modernamente aceite o da proibição da reforma da decisão para pior, isto é, havendo apenas recurso da defesa o tribunal superior não poderá agravar a situação do réu, tanto em matéria cível como em matéria penal [vide: artigos 635º/5 do CPC e 409.º/1 do CPP].

In periculo mortis – em risco de morte.

In perpetuum – para sempre.

In perpetuam rei memoriam – para a permanente recordação da coisa. – O mesmo que *"ad perpetuam rei memoriam"*. – Era a fórmula que se inscrevia no alto de determinadas bulas pontifícias e que se encontra igualmente em monumentos comemorativos, medalhas, etc. – Diz-se também da vistoria realizada nas expropriações por utilidade pública, pela qual se procura registar o estado da coisa expropriada, para memória futura, antes de a expropriação se concretizar e a coisa ser sujeita a alteração [vide: artigo 21.º do Código das Expropriações (Lei n.º 168/99, de 18/9, com a última atualização dada pela Lei n.º 56/2008, de 4/9)].

In perpetuum rei testimonium – para perpétuo testemunho da coisa. – O mesmo que *"ad perpetuam rei memoriam" e "in perpetuam rei memoriam"*.

In perpetuum tempus – para tempo perpétuo.

In personam – contra a pessoa.

In poculis – entre copos. – Bebendo; com o copo na mão.

In poena heres non succedit – o herdeiro não sucede na pena. – A responsabilidade criminal está circunscrita ao agente do crime não sendo suscetível de qualquer transmissão a outrem, designadamente a herdeiros.

In poenalibus causis benignius interpretandum est – nas causas penais deve-se interpretar a lei com mais benignidade [Paulo, Digesto, 50.17.155.2].

In poenis benignior est interpretatio facienda – nas penas deve-se adotar a interpretação mais benigna [Decretais de Bonifácio VIII, Liv. V, Tit. XII, De Regulis Juris, XLIX].

In postero die – no dia seguinte.

In posterum – para o futuro.

In praesenti – no presente.

In primis – em primeiro lugar.

In primis et ante omnia – em primeiro e antes de tudo.

In pristinum – para restabelecimento. – Diz-se da restauração natural feita na espécie.

In probationibus tota vis judicii est – nas provas está toda a força do julgamento.

In propria causa nemo iudex – ninguém seja juiz em causa própria.

In proximo decoctionis omnia gesta praesumuntur plena fraudibus – na falência iminente todos os atos presumem-se repletos de fraudes.

In quo quis delinquit, in eo de iure est puniendus – naquilo em que alguém comete delito, no mesmo deve ser de direito punido.

In quo vis – naquilo que queres. – Expressão usada em seguro marítimo, desconhecendo-se o navio.

In radice – na raiz; no começo.

In re communi melior est condicio prohibentis – em coisa comum é melhor a condição de quem proibe.

In re communi neminem dominorum iure facere quicquam, invito altero, posse – em coisa comum nenhum dos donos pode legalmente fazer alguma coisa contra a vontade do outro [Papiniano, Digesto, 10.3.28].

In re communi nemo dominorum iure servitutis neque facere quicquam invito altero potest – em coisa comum nenhum dos condóminos pode fazer legalmente servidão ou alguma coisa contra a vontade de outro condómino [Paulo, Digesto, 8.2.26].

In re communi potior est conditio prohibentis – quando se trata de propriedade comum, tem prioridade a condição de quem proíbe [Decretais de Bonifácio VIII, Liv. V, Tit. XII, De Regulis Juris, LVI].

In re dubia benigniorem interpretationem sequi non minus iustius est quam tutius – em questão dúbia seguir a interpretação mais benigna é não menos justo do que seguro [Marcelo, Digesto, 50.17.192.1].

In re igitur dubia melius est verbis edicti servire – portanto em caso duvidoso é melhor obedecer aos termos do édito [Ulpiano, Digesto, 14.1.1.20].

In re ipsa – na mesma coisa; na própria coisa.

In rem – contra a coisa.

In rem propriam – em coisa própria; no interesse próprio; em causa própria.

In rem verso – no interesse de outrem.

In rerum naturam – na natureza das coisas; coisas da natureza.

In sacris ordinibus – nas ordens sagradas.

In saecula saeculorum – nos séculos dos séculos. – Locução tirada da liturgia latina, que se emprega para exprimir a longa duração de uma coisa. Diz-se do discurso que ameaça continuar por tempo interminável.

In sempiterna saecula – nos séculos sempre eternos; para sempre.

In situ – no sítio; no local.

In solemnibus forma dat esse rei – nos atos solenes a forma dá existência à coisa. – Atos solenes ou formais são aqueles que exigem forma especial estabelecida na lei, cuja observância é necessária para a sua validade e prova.

In solido – em segurança; em lugar seguro; por inteiro. – Diz-se da obrigação exigida por inteiro e da condenação solidária.

In solidum – em segurança. – O mesmo que *"in solido"*.

In solutione et in obligatione – na solução e na obrigação.

In solutum – em pagamento. – Diz-se da cessão.

In specie – em espécie; separadamente.

In speciem – na aparência; aparentemente.

In spiritualibus – nas coisas espirituais. – Qualquer tráfico *"in spiritualibus"* tem o nome de simonia.

In statu gratiae – em estado de graça.

In statu nascendi – no processo de formação.

In statu quo – no estado anterior.

In statu quo ante – no estado que existia antes; no estado anterior.

In statu quo nunc est – no estado em que atualmente está.

In statu quo prius erat – no estado que existia antes.

In subtilitatibus juris – nas subtilezas do direito.

In te descende – entra em ti mesmo.

In temporalibus – nas coisas temporais. – Diz-se do poder dos Papas nas coisas temporais, que outrora foi muito expressivo.

In tempore – na hora certa.

In tempore opportuno – em tempo oportuno; no momento propício.

In terminis – nos limites; no término; em último lugar ou fim. – Decisão proferida *"in terminis"* é a que põe termo ao processo.

In terrorem – para assustar.

In thesi – em tese. – Em termos teóricos ou como mera enunciação de princípios.

In testamentis plenius testatoris intentionem scrutamur – nos testamentos devemos perscrutar a intenção do testador.

In testamentis plenius voluntates testantium interpretamur – nos testamentos devemos interpretar as vontades dos testadores do modo mais perfeito [Paulo, Digesto, 50.17.12]. – Nesse desiderato a lei civil portuguesa [artigos 2225.º a 2228.º do CC] traça algumas regras para a melhor interpretação dos testamentos.

In testamentis ratio tacita non debet considerari, sed verba solum spectari debent – nos testamentos não se deve considerar a intenção não expressa, mas somente o texto.

In testamentorum formulis versari – ser versado na redação de testamentos.

In testimonium – em testemunho.

In totidem verbis – em tantas palavras.

In toto – no todo; inteiramente. – Exprime o afastamento do que é parcial, v.g. quando se refere determinado negócio jurídico enquanto anulável na sua totalidade.

In toto et in qualibet parte – no todo e em qualquer parte. – Aplica-se, por exemplo, na propriedade horizontal, ao direito dos condóminos sobre as partes comuns, que incide sobre o seu conjunto e cada uma delas.

In toto et pars continetur – no todo está contida também a parte.

In toto iure generi per speciem derogatur et illud potissimum habetur, quod ad speciem directum est – em toda a lei o género é derrogado pela espécie e é considerado muito mais importante o que se refere à espécie [Papiano, Digesto, 50.17.80].

In toto partem non est dubium contineri – não há dúvida que a parte está contida no todo [Decretais de Bonifácio VIII, Liv. V, Tit. XII, De Regulis Juris, LXXX].

In totum – para o todo; para a totalidade.

In transitu – em trânsito; de passagem.

In universum – em geral.

In utroque jure – num e noutro direito. – Em direito civil e em direito canónico.

In verbis – nas palavras; textualmente.

In varietate concordia – união na diversidade. – Lema da União Europeia.

In vigilando – em vigiar. – Diz-se da culpa verificada quando há omissão do dever de vigiar ou de fiscalizar.

In vino veritas – no vinho está a verdade [Erasmo, Adagia, 1.7.17]. – Opina-se que a expressão teria sido da invenção de Plínio, o Velho, para quem o vinho tornava o homem expansivo e a verdade escapa-lhe involuntariamente dos lábios. – Costuma-se dizer que os ébrios não mentem.

In vitro – no vidro. – Diz-se da reação fisiológica que se opera fora do organismo *[em tubos, ou provetas]*.

In vivo – no ser vivo. – Diz-se da experimentação que se opera no organismo.

In vulgus – em público.

Inadimpleti non est adimplendum – para com o incumpridor não há que cumprir. – Corresponde ao princípio da *"exceptio non adimpleti contractus"*, ou seja, à faculdade conferida ao devedor, no âmbito de um contrato bilateral, de não cumprir com a prestação que lhe era exigida, por o credor não ter satisfeito a contraprestação que lhe competia fazer [vide: artigo 428°/1 do CC].

Inania verba – palavras ocas. – O mesmo que palavras sem sentido.

Inaudita altera pars – sem ouvir a outra parte. – Diz-se das providências cautelares que podem ser concedidas pelo juiz sem audiência prévia da parte demandada, quando tal audiência colocar em risco sério o fim ou a eficácia da providência [vide: artigo 366.º/1 do CPC].

Incerta pro nullis habentur – as coisas incertas devem ser tidas como inexistentes.

Incertitudo vitiat actum – a imprecisão vicia o ato.

Incivile est nisi tota lege perspecta una aliqua particula eius proposita iudicare vel respondere – é precipitado julgar ou responder sem considerar toda a lei, mas somente a partir de uma particularidade dela [Celso, Digesto, 1.3.24].

Incola est qui in aliqua regione domicilium suum contulit – habitante é o que instalou seu domicílio em alguma região.

Incolas domicilium facit – é o domicílio que cria os residentes.

Incommoda eum sequi debent quem commoda et utilitates sequuntur – os prejuízos devem seguir aquele a quem seguem os lucros e os benefícios.

Incompositio corporis inaequalitatem iudicat mentis – o descuido do corpo mostra a desorganização da mente [atribuída a S. Agostinho].

Incontinens lingua turpissimus morbus – língua incontinente é uma doença terrível.

Incorporalia bello non acquiruntur – as coisas incorpóreas não se adquirem pela guerra.

Incredibile dictu – por incrível dito; por incrível dizer.

Incredibile est quod dico, sed verum - o que digo é incrível, mas verdadeiro [Quintiliano, Institutio Oratoria, 9.87].

Inde datae leges, ne firmior omnia posset - as leis foram feitas para que o mais forte não possa tudo [Ovídio, Fastos, III, 279].

Indebiti solutio - pagamento indevido. - Pagamento indevido consiste em se pagar o que se não deve ou a pessoa a quem se não deve.

Indebiti soluti repetitio - repetição do indébito pago. - A repetição do indevido consiste na obrigação de restituir a prestação recebida e que não era devida.

Indebitum - indébito; coisa não devida.

Index - índice. - Vulgarmente trata-se de uma lista feita por ordem alfabética: dos livros, títulos, capítulos, secções, ou palavras de uma obra literária.
O *"Index"* também dizia respeito a uma lista oficial de obras, política ou religiosamente, desaprovadas ou proibidas. A Igreja Católica possuiu uma lista de autores e obras, no designado *"Index Librorum Prohibitorum"*, visando proteger a fé e a moral dos fiéis, mediante o impedimento da leitura de livros considerados heréticos ou imorais, tendo as primeiras versões deste *"Index"* sido publicadas em meados do século XVI (entre 1529 e 1564) em alguns países católicos, vindo a ser feitas várias edições através dos tempos, de que fez particular uso a Inquisição, sendo que o *"Index"* veio a ser abolido em 14 de junho de 1966 pelo Papa Paulo VI.

Indicta causa - causa não pleiteada; causa sem audição de interessados.

Indicta causa damnare - condenar sem ouvir a defesa.

Indocti discant et ament meminisse periti - que aprendam os ignorantes e os doutos achem prazer em recordar [atribuída a Charles Jean François Hénault].

Indulgentia principis - indulgência do príncipe *[do Estado]*.

Infamibus portae non pateant dignitatum - não sejam abertas as portas das dignidades aos infames [Decretais de Bonifácio VIII, Liv. V, Tit. XII, De Regulis Juris, LXXXVII].

Infans conceptus pro nato habetur quoties de commodis ejus agitur - o nascituro é havido como nascido em tudo o que seja para seu benefício [decorre de Paulo, Digesto, 1.5.7].

Infans conceptus pro nato habetur, totiens de commodo eius agitur - a criança concebida tem-se por nascida, sempre que se tratar de sua vantagem. - É uma diferente formulação do princípio anterior. - A personalidade jurídica, em face da nossa lei, adquire-se, por regra, pelo nascimento, mas há certos direitos que a lei reconhece ao nascituro, ficando, todavia, dependentes do seu nascimento [vide: artigo 66.º do CC].

Inferior legem superioris tollere non potest – o inferior não pode abolir a ordem do superior.

Infra – abaixo.

Infra petita – aquém do pedido *[de uma ação]*.

Ingenuae artes – as artes liberais.

Ingratus unus omnibus nocet – um só ingrato prejudica todos.

Iniquissimum est ex furto servi dominum locupletari impune – é extremamente iníquo locupletar-se impunemente o dono através do furto do servo [Ulpiano, Digesto, 15.1.3.12].

Iniuria absque damno – injustiça sem dano.

Iniuria dicitur omne quod non iure fit – considera-se injustiça tudo que se faz em desacordo com o direito [Institutas, Lib. IV, Tit. IV, § 1].

Iniuria duobus modis fit: vi et fraude – a injustiça se faz por dois meios: pela força e pela astúcia [decorre de Cícero, De Officiis, 1.41]. – Cícero utilizou a seguinte frase: *"cum autem duobus modis, id est aut vi aut fraude, fiat iniuria, fraus quasi vulpeculae, vis leonis videtur"* – na verdade, com auxílio de dois meios, isto é, ou pela força ou pela astúcia, se pratica injustiça, astúcia que parece como de raposa, força como de leão.

Iniuria ex affectu facientis consistat – a injustiça está na intenção de quem a faz [Ulpiano, Digesto, 47.10.3.1].

Iniuria non excusat iniuriam – uma injustiça não justifica outra.

Iniuria non fit volenti – não há injustiça a quem consente.

Iniuriam ipse facias, ubi non vindices – tu mesmo praticas injustiça, quando não a reclamas [Publílio Siro, Sententiae].

Iniussu populi – sem o mandado do povo.

Iniusta ab iustis impetrare non decet – não é honesto impetrar coisas injustas de quem é justo.

Iniustitia, seu iniuria, est voluntaria iuris alieni violatio, absque causa legitima – a injustiça, ou ofensa, é a violação voluntária do direito alheio, sem causa legítima.

Insalutato hospite – sem saudar o hospedeiro. – À pressa, sem tempo de se despedir.

Inscitia mater arrogantiae – a ignorância é a mãe da arrogância.

Inspicimus in obscuris quod est verisimilius, vel quod plerumque fieri consuevit – nos casos obscuros procuramos o que é verosímil ou aquilo que costuma acontecer usualmente [Decretais de Bonifácio VIII, Liv. V, Tit. XII, De Regulis Juris, XLV].

Instar omnium – à maneira de todos. – Segundo o costume geral ou como toda a gente, v.g. vestia-se "*instar omnium*".

Instrumenta sceleris – os instrumentos do crime.

Intacta invidia media sunt – a mediocridade escapa à inveja.

Intellectus absurdus est vitandus – deve ser evitada interpretação absurda.

Intelligenti pauca – para o inteligente, poucas *[palavras]*. – Para bom entendedor, meia palavra basta.

Intentio legis – vontade da lei.

Intentio litis – finalidade da lide.

Inter – entre.

Inter alia – entre outras coisas. – Expressão frequentemente usada nos articulados da ação e noutros escritos para especificar um exemplo entre muitas hipóteses.

Inter alios – entre outros.

Inter alios acta – tratado entre outros. – Diz-se do assunto tratado, ou negociado, entre outros sujeitos e não entre os interessados ou partes numa ação.

Inter amicos non esto judex – entre amigos não sejas juiz. – Não tomes partido em questões travadas entre amigos.

Inter armas caritas – entre as armas a caridade. – Divisa da Cruz Vermelha. – Significa a expressão que no meio da guerra terá lugar a caridade, a filantropia e o amor da humanidade.

Inter dapes – entre as iguarias *[durante a refeição]*.

Inter duos litigantes, tertius gaudet – quando dois adversários litigam, descansa um terceiro.

Inter easdem partes de eadem re ne bis sit actio – entre as mesmas partes não pode haver duas vezes ação sobre o mesmo facto.

Inter fratrem sororemque nuptiae prohibitae sunt, sive ab eodem patre eademque matre nati fuerint, sive ex alterutro eorum – é vedado o casamento entre irmão e irmã, quer sejam filhos do mesmo pai e da mesma mãe, quer apenas de um deles [Institutas, Lib. I, Til. X, § 3].

Inter invitos – entre obrigados.

Inter manus – entre mãos.

Inter moram – durante a demora; no intervalo.

Inter nimium et parum – entre o demasiado e o muito pouco.

Inter nolentes – entre pessoas discordantes; entre litigantes.

Inter nos – entre nós. – Locução que exprime pedido de reserva ou confidencialidade.

Inter partes – entre as partes.

Inter patrem et filium contrahi emptio non potest – a compra não pode ser celebrada entre pai e filho [Ulpiano, Digesto, 18.1.2pr.]. – O artigo 877.º do nosso Código Civil permite-a, mas se houver outros filhos exige o consentimento destes.

Inter se – entre si; entre eles.

Inter vina – entre vinhos; a beber.

Inter virum et uxorem – entre marido e mulher.

Inter vitam et necem – entre a vida e a morte.

Inter vivos – entre vivos; de uma pessoa viva para outra. – Utiliza-se esta locução relativamente aos casos em que uma pessoa substitui outra num direito que permanece, substituição que não tem causa na morte, v.g. doação feita *"inter vivos"*.

Inter volentes – entre pessoas que querem; entre pessoas concordantes.

Intercessio – intercessão; intervenção; oposição.

Interdictum – édito *[ordem judicial]*; decisão; sentença.

Interest reipublicae ne maleficia remaneant impunita – é de interesse do Estado que os crimes não fiquem impunes.

Interest reipublicae ne sua quis male utatur – é de interesse do Estado que ninguém faça mau uso de seus bens.

Interest reipublicae ut carceres sint in tuto – é de interesse do Estado que as prisões sejam seguras.

Interest reipublicae ut sit finis litium – interessa ao Estado que ocorra o fim das lides.

Interim – entretanto.

Interitus rei – perecimento da coisa.

Interlocutio – decisão interlocutória.

Interna corporis – as partes interiores do corpo; no âmbito interno.

Interposita persona – por interposta pessoa. – Por meio de uma pessoa que atua por outra: concluir um negócio "*interposita persona*".

Interpretari eius est cuius est condere legem – a interpretação da lei cabe a quem cabe instituí-la.

Interpretatio aequior et benignior sumenda est – deve ser adotada a interpretação mais justa e mais benigna.

Interpretatio cessat in claris – a interpretação não tem lugar nas coisas claras.

Interpretatio facienda est secundum naturam negotii – a interpretação deve ser feita segundo a natureza do negócio.

Interpretatio facienda est, ut ne sequatur absurdum – a interpretação deve ser feita de modo que não se siga um absurdo.

Interpretatio illa sumenda qua absurdum evitetur – deve ser adotada aquela interpretação pela qual se evite o absurdo.

Interpretatio in dubio capienda ut semper actus et dispositio valeat quam pereat – na dúvida deve ser seguida a interpretação segundo a qual sempre o ato e a disposição mais valham que pereçam.

Interpretatio servanda est, cui verba respondeant – deve-se adotar a interpretação a que correspondam as palavras.

Interpretatione legum poenae molliendae sunt potius quam asperandae – na interpretação das leis as penas devem antes ser atenuadas do que agravadas [Hermogeniano, Digesto, 48.19.42].

Interrogatus non respondens pro confesso habetur – o interrogado que não responde é tido como réu confesso. – Na nossa lei processual penal atual o silêncio do arguido não equivale a confissão.

Interusurium – período usual. – Consiste na atribuição dos frutos naturais ou civis correspondentes ao período de antecipação do prazo da prestação. – O devedor não tem direito ao "*interusurium*" quando antecipa voluntariamente o pagamento da prestação, salvo estipulação em contrário. Mas se a antecipação for exigida pelo credor, nos casos em que o pode fazer, já o devedor tem direito ao "*interusurium*". Nas restantes situações este direito cabe ao credor [vide: Menezes Cordeiro, Dir. das Obrigações, 1980, 2.º, 193].

Interversio possessionis – inversão da posse. – Verifica-se quando se substitui uma posse precária, em nome de outrem, por uma posse em nome próprio, ou seja, a uma situação sem relevo jurídico especial vem substituir-se uma posse com todos os seus requisitos e com todas as suas consequências legais. Isto porque a posse precária não é considerada verdadeira posse senão a partir do momento em que se verificar a inversão do título. Apenas no momento da *"interversio possessionis"* a posse se adquire verdadeiramente [vide: artigos 1263.º e 1265.º do CC e P. Lima e A. Varela, in Codigo Civil anotado, 3.º, 2.ª ed., 30] .

Intestato – sem testamento. – Diz-se da pessoa que faleceu sem deixar testamento ou disposição de última vontade.

Intra fortunam suam manere – permanecer dentro da sua condição.

Intra legem – dentro da lei; como previsto em lei.

Intra muros – dentro dos muros; dentro dos limites. – Portas adentro *[da povoação]*, dentro das muralhas.

Intra tempore – dentro do tempo; no prazo da lei.

Intra vires hereditatis – dentro das forças *[do ativo]* da herança; obrigação de herdeiro dentro e nos limites da herança. – Utiliza-se a expressão relativamente aos encargos ou dívidas da herança, para significar que por eles apenas responde o ativo da herança e não os bens próprios dos respetivos herdeiros [vide: artigo 2071.º do CC].

Introducere exemplum – dar um exemplo.

Intuitu personae – com [ou por] intuito da pessoa; em consideração à pessoa. – Contrato *"intuitu personae"* é o que foi celebrado com determinada pessoa por atenção às qualidades ou aptidões particulares ou exclusivas dessa pessoa. – Obrigação *"intuitu personae" [personalíssima]* é aquela que não pode ser substituída por outra do mesmo género, quantidade ou qualidade, tendo em vista a natureza individual da obrigação.

Inutillia truncat – corta o inútil.

Inveterato consuetudo – costume antigo, longínquo no tempo.

Invito beneficium non datur – não se dá um benefício a quem o não quer [Paulo, Digesto, 50.17.69]. – O princípio tem aplicação no contrato a favor de terceiro, contrato em que o terceiro em lugar de aceitar o direito e de aderir ao contrato pode rejeitá-lo. Ainda que a atribuição unilateral de um direito consubstancie uma vantagem, que não seria de menosprezar, entende-se, todavia, que esta não deve ser imposta contra a vontade do terceiro. Por isso, feita a rejeição, ficam os efeitos do contrato destruídos retroativamente [vide: artigos 443.º a 451.º do CC]. – Em face do princípio se entende que a doação, por regra, exige a aceitação do donatário. Há, no entanto exceções à regra, como é o caso das doações puras feitas em benefício dos incapazes e do pagamento de dívida mesmo contra vontade do credor, procedendo-se à consignação em depósito [vide: artigos 945.º e 951.º do CC].

Invitus nemo rem cogitur defendere – ninguém é obrigado a defender o seu direito contra a vontade [Ulpiano, Digesto, 50.17.156pr.].

Invitus procurationem suscipere nemo cogitur – ninguém é obrigado a aceitar uma procuração contra sua vontade [Código de Justiniano, 3.7.1].

Invitus procurator non solet dari – ninguém pode ser constituído procurador contra a vontade [Ulpiano, Digesto, 3.3.8.1].

Ipse dixit – ele mesmo falou.

Ipsis litteris – com as mesmas letras; textualmente.

Ipsis litteris virgulisque – com todas as letras e vírgulas.

Ipsissima verba – as mesmíssimas palavras.

Ipsis verbis – pelas mesmas palavras; textualmente. – Utiliza-se para significar, numa citação das palavras de outrem, que as palavras usadas foram precisamente aquelas.

Ipso articulo temporis – no mesmo momento.

Ipso facto – pelo próprio facto; por isso mesmo; em consequência. – O que decorre da força do próprio facto; automaticamente.

Ipso iure – pela própria lei; de acordo com o direito.

Ipso jure – por força do direito; de pleno direito. – Diz-se daquilo que acontece por mera aplicação do direito, por exemplo, a caducidade do direito de ação é a extinção automática, ou "*ipso jure*", desse direito. – O mesmo que "*ipso iure*".

Ira furor brevis est – a ira é uma loucura passageira.

Ira non excusat delictum – a cólera não desculpa o crime.

Is de cujus successione agitur – aquele de cuja sucessão se trata. – De forma abreviada, costuma usar-se antes a expressão "*de cujus*", para exprimir aquele cuja herança está em causa, o autor da herança.

Is fecit cui prodest – isto fê-lo aquele a quem o ato aproveita. – O culpado é quase sempre aquele que tira proveito do crime ou do delito.

Is minimo eget mortalis qui minimum cupit – aquele mortal que está privado do mínimo é o mínimo que ele suplica [Publílio Siro, Sententiae].

Is pater est quem nuptiae demonstrant [ou ***pater vero is est, quem nuptiae demonstrant***] – o pai é aquele que as núpcias demonstram [Paulo, Digesto, 2.4.5]. – Princípio de direito romano que ainda figura nos códigos. O marido é considerado como pai do filho nascido durante o matrimónio [vide: artigo 1826.º/1 do CC].

Is pater est quem justae nuptiae demonstrant – o pai é aquele que as núpcias conformes ao direito demonstram. – O mesmo que o princípio anterior.

Is, qui in ius succedit alterius, eo iure, quo ille, uti debebit – quem sucede no direito de outrem deve usar desse direito [Decretais de Bonifácio VIII, Liv. V, Tit. XII, De Regulis Juris, XLVI].

Is qui solvendi animo dat magis distrahere vult quam contrahere – aquele que dá com intenção de pagar quer mais extinguir uma dívida que criar uma obrigação. – Aquele que paga o indevido não age com intenção de contrair uma obrigação, mas antes com intenção de extinguir uma dívida.

Is, qui tacet, non fatetur; sed nec utique negare videtur – quem cala não confessa, mas tampouco parece negar [Decretais de Bonifácio VIII, Liv. V, Tit. XII, De Regulis Juris, XLIV].

Ita diis placuit – assim aprouve aos deuses. – Expressão que se utiliza para significar que um facto está consumado, nada havendo a fazer.

Ita est – assim é.

Ita lex dicit – assim diz a lei.

Ita utere tuo ut alienum non laedas – usa do teu *[direito]* de modo que não prejudiques a outrem.

Ite, missa est – ide, a missa terminou. – Fórmula litúrgica que precedia, na missa, a bênção final dada pelo celebrante.

Item – igualmente; também; do mesmo modo.

Iter – caminho; método.

Iter criminis – percurso do crime; o caminho do ato criminoso. – O "*iter criminis*" é o percurso percorrido pelo agente criminoso para a prática de um facto previsto e punido pela lei penal e que vai desde o momento da sua conceção *[resolução criminosa]* até àquele em que ocorre a consumação, envolvendo, assim, uma fase interior do agente *[intenção e deliberação]* e uma fase exterior *[atos preparatórios, executórios, tentativa e consumação]*.

Iudex a quo – juiz do qual. – juiz do qual se recorre.

Iudex ad quem – juiz para o qual. – juiz para o qual se recorre.

Iudex aequitatem semper spectare debet – o juiz deve sempre tomar em consideração a equidade.

Iudex ante oculos aequitatem semper habere debet – o juiz deve ter sempre diante de seus olhos a equidade.

– As máximas que antecedem reportadas à equidade assinalam a necessidade de um tratamento de igualdade para casos iguais e de se fazer a melhor justiça para o caso concreto, em face da sua especificidade, mormente emprestando um tratamento mais adequado nas situações em que se tenham verificado imprecisões da prova ou em que as normas gerais e abstratas não constituam a chave da melhor solução.

Iudex bonus nihil ex arbitrio suo faciat, nec proposito domesticae voluntatis, sed iuxta leges et iura pronunciet – o bom juiz não deve fazer nada por seu arbítrio, nem por decisão de sua inclinação pessoal, mas deve pronunciar-se de acordo com as leis e a justiça.

Iudex competens – o juiz competente.

Iudex damnatur, cum nocens absolvitur – o juiz se condena, quando o criminoso é absolvido [Publílio Siro, Sententiae]. – O mesmo que *"iudex damnatur ubi nocens absolvitur"*.

Iudex debet iudicare secundum allegata et probata – o juiz deve decidir de acordo com os factos alegados e os provados. – A vontade das partes quanto à alegação e à prova dos factos é determinante no processo, pelo que, por regra, o juiz apenas pode decidir com base nos factos que as partes lhe forneceram [vide: artigo 5.º do CPC].

Iudex est lex loquens – o juiz é a lei que fala; o juiz é a voz da lei.

Iudex est peritus peritorum – o juiz é o perito dos peritos.

Iudex honestum praetulit utili, reiecit alto dona nocentium vultu – o juiz preferiu o honesto ao útil, recusou, com rosto altivo, as dádivas dos culpados [Horácio, Carmina, 4.9.41].

Iudex idoneus – juiz idóneo.

Iudex ille sapit qui tarde censet et audit – é sábio aquele juiz que pensa e ouve sem pressa.

Iudex in causa propria nemo esse potest – ninguém pode ser juiz em causa própria.

Iudex inhabilis – o juiz impedido.

Iudex is est qui videatur legi obtemperare, qui sententiam eius non qui scripturam sequatur – juiz é aquele que é visto a obedecer à lei, que segue o espírito desta e não a sua letra.

Iudex lentus et consideratus sit – o juiz deve ser calmo e ponderado.

Iudex non debet lege clementior esse – o juiz não deve ser mais clemente do que a lei.

Iudex non potest esse testis in propria causa – o juiz não pode ser testemunha em causa própria.

Iudex non potest iniuriam sibi datam punire – o juiz não pode punir uma injustiça feita contra si mesmo.

Iudex non reddit plus quam quod petens ipse requirit – o juiz não concede mais do que o requerente pede.

Iudex non solum quid possit, sed etiam quid deceat, ponderare debet – o juiz deve ponderar não só o que pode, mas também o que convém.

Iudex quaestionis – juiz encarregado da investigação.

Iudex qui male iudicavit litem suam facit – o juiz que julgou mal faz sua a lide.

Iudex secundum allegata et probata partium, non autem secundum propriam conscientiam, iudicare debet – o juiz deve julgar conforme as alegações e as provas das partes, não portanto segundo a sua consciência. – O princípio transcrito está apresentado na versão primitiva, que posteriormente veio a ser alterada com a supressão de *"non autem secundum propriam conscientiam"*, restando a versão menos controversa: *"Iudex secundum allegata et probata partium iudicare debet"*. Isto porque o juiz, tendo de julgar em conformidade com as alegações e as provas das partes, também tem de fazê-lo segundo a sua consciência, na medida em que aprecia as provas, por regra, segundo a sua prudente convicção [vide: artigo 607.º/5 do CPC]. – É certo que a expressão *"secundum propriam conscientiam"* admite a leitura *[tradução]* de *"segundo o conhecimento próprio"*, ou seja, o conhecimento privado dos factos, que o juiz pode ter, mas de que não pode fazer uso para decidir. Nesta versão a máxima primitiva, enquanto reportada aos limites cognitivos do juiz, continua hoje a fazer todo o sentido.

Iudex suspectus – juiz suspeito.

Iudex ultra petita condemnare non potest – o juiz não pode condenar além do que é pedido. – É um princípio ainda atual [vide: artigo 609.º do CPC] mas que admite exceções, nomeadamente em matéria laboral [vide: artigo 74.º do CPT].

Iudicandum est legibus, non exemplis – deve-se julgar pelas leis, não pelos exemplos *[precedentes]*. – O mesmo que *"non exemplis, sed legibus est iudicandum"*.

Iudicantem oportet cuncta rimari – o julgador deve examinar tudo.

Iudicare munus publicum est – julgar é função pública.

Iudicata res pro veritate accipitur – coisa julgada é de aceitar como verdade.

Iudicatum solve – paga o *[que foi]* julgado.

Iudicatum solvi – pagar o que está julgado.

Iudices iis quos libentius audiunt etiam facilius credant – os juízes acreditam com mais facilidade naqueles que eles ouvem com maior prazer [Quintiliano, Institutio Oratoria, 4.1.12].

Iudices sententiae suae rationes adducant – os juízes devem aduzir os fundamentos de sua sentença. – É o que também dispõe a lei do processo portuguesa [vide: artigo 607.º do CPC].

Iudicia posteriora sunt in lege fortiori – as decisões posteriores têm mais força no direito.

Iudicia sunt tamquam iuris dicta, et pro veritate accipiuntur – as decisões são como pronunciamentos da lei e são de aceitar como verdade.

Iudiciis posterioribus fides est adhibenda – deve-se dar crédito às decisões mais recentes.

Iudicis est in pronuntiando sequi regulam, exceptione non probata – sendo a exceção não provada, cabe no pronunciamento do juiz seguir a regra.

Iudicis est iudicare secundum allegata et probata – é dever do juiz julgar conforme os factos alegados e provados. – O mesmo que *"iudex debet iudicare secundum allegata et probata"*.

Iudicis est ius dicere, non dare – é dever do juiz expor o direito e não criá-lo.

Iudicis est semper in causis verum sequi – é sempre dever do juiz seguir a verdade nas causas [Cícero, De Oficiis, 2.51].

Iudicis officium est ut res, ita tempora rerum quaerere – o dever do juiz é examinar tanto os factos como as circunstâncias dos factos [Ovídio, Tristia, 1.1.37].

Iudicis sententiam oportet sequi clementiam – é preciso que a sentença do juiz siga a clemência.

Iudicium a non suo iudice datum nullius est momenti – o julgamento feito por juiz que não é o competente é de nula importância *[efeito]*.

Iudicium accusationis – julgamento da acusação.

Iudicium contentiosum – juízo contencioso.

Iudicium criminale – juízo criminal.

Iudicium Dei – o julgamento de Deus.

Iudicium enim hoc est optandum et rectum, ubi per varia negotiorum examina, iustum distinguetur – o julgamento desejável e correto é aquele em que, usando-se variados exames das circunstâncias, se reconhece o que é justo.

Iudicium est certorum, arbitrium incertorum – o julgamento é das coisas certas, o arbitramento é das coisas incertas.

Iudicium extremum – juízo final.

Iudicium hodie definitur legitimae causae disceptatio et decisio a iudice competente facta – hoje define-se o julgamento como a discussão e decisão de uma causa legítima feita por um juiz competente.

Iudicium ne fer si non sunt ambo locuti – não faças julgamento se não falaram ambas as partes.

Iudicium nihil est nisi publica merces – um julgamento não é senão uma mercê pública [Petrónio, Liber Satiricon, XIV]. – Petrónio satiriza, referindo-se à situação *"ubi sola pecunia regnat"* – onde só o dinheiro exerce poder.

Iudicium non debet esse illusorium: suum effectum habere debet – o julgamento não deve ser ilusório: ele deve ter o seu efeito.

Iudicium non ex pulchritudine, sed ex moribus facias – não julgues pela beleza, mas pelo carácter.

Iudicium populi – julgamento *[feito]* pelo povo.

Iudicium praeceps, insani iudicis índex – sentença apressada, índice de juiz insensato.

Iudicium ultimum – juízo final.

Iura – direitos.

Iura et oficia – os direitos e os deveres.

Iura in re aliena – os direitos sobre coisa alheia.

Iura in rem – os direitos sobre a coisa.

Iura naturae sunt immutabilia – as leis da natureza são imutáveis.

Iura non in singulas personas, sed generaliter constituuntur – não se estabelecem as leis para pessoas singulares, mas para todos os cidadãos [Ulpiano, Digesto, 1.3.8].

Iura novit curia – o tribunal conhece as leis. – O mesmo que *"jura novit curia"*. – O juiz conhece a lei e não está sujeito às alegações das partes no tocante à indagação, interpretação e aplicação das regras de direito [vide: artigo 5.º/3 do CPC].

Iura publica anteferenda privatis – os direitos públicos devem ter preferência sobre os privados.

Iura quaesita – os direitos adquiridos.

Iura regalia – os direitos reais.

Iura sanguinis nullo iure civili dirimi possunt – os direitos de sangue não podem ser anulados por nenhuma lei civil [Pompónio, Digesto, 50.17.8]. – O *"ius sanguinis" [direito de sangue]* assinala um princípio segundo o qual uma nacionalidade pode ser reconhecida a um indivíduo de acordo com sua ascendência. O *"ius sanguinis"* contrapõe-se ao *"ius soli" [direito de solo]* que indica um princípio pelo qual uma nacionalidade pode ser reconhecida a um indivíduo de acordo com seu lugar de nascimento [vide: artigo 1.º da Lei da Nacionalidade, regulada pelo DL n.º 237-A/2006, de 14/12, com a última atualização pelo DL n.º 71/2017, de 21/06].

Iura vigilantibus subveniunt – as leis protegem os que estão acordados.

Iuramentum est indivisibile; et non est admittendum in parte verum et in parte falsum – o juramento é indivisível, e não se deve admitir ser em parte verdadeiro e em parte falso.

Iuramentum qui a malo viro postulat, insanit – quem pede jura de uma má pessoa está insano.

Iuramentum vinculum iniquitatis esse non debet – o juramento não deve ser vínculo da iniquidade.

Iurare, nisi ubi necesse est, gravi viro parum convenit – ao homem sério pouco convém jurar, salvo quando é necessário [Quintiliano, Institutio Oratoria, 9.2.98]. – As pessoas que juram por tudo e por nada geralmente não são as que menos mentem.

Iurare non cogitur qui sufficienter probat – não é obrigado a jurar quem prova suficientemente.

Iuratores sunt iudices facti – os jurados são juízes de facto.

Iure – por direito; por lei.

Iure ac merito – por direito e por mérito.

Iure an iniuria – de maneira justa ou injusta.

Iure belli – pelo direito de guerra; pela lei de guerra.

Iure divino – pelo direito divino.

Iure et facto – por direito e de facto.

Iure gentium – pelo direito das gentes *[dos povos; das nações]*.

Iure hereditário – por direito hereditário.

Iure humano – pelo direito humano.

Iure meritoque – por direito e por mérito.

Iure naturae aequum est neminem cum alterius detrimento et iniuria fieri locupletiorem – pelo direito natural é justo que ninguém se enriqueça com prejuízo e dano de outrem [Pompónio, Digesto, 50.17.206]. – Aplica-se ao enriquecimento sem causa, pelo qual se visa evitar que alguém aumente o seu património à custa de outrem, sem motivo que o justifique [vide: artigo 473.º do CC].

Iure naturali omnes liberi nascerentur – pelo direito natural todos nascemos livres [Institutas, Lib. I, Tit. V, § 1].

Iure non dono – por direito não por dádiva.

Iure, non vi grassari – avançar usando a lei, não a violência.

Iure peritior – o mais versado no direito.

Iure propinquitatis – por direito de parentesco.

Iure proprio – por direito próprio.

Iure representationis – por direito de representação.

Iure sanguinis – por direito de sangue.

Iure suo, absque ipsius culpa, nemo privandus est – ninguém deve ser privado do seu direito sem culpa sua.

Iure suo qui utitur nemini iniuriam facit – quem usa de seu direito não comete injustiça contra ninguém.

Iure uti debet, qui in ius succedit alterius – quem sucede no direito de outrem deve usar desse direito.

Iure uxoris – por direito uxório.

Iuri suo quilibet renuntiare potest – qualquer um pode renunciar a direito seu. – O princípio tem exceções na lei portuguesa, que contempla direitos que são irrenunciáveis.

Iuris apices – as subtilezas do direito.

Iuris enin exsecutio non habet iniuriam – a realização do direito não contém injustiça [Ulpiano, Digesto, 47.10.13.1].

Iuris error nulli prodest – o erro de direito a ninguém aproveita [Paulo, Digesto, 41.4.2.15].

Iuris et de iure – de direito e por direito. – Diz-se da presunção absoluta, que não admite prova em contrário.

Iuris ignorantia etiam rusticum hominem non excusat – o desconhecimento da lei não desculpa nem o homem inculto. – A lei civil atual assim o entende [vide: artigo 6.º do CC].

Iuris initium a natura ductum est – o fundamento do direito foi tirado da natureza.

Iuris nodi – os nós da lei.

Iuris peritus – o especialista em direito.

Iuris praecepta – preceitos de direito; normas jurídicas.

Iuris praecepta sunt haec: honeste vivere, alterum non laedere, suum cuique tribuere – os preceitos do direito são: viver honestamente, não lesar o próximo, dar a cada um o que é seu [Ulpiano, Digesto, 1.1.10.1; Institutas, Lib. I, Tit. I, § 3].

Iuris tantum – somente de direito. – Aplica-se à presunção refutável, que admite prova em contrário *[presunção relativa]*.

Iuris utriusque doctor – doutor em ambos os direitos.

Iuris vinculum – vínculo jurídico.

Iurisprudentia est divinarum atque humanarum rerum notitia, iusti atque iniusti scientia – jurisprudência é o conhecimentos das coisas divinas e humanas, a ciência do que é justo e do que injusto [Ulpiano, Digesto, 1.1.10.2; Institutas, Lib. I, Tit. I, § 1]. – Reporta-se o princípio ao primeiro significado do vocábulo "*jurisprudência*" como ciência do direito e das leis.

Iurium suorum tuitio – a defesa dos próprios direitos.

Iuro – juro [de jurar].

Ius – direito. – Os termos "*Ius*" e "*Jus*" significam o mesmo e são usadas indistintamente, sendo a primeira própria do latim clássico e a segunda do latim medieval. – Direito, hoje e ontem, é entendido, em termos gerais, como o conjunto de princípios dirigidos a disciplinar o estatuto de cada indivíduo em ligação com os demais membros da sociedade, quer em relação à sua personalidade quer em relação ao seu património [vide: Mota Pinto, Cessão, 46].

Ius abstendi – direito de abstenção. – Faculdade do herdeiro de renunciar à herança.

Ius abutendi – direito de abusar. – Direito de dispor da coisa a seu bel-prazer, quer consumindo-a, quer transformando-a, quer alienando-a, quer variando de modos de usar.

Ius accusationis – direito de denúncia.

Ius actionis – o direito de ação.

Ius ad rem – direito sobre a coisa.

Ius agendi – direito de agir.

Ius ambulandi – direito de locomoção.

Ius applicationis – direito de aplicação.

Ius autem gentium omni humano genere commune est – o direito das gentes é comum a toda a raça humana [Institutas, Lib. I, Tit. II, § 4]. – Na antiguidade clássica, o "*ius gentium*" foi considerado como um aspeto da lei natural *[ius naturale]*, ou seja, como distinto do direito civil *[ius civile]*. – Vide: "*ius gentium*".

Ius avocandi – direito de chamar. – Direito do Estado de repatriar seus cidadãos.

Ius belli – o direito de guerra.

Ius benignum – direito benigno.

Ius calcatur, violentia cum dominatur – o direito é desprezado, quando a violência domina.

Ius canonicum – direito canónico.

Ius capiendi – direito de receber.

Ius civile – direito civil. – Direito cível é o conjunto de normas reguladoras das relações entre as pessoas.

Ius civile est quod sibi populus constituit – direito civil é o que um povo estabelece para si mesmo.

Ius civile est quod quisque populus vel civitas sibi proprium humana divinaque causa constituit – direito civil é aquele que qualquer povo ou cidade constituiu como próprio para si por motivo humano ou divino [S. Isidoro de Sevilha, Ethymologiae (sive *Origines*), Lib. V, V].

Ius civile vigilantibus scriptum est – o direito civil foi escrito para os que estão vigilantes [Cévola, Digesto, 42.8.24].

Ius civitatis – o direito de cidade.

Ius cogens – o direito de punir.

Ius commenticium – direito imaginado; direito sem fundamento ou falso.

Ius commercii – o direito do comércio.

Ius commune – direito comum.

Ius commune iudici notum esse debet – o direito comum deve ser conhecido pelo juiz.

Ius communicationis – o direito de livre comunicação.

Ius condendum – direito a constituir.

Ius conditum – direito *[já]* constituído.

Ius connatus – direito congénito; direito inato; direito natural.

Ius constitui oportet in his quae ut plurimum accidunt, non quae ex inopinato – importa que o direito seja estabelecido acerca daquelas coisas que acontecem geralmente e não daquelas que [acontecem] inopinadamente [Pompónio, Digesto, 1.3.3].

Ius consuetudinis esse putatur id quod voluntate omnium sine lege vetustas comprobavit – considera-se direito consuetudinário aquele que a antiguidade aprovou pela vontade de todos, sem haver lei escrita.

Ius convocandi – o direito de convocar.

Ius cosmopoliticum – o direito universal.

Ius curia novit – o tribunal conhece a lei.

Ius discendi et docendi – o direito de aprender e de ensinar.

Ius disponendi – o direito de dispor.

Ius dispositivum – o direito dispositivo.

Ius divinum – o direito divino.

Ius domicilii – a lei do domicílio.

Ius egit vi – o direito precisa da força.

Ius est – é permitido.

Ius est ars boni et aequi – o direito é a arte do que é bom e justo [Ulpiano, Digesto, 1.1.1].

Ius est constans et perpetua voluntas suum cuique tribuere – o direito é a vontade permanente e perpétua de dar a cada um o que é seu [Institutas, Lib. I, Tit, I, § 1].

Ius est facultas agendi – o direito é a faculdade de agir.

Ius est implere promissa decentia vere – o direito é cumprir as promessas verdadeiramente decentes.

Ius est legitima facultas ad aliquid faciendum, vel prohibendum, vel obtinendum, vel retinendum, vel eo utendum, vel de eo disponendum in suum commodum, cuius violatio iniuriam constituit – o direito é a legítima faculdade de fazer, ou proibir, ou obter, ou reter alguma coisa, ou de usá-la, ou de dispor dela em benefício próprio, cuja violação constitui injustiça.

Ius est norma agendi – direito é a norma de agir.

Ius est norma recti, et quicquid est contra normam recti est iniuria – o direito é a norma do que é justo, e tudo que é contrário à norma do justo é injustiça.

Ius est quod semper bonum et aequum est – o direito é o que é sempre bom e justo.

Ius et fraus nunquam cohabitant – o direito e a fraude nunca coabitam.

Ius et obligatio sunt correlata – o direito e a obrigação são correlativos. – Decorre deste princípio que a todo o direito corresponde um dever da parte de outrem.

Ius et officium – o direito e o dever.

Ius eundi – o direito de ir e vir.

Ius ex facto oritur – o direito nasce do facto. – Trata-se do facto jurídico enquanto acontecimento de origem natural ou humana que gere consequências jurídicas.

Ius ex iniuria non oritur – da injustiça não nasce direito.

Ius ex sententia iudicis fit – o direito faz-se pela sentença do juiz.

Ius faciendi – direito de fazer.

Ius fruendi – direito de gozar.

Ius generale – o direito comum.

Ius gentium – o direito das gentes. – Historicamente, o *"ius gentium"* era constituído pelas normas de direito romano, aplicáveis a estrangeiros. Modernamente, a expressão *"ius gentium"* costuma ser utilizada como sinónimo de direito internacional. – Na antiguidade clássica, o *"ius gentium"* foi considerado como um aspeto da lei natural *[ius naturale]*, como distinto do direito civil *[ius civile]*. Gaio definiu o *"ius gentium"* como o que a «natural razão estabeleceu entre todos os povos» *(quod vero naturalis ratio inter omnes homines constituit ... vocator ius gentium)* [Digesto, 1.1.9]. – O *"ius gentium"* romano, originariamente, não era um direito internacional, mas um direito interno de Roma aplicável a *"peregrini" [estrangeiros]* nas relações entre estes ou entre estes e os cidadãos romanos. Porém, uma vez concedida, pelo Imperador Caracala, a cidadania romana a todos os habitantes livres do Império, o *"ius gentium"* passou a ter o significado de um direito comum a todos os povos.

Ius gentium est quo gentes humanae utuntur – direito dos povos é aquele que as raças humanas usam [Ulpiano, Digesto, 1.1.1.4].

Ius gentium valet – o direito das gentes prevalece. – Significava que o *"ius gentium"* devia prevalecer sobre os direitos individuais.

Ius gestionis – direito da gestão.

Ius gladii – direito da espada. – Reporta-se à autoridade de uma entidade para executar alguém por um crime capital.

Ius gratia iuris – o direito pelo direito.

Ius habendi – o direito de ter.

Ius hereditatis – o direito de herança.

Ius hominum – o direito da humanidade.

Ius honorarium – o direito a honorários.

Ius hospitii – o direito da hospitalidade.

Ius humanae societatis – o direito da sociedade humana.

Ius humanum et divinum – direito humano e o divino.

Ius imperii – o direito do império. – É o poder soberano do Estado.

Ius in civitate positum – o direito constituído vigente em determinada sociedade.

Ius in corpus – o direito ao corpo. – Direito relativo e emergente da sociedade conjugal, concernente ao dever de coabitação. Um dos deveres da vida em comum do casal é o dever de coabitação, que abrange o *"ius in corpus"*, ou seja, direito-dever dos cônjuges de cederem reciprocamente os seus corpos à mútua realização sexual [vide: artigo 1672.º do

CC e A. Varela, Direito da Família, 1.º, 5.ª ed. 345].

Ius in re – direito sobre coisa; direito real.

Ius in re aliena – direito real sobre coisa alheia.

Ius in re propria – o direito sobre coisa própria.

Ius itineris – direito de passagem.

Ius iudicandi – direito de julgar.

Ius iurisdictionis – o direito de jurisdição.

Ius libertatis – o direito à liberdade.

Ius mancipii – o direito da propriedade.

Ius manendi – o direito de permanecer.

Ius manendi, ambulandi, eundi ultro citroque – o direito de permanecer, mover-se, de ir de um lado para outro.

Ius migrandi – direito de migrar.

Ius moribus constitutum – o direito é constituído pelos costumes.

Ius murmurandi – o direito de segredar.

Ius naturae – lei da natureza.

Ius naturale – direito natural. – São normas de conduta inerentes à própria natureza do homem.

Ius naturale est dictamen rectae rationis circa ea quae agenda vel omittenda sunt ad vitae membrorumque conservationem, quantum fieri potest diuturnum – direito natural é o ditame da reta razão a respeito do que cada um deve fazer ou omitir para conservar pelo maior tempo possível sua vida e seus membros [Thomas Hobbes, Leviathan].

Ius naturale est dictatum rectae rationis – o direito natural é a determinação da reta razão.

Ius naturale est id quod iustum est ex ipsa natura rei – direito natural é aquilo que é justo pela própria natureza da coisa.

Ius naturale est libertas quam habet unusquisque potentia sua ad naturae conservationem suo arbitrio utendi et, per consequens, illa omnia quae eo videbuntur tendere, faciendi – direito natural é a liberdade que cada um tem de usar a sua força, ao seu arbítrio, para conservação da vida e, por consequência, de fazer tudo aquilo que parecer contribuir para isso [Thomas Hobbes, Leviathan].

Ius naturale est quod apud homines eamdem habet potentiam – direito natural é aquele que tem a mesma força entre toda a humanidade.

Ius naturale est quod natura omnia animalia docuit – direito natural é aquele que a natureza ensinou a todos os seres vivos [Institutas, Lib. I, Tit. II, § 1].

Ius naturale est quod natura omnia animalia rationalia docuit – direito natural é aquele que a natureza ensinou a todos os animais racionais.

Ius navigandi – o direito de navegar.

Ius necessitas constituit – a necessidade faz a lei.

Ius necessitudinis – o direito das relações de parentesco.

Ius negotiandi – o direito de negociar.

Ius non habenti tute non paretur – não tem punição aquele que não obedece a quem não tem direito.

Ius non patitur ut idem bis solvatur – a lei não admite que a mesma coisa seja paga duas vezes.

Ius non scriptum – direito não escrito; direito costumeiro. – Direito costumeiro consiste no conjunto de práticas sociais, repetidas e habituais, realizadas pela generalidade dos membros da sociedade com a convicção da sua obrigatoriedade.

Ius novum – direito novo. – Direito acabado de ser instituído.

Ius obiectivum – o direito objetivo.

Ius obligationum – o direito das obrigações.

Ius omne supra omnem positum est iniuriam – tudo que é justo está ao abrigo de toda injustiça.

Ius particulare – o direito particular.

Ius peregrinandi – o direito de migrar.

Ius persequendi – o direito de perseguir.

Ius plurimis modis dicitur – o direito exprimir-se de variados modos.

Ius positivum – o direito positivo.

Ius possessionis – o direito de posse.

Ius possidendi – o direito de possuir.

Ius posterius derogat priori – a lei posterior revoga a anterior.

Ius postulandi – o direito de postular.

Ius praedicandi – o direito de pregar; direito de falar.

Ius privatum – o direito privado.

Ius privatum est quod ad singulorum utilitatem pertinet – direito privado é o que interessa para utilidade dos indivíduos [Institutas, Lib. I, Tit. I, § 3].

Ius prohibendi – o direito de proibir.

Ius protectionis – direito de proteção. – Direito do Estado de proteger seus cidadãos.

Ius publicum – direito púbico.

Ius publicum privatorum pactis derogari non potest – o direito público não pode ser derrogado por convenções particulares.

Ius publicum privatorum pactis mutari non potest – o direito público não pode ser mudado por convenções particulares [Papiano, Digesto, 2.14.38].

Ius puniendi – direito de punir.

Ius quaestium – direito adquirido.

Ius querelandi – direito de questionar.

Ius rationis abest, ubi saeva potentia regnat – o direito da razão fica longe, quando reina a cruel prepotência.

Ius recusandi – o direito de recusar.

Ius rei publicae pacto mutari non potest – o direito público não pode ser mudado por acordo [Ulpiano, Digesto, 50.8.2.8].

Ius reivindicandi – o direito de reivindicar.

Ius resistentiae – direito de resistir.

Ius respicit aequitatem – o direito observa a equidade.

Ius restitutionis – direito de reparação.

Ius retentionis – direito de retenção.

Ius sacrum – direito sagrado.

Ius sanguinis – direito do sangue. – Diz-se do direito contido em leis da nacionalidade pela qual a cidadania não é determinada pelo local de nascimento, mas por um ou ambos os pais serem cidadãos de determinado Estado [vide: artigo 1.º da Lei da Nacionalidade].

Ius scriptum – direito escrito.

Ius singulare – direito singular.

Ius societatis humanae – o direito da sociedade humana.

Ius soli – direito do solo. – É o critério do local de nascimento para determinar a nacionalidade a uma pessoa singular. O critério da lei portuguesa é o do "*ius soli*", embora temperado com o do "*ius sanguinis*" [vide: artigo 1.º da Lei da Nacionalidade].

Ius soli sequitur aedificium – o edifício acompanha o direito do solo.

Ius strictum – direito estrito.

Ius subiectivum – direito subjetivo.

Ius successendi – o direito de suceder.

Ius sufragii – direito de sufrágio.

Ius talionis – direito de retaliação.

Ius utendi – direito de usar.

Ius variandi – direito de variar.– Diz-se do direito da entidade empregadora de diversificar *[dentro dos limites legais]* as tarefas do trabalhador ao seu serviço [vide: artigo 120.º do Código do Trabalho]. – O mesmo que "jus variandi".

Ius vicinitatis – direito de vizinhança. – É o conjunto das normas jurídicas reguladoras das relações entre vizinhos relativamente à propriedade a fim de evitar o seu uso antissocial.

Ius viae – o direito de passagem [vide: artigo 1550.º do CC].

Ius vigens – o direito vigente.

Ius volentes ducit, nolentes trahit – o direito conduz os obedientes e arrasta os resistentes.

Iusiurandum alteri neque prodest neque nocet – o juramento não aproveita nem prejudica a outrem [Ulpiano, Digesto, 12.2.3.3].

Iusiurandum dare – prestar juramento.

Iusiurandum venereum non est noxiale – juramento de amor não merece castigo.

Iusta causa – a justa causa; por justa causa.

Iustae nuptiae – núpcias legais; o casamento legal.

Iuste petita non sunt deneganda – o que se pede dentro da lei não deve ser negado.

Iuste possidet, qui auctoritate iudicis possidet – tem posse legal quem possui por autoridade do juiz.

Iustitia debet esse libera, quia nihil iniquius venali iustitia; plena, quia iustitia non debet claudicare; et celeris, quia dilatio est quaedam negatio – a justiça deve ser livre, porque nada é mais iníquo que a justiça venal; plena, porque a justiça não deve claudicar; célere, porque a demora é uma certa denegação da justiça.

Iustitia elevat gentem – a justiça eleva uma nação.

Iustitia elevat populos – a justiça eleva os povos.

Iustitia est constans et perpetua voluntas ius suum cuique tribuendi – justiça é a vontade permanente e perpétua de dar a cada um o que seu [Ulpiano, Digesto, 1.1.10pr. ; Institutas Lib. I, Tit. I, § 1].

Iustitia est habitus inclinans voluntatem ad ius suum cuilibet alteri secundum aequalitatem tribuendum – a justiça é a atitude que inclina a vontade a atribuir a cada um o seu direito de acordo com a igualdade.

Iustitia est obtemperatio scriptis legibus institutisque populorum - a justiça é a obediência às leis escritas e instituições dos povos [Cícero, De Legibus, I.42.6].

Iustitia in suo cuique tribuendo cernitur - a justiça mostra-se dando a cada um o que é seu [Cícero, De Finibus, 5.67.4].

Iustitia nemini neganda est - a justiça não deve ser negada a ninguém.

Iustitia non est neganda, nec differenda - a justiça não deve ser negada, nem retardada.

Iuxta conventionem - de acordo com a convenção.

Iuxta legem - segundo a lei.

J

Jocandi causa – apenas para rir ou brincar.

Judex – juiz. – Aquele que mostra ou diz o direito; o árbitro ou julgador.

Judex danmatur quum nocens absolvitur – o juiz é condenado *[merece censura]* quando um criminoso é absolvido.

Judex est lex loquens – o juiz é a lei que fala. – Ou a lei deve ser dita pela boca do juiz.

Judex extra territorium privatus est – fora da jurisdição, o juiz é um particular.

Judex ille sapit qui tarde censet et audit – é sabedor aquele juiz que calmamente pensa e ouve. – Como diz o provérbio, se queres ser bom juiz, ouve o que cada um diz.

Judex in propria causa nemo esse potest – ninguém pode ser juiz em causa própria.

Judex judicare debet secundum allegata et probata – o juiz deve julgar de acordo com o que foi alegado e provado *[pelas partes]*. O mesmo que "*iudex debet iudicare secundum allegata et probata*". – Princípio do dispositivo, segundo o qual o juiz, por regra, só pode servir-se dos factos alegados pelas partes, igualmente expresso pelas máximas semelhantes. A vontade das partes quanto à alegação e à prova dos factos é determinante no processo, pelo que, por regra, o juiz apenas pode decidir com base nos factos que as partes lhe forneceram [vide: artigo 5.º do CPC].

Judex lentus et consideratus sit – que o juiz seja calmo e refletido.

Judex ne procedat ex officio – o juiz não procede oficiosamente. – Este princípio comporta algumas exceções no âmbito do nosso direito processual [vide: artigo 6.º do CPC].

Judex non debet lege clementior esse – o juiz não deve ser mais clemente que a lei.

Judex quaestionis – juiz de instrução.

Judex secundum allegata et prabata decidere debet – o juiz deve decidir de acordo com os factos alegados e provados.

Judex secundum allegata et prabata judicare debet, non secundum conscientiam suam – o juiz deve julgar de acordo com os factos alegados e provados, não segundo o conhecimento próprio. – O mesmo que *"iudex secundum allegata et probata partium, non autem secundum propriam conscientiam, iudicare debet"*, para cuja anotação se remete.

Judex ultra petita condemnare no potest – o juiz não pode condenar além do pedido. O mesmo que *"iudex ultra petita condemnare no potest"*. – É um princípio ainda atual [vide: artigo 609.º do CPC] mas que admite exceções, nomeadamente em matéria laboral [vide: artigo 74.º do CPT].

Judicare alicui capitis – processar alguém criminalmente.

Judicare alicui pecuniae – reclamar de alguém uma indemnização.

Judicatum solvi – seja pago o que está julgado.

Judicium praeceps, insani judicis index – julgamento apressado é indicativo de juiz insensato.

Judicium rescindens – julgamento rescisor *[anulatório]*. – Corresponde ao julgamento que se limita a anular uma anterior decisão.

Judicium rescissorium – julgamento rescisório *[revogatório]*. – É o julgamento que revoga uma anterior decisão, substituindo-a por outra.

Jura ad rem – os direitos sobre a coisa.

Jura excludendi omnes alios – direitos de excluir todos; que valem contra todos. – Diz-se dos direitos reais, que são direitos que valem *"erga omnes"*, diferentes dos direitos de crédito que, operando apenas *"inter partes"*, só vinculam entre os sujeitos da relação jurídica.

Jura negant – negam os direitos. – Diz-se do que é contra o direito.

Jura novit curia – o tribunal conhece o direito. – O direito [normas jurídicas] não carece de ser provado perante o tribunal. A parte carece de fundamentar a sua pretensão em juízo quanto aos factos e carece também de apresentar uma fundamentação de direito, mas o tribunal, que tem obrigação de conhecer o direito aplicável, suprirá qualquer insuficiência na invocação do direito, feita pela parte. O juiz conhece a lei e não está sujeito às alegações das partes no tocante à indagação, interpretação e aplicação das regras de direito [vide: artigo 5.º/3 do CPC]. – O mesmo que *"iura novit curia"*.

Jura vigilantibus subveniunt – o direito protege os que vigiam. – Em leitura contrária: o direito não protege os que dormem.

Juramentum vinculum iniquitatis esse non debet – o juramento não deve ser vínculo da iniquidade.

Jure – com razão; com justiça; justamente.

Jure divino – pela lei divina.

Jure et facto – de direito e de facto. – Diz-se de quem se acha na posse efectiva de uma coisa que lhe pertencia por direito.

Jure gentium – pelo direito dos povos.

Jure gestionis – por direito de gestão.

Jure humano – pela lei humana.

Jure hereditario – pelo direito hereditário.

Jure imperii – por direito de soberania.

Jure optimo – em bom direito; com toda a justiça.

Jure proprio – por direito próprio. – Coloca-se por vezes a dúvida de saber se determinado direito cabe a alguém por direito próprio ou se por direito hereditário. É o caso do direito a indemnização por danos não patrimoniais sofridos pela vítima por lesão de que lhe resultou a morte. Sabendo-se que o direito a tal indemnização é deferido, em conjunto, às pessoas indicadas no artigo 496º/2 do CC *[cônjuge supérstite, filhos ou outros descendentes]* é questionável se a título hereditário ou se por direito próprio. No entanto, o n.º 3 do preceito manda fixar uma só indemnização pelos danos morais sofridos quer pela vítima antes da morte quer pelos próprios herdeiros, pelo que a distinção nem terá relevância de maior.

Jure sanguinis – por direito de sangue. – Aplica-se, por exemplo, relativamente às pensões alimentares devidas de um familiar com obrigação de as prestar [vide: artigo 2009.º do CC].

Jure suo, absque ipsius culpa, nemo privandus est – do seu direito, sem culpa própria, ninguém deve ser privado.

Jure suo quilibet renunciare potest – cada um pode renunciar ao seu direito. – Desde que o direito não seja irrenunciável.

Jure suo qui utitur, nemini injuriam facit – quem exerce seu direito, nenhuma injustiça faz.

Jure uti debet, qui in jus succedit alterius – por direito deve usar quem sucede no direito de outrem.

Juris et de jure – de direito e por força do direito. – Diz-se da presunção não ilidível, irrefutável, que não admite prova em contrário.

Juris praecepta sunt haec: honeste vivere, alterum non laedere, suum cuique tribuere – Os preceitos do direito são estes: viver honestamente, não ofender ninguém, dar a cada um o que lhe pertence [Ulpiano, Digesto, 1.1.10.1].

Juris sui retinens – retentor do seu direito.

Juris tantum – somente de direito. – Aplica-se à presunção refutável, que admite prova em contrário.

Jurisdictio – jurisdição. – É o poder de dizer ou aplicar o direito; ou o poder de julgar atribuído em conjunto aos tribunais ou a uma determinada espécie de tribunais [vide: artigo 60.º do CPC].

Jurisprudentia – jurisprudência. – É a doutrina formada por decisões reiteradas dos tribunais.

Jus – direito. – Ao termos *"Jus"* e *"Ius"* significam o mesmo, sendo o primeiro decorrente do latim medieval e o segundo do latim clássico. – É o poder concedido pela ordem jurídica a cada pessoa para tutela dos seus interesses, designadamente para reivindicar o que lhe seja devido junto das outras pessoas, impondo-lhes condutas, quer por ação quer por omissão *[sentido subjetivo]*. – É o conjunto de normas e princípios destinados a disciplinar a relação dos homens entre si e para com a sociedade *[sentido objetivo]*. – Na terminologia jurídica, encontramos muitas palavras derivadas de *"**jus**": justo, justiça, justeza, justificar, justificante, justificado, justificação, justificativo, jurisdicional, jurista, jurisconsulto, jurisprudência, jurisdição, juiz, juízo, júri, jurídico.*

Jus abutendi – direito de abusar. – Direito de dispor da coisa a seu bel-prazer, quer consumindo-a, quer transformando--a, quer alienando-a, quer variando de modos de usar.

Jus acquae ducendi per fundum alienum – o direito de conduzir água por fundo *[terreno]* alheio. – Reporta-se à servidão de aqueduto.

Jus ad bellum – direito à guerra. – Direito de recorrer à guerra nas relações internacionais.

Jus agendi – direito de agir. – No direito de exigir a conduta tutelada é uma conduta do próprio titular do direito. Relaciona-se com o *"jus exigendi"*, em que o bem tutelado pelo direito é uma conduta alheia.

Jus applicationis – direito de vínculo. – Antigo direito de herdar os bens de um cliente.

Jus belli – direito de guerra. – O termo é usado para se referir que a guerra pode ser moralmente aceitável em determinadas situações.

Jus certum – direito certo.

Jus civile – direito civil. – É o direito destinado a regular as relações dos cidadãos entre si e com o Estado ou outro ente público, enquanto despidos do poder de soberania.

Jus civile est vigilantibus scriptum – o direito civil foi escrito para as pessoas atentas.

Jus civitatis – direito de cidade.

Jus cogens – direito imperativo. – Normas jurídicas que não podem ser afastadas pela vontade das partes.

Jus condendum – direito a constituir, a legislar no futuro.

Jus conditum – direito constituído, existente.

Jus constituendum – o mesmo que "jus condendum".

Jus constitutum – o mesmo que "jus conditum".

Jus dispositivum – normas jurídicas dispositivas ou supletivas, que podem ser afastadas pela vontade das partes.

Jus domini – direito de domínio; direito da propriedade.

Jus est ars boni et aequi – o direito é a arte do bom e do justo [Ulpiano, Digesto, 1.1.1]. – Definição clássica do direito, que encerra a ideia de que o direito não é apenas uma técnica, mas também uma arte.

Jus et norma loquendi – a lei e a norma de falar [Horácio, Ars Poetica, 72]. Horácio refere-se ao uso, que ele considera fator preponderante na formação da língua, dizendo que o uso é a lei e a norma da linguagem.

Jus exigendi – direito de exigir. – É o direito de exigir duma conduta alheia a prestação de um bem ou serviço.

Jus disponendi – direito de dispor. – É a faculdade de disposição inerente ao direito de propriedade.

Jus fruendi – direito de usufruir. – É a faculdade de tirar da coisa os rendimentos de que ela é suscetível.

Jus gentium – direito dos povos. – O "*jus gentium*" romano não era direito internacional, mas direito interno de Roma, aplicável aos estrangeiros *[peregrini]* nas relações entre si e com os cidadãos romanos *[cives]*. Com a concessão, por Caracala, da cidadania romana a todos os habitantes livres do Império, o conceito de "*jus gentium*" evoluiu passando a ser considerado uma espécie de direito comum a todos os povos. – A expressão "*direito internacional*" aparece pela primeira vez no século XVIII com Bentham: "*International Law*", referente ao Direito Internacional Público.

Jus gestionis – direito de gestão. – Ato que releva do poder de gestão do Estado.

Jus habendi – direito de ter, possuir.

Jus humanum – direito humano.

Jus imperii – direito do império. – É o poder soberano do Estado.

Jus in bello – direito na guerra. – O "*jus in bello*" é o direito que rege a maneira como a guerra deve ser conduzida.

Jus in corpus – direito ao corpo [dever de coabitação]. – O mesmo que "*ius in corpus*". – Mediante a celebração do casamento cada um dos cônjuges adquire sobre o outro um "*jus in corpus*", que na linguagem do direito canónico é "*perpetuum et exclusivum, in ordine ad actus per se aptos ad prolis generationem*" – perpétuo e exclusivo, em ordem aos atos, por si aptos para a geração da prole [Codex Iuris Canonici, de 1917, Can. 1081, § 2]. Note-se que o novo Codex Iuris Canonici, de 1983, diz o mesmo por outras palavras, ao definir o casamento como "*matrimoniale foedus, quo vir et mulier inter se totius vitae consortium constituunt, indole sua naturali ad bonum coniugum atque ad prolis generationem et educationem ordinatum*" – o contrato matrimonial pelo qual o homem e a mulher entre si constituem um consórcio de toda a vida, pela sua índole natural ordenado para um bom casamento e para a geração e educação da prole [Can. 1055, § 1]. – Segundo o Código Civil português, um dos deveres dos cônjuges é o de coabitação [artigo 1672.º] que, segundo a doutrina, abrange, entre outros, o "*jus in corpus*".

Jus in persona – direito sobre uma pessoa. – Reporta-se ao direito de crédito.

Jus in re – direito sobre a coisa. – Tem em vista o direito real.

Jus in re aliena – direito real sobre coisa alheia.

Jus-jurandum – juramento.

Jus legationis – direito de legação. – Capacidade para enviar e receber legações diplomáticas.

Jus legitimo modo partum – direito adquirido de modo legítimo.

Jus mancipii – direito de adquirir propriedade.

Jus moribus constitutum – direito constituído pelos costumes.

Jus naturale – direito natural. – Normas de conduta inerentes à própria natureza humana, próximas ou afins dos direitos do homem. – O mesmo que "*ius naturale*".

Jus omnimodae representationis – direito de representação omnímoda. – É faculdade de representação plena do Estado, em matéria de tratados, tradicionalmente conferida aos Chefes de Estado e de Governo e aos Ministros dos Negócios Estrangeiros.

Jus paenitendi – direito de arrependimento. – Pode ser estipulado em certos compromissos de compra e venda.

Jus persequendi judicio quod sibi debetur – o direito de obter em juízo o que lhe seja devido. – Era a noção que o direito romano dava de *"ação"*. – No direito atual e em termos genéricos pode dizer-se que a *ação* consiste numa pretensão, ou providência, requerida a um órgão jurisdicional com vista à definição da existência e do conteúdo de uma relação jurídica controvertida, ou seja, à satisfação de um direito subjetivo do requerente.

Jus possessionis – direito de possessão. – Direito decorrente da posse que não derive de relação jurídica preexistente. Direito que decorre do estado de facto da posse. Posse esta que pode não se fundar num direito, mas que gera direitos.

Jus possidendi – direito de possuir. – Diz-se do direito de posse decorrente do domínio; posse a título de proprietário; posse que se funda num direito. Seria também o direito de quem tem posse direta, tal como o locatário, o usufrutuário, depositário ou comodatário.

Jus privatum – direito privado. – Direito dos particulares entre si; direito civil.

Jus publicum – direito público. – Direito dos cidadãos de um país, nas suas relações com o Estado, prosseguindo fundamentalmente o interesse público, ainda que dele beneficiando os particulares.

Jus publicum privatorum pactis derogari non potest – o direito público não se pode afastar por pactos dos particulares.

Jus puniendi – direito de punir. – Direito do Estado de estabelecer penas como sanção por condutas antissociais dos cidadãos.

Jus representationis – direito de representação. – É o direito pelo qual o descendente sucede na herança em vez do ascendente, que não pode aceitar a herança por ter falecido ou não quis suceder por ter repudiado a herança [vide: artigo 2039.º do CC].

Jus sanguinis – direito do sangue. – É um dos critérios para determinar e fixar a cidadania, que se baseia na nacionalidade dos pais para atribuir a nacionalidade aos filhos [vide: artigo 1.º da Lei da Nacionalidade].

Jus soli – direito do solo. – É o critério do local de nascimento para determinar a nacionalidade a uma pessoa singular. O critério da lei portuguesa é o do *"jus soli"*, embora temperado com o do *"jus san-*

guinis" [vide: artigo 1.º da Lei da Nacionalidade].

Jus soli sequitur aedificium – o direito do solo acompanha o edifício.

Jus strictum – direito restrito. – Diz-se das normas que devam ser estritamente aplicadas, apesar de alguma injustiça que possam comportar no caso concreto, como são aquelas normas que, por questões de segurança na aplicação do direito, exijam que o ato seja praticado com observância de determinadas exigências de forma.

Jus succedendi – direito de suceder.

Jus suffragii – direito de voto.

Jus tractatuum – direito dos tratados; direito de fazer tratados. – "*Jus tractatuum*" [ou "*jus tractandi*"] é uma figura usada no direito internacional público e no direito constitucional para se referir ao direito de celebrar tratados.

Jus transmissionis – direito de transmissão. – É o direito pelo qual o descendente sucede na herança em vez do ascendente, que não chegou a aceitar ou a repudiar a herança por, entretanto, ter falecido [vide: artigo 2058.º do CC].

Jus utendi – direito de usar. – Direito de uma pessoa se servir de uma coisa para todos os usos a que ela se pode prestar.

Jus utendi et abutendi – direito de usar e de abusar. – Princípio de direito romano para definir a propriedade, segundo o qual a pessoa tinha sobre a coisa um direito que era o de poder fazer dela o que bem entendesse, sem ter de dar contas a ninguém, podendo até utilizá-la contra os seus próprios interesses, v. g. destruindo-a.
Hoje, entende-se que o direito subjetivo sobre uma coisa é conferido pela ordem jurídica, não como domínio reconhecido de arbítrio puro, mas como domínio com vista a determinada finalidade.
Assim, se determinado indivíduo é possuidor de um imóvel, considerado como monumento devido às suas características singulares ou arquitetónicas, e pretende destruí-lo, pode ser impedido de o fazer se houver interesse da comunidade em o preservar.

Jus utendi, fruendi et abutendi re sua quatenus juris ratio patitur – o direito de usar, gozar e abusar de coisa própria até onde a razão do direito suporta. – Este é o mesmo princípio de definição da propriedade mas já sem o carácter absoluto da fórmula primitiva, sendo a origem da expressão atribuída a François Hotman [1524-1590] jurista do século XVI, que foi durante algum tempo professor de direito romano na Universidade de Paris.

Jus variandi – direito de variar. – O mesmo que "*ius variandi*". – É a faculdade anormal que o dador do trabalho tem de exigir ao trabalhador a realização de serviços não abrangidos pelo objeto do contrato. Para que a entidade patronal possa encarregar temporariamente o trabalhador de serviços não compreendidos no objeto do contrato é necessária a verificação das condições que a lei ou o contrato estabelecerem para o efeito [vide: artigo 120.º do Código do Trabalho].

Jus vitae et necis – direito de vida e de morte.

Justae nuptiae – núpcias legais. – Casamento legal *[no direito romano].*

Juste – com justiça; justamente.

Juste faciens, non dicitur gravare – procedendo justamente, a ninguém se faz gravame.

Juste fit, quod lege permittente fit – justamente se faz o que se faz pela permissão da lei.

Juste petita non sunt deneganda – os pedidos feitos justamente não devem ser denegados.

Juste possidet qui auctoritate judicis possidet – possui justamente quem possui por autoridade do juiz.

Justitia est constans et perpetua voluntas jus suum cuique tribuendi – a justiça é a constante e perpétua vontade de dar a cada um o que é o seu direito [Ulpiano, Digesto, 1.1.10pr.]. – A palavra *"justitia" [justiça, equidade]* deriva de *"justus" [justo; conforme ao direito]* que, por sua vez, deriva de *"jus" [direito; lei],* pelo que a justiça vai buscar o seu significado ao que é conforme ao direito, ou ao que é conforme aquilo que é devido a cada pessoa.

Justum est ut ille, qui alium decipere voluit, suam sentiat jacturam – é justo que aquele que quis enganar outrem sofre o seu prejuízo.

Justum pretium – justo preço.

Juvit facundia causam – a eloquência foi útil à causa.

L

Labor omnia vicit improbus – o trabalho perseverante venceu todos os obstáculos [Virgílio, Georgica, 1.145].

Lacrima nihil citius arescit – nada seca mais depressa que a lágrima [Cícero, De Inventione, 1.109].

Lacrimae pondera vocis habent – as lágrimas são tão eloquentes como as palavras [Ovídio, Heroides, 3.4].

Lacrimae sunt verba secutae – as lágrimas são palavras seguras [Ovídio, Metamorphoses, 9.781].

Lacuna legis – lacuna da lei.– A lacuna da lei verifica-se quando há falta de norma jurídica aplicável a um caso concreto [vide: artigo 10.º do CC].

Lana caprina – lana-caprina *[lã de cabra]*. – Horácio designava o *"rixari de lana caprina" – debater sobre o pelo da cabra* – como uma discussão ociosa. Porque, na verdade, é fútil a questão sobre se o pelo da cabra é lã ou não. Com efeito, dizia Horácio que *"alter rixatur de lana saepe caprina, propugnat nugis armatus"* – aquele que debate muitas vezes sobre a lã de cabra, luta armado contra ninharias [Horácio, Epistulae, 1.18.15]. – Utiliza-se a propósito de discussão sobre bagatelas sem qualquer importância ou significado.

Lapsus calami – lapso de pena; lapso no escrever; erro de escrita. – Diz-se do erro que escapa, por inadvertência, a quem escreve [vide: artigo 249.º do CC].

Lapsus carnis – lapso da carne. – Diz-se em geral da falta de natureza carnal ou sexual.

Lapsus linguae – lapso no falar; erro de linguagem. – Diz-se do erro que se comete por distração, ao falar.

Lapsus loquendi – erro escapado ao falar. – O mesmo que *"lapsus lingae"*.

Lapsus memoriae – lapso da memória; esquecimento.

Lapsus pennae – lapso da pena; erro de escrita.

Lapsus scribendi – erro ao escrever. – O mesmo que *"lapsus calami"*.

Largiri civitatem – conceder o direito de cidadão.

Largiri libertatem – conceder a liberdade.

Lata culpa – culpa grave; grande negligência.

Lata culpa dolo aequiparatur – a culpa grave é equiparável ao dolo. – Princípio que emerge de vários segmentos do direito romano clássico, segundo o qual a culpa grave, ou seja, a culpa de quem não emprega um mínimo de cuidado no cumprimento de suas obrigações, deixando transparecer uma postura de consentimento na conduta adotada, é em tudo semelhante a intenção dolosa.

Lata culpa est nimia neglegentia, id est non intellegere quod omnes intellegunt – culpa grave é a grande negligência, isto é não entender o que todos entendem [Ulpiano, Digesto, 50.16.213.2].

Lata sententia iudex desinit esse iudex – dada a sentença, o juiz deixa de ser juiz.

Latae culpae finis est non intellegere id quod omnes intellegunt – a delimitação da culpa grave está em não entender o que todos entendem [Paulo, Digesto, 50.16.223pr.]. – A culpa grave é uma das modalidades de culpa. As outras são a culpa leve e a culpa levíssima, aludidas no lugar próprio.

Latine loqui – falar latim.

Latissimo sensu – em sentido muito amplo.

Lato sensu – em sentido lato; em sentido geral, amplo, irrestrito. – Contrapõe-se a *stricto sensu [em sentido restrito]*. – O *"lato sensu"* de um conceito é um sentido menos rigoroso desse conceito. Assim, quanto se usa a expressão *"facto jurídico"* está-se a usar de falta de rigor, porque um facto é, mais precisamente, um acontecimento do mundo real *[físico]*. No mundo do direito, as realidades que existem, propriamente, são fenómenos ou efeitos jurídicos. No entanto, a expressão é comummente usada no direito.

Laudabiliora videntur omnia, quae sine venditatione et sine populo teste fiunt – são mais dignas de louvor as coisas que são feitas sem ostentação e sem o testemunho do povo [Cícero, Tusculanae Disputationes, 2.64].

Laudatio funebris – elogio fúnebre.

Laudemus viros gloriosos – louvemos os varões ilustres [Bíblia, Eclesiástico, 44.1].

Laus in ore proprio vilescit – louvor na própria boca perde o valor. – Dito segundo o qual ninguém deve elogiar-se a si próprio, por a vaidade não ser virtude.

Lavabo inter innocentes manus meas – lavarei entre os inocentes as minhas mãos [Bíblia, Salmos, 26 (25).6]. – A expressão abreviada *"lavabo manus meas" [lavo as minhas mãos ou lavo daí as minhas mãos]* é utilizada frequentemente para dizer que se não assume a responsabilidade de um determinado ato. Aliás, Pôncio Pilatos quando perante a insistência dos sumos sacerdotes e dos anciãos do povo, vendo que nada podia fazer para evitar mais tumulto, resolveu entregar-lhes Jesus a fim de o crucificarem, mandou trazer água, lavou as mãos diante da multidão e disse: *"eu não sou responsável por este sangue; vós sois testemunhas disso"* (Videns autem Pilatus quia nihil proficeret, sed magis tumultus fieret, accepta aqua, lavit manus coram turba dicens: *"Innocens ego sum a sanguine hoc; vos videritis!")* [Bíblia, Mateus, 27.24]. – Quer dizer Pilatos tanto se quis mostrar inculpado pela morte de Jesus que não só o disse expressamente à multidão como utilizou a simbologia do lavar das mãos. Então, como hoje, não falta quem tenha *"culpa no cartório"* e proclame daí lavar as mãos.

Legatum per damnationem – legado para condenação. – Era o legado em que o legatário apenas tinha ação pessoal contra os herdeiros com vista à satisfação da prestação em que, de algum modo, o testador os condenara, obrigando-os a satisfazer o legado.

Legatum per vindicationem – legado para reivindicação. – Era, no direito antigo, o legado em que o legatário podia reivindicar a propriedade contra quem quer que estivesse na sua posse.

Lege artis – pela regra da arte; de acordo as técnicas da profissão; de acordo com o método usual.

Lege lata – promulgada a lei.

Lege quod non cavetur, in practica non habetur – o que por lei não está acautelado na prática não existe.

Legem ferre – fazer uma lei.

Legem enim brevem esse oportet, quo facilius ab imperitis teneatur – é preciso que a lei seja breve para que possa ser entendida mais facilmente pelos desconhecedores [Séneca, Epistulae Morales, Liber XIV-XV, 94.38].

Legem habemus – temos lei. – Diz-se quando, para regular um determinado assunto, existe legislação específica, que não existia antes.

Legem rogare – propor uma lei.

Leges a victoribus dicuntur, accipiuntur a victis – as leis são ditadas pelos vencedores e aceites pelos vencidos.

Leges ad civium salutem, civitatumque incolumitatem conditae sunt – as leis foram criadas para a segurança dos cidadãos e para a manutenção dos Estados [decorre de Cícero, De Legibus, 2.11].

Leges artis – as regras da arte. – São as regras de ordem técnica, ou deveres objetivos de cuidado, próprios da profissão, como da profissão médica, cuja inobservância pode fazer incorrer no dever de indemnizar se resultar ofensa de direitos ou interesses legalmente protegidos. – A expressão *"leges artis"* está expressamente utilizada no artigo 150.º do Código Penal Português, a propósito das intervenções e tratamentos médicos.

Leges bonae malis ex moribus procreantur – as boas leis são concebidas a partir dos maus costumes.

Leges debent esse nullo privato commodo, sed pro communi utilitate civium conscriptae – as leis não devem ser escritas para alguma vantagem particular, mas para o bem comum dos cidadãos. – O princípio decorre de S.Tomás de Aquino, que usou a expressão *"lex est nullo privato commodo, sed pro communi utilitate civium conscripta"* – a lei não é feita para algum interesse particular, mas para utilidade comum dos cidadãos [Summa Theologiae, 1.ª Pars, Questio 90, Art. 2].

Leges egregias, exempla honesta apud bonos ex delictis aliorum gigni – as leis excelentes, os exemplos dignos, são produzidos em benefício dos bons a partir dos crimes de outros homens [Tácito, Annales, 15.20].

Leges et constitutiones futuris certum est dare formam negotiis, non ad facta praeterita revocari, nisi nominatim etiam de praeterito tempore adhuc pendentibus negotiis cautum sit – o certo é darem as leis e as constituições forma aos negócios futuros, e não retrocederem a factos passados, a não ser que tratem concretamente de negócios de tempo anterior ainda pendentes [Código de Justiniano, 1.14.7].

Leges figendi et refigendi consuetudo est periculosissima – é muito perigosa a prática de fazer e refazer as leis.

Leges humanae nascuntur, vivunt et moriuntur – as leis humanas nascem, vivem e morrem.

Leges mortuae – leis mortas; leis caídas em desuso.

Leges, nihil in eis debet esse inutile, ac superfuum, sine ministerio aliquid operando – leis, nada nelas deve ser inútil e até supérfluo, sem que algum efeito seja produzido.

Leges poenales – leis penais.

Leges posteriores ad priores pertinent, nisi contrariae sint – as leis posteriores complementam as anteriores, a não ser que lhes sejam contrárias.

Leges posteriores priores contrarias abrogant – as leis posteriores derrogam as anteriores que lhes forem contrárias.

Leges respiciunt futura, non praeterita, nisi nominatim in eis de praeteritis caveatur – as leis se referem ao futuro, não ao passado, a não ser que explicitamente nelas se cuide de coisas passadas [Codex Iuris Canonici – 1983, Can. 9].

Leges sacratissimae, quae constringunt omnium vitas, intellegi ab omnibus debent – as leis fundamentais, que regem as vidas de todos, devem ser entendidas por todos [Código de Justiniano, 1.14.9].

Leges scriptae – as leis escritas.

Leges suum ligent latorem – as leis devem submeter também o seu autor.

Leges vigilantibus, non dormientibus, subveniunt – as leis assistem aos que estão acordados, não aos que dormem.

Legibus, non exemplis, est iudicandum – deve-se julgar pelas leis, não pelos precedentes.

Legibus omnia parente – tudo obedece a leis.

Legibus parendo, liberi erimus – obedecendo às leis, seremos livres.

Legibus solutus – não sujeito às leis. – Era a situação do Imperador, no direito romano.

Legis actiones – as ações da lei. – A mais antiga forma do processo civil era designada por *"legis actiones"* pela qual o interessado, em ação solene, expunha o seu direito, junto do magistrado, em lugar público e em conformidade com os costumes ou a Lei da XII Tábuas *[elaborada por uma magistratura de 10 varões (decênviros) no ano de 450 A.C.].*

Legis auxilium frustra invocat, qui committit in legem – em vão invoca o auxílio da lei quem contra ela age.

Legis casus ubi est, cessat omnis disputatio – onde o caso é de lei, cessa toda a disputa. – A lei surge muitas vezes para clarificar e colocar termo a discussões estéreis.

Legis interpretatio legis vim obtinet – uma lei interpretativa ganha força de lei. – Segundo o código civil português a lei interpretativa integra-se na lei interpretada [vide: artigo 13.º/1 do CC].

Legis manus longa – a longa mão da lei. – Diz-se da aplicação da lei à distância, por exemplo quando a lei de um Estado, a fim de proteger bens jurídicos essenciais, prevê a aplicação da lei contra um seu cidadão por ato delituoso cometido fora desse Estado, independentemente da concordância do Estado onde o ato foi praticado.

Legis menti magis est attendendum quam verbis – é de atender mais ao espírito da lei do que às suas palavras. – A interpretação da lei não deve cingir-se à sua letra, devendo também atender-se ao pensamento legislativo ou ao espírito da mesma lei [vide: artigo 9.º do CC].

Legis minister non tenetur, in executione officii sui, fugere aut retrocedere – espera-se que o aplicador da lei, no exercício de sua função, não fuja, nem retroceda.

Legis virtus haec est: imperare, vetare, permittere, punire – a força da lei é esta: prescrever, proibir, permitir, punir [Modestino, Digesto, 1.3.7].

Legitima conventio est quae lege aliqua confirmatur – convenção legítima é aquela que é ratificada por alguma lei [Paulo, Digesto, 2.14.6].

Legitimam poenam non pertulit – não cumpriu até ao fim a pena legítima (aplicada) [Cornelio Nepote, Aristides, Cap. I, 5].

Legitimatio ad causam – legitimidade para a causa. – Segundo a lei portuguesa, a legitimidade para a causa reside na personalidade judiciária que é, assim, a suscetibilidade de ser parte em juízo, ora como autor ora como réu. Normalmente é perfeita a coincidência entre a personalidade judiciária e a personalidade jurídica, mas a lei processual prevê vários desvios a este princípio de equiparação, reconhecendo, excecionalmente, a personalidade judiciária a quem não detém personalidade jurídica. Na verdade, há entidades que, embora gozando de personalidade judiciária não tem personalidade civil, como por exemplo a herança, os patrimónios autónomos, as associações, as sociedades civis não familiares, as sucursais, agências, filiais ou delegações e as sociedades irregulares [vide: artigos 11.º a 15.º do CPC].

Legitimatio ad processum – capacidade para agir ou reagir em juízo, por si ou representado por outrem.

Legitimatio minor – legitimidade menor. – A legitimidade menor *"ad causam"*, é uma legitimidade inferior à das partes principais, por o seu titular também possuir um interesse menor na mesma causa, como se passa com a legitimidade para intervir como assistente no processo.

Legitimatio superveniens – legitimação superveniente. – Aplica-se à convalidação do contrato nos casos em que a lei a admite [vide: artigo 895.º do CC].

Legitime imperanti parere necesse est – é obrigatório obedecer a quem comanda com legitimidade.

Legum denique idcirco omnes servi sumus ut liberi esse possimus – somos todos escravos da lei para podermos ser livres [Cícero, Pro Cluentio, 146].

Leonina societas - sociedade leonina [Erasmo, Adagia, 1.7.89; Ulpiano, Digesto, 17.2.29.2]. - A sociedade leonina é a que resulta de um pacto leonino, que é aquele em que se estabelecem todos os lucros para alguns dos sócios e os encargos para os restantes. Ulpiano diz: *"iniquissimum enim genus societatis est, ex qua quis damnum, non etiam lucrum spectet."* - é iniquíssimo este género de sociedade, pelo qual aquele que espera o dano, não *[espera]* também o lucro [Digesto, 17.2.29.2].

Lex - lei. - Diz-se do conjunto de normas jurídicas de carácter genérico e imperativo emanado de um órgão estadual competente.

Lex causae - lei da causa. - É a lei que deve regular uma relação jurídica internacional, que contacta com diversas ordens jurídicas.

Lex clara non indiget interpretation - a lei clara não precisa de interpretação.

Lex contractus - lei do contrato. - Diz-se da lei vigente à data do contrato ou da lei que regula o contrato.

Lex esse non videtur quae iusta non fuerit - não se considera por lei a que não é justa [S. Agostinho, De Libero Arbitrio, 1.5.11].

Lex de futuro, judex de praeterito - a lei *[rege]* para o futuro, o juiz *[julga]* sobre o passado.

Lex domicilii - lei do domicílio. - É a lei do lugar em que a pessoa está domiciliada.

Lex est araneae tela, quia, si in ea inciderit quid debile, retinetur; grave autem pertransit tela rescissa - a lei é como uma teia de aranha, pois, se nela cair alguma coisa leve, fica retida, mas o que é pesado rompe-a e atravessa-a [atribuída a Públio Valério Máximo, autor de "Factorum ac Dictorum Memorabilium Libri Novem" (Nove Livros de Factos e Ditos Memoráveis), dedicados ao Imperador Tibério].

Lex est nullo privato commodo, sed pro communi utilitate civium conscripta - a lei não é feita para algum interesse particular, mas para utilidade comum dos cidadãos [Summa Theologiae, 1.ª Pars, Questio 90, Art. 2].

Lex est quod notamus - o facto que notamos *[formalizamos juridicamente]* é lei. - Divisa da Câmara dos Notários de Paris.

Lex est quod populus iubet et constituit - lei é aquilo que o povo ordena e estabelece [Institutiones de Gaio, 1.3.3].

Lex est ratio summa, insita in natura, quae iubet ea quae facienda sunt, prohibetque contraria - a lei é a regra suprema, incorporada na natureza, que prescreve o que deve ser feito e proíbe o contrário [Cícero, De Legibus, 1.18].

Lex est recta ratio imperandi atque prohibendi – a lei é a razão natural de ordenar e proibir [Cícero, De Legibus, 1.42].

Lex familiae – lei da família. – É a lei da residência habitual e comum do agregado familiar.

Lex fori – lei do tribunal *[lei do país no qual o processo se desenrola]*. – A lei do país onde é proposta e corre uma ação é competente para regular a forma do processo pela qual há de desenvolver-se a mesma ação. A *"lex fori"* é competente, não como lei de ordem pública, mas como lei normalmente competente, pela relação natural que existe entre o desenvolvimento da ação e a lei do tribunal perante o qual ela se desenvolve. Dele resulta o reconhecimento num Estado dos atos de processo praticados em país estrangeiro [Machado Villela, Tratado Elementar Teórico e Prático de Dir. Internacional Privado, 2.º, 210].

Lex fundamentalis – lei fundamental. – A Lei Fundamental, em termos universalizados, é a fonte de direito interno superior a todas as outras, sendo o instrumento de que depende todo o ordenamento jurídico de um País, podendo ter outras designações como a de Constituição, Magna Carta, etc.

Lex iniusta non est lex – a lei injusta não é lei. – Máxima atribuída a Santo Agostinho, utilizada por S. Tomás de Aquino e mais tarde por Luther King em defesa dos direitos dos negros contra a segregação racial. Na verdade, S.Tomás de Aquino assim se pronunciou: *"sicut Augustinus dicit, in libro de Lib. Arb., lex esse non videtur, quae iusta non fuerit. Unde tales leges non obligant in foro conscientiae, nisi forte propter vitandum scandalum vel turbationem"* – assim como Agostinho disse, no livro De Libero Arbitrio, não se considera ser lei que não seja justa. Portanto, tais leis *[está a falar das injustas]* não obrigam no foro da consciência, a não ser para evitar um grande escândalo ou tumulto [Summa Theologiae, I-II, Questio 96, Art. 4].

Lex instituitur cum promulgatur – a lei é instituída quando é promulgada.

Lex interpretatione adiuvanda est – a lei deve ser auxiliada pela interpretação.

Lex iubeat, non suadeat – a lei deve determinar, não aconselhar.

Lex lata – lei promulgada.

Lex loci – lei do lugar.

Lex loci actus – lei do local da celebração do ato.

Lex loci celebratinis – lei do lugar da celebração.

Lex loci contractus – lei do local da celebração do contrato.

Lex loci delicti – lei do local da prática do delito.

Lex loci domicilii – lei do local de domicílio.

Lex loci rei sitae – lei do lugar da situação da coisa.

Lex loci solutionis – lei do lugar da solução *[do negócio jurídico]*; lei do local do pagamento.

Lex mercatoria – lei mercantil; lei dos comerciantes. – O mesmo que *"consuetudo mercatorum"*.

Lex mitior – lei mais benigna.

Lex moneat priusquam feriat – a lei deve advertir antes de punir.

Lex naturae – lei da natureza.

Lex naturalis – lei natural.

Lex neminem cogit ad impossibilita – a lei não obriga ninguém ao impossível.

Lex neminem cogit ad vana seu inutilia – a lei não obriga ninguém a atos vãos ou inúteis.

Lex neminem cogit ostendere quod nescire praesumitur – a lei não obriga ninguém a declarar o que se presume que ignora.

Lex non cogit ad impossibilia – a lei não obriga ao impossível.

Lex non curat de minimis – a lei não cuida de mínimos *[minimidades]*.

Lex non debet deficere conquerentibus in iustitia exhibenda – a lei não deve faltar aos queixosos na concessão da justiça.

Lex non est imponenda aliis ab eo, qui ipsam neglegit observare – a lei não deve ser imposta aos outros por quem deixa de observá-la.

Lex non obligat nisi publicata – a lei só obriga depois de publicada.

Lex non promulgata non obligat – a lei não promulgada não obriga.

Lex non respicit retro – a lei não olha para trás.

Lex non scripta – a lei não escrita; o direito consuetudinário.

Lex non scripta, diuturni mores consensu utentium comprobati – o direito consuetudinário é o conjunto de costumes diuturnos confirmados pelo consenso dos usuários.

Lex non se extendit ad actus praeteritos – a lei não se estende a atos passados.

Lex nova ad praeterita trahi nequit – a lei nova não pode estender-se ao passado.

Lex nova antiquae obrogat – a lei nova revoga a antiga.

Lex omnes mortales adligat – a lei vincula todos os mortais [decorre de Cícero, Pro Cluentio, 148].

Lex omnis aut tribuit aut adimit, aut honorat aut punit, aut iubet aut vetat aut permittit – toda lei ou concede ou tira, ou privilegia ou pune, ou ordena ou proíbe ou permite [Quintiliano, Institutio Oratoria, 7.5].

Lex patriae – lei da pátria. – Reporta-se à lei da nacionalidade da pessoa física ou às normas legais que se aplicam a certas pessoas no princípio da cidadania, independentemente do lugar onde elas se encontrem.

Lex plus laudatur quando ratione probatur – a lei é mais estimada quando é aprovada pela razão.

Lex posterior priori derogat – a lei posterior derroga a anterior.

Lex posterior derogat priori – a lei posterior derroga a anterior.

Lex potest plus quam pactum – a lei pode mais que o pacto.

Lex privata – lei privada. – A lei, por norma, é de caracter público. Poderá falar-se de *"lei privada"*, designadamente para aludir ao conjunto de cláusulas que consubstanciam as condições e obrigações ajustadas num contrato e que, depois das partes as terem aceite, dentro das exigências legais, passarão a ter força de lei.

Lex prospicit, non respicit – a lei olha para a frente, não para trás *[no tempo].*

Lex quaedam regula est et mensura actuum, secundum quam inducitur aliquis ad agendum, vel ab agendo retrahitur – a lei é uma regra e medida dos atos, segundo a qual uma pessoa é levada a agir ou impedida de agir [S. Tomás de Aquino, Summa Theologiae, 1.ª Pars, Questio 90, Art. 1].

Lex quamvis dura servanda est – a lei, por mais dura que seja, deve ser respeitada.

Lex, quamvis dura, servanda est, et casus legis attenditur – a lei, ainda que dura, deve ser cumprida e o fim da lei olhado com atenção.

Lex quod volet, dicit; quod non volet, tacet – a lei diz o que quer e cala o que não quer.

Lex rei sitae – lei do lugar da situação da coisa. – É pacífico o entendimento, na doutrina e no direito positivo dos diferentes Estados, a respeito da competência da lei que deve regular o gozo de direitos sobre as coisas imóveis ou direitos reais imobiliários, no sentido de submeter o seu regime legislativo à competência da lei do Estado onde estão situados os imóveis sobre que eles recaem.

Lex, si aliud voluisset, expressisset – a lei, se quisesse outra coisa, o expressaria. – Este brocardo latino traz à evocação outro que diz: *"ubi lex voluit dixit, ubi noluit tacuit"* – quando a lei quis declarou, quando não quis silenciou. Estes brocardos jurídicos, representam uma súmula de princípios gerais, ou pelo menos de ideias diretoras, vindos da tradição e que o operador do direito não pode menosprezar nos casos duvidosos de interpretação da lei.

Lex sit civilis societatis vinculum – a lei será o vínculo da sociedade civil [Cícero, De Republica, 1.49].

Lex specialis derogat generali – a lei especial derroga a lei geral.

Lex talionis – a lei da retaliação; a lei de talião.

Lex terrae – a lei da terra; a lei do país.

Lex ubi non distinguit, nec nos distinguere debemus – onde a lei não distingue, nós também não devemos distinguir.

Lex vigilantibus, non dormientibus, subvenit – a lei protege os vigilantes, não os que dormem. – Exprime a mesma ideia do *"dormientibus non succurrit ius"* – o direito não ajuda os que dormem. – Utiliza-se a expressão a propósito da aquisição originária de direitos através da posse, ou seja, da usucapião, para significar que o direito não está a favor daqueles que se descuidam quanto à posse dos bens, antes favorece aqueles que dela usufruem de forma pública, pacífica e com ânimo de domínio.

Libellus litis introductorius – libelo introdutório da lide.

Liber ab omni munere – livre de todos os encargos.

Liber est quem conscientia non accusat – é livre aquele a quem a consciência não acusa.

Liber laborum – livre de trabalhos.

Libera fide – livre de compromisso.

Libero animo – com o espírito livre.

Libertas est naturalis facultas eius quod cuique facere libet, nisi si quid vi aut iure prohibetur – liberdade é a faculdade natural daquele a quem é permitido fazer uma coisa desde que não seja proibida pela força ou pela lei [Institutas, Lib. I, Tit. III.2].

Libertas est potestas faciendi id quod iure licet – liberdade é a faculdade de fazer o que é permitido pela lei.

Liberum arbitrium – a liberdade de decisão; o livre arbítrio.

Liberum arbitrium dicitur esse facultas voluntatis et rationis – livre arbítrio diz-se que é a faculdade de querer e de raciocinar [S. Tomás de Aquino, De Veritate, Questio 24, Art. 1, Arg. 6].

Licet – é lícito.

Linea recta semper praefertur transversali – a linha reta sempre prefere à transversal. – Conforme o direito das sucessões, os herdeiros diretos são sempre preferidos aos colaterais [vide: artigos 2133.º e 3134.º do CC].

Lingua lubrica non est facile ad poenam trahendam – língua incontinente não é facilmente atraída para o castigo.

Liquet – é líquido; a coisa está clara.

Lis aequa lance trutinabitur – a demanda será pesada numa balança honesta [Código de Justiniano, 4.1.12.2c].

Lis litem parit – demanda gera demanda; questão motiva questão.

Lis perdere – perder a questão.

Lis perorare – trabalhar a questão.

Lite pendente – lide pendente; processo em curso.

Lite pendente, nihil innovetur – lide pendente, nada pode ser inovado.

Lites finiri oportet – é necessário que as lides tenham fim.

Litibus imponenda celeritas – a celeridade deve ser imposta aos pleitos.

Litigantium subterfugiis est obviandum – deve-se obviar aos subterfúgios dos litigantes.

Litis contestatio – contestação da ação.

Littera salutaris – letra feliz.

Litteratim – literalmente. – Tem significado semelhante as expressões: *"ipsis verbis"*; *"ad verbum"*; *"ad litteram"*; *"litteris et verbis"*; *"ipsis litteris virgulisque"*; *"verbo ad verbum"*, *"verbum pro verbo"*.

Livida lingua – língua maldizente.

Locatio conductio operarum – locação da mão de obra. – Figura do direito romano, segundo a qual se criava para uma das partes a obrigação de prestar pessoalmente certos serviços, por conta e segundo instruções de outrem mediante retribuição. A transferência da disponibilidade da força de trabalho é equiparada ao aluguer de uma coisa. No Código de Napoleão esta figura é, de certo modo, retomada pelo contrato de *"louage de services" [aluguer de trabalho]* que é o antecedente do atual contrato de trabalho. – Já no direito romano a prestação de trabalho duma pessoa sob a orientação de outra, que tomava a designação genérica de *"locatio conductio"*, podia assumir três formas contratuais distintas:

1.ª – a *"locatio conductio rei"*, pela qual uma pessoa entregava uma coisa a outra, por certo tempo, a troco de uma *"merces"* e que representa a atual locação;
2.ª – a *"locatio conductio operis"*, pela qual uma pessoa se obrigava a realizar para outra uma obra, também a troco duma *"merces"* e que hoje corresponde ao contrato de prestação de serviços;
3.ª – a *"locatio conductio operarum"*, pela qual uma pessoa se obrigava a prestar a sua atividade sob a orientação doutra, recebendo como contrapartida uma *"merces"* , e que corresponde ao atual contrato de trabalho.
Tendo embora esta característica comum de *"locatio conductio"*, a distinção entre contrato de trabalho e contrato de prestação de serviço está teoricamente bem estabelecida, sendo considerado como contrato de trabalho aquele pelo qual uma pessoa se obriga a prestar a outra a sua atividade, intelectual ou manual, sob a autoridade e direção desta e mediante retribuição [vide: Menezes Cordeiro, Manual de Direito do Trabalho, 1991, 520].

Locatio conductio operis – locação do trabalho. – Figura do direito romano segundo a qual se criava a obrigação de executar para outrem uma obra, mediante retribuição.

Locatio conductio rei – locação de coisa. – Figura segundo a qual uma pessoa entregava uma coisa a outra, por certo tempo, a troco de uma recompensa.

Locatio operarum – o mesmo que *"locatio conductio operarum"*.

Locatio operis – o mesmo que *"locatio conductio operis"*.

Locatio rei – locação da coisa. – O mesmo que *"locatio conductio rei"*.

Loco citato – no lugar citado. – Serve para remeter o leitor de um livro para uma fonte precedentemente citada no mesmo.

Loco dolenti – no sítio dorido. – Expressão utilizada em linguagem médica.

Locum tenens – tendo lugar; segurando lugar. – Diz-se de um lugar que um profissional, como um médico ou clérigo, ocupa temporariamente, cumprindo os deveres de outro.

Locupletari non debet aliquis cum alterius iniuria vel iactura – ninguém deve locupletar-se com a injustiça ou o prejuízo alheio [Decretais de Bonifácio VIII, Liv. V, Tit. XII, De Regulis Juris, XLVIII].

Locus contractus regit actum – o lugar do contrato rege o ato.

Locus criminis – lugar do crime.

Locus delicti – o local do crime. – Local onde determinado crime foi consumado.

Locus in quo – o lugar em que *[sucedeu algo]*.

Locus regit actum – o local rege o ato; a lei do lugar é que rege os atos. – Princípio segundo o qual a forma externa dos atos é regulada pela lei do lugar da celebração. O direito português admite este princípio como regra geral de determinação da lei reguladora da forma externa dos atos, mais precisamente nos termos estabelecidos no artigo 36.º do Código Civil.

Longa manus – mão longa. – Diz-se da *traditio* de mão longa, que tem lugar quando a transmissão da posse se lança à distância, por meio de ato através do qual o possuidor mostre querer transferir a sua posse para outrem. E também da lei, da *"legis manus longa"* – a longa mão da lei; da aplicação da lei à distância.

Longa patientia trahitur ad consensum – a longa resignação é interpretada como concordância.

Longa possessio parit ius possidendi, et tollit actionem vero domino – a longa posse gera o direito de posse, e tira ao verdadeiro dono o direito de ação.

Longi temporis consuetudo vicem servitutis obtinet – o costume prolongado no tempo produz uma espécie de servidão.

Longum tempus et longus usus qui excedit memoria hominum sufficit pro iure – longo tempo e longo uso, que excedem, a memória dos homens, valem como direito.

Lucidus ordo – uma disposição clara [Horácio, Ars Poetica, 41].

Lucrandi animo – com a intenção de obter vantagem.

Lucri causa – por causa do lucro; por interesse.

Lucrum assumit sibi naturam illam, quam habet capitale – o lucro tem a mesma natureza do seu capital.

Lucrum cessans – lucro cessante. – Lucro cessante ou frustrado é o benefício que o lesado deixou de obter por causa do facto ilícito, mas a que ainda não tinha direito à data da lesão. Advém da não concretização de determinada vantagem de ordem patrimonial, que se não fosse o facto ilícito não deixaria de se verificar.

Lucrum ex re – lucro da coisa. – É o lucro proveniente da exploração da coisa ou de negócio.

Lucrum malum, aequale dispendio – lucro desonesto é igual a despesa [Erasmo, Adagia, 3.3.52].

Lucrum propter negotiationem perceptum – lucro recebido por causa da negociação. – Um dever fundamental do gestor, extensivo ao mandatário, é o de entregar tudo o que tenha recebido de terceiro no exercício da gestão àquele em favor do qual a mesma gestão é exercida, aí se incluindo não só o "*lucrum ex re*" mas também o lucro recebido por causa da negociação.

Lucrum sine onere esse non debet - o lucro não deve ser sem ónus.

Ludi quoque semina praebent nequitiae - os divertimentos também fornecem os germes da corrupção [Ovídio, Tristia, 2.1.279].

Lumen gentium - a luz dos povos. - ***"Lumen Gentium"*** é o nome de um dos mais importantes textos do Concílio Vaticano II sobre a natureza e a constituição da Igreja, não só enquanto instituição, mas também como corpo místico de Cristo. Foi aprovado em 21.11.1964 e promulgado solenemente pelo Papa Paulo VI.

Lumen probitatis - modelo de probidade.

Lupus non curat numerum ovium - o lobo não se preocupa com a contagem das ovelhas.

Lupus oves etiam numeratas devorat - o lobo come até as ovelhas contadas.

Lusus animo debet aliquando dari ad cogitandum melior - de vez em quando, deve-se dar uma diversão ao espírito, para se pensar melhor [Fedro, Fabulae, 3.14.12].

Lux lucet in tenebris - a luz brilha nas trevas [S. Agostinho, De Trinitate, 4.28].

Luxuriosa laetitia - alegria exuberante.

M

Macte nova virtute, puer, sic itur ad astra! – bravo pela tua nova coragem, jovem; assim se chega às estrelas! [Virgílio, Eneida, 9.641].

Magis ad ostentationem quam ad necessitatem – mais para ostentação que por necessidade. – Diz-se do que se faz por mera vaidade, para dar nas vistas alheias, sem que o agente careça de tirar do ato qualquer outra utilidade.

Magis cavenda amicorum invidia, quam insidiae hostium – deve-se temer mais a inveja dos amigos do que as armadilhas dos inimigos.

Magis cui conceditur et minus concedi videtur – a quem se concede o mais entende-se que também se concede o menos.

Magis de bono quam de malo lex intendit – a lei favorece mais a boa interpretação do que a má.

Magis dixit quam voluit – disse mais do que queria. – Aplica-se a propósito das situações em que a lei deve ser interpretada restritivamente, o que se verifica quando a letra da lei vai além do espírito da mesma.

Magis enim res quam verba intuenda sunt – os factos devem ser mais valorados que as palavras [Paulo, Digesto, 23.3.41.1].

Magis offendit nimium quam parum – prejudica mais o excesso do que o muito pouco [Cícero, Orator, 73]. – Está em dissonância com o princípio *"quod abundat non nocet"* [o que abunda não prejudica], mas os Latinos, seguindo os Gregos, achavam que todo o excesso era imperfeição, daí que diziam: *"ne quid nimis"* [que nada seja de mais].

Magis pauper ille est, qui cum multa habeat, plura desiderat – mais pobre é quem, embora tenha muito, deseja mais [Minúcio Félix, Octavius, 36]. – Pobre não é quem pouco tem, mas quem cobiça o muito a alguém.

Magis ut valeant, quam ut pereant – é melhor valerem que perecerem. – Aplica-se ao princípio da conservação dos negócios jurídicos.

Magis veritas oculata fide quam per aures animis hominum infingitur – a verdade penetra mais no espírito dos homens pela garantia dos olhos do que pelos ouvidos [Institutas, Lib. III, Tit. VI, § 2].

Magister – mestre ou professor.

Magister dixit – o mestre disse. – *"Magister dixit"* foi a fórmula dogmática dos escolásticos da Idade Média, quando citavam a opinião do mestre Aristóteles. Hoje emprega-se para designar o argumento de autoridade e, ironicamente, em relação a qualquer chefe de escola, partido ou seita.

Magistratus est lex loquens; lex autem est mutus magistratus – o magistrado é a lei falante; a lei, porém, é o magistrado mudo [decorre de Cícero, De Legibus, 3.1.2].

Magna culpa – culpa grave.

Magna cum laude – com grande louvor. – É um nível académico de distinção utilizado por instituições educacionais para significar um grau académico que foi recebido *"com grande mérito."* – *"Magna cum laude"* é um dos três tipos mais utilizados de honras latinas que são reconhecidos nos Estados Unidos, sendo os outros dois *"summa cum laude"* e *"cum laude"*. *"Magna cum laude"* é tipicamente mais prestígio do que honras *"cum laude"*, mas menos prestígio do que honras *"summa cum laude"*.

Magna lingua – linguagem soberba; arrogante.

Magna loqui – gabar-se.

Magna neglegentia culpa est; magna culpa dolus est – a grave negligência é culpa; a grave culpa é dolo [Paulo, Digesto, 50.16.226].

Magni nominis umbra – a sombra de um grande nome. – Utiliza-se a propósito dos homens que tiveram na sua vida momentos de grande glória, dos quais resta apenas recordação quase apagada.

Magnitudinis animi et fortitudinis est proprium nihil extimescere – é próprio da grandeza da alma e da coragem nada temer [decorre de Cícero, De Officiis, 3.99-100].

Magnum opus – grande obra; obra-prima.

Maior casus est cui humana infirmitas resistere non potest – caso *[força]* maior é aquele a que a fraqueza humana não pode resistir.

Maior natu – o de maior idade; o mais velho.

Maior pars tradit ad se minorem – a parte maior arrasta para si a menor.

– Assim, os bens adquiridos em parte com dinheiro ou bens próprios de um dos cônjuges e noutra parte com dinheiro ou bens comuns revestem a natureza da mais valiosa das duas prestações [vide: artigo 1726º/1 do CC].

Maior poena minorem absorbat – a pena maior deve absorver a pena menor.

Maiora canamus – cantemos coisas mais elevadas [Virgílio, Eclogae, 4.1]. – O verso completo é *"Sicelides Musae, paulo maiora canamus"*– Musas da Cecília, cantemos coisas um pouco mais elevadas.

Maiores natu – os de maior idade; os antepassados.

Mala causa silenda est – uma má causa não deve ser advogada [Ovídio, Ex Ponto, 3.1.147].

Mala fide – de má fé. – A má fé é a vontade de agir com intenção, direta e necessária, de lesar os interesses de outra pessoa. Designa-se de má fé processual quando se faz uma utilização maliciosa e abusiva do processo com o intuito de causar prejuízo à parte contrária.

Mala fides superveniens non nocet – a má fé superveniente não releva. – Reporta-se à má fé superveniente à feitura do negócio, supostamente feito de boa fé.

Mala grammatica non vitiat chartam – a má gramática não vicia o documento.

Mala gratia – de má vontade.

Mala lingua – má-língua. – O mesmo que pessoa maldizente. Também tem o significado de praga ou maldição.

Mala omnia pati melius, quam malo consentire – antes sofrer o mal que nele consentir.

Mala non sunt facienda, ut inde aveniant bona – não se deve fazer o mal para a aquisição de bens.

Malae fidei emptio irrita est – a compra de má fé é inválida [alusão em Digesto, 18.5.2 e 19.1.11.6].

Malae fidei possessor – possuidor de má fé.

Male multare – castigar severamente.

Maledicta dicere – injuriar.

Maleficia voluntas et propositum delinquentis distinguit – a vontade e o objetivo do criminoso distinguem os crimes.

Malesuada fames – a fome, ruim conselheira [Virgílio, Eneida, 6.276].

Maligne laudere – louvar de má vontade.

Malitia praecogitata – fraude premeditada.

Malitia hominum infinita – a malícia dos homens é infinita.

Malitiis non est indulgendum – para coisas maliciosas não há indulgência.

Malo animo – com má intenção.

Malo mori quam foedari – antes morrer que manchar-me [Divisa da Sicília].

Malo qui consentit malum ipse facere videtur – considera-se que faz o mal quem concorda com ele.

Malorum mores infirmitas animi non excusat – a fraqueza de espírito não desculpa os costumes das pessoas desonestas [Código de Justiniano, 2.34.1].

Malum bene conditum ne moveris – não descubras um mal bem escondido [Erasmo, Adagia 1.1.62].

Malum est consilium, quod mutari non potest – é má a decisão que não pode ser mudada [Publílio Siro, Sententiae].

Malum quo communius eo peius – quanto mais comum é um mal, tanto pior é.

Malus animus – má intenção; intenção de enganar.

Malus in una specie delicti, magnam in alia contra se habet suspicionem – quem é culpado em uma espécie de delito em outra espécie tem contra si grande suspeita.

Malus semel semper praesumitur malus – quem é mau uma vez é sempre considerado mau.

Malus semper praesumitur malus – o mau sempre se presume mau.

Malus usus est abolendus – um mau costume deve ser abolido.

Mandatarius terminos sibi positos trangredi non potest – o mandatário não pode passar os limites a si estabelecidos.

Mandatum – mandato.

Mandatum exspirat morte mandantis – o mandato caduca com a morte do mandante. – Nos termos do artigo 1174.º do Código Civil o mandato caduca por morte ou interdição do mandante ou do mandatário e ainda por inabilitação do mandante se o mandato tiver por objeto atos que não possam ser praticados sem autorização do curador.

Mandatum non praesumitur – o mandato não se presume.

Manere promissis – cumprir as promessas.

Manifesta probatione non indigent – as coisas evidentes não exigem comprovação.

Manifestis in rebus tenere – estar convencido pelas coisas manifestas. – *"Manifestus"* tem na sua raiz a palavra *"manus"* *[mão]* e etimologicamente significa apanhado à mão ou em flagrante [vide: Torrinha, Dicionário Latino-Português, 501].

Mansuetum malum – mal de pouca gravidade.

Manu militare – pela mão militar. – Reporta-se a acontecimento com intervenção da força armada; execução de ato ou obrigação pela força pública.

Manus dare – dar a mão; render-se.

Manus injectio – deitar a mão a alguém [com o significado de agarrar ou apoderar-se de outrem]. – Era a faculdade que existia no primitivo direito romano de o credor poder apoderar-se da pessoa do devedor, que não pagava a dívida, para o reduzir à condição de escravo ou mesmo mandar executá-lo. A título excecional o direito moderno admite a chamada prisão por dívidas, que no ordenamento jurídico português já há muito que foi abolida.

Manus, multarum artium ministrae – mãos, mestres de muitas artes.

Mare apertum – mar aberto. – Refere-se ao mar aberto ao comércio.

Mare clausum – mar fechado. – Dizia-se do mar sob a jurisdição de certa nação e fechado ao comércio.

Mare liberum – mar livre. – Era o mar aberto ao comércio e a todas as nações.

Mare magnum – o vasto oceano. – Era o nome dado ao Oceano Atlântico.

Mare Nostrum – o nosso mar. – Era o nome dado pelos antigos romanos ao Mar Mediterrâneo.

Margaritas ante porcos – pérolas a porcos [Bíblia, Mateus, 7.6]. – Não deve lançar-se pérolas a porcos. Usa-se, designadamente, para exprimir a ideia de que não se deve falar de modo muito erudito ou técnico perante quem é incapaz de entender. – O mesmo que *"nolite mittatis margaritas ante porcos"*.

Mater – mãe.

Mater familias – a mãe de família. – Não tinha no direito antigo significado paralelo ao do *"pater familias"*.

Mater omnium bonarum rerum sapientia – a sabedoria é a mãe de todos os bens [Cícero, De Legibus, 1.58].

Mater semper certa est; pater is est quem nuptiae demonstrant – a mãe é sempre certa; o pai é aquele que o casamento indica [Paulo, Digesto, 2.4.5]. – O marido é considerado como pai do filho nascido durante o matrimónio [vide: artigo 1826.º/1 do CC].

Mater tua mala burra est – a tua mãe come maçãs vermelhas. – Trata-se de uma frase jocosa pela tradução literal que sugere.

Materia iudicii – a matéria em julgamento.

Materiam superabat opus – o trabalho superava a matéria [Ovídio, Metamorfoses, 2.5]. – Expressão de Ovídio na descrição do Templo de Jerusalém. Pode aplicar-se a quase todos os objetos de arte, em que o trabalho do artista representa valor muito superior ao da matéria trabalhada, como a muitas obras-primas da pintura, escultura e literatura espalhadas em museus em todo o mundo.

Materna iura non possunt aboleri – os direitos maternos não podem ser abolidos.

Materna tempora – os tempos da mãe; período de gestação.

Matre pulchra filia pulchrior – a mãe é bonita a filha é muito bonita [Horácio, Carmina, 1.16.1].

Matrimonia libera esse debent – os casamentos devem ser livres. – O ato matrimonial assenta no consentimento dos nubentes, que tem de ser manifestado no momento da celebração do contrato.

Matrimonii terminum, quae omne similiter solvit, exspectat mors – a morte, que a tudo igualmente dá fim, significa o término do casamento [Justiniano, Novellae, 22.20].

Matrimonium in articulo mortis – matrimónio na hora da morte.

Matrimonium in extremis – matrimónio nos últimos momentos *[da vida]*; no fim da existência terrena.

Matrimonium inter invitos non contrahitur – o matrimónio entre constrangidos não é de contrair [Celso, Digesto, 23.2.22].

Matrimonium non existens – matrimónio não existente. – A nossa lei [vide: artigo 1628º do CC] reporta-se a várias situações em que o casamento, aparentemente contraído, é considerado juridicamente inexistente.

Matrimonium putativum – matrimónio putativo. – Casamento putativo é a aparência de um casamento a que a lei atribui efeitos análogos aos do casamento, por as partes estarem na convicção de terem contraído um verdadeiro consórcio matrimonial.

Matrimonium ratum – matrimónio realizado. – Diz-se, na terminologia canónica, do casamento que já se encontra celebrado, mas que ainda não foi consumado com a cópula carnal.

Matrimonium ratum et consummatum – matrimónio realizado e consumado. – É, segundo a mesma terminologia canónica, o casamento que, tendo sido realizado, já se mostra consumado com a cópula conjugal.

Matrimonium ratum et consummatum nulla humana potestate nullaque

causa, praeterquam morte, dissolvi potest – matrimónio realizado e consumado, por nenhum poder humano e por nenhuma causa, para além da morte, pode ser dissolvido [Codex Iuris Canonici – 1983, Can. 1141]. – É outro princípio do direito canónico, e, aliás, como doutrina defendida pela Igreja Católica nesta matéria.

Matura aetas – idade madura.

Matura causa – motivo urgente.

Maturus animi – prudente; experimentado.

Maturus venter – gravidez no termo.

Maxima debetur puero reverentia – deve-se à criança o máximo respeito [Juvenal, Satirae, 14.47]. – Máxima célebre de Juvenal em que o poeta exprime quanto cuidado se deve ter em nada dizer ou fazer que possa ofender a inocência das crianças.

Maxima est enim vis vetustatis et consuetudinis – é muito grande a força do tempo e do costume [Cícero, De Amicitia, 68].

Maxima iniquitas – injustiça máxima; a maior injustiça [Código de Justiniano, 5.9.10.1].

Maxime – sobretudo; principalmente; no mais alto grau.

Mea culpa – por minha culpa. – Palavras da confissão do rito católico, lamentando alguma falta ou erro cometidos.

Medice, cura te ipsum – médico, cura-te a ti mesmo. – Diz-se daqueles que sugerem condutas aos outros e que não são capazes de conduzir-se ou cuidar-se a si próprios.

Medici quoque saepe falluntur – até os médicos muitas vezes se enganam [Cícero, De Natura Deorum, 3.15].

Mediocritas optima est – a mediocridade é ótima [Cícero, De Officiis, 1.130].

Mediocritatem illam tenebit, quae est inter nimium et parum – mantém sempre aquela moderação que fica entre o excesso e a escassez [Cícero, De Officiis, 1.89].

Medio tempore – entretanto; no tempo intermédio.

Medio tutissimus ibis – pelo meio irás mais seguro.

Meditari causam – estudar uma causa.

Melior esse quam non esse – é melhor ser que não ser. – Decorre este princípio filosófico da noção de que todo o ser é bom, por isso é melhor existir do que não existir.

Melior est causa possidentis – preferível é a causa daquele que possui.

Melior est condicio defendentis – é melhor a condição daquele que se defende.

Melior est conditio possidentis – melhor é a condição daquele que possui. – Os romanos utilizavam a expressão mais completa e expressiva seguinte: "*in pari causa melior est conditio possidentis*", ou seja, em igualdade na causa é melhor a condição do possidente *[possuidor ou possessor]*. – O possuidor goza da presunção da titularidade do direito, exceto se existir, a favor de outrem, presunção fundada no registo anterior ao início da posse [vide: artigo 1268º/1 do CC]. – O principal alcance da presunção da titularidade do direito, estabelecido naquela norma, é o de assegurar ao possessor, sendo contestada aquela titularidade, que não tenha de provar o seu direito, cabendo ao contestante o ónus da prova do direito que invocar, exceto se existir, a favor do último, presunção fundada em registo anterior ao início da posse. – Por mera curiosidade se conta que segundo uma original sentença inglesa a posse vale nove décimos da propriedade.

Melior est condicio possidentis, et rei quam actoris – melhor é a condição de quem tem a posse, e a do réu que a do autor.

Melior est condicio possidentis ubi neuter ius habet – melhor é a condição de quem tem a posse quando nenhuma das partes tem o direito.

Melior est iustitia vere praeveniens quam severe puniens – melhor é a justiça que previne do que aquela que pune severamente.

Melius est esse quam non esse – é melhor ser do que não ser [Anselmo de Cantuária, Proslógio, 5]. – O mesmo que "*melior esse quam non esse*".

Melius est impune delictum relinquere quam innocentem damnare – é melhor deixar impune um crime que condenar um inocente.

Melius est ius deficiens quam ius incertum – melhor é o direito deficiente do que o direito incerto.

Melius est sensum magis quam verba amplecti – é melhor atender mais ao sentido que às palavras [Ulpiano, Digesto, 34.4.3.9].

Melius etenim est intacta iura eorum servari, quam post causam vulneratam remedium quaerere – é melhor conservar os direitos deles intactos do que procurar remédio depois de causado o dano [Código de Justiniano, 2.40.5.1].

Melius nil caelibe vita – nada melhor do que a vida de solteiro [Horácio, Epistulae, 1.1.88].

Mella in medio flumine quaerere – procurar mel no meio do rio. – Aplica-se à procura inútil.

Me, me, adsum qui feci, in me convertite ferrum – fui eu, eu mesmo, que o fiz, conduzi-me para a cadeia [Virgílio, Eneida, 9.427]. – Expressão para designar a atitude do criminoso que assume a prática do crime.

Memento, homo, quia pulvis es et in pulverem reverteris – lembra-te, homem, de que és pó e em pó te hás de reverter [Bíblia, Génesis; 3.19]. – Palavras bíblicas que o sacerdote, do ritual católico, pronuncia ao tocar com cinza a fronte dos fiéis, em memória das palavras de Deus a Adão depois do pecado original.

Memorandum – memorial. – Diz-se do que deve ser lembrado. – Em diplomacia é nota dirigida por um Governo a outro Governo para expor o estado de uma questão e as medidas tomadas ou a tomar para a resolver.

Memoria hominis fragilis est – a memória do homem é frágil.

Mendacem memorem esse oportere – quem mente precisa ter boa memória [Quintiliano, Institutio Oratoria, 4.2.91].

Mendaci homini ne verum quidem dicenti credere solemus – não se acredita no mentiroso, ainda quando ele fala verdade [Cícero, De Divinatione, 2.146].

Mendacium est falsum dicere cum intentione fallendi proximum – a mentira é dizer uma falsidade com intenção de enganar o próximo [Catechismus Catholicae Eeclesiae, Pars III, Sec. II, Cap. II, Art. 8, VI – 2508].

Mens agitat molem et magno se corpore miscet – o espírito move a matéria e mistura-se com corpo nobre [Virgílio, Eneida, 6.727].

Mens legis – verdadeiro sentido ou espírito da lei. – É o elemento racional ou teleológico da lei, que consiste na razão de ser da lei *[ratio legis]*, no fim visado pelo legislador ao editar a norma.

Mens legislatoris – espírito do legislador; vontade do legislador. – Tem o mesmo significado de *"mens legis"*.

Mens sana in corpore sano – mente sã em corpo são. – O mesmo que *"anima sana in corpore sano"*. – A máxima é de Juvenal, sendo que o verso mais completo é *"orandum est ut sit mens sana in corpore sano"* – deve orar-se para que seja a mente sã num corpo são [Juvenal, Satirae, 10.356]. – A intenção do autor foi aconselhar, àqueles que entre os cidadãos romanos faziam orações descabidas, que o que se deveria rogar numa oração era saúde espiritual e corpórea. Uma interpretação mais recente daquilo que Juvenal pretendeu exprimir confere uma conotação satírica à frase, no sentido de que seria benéfico que num corpo são estivesse também uma mente sã. – Utiliza-se frequentemente para exprimir que a saúde do corpo é condição essencial da saúde do espírito.

Mens testatoris in testamento spectanda est – a intenção do testador deve ser procurada no testamento. – O mesmo que *"in testamentis plenius testatoris intentionem scrutamur"*.

Mensura iuris vis erat – a força era a medida do direito [Lucano, Pharsalia, 1.175].

Menti quolibet ire licet – ao pensamento é permitido ir aonde quiser [Ovídio, Ex Ponto, 3.48]. – O pensamento é livre.

Mentienti non est habenda fides – não se deve ter confiança em quem mente [decorre de S. Agostinho, Contra Mendacium, IV.7].

Mentiri nullo modo licet, verum licet occultare aliquando – não é lícito mentir de modo nenhum, mas algumas vezes é permitido ocultar a verdade. – Decorre de S. Agostinho que dizia *"occultare in tempore quidquid occultandum videtur: mentiri autem nunquam licet; ergo nec occultare mentiendo"* – parece de ocultar no momento próprio alguma coisa que deva ser ocultada; porém, nunca é lícito mentir; logo nem ocultar mentindo [De Mendacio, 10.17].

Meo judicio – por meu juízo; no meu entender.

Mera libertas – a verdadeira liberdade.

Mercede docere – ensinar por dinheiro.

Mercenarius testis – testemunha comprada.

Mercis appellatio ad res mobiles tantum pertinent – a denominação de mercadoria refere-se exclusivamente a bens móveis [Ulpiano, Digesto, 50.16.66].

Mercis appellatione homines non contineri – os homens não se incluem na designação de mercadoria [Africano, Digesto, 50.16.207].

Meridianum tempus – meio-dia.

Meritum casuae – mérito da causa.

Meta optata – o fim desejado.

Metiri aliquem animo – julgar pela reflexão.

Metuens reddere soldum – opondo-se a dar o que deve.

Metuere de vita sua – recear pela sua vida.

Metu maioris mali – por medo de mal maior.

Metuo ut possim recipere – receio não poder receber.

Metus ab extrinseco – medo vindo de fora. – Tem lugar no caso da coação moral em que alguém emite uma declaração de vontade em face de uma ameaça ilícita de um mal.

Metus ab intrinseco – medo vindo de dentro. – Tem lugar no caso do temor reverencial *[que não é uma coação]*, por força do qual alguém emite uma declaração de vontade.

Metus existimationis – o medo da opinião.

Metus maioris malitatis – medo de prejuízo maior [Ulpiano, Digesto, 4.2.5].

Minatur innocentibus qui parcit nocentibus – ameaça os inocentes quem poupa os culpados.

Minima de malis – dos males o menor; do mal, o menos.

Minime sunt mutanda, quae interpretationem certam semper habuerunt – minimamente devem ser alteradas aquelas coisas que sempre tiveram interpretação certa [Paulo, Digesto, 1.3.23].

Minimis sordidissimisque rebus non exacerbemur – não nos irritemos por coisas insignificantes e muito mesquinhas [Séneca, De Ira, 2.25.1].

Minimo contentus – contente com pouco.

Minimus natu – o mais novo.

Minitari alicui mortem – ameaçar alguém de morte.

Minor natu – o de menos idade; o mais novo.

Minore molimento – com menor trabalho.

Minoris vendere – vender mais barato.

Minus afficit sensus fatigatio quam cogitatio – o grande cansaço afeta menos o sentir do que a mente [Quintiliano, Institutiones Oratoriae, 1.12.11].

Minus cui prohibitur, multo magis quod maius est interdicitur – a quem se proíbe o menos, muito mais se proíbe o mais.

Minus dixit quam voluit – disse menos do que queria.

Minus habens – que tem menos. – Dito para designar pessoa de inteligência muito limitada.

Minus solvit, qui tardius solvit – menos paga, aquele que paga tarde [Ulpiano, Digesto, 50.16.12.1].

Minuta plebes – o povo miúdo.

Mirabile dictu – coisa admirável de se dizer.

Mirabile visu – coisa de admirável aspeto. – Diz-se de qualquer espetáculo surpreendente.

Miraculum victoriae – vitória brilhante.

Mirandum in modum – de modo admirável.

Miserere – tem compaixão [Bíblia, Salmos, 51 (50).3]. – Vocábulo do salmo 51, salmo tradicionalmente chamado de *"Miserere"*, por o seu texto começar com as palavras *"Miserere mei, Deus" ("Senhor, tende misericórdia de mim")*, o que fez com que viesse a ser conhecido por *"Miserere"*, nome que tem servido de título, nomeadamente, em diversas obras musicais. – Sendo um salmo penitencial, é um dos utilizados mais frequentemente na Igreja Ortodoxa, e nas Igrejas Católicas Orientais que seguem o rito bizantino. É incluído, tipicamente, durante o Mistério do Arrependimento *[correspondente ao sacramento da penitência]*, nas orações pessoais quotidianas e em muitas das funções litúrgicas. – Na liturgia católica ocidental a expressão *"Miserere"* é mais utilizada na prece do *"Agnus Dei"*, recitada ou cantada durante o início da fração do pão eucarístico, e que é a seguinte: *"Agnus Dei, qui tollis peccata mundi, miserere nobis" [Cordeiro de Deus, que tirais o pecado do mundo, tende misericórdia de nós].* A expressão aparece no Novo Testamento, principalmente no Evangelho de S. João, e é atribuída a João Baptista que disse de Jesus: *"eis o Cordeiro de Deus, Aquele que tira o pecado do mundo"* [Bíblia, João, 1.29].

Mitior enim circa eas debet esse sententia, quas pro infirmitate sexus minus ausuras esse confidimus – a sentença para com elas *[mulheres]* deve ser mais branda, as quais por causa da fragilidade do sexo esperamos que sejam menos ousadas [Código de Justiniano, 9.8.5.3].

Mobilia – bens móveis. – O mesmo que *"res mobiles"*.

Mobilia non habent situm – os bens móveis não têm lugar certo.

Mobilia sequuntur personam – os bens móveis acompanham a pessoa.

Mobilia sequuntur personas, immobilia vero ossa adhaerent – os bens móveis acompanham as pessoas; os imóveis, porém, são fixos.

Modica facti differentia, magnam inducit iuris diversitatem – uma leve diferença do facto determina uma grande diversidade do direito.

Modum adhibere in re – proceder com moderação na circunstância.

Modus – modo; modelo. – Diz-se da cláusula acessória, típica das doações ou liberalidades, pela qual o seu autor impõe ao respetivo beneficiário a obrigação de adotar determinado comportamento *[dar ou não dar, fazer ou não fazer]*, no interesse do disponente, ou de terceiro ou até do próprio beneficiário.

Modus acquirendi – modo de aquisição. – Meio pelo qual se adquiriu determinada coisa ou direito.

Modus agendi – modo de agir. – Tem significado lato, de modo a abranger o *"modus faciendi"* e o *"modus operandi"* ou *"modus procedendi"*.

Modus argumentandi – modo de argumentar.

Modus essendi – modo de ser.

Modus et conventio vincunt legem – modo e acordo de proceder vinculam como lei.

Modus faciendi – maneira de fazer; modo de agir; método de trabalho. – O mesmo que *"modus operandi"*. – Utiliza-se correntemente a expressão para significar o modo de atuação do delinquente que normalmente se repete, fornecendo à investigação elementos para chegar à identificação da pessoa que praticou os crimes.

Modus in rebus – medida das coisas.

Modus operandi – modo de operar; maneira de trabalhar. – O mesmo que *"modus faciendi"*. – Expressão muito utilizada em direito criminal para designar a maneira de atuar do criminoso, que por ser geralmente repetitiva, faculta relacionar a prática de vários crimes e imputá-los ao mesmo agente.

Modus operandi sequitur modum essendi – o modo de agir acompanha o modo de ser.

Modus probandi – modo de provar.

Modus procedendi – modo de proceder, de atuar. – O mesmo que *"modus operandi"* e *"modus faciendi"*.

Modus tenendi – modo de manter.

Modus vivendi – maneira de viver. – Acordo temporário para uma solução precária de um diferendo, mediante a qual as partes em litígio estabelecem entre si uma situação suportável. Diz-se dos convénios comerciais que as nações ajustam entre si, com carácter provisório.

Moliri fidem – abalar o crédito.

Moliri moram – deferir.

Monita secreta – ciências ocultas.

Mons parturiens – a montanha parturiente [Fedro, Fabulae, 4.24]. – Início da fábula da montanha que pariu um rato e que assim diz: *"Mons parturibat, gemitus immanes ciens, eratque in terris maxima expectatio. At ille murem peperit"* – a montanha estava parturiente, soltando gemidos medonhos e havia a máxima expetativa entre os homens. Mas ela pariu um rato.

Monumenta rerum gestarum – monumentos históricos.

Monumentum est quod memoriae servandae gratia existat – um monumento é aquilo que existe para conservar a lembrança [Ulpiano, Digesto, 11.7.2.6].

Mora accipiendi – mora no recebimento da prestação; mora do credor. – Verifica-se a mora do credor: se este recusar receber; se o credor não vier ou não mandar receber na época do pagamento ou no lugar para isso designado; se o credor se recusar a dar quitação. Mas, além destes, há vários outros casos de *"mora accipiendi"* [vide: artigos 813.º a 816.º do CC].

Mora cogitationis diligentia est – o tempo da reflexão é economia de tempo [Publílio Siro, Sententiae].

Mora creditoris – mora do credor. – O mesmo que *"mora accipiendi"* [vide: artigos 813.º a 816.º do CC].

Mora debitoris – mora do devedor. – É o atraso no cumprimento da prestação por causa imputável ao devedor [vide: artigos 804.º a 808.º do CC].

Mora debitoris non debit esse creditori damnosa – a mora do devedor não deve causar dano ao credor [vide: artigo 806.º do CC].

Mora debitoris obligatio perpetua fit – a mora do devedor torna a obrigação perpétua. – Máxima para significar que, com a mora, o credor ficava garantido contra o risco da extinção da obrigação por caso fortuito. Como se estabelece no direito atual, no artigo 807.º do Código Civil.

Mora ex persona – mora fixada por interpelação judicial.

Mora ex re – mora por inadimplemento da obrigação na data do vencimento.

Moram facere creditoribus – adiar o pagamento aos credores. – Entrada em mora do devedor, por não pagar a dívida ao credor no prazo estipulado.

Mora reprobatur in lege – a mora é condenada na lei.

Mora solvendi – mora no cumprimento da prestação. – O mesmo que *"mora debitoris"*. – É o atraso *[demora ou dilação]* no cumprimento da obrigação por facto, ou causa, imputável ao devedor.

Mora sua cuilibet est nociva – a cada um prejudica sua própria demora [Decretais de Bonifácio VIII, Liv. V, Tit. XII, De Regulis Juris, XXV].

More maiorum – pelo costume dos antepassados. – O costume é uma prática social dominante com a convicção da sua obrigatoriedade para os membros da sociedade em presença.

More nobilium – segundo o costume dos nobres.

More romano – segundo o costume dos romanos.

More solito – de acordo com o uso habitual. – A expressão é geralmente usada para significar uma ação repetida da maneira usual e habitual.

More suo – segundo seu costume.

More uxorio – com aparência de casamento.

More uxoris – com a aparência ou costume de casados.

Mores – costumes; usos.

Mores desidentes – costumes degenerados.

Mores sunt tacitus consensus populi longa consuetudine inveteratus – costumes são o acordo tácito do povo que por longa prática se torna permanente [atribuída a Ulpiano].

Moriente die – ao declinar do dia; à tardinha.

Morosus morbus – doença difícil de tratar.

Mors est necessitas naturae – a morte é uma necessidade da natureza.

Mors omnia solvit – a morte tudo apaga. – A máxima tem inteiro sentido no âmbito da relação matrimonial. Na verdade, a morte de um dos cônjuges, ou dos dois simultaneamente, dissolve o vínculo conjugal, cessando, consequentemente, todas as obrigações nascidas do contrato de casamento. Assim, o desiderato visado por uma ação de divórcio é alcançado de imediato, pela dura realidade de que "*mors omnia solvit*".
Deste modo, compreende-se que numa ação de divórcio litigioso, em que um dos cônjuges se limita a pedir contra o outro que se decrete o divórcio entre ambos por factos imputados ao demandado, em caso de falecimento de qualquer deles, ou até de ambos, na pendência da ação, não haja lugar à suspensão da instância, mas sim à extinção da mesma, uma vez que em tal situação não há cabimento para transmissão para os respetivos herdeiros de quaisquer direitos sobre o objeto da ação. Não se justificando, pela mesma razão, e sempre no que concerne ao objeto da ação de divórcio, que se proceda a qualquer habilitação de herdeiros.
– A morte também extingue a responsabilidade criminal do "*de cujus*", mas não extingue a responsabilidade civil, transmitindo-se para os herdeiros, designadamente as dívidas, ainda que "*intra vires hereditatis*" [vide: artigos 127.º e 128.º do Código Penal; 2068.º e 2071.º do CC].

Mors ultima linea rerum – a morte é o termo de todas as coisas.

Mors ultima ratio – a morte é a última razão. – A morte como solução para um grave problema só como último recurso, sempre injustificado, se pode procurar entender.

Mortales leges – leis transitórias.

Morte crimina exstinguuntur – com a morte extinguem-se os crimes [vide: artigos 127.º e 128.º/1 do CP].

Mortis causa – por motivo da morte. – Diz-se do que acontece por motivo ou por causa da morte, como acontece com as disposições testamentárias.

Mos et lex – costume e a lei.

Mos maiorum – o costume dos antepassados.

Mos pro lege – o costume em vez da lei. – O costume em vez da lei só pode valer se não existir lei.

Mos regit legem – o costume faz lei. – Hoje só faz sentido se o costume não for contra a lei.

Motu proprio – por movimento próprio; por vontade ou iniciativa própria. – Diz-se de uma decisão tomada por iniciativa própria, isto é, espontaneamente, sem obedecer à sugestão ou impulso de outrem.

Muliebris iniuria – ultrage feito às mulheres.

Mulier autem familiae suae et caput et finis est – a mulher é não só o começo como também o termo da sua família [Ulpiano, Digesto, 50.16.195.5].

Mulier fortis oblectat virum suum – a mulher forte alegra o seu marido [Bíblia, Eclesiástico, 26.2].

Mulier id solum potest tacere quod nescit – a mulher só pode guardar segredo do que ignora [decorre de Séneca, o Velho, Controversiae, 2.5.12]. Séneca dizia *"commisi muliebri garrulitati, quae id solum potest tacere, quod nescit"* – à mulher palradora confiar aquelas coisas que só pode calar o que ignora.

Multa audi, dic pauca, tace abdita – ouve muito, fala pouco, cala os segredos.

Multa et praeclara minari – prometer fazer coisas maravilhosas.

Multa paucis – muitas coisas em poucas palavras. – O mesmo que *"multum in parvo" [muito em pouco]*. – É o poder de síntese ou concisão, de aconselhar em qualquer discurso.

Mutare consilium quis non potest in alterius detrimentum – ninguém pode mudar de decisão em prejuízo de outrem [Decretais de Bonifácio VIII, Liv. V, Tit. XII, De Regulis Juris, XXXIII].

Multi sunt vocati, pauci vero electi – muitos os chamados, mas poucos os eleitos [Bíblia, Mateus, 22.14]. – Palavras do Evangelho que dizem respeito à vida futura, mas que se aplicam, em muitas circunstâncias, à vida presente.

Multo enim amplius est id facere, quam pronuntiare in vinculis fuisse – vale muito mais isso fazer *[ir às prisões]*, do que anunciar publicamente que foi às prisões [Pompónio, Digesto, 21.1.48.3].

Multum in parvo – muito em pouco. – O mesmo que *"multa paucis"*.

Munus publicum – função pública; cargo público.

Mutare praeterita nemo potest – ninguém pode mudar o passado.

Mutatio nominis – a mudança de nome.

Mutatio veritatis – alteração da verdade.

Mutatis factis, ius mutatur – mudados os factos, muda-se o direito.

Mutatis mutandis – mudadas as coisas que devem ser mudadas; mudando o que deve ser mudado. – Utiliza-se muitas vezes no discurso jurídico para significar que determinada tese aplicada a certa situação se aplica igualmente a outra, fazendo-se as necessárias modificações ou adaptações.

Mutato nomine – com o nome mudado.

Mutatus faciem – que mudou a forma.

Mutatus voluntate – que mudou de vontade.

Mutila loqui – proferir locuções mutiladas. – Diz-se do falar fora do contexto.

Mutua defensio tutissima – a defesa mútua é a mais segura [Erasmo, Adagia, 3.8.72].

Mutuum testimonium dare – dar testemunho mútuo.

Mutuus consensus – mútuo consenso. – O mútuo consentimento é o elemento fundamental de um contrato, por ser através dele que as vontades das partes, apesar de opostas, convergem na regulamentação unitária dos respetivos interesses.

Mutuus dissensus – dissentimento mútuo *[distrate]*. – É acordo de vontade em sentido inverso de um outro acordo anterior.

N

Nam cum iudicatur rem meam esse, simul iudicatur illius non esse – quando realmente se há julgado que a coisa é minha, ao mesmo tempo se há julgado que não é do outro [Ulpiano, Digesto, 3.3.40.2].

Nam, ut eleganter Celsus definit, ius est ars boni et aequi – na verdade, como elegantemente Celso definiu, o direito é a arte do bom e do justo [Ulpiano, Digesto, 1.1.1.].

Nasciturus pro jam nato habetur, quotiens de commodis eius agitur – o nascituro é havido como já nascido, sempre que se trate dos seus interesses [parece inspirado em Paulo, Digesto, 1.5.7]. – Este princípio, que vinha do direito romano, conduzia a concluir que o nascituro era detentor de personalidade jurídica, sendo que o Código Civil de 1867, ainda estabelecia no seu artigo 6.º que *"o indivíduo, logo que é procriado, fica debaixo da proteção da lei, e tem-se por nascido para os efeitos declarados no presente código"*. – Em face do Código Civil de 1966 *[o atual]* parece inequívoco que os nascituros não possuem ainda personalidade jurídica, pois que o artigo 66.º/1 diz que *"a personalidade adquire-se no momento do nascimento completo e com vida". E o n.º 2 acrescenta que "os direitos que a lei reconhece aos nascituros dependem do seu nascimento"*.

Nascuntur poetae, fiunt oratores – os poetas nascem, os oradores fazem-se. – O dom da poesia é inato no homem; o da eloquência pode adquirir-se pelo trabalho e pelo estudo.

Natale solum – o torrão natal; a terra natal [Ovídio, Ex Ponto, 1.3.35].

Natalis dies – dia do nascimento.

Natura corpus sensibus enim ornavit ad res perspiciendas idoneis – a natureza dotou o corpo de sentidos adequados à perceção das coisas [decorre de Cícero, De Finibus, 5.59].

Naturalia negotii – elementos naturais do negócio jurídico. – São aqueles elementos que são essenciais à perfeição e conclusão do negócio jurídico e sem os quais o mesmo negócio não se pode haver por celebrado com validade.

Natura corpus ut quandam vestem animo circumdedit – a natureza colocou um corpo em volta do espírito como se fosse uma veste [decorre de Séneca, o Novo, Epistulae Morales, Libri XIV-XV, 92.13]. A referência mais precisa de Séneca é: "*Nam hoc quoque natura ut quandam vestem animo circumdedit; velamentum eius est*" – efetivamente, também por isso, a natureza colocou em volta do espírito uma espécie de vestimenta (o corpo); é a sua proteção.

Natura cupiditatem ingenuit homini veri videndi – a natureza criou no homem o desejo de conhecer a verdade [Cícero, De Finibus, 2.46].

Natura enim rerum conditum est, ut plura sint negotia quam vocabula – pela natureza está determinado que as obras valham mais que as palavras [Ulpiano, Digesto, 19.5.4].

Natura et ars nihil agunt frustra – a natureza e a arte nada fazem em vão.

Natura non facit saltus – a natureza não dá saltos [Leibniz, Novos Ensaios, IV]. – Tradução para latim de "*la nature ne fait jamais des sauts*", aforismo de Leibniz, filósofo e matemático, cuja interpretação é a de que a natureza não cria géneros absolutamente separados uns dos outros, havendo sempre liames intermediários entre eles, dentro da boa harmonia do universo. Aliás, para Leibniz o mundo, criado por Deus, é o melhor dos mundos possíveis.

Natura, rerum omnium mater – natureza, a mãe de todas as coisas.

Naturale quippe vitium est neglegi, quod communiter possidetur – sem dúvida que é vício natural descuidar do que se possui em comum [Código de Justiniano, 10.35.2.1a].

Naturalia quidem iura semper firma et immutabilia permanente – os direitos naturais permanecem sempre firmes e imutáveis [Institutas, Lib. I, Tit. II, § 9].

Navis praedio urbano comparatur – o navio equipara-se ao prédio urbano.

Ne bis in idem – não duas vezes no mesmo. – O mesmo que "*non bis in idem*". Pelos mesmos factos ninguém pode ser julgado nem condenado por duas vezes.

Ne eat judex ultra petita partium – O juiz não deve ir além do pedido das partes. – Não pode o juiz conhecer de factos que as partes não alegaram, estando também impedido de condenar em quantia superior ou em objeto diverso do que for pedido. – É um princípio atual [vide: artigo 609.º do CPC] mas que admite exceções, nomeadamente em matéria laboral [vide: artigo 74.º do CPT].

Ne ex dolo suo lucretur – não se deve lucrar através de dolo próprio [Paulo, Digesto, 4.3.12].

Ne impediatur legatio – que o legado não sofra impedimento [Paulo, Digesto, 5.1.26].

Ne impediatur libertas – que a liberdade não sofra impedimento [Paulo, Digesto, 35.2.36.3].

Ne liberalitatis suae donator poenam patiatur – o doador da sua liberalidade não é suscetível de condenação.

Ne maior poena quam culpa sit – que a punição não seja maior que a culpa [Cícero, De Officiis, 1.89].

Ne procedat judex ex officio – que o juiz não proceda oficiosamente. – Não cabe ao juiz iniciar o pleito.

Ne praeceps fueris ad iurandum – não sejas precipitado em fazer juramento [Erasmo, Adagia, 4.7.77].

Ne quid nimis – nada de mais. – Isto é, nada que represente excesso; princípio que os Latinos adotaram dos Gregos e que tinha o sentido de que todo o excesso é uma imperfeição.

Ne quis in sua causa iudicet vel sibi ius dicat – ninguém julgue em própria causa ou estabeleça para si o direito [Código de Justiniano, 3.5.0].

Ne sutor ultra crepidam – não vá o sapateiro além da chinela [Plínio, o Velho, Naturalis Historia, 35.36; Erasmo, Adagia, 1.6.16]. – Resposta do pintor Apeles a um sapateiro que, depois de haver criticado, num dos seus quadros, uma sandália, julgou também poder criticar o resto. – Aplica-se sempre que a pessoa se arroga de conhecimentos que não possui.

Ne varietur – para que não se mude. – Designa a versão definitiva de um texto.

Nec caput nec pedes – nem cabeça nem pés [Cícero, Ad Familiares, 7.31.2]. – Sem pés e cabeça.

Nec cito credideris – não confies apressadamente [Ovídio, Ars Amatoria, 3.685].

Nec de suspicionibus debet aliquem damnari – ninguém deve ser condenado por suspeitas [Ulpiano, Digesto, 48.19.5pr.].

Nec delinquimus tantum, sed usque ad extremum aevi delinquemus – não só delinquimos, como delinquiremos até ao fim da nossa vida [Séneca, De Clementia, 1.6.3].

Nec ignorans nec invitus quisquam donat – ninguém faz doação sem saber ou contra a vontade [Código de Justiniano, 8.53.10].

Nec melius valeo, quam corpore, mente, sed aegra est utraque pars – não estou melhor do espírito do que do corpo, mas cada uma das partes está doente [Ovídio, Tristia, 3.8.33].

Nec metuam quidquam et cavebo omnia – não terei medo de nada mas acautelar-me-ei de tudo [Cícero, Ad Familiares, 11.21].

Nec mu nec mutuum dare – emprestar, nem pouco nem muito.

Nec pluribus impar – não inferior a muitos *[sóis]*. – Divisa orgulhosa de Luís XIV *[Rei-Sol]*, aposta por baixo do seu emblema.

Nec plus, nec minus – nem mais, nem menos [tal e qual].

Nec plus ultra – não mais além; não mais longe. – Diz-se da inscrição gravada, segundo a fábula, por Hercules nos montes Calpe e Ábila, que ele considerou que eram os limites do mundo. – Designa um limite para além do qual se não pode passar; o mais elevado grau.

Nec promissa igitur servanda sunt ea, quae sint iis, quibus promiseris inutilia – não devem ser cumpridas as promessas que forem inúteis àqueles a quem tiveres prometido [Cícero, De Officiis, 1.32].

Nec protinus crimen artis esse, si quod professoris sit – não se pode considerar o erro como sendo da profissão, se ele for de quem a professa [Aulo Cornélio Celso, De Medicina, 2.6.15].

Nec quicquam aliud est philosophia praeter studium sapientiae – a filosofia nada mais é que a busca da sabedoria [Cícero, De Officiis, 2.5].

Nec quicquam magnum est nisi quod simul placidum – nada é grande senão o que também é pacífico [Séneca, De Ira, 1.21.4].

Nec simulatum potest quicquam esse diuturnum – nada que é simulado pode ser perdurável [Cícero, De Officiis, 2.43].

Nec vi nec clam nec precario possidet – não se possui, nem com violência, nem às ocultas, nem de modo precário [Código de Justiniano, 3.34.1].

Necare videtur is qui alimonia denegat – considera-se que quem nega alimentos mata [decorre de Paulo, Digesto, 25.3.4].

Necessaria re coactus – forçado por coisa necessária; pela necessidade.

Necessarium malum – mal inevitável [Erasmo, Adagia, 1.5.26].

Necessarium tempus – tempo necessário; momento indispensável.

Necessitas dat legem, non ipsa accipit – a necessidade dispensa a lei, não a aceita [Publílio Siro, Sententiae].

Necessitas non habet legem – a necessidade não tem lei.

Necessitas tollit arbitrium – a necessidade tira a capacidade de decidir [Séneca, De Beneficiis, 2.18].

Negare, tacere vel obscure respondere idem est – negar, calar ou responder obscuramente é a mesma coisa.

Negatio duplex est afirmatio – uma dupla negação é uma afirmação.

Negatio facit rem dubiam – a negação torna a causa duvidosa.

Negatio per positionem – negação por posição *[contrária]*. – É a negação indireta, pela contraposição de factos que infirmam os factos alegados pela parte contrária.

Negativa non sunt probanda – os factos negativos não são de provar. – No direito antigo valia este princípio de que não eram de provar os factos negativos, mas o direito moderno não admite que os factos negativos não tenham de ser provados. – No direito atual, o ónus da prova é distribuído, independentemente do carácter positivo ou negativo do facto a provar, nos termos dos artigos 342.º e seguintes do Código Civil, ainda que se reconheça que a prova de factos negativos é uma prova, quase sempre, diabólica, quando não impossível. – No entanto, há ações em que os próprios factos, fundamentadores da procedência da ação, são de natureza negativa, carecendo o autor de fazer a respetiva prova, como sucede com a ação negatória da servidão, pela qual o autor pede a declaração de a servidão estar extinta pelo não uso e em que o autor carece de provar que o dono do prédio dominante não usou da servidão durante vinte anos [vide: artigo 1569º/1/b) do CC].

Negativa praecepta obligant semper et pro semper, non sic affirmative – os preceitos negativos obrigam sempre e para todo o sempre, não assim os afirmativos.

Neglegens non dicitur qui non potest facere – não se considera negligente quem não pode fazer.

Neglegentia imputari non debet ignoranti – não se deve imputar negligência ao ignorante.

Neglegentia semper habet infortunium comitem – a negligência sempre tem o infortúnio como companheiro.

Negotia pluribus comissa segnius expediuntur – os negócios confiados a muitos são resolvidos mais devagar.

Negotia vigilanter peragenda, quia ius vigilantibus, et non dormientibus, favet – os negócios devem ser feitos com cuidado, porque o direito é favorável aos vigilantes, não aos adormecidos.

Negotiorum gestio – gerência dos negócios [Institutas, Lib. III, Tit. XXVII, §1].

Negotiorum gestor [Código de Justiniano, 2.18.24pr.] – gerente dos negócios.

Negotiosus dies – dia de trabalho.

Negotium a semet ipso – negócio consigo próprio. – Chama-se também autocontrato. – Trata-se do negócio celebrado por uma só pessoa, que intervém ao mesmo tempo a título pessoal e em representação de uma ou de várias pessoas. Diz-se também do negócio celebrado entre duas pessoas, por um só representante de ambas, caso em que se verifica uma dupla representação.

Negotium iuris – negócio jurídico.

Negotium mixtum cum donatione – negócio misto com doação. – Aplica-se relativamente à venda com preço de favor, em que em parte se pretende doar, por qualquer intenção de liberalidade quanto à pessoa do comprador, e em parte vender.

Nemine contradicente – ninguém discordante; sem que ninguém contradiga. – Diz-se das aprovações plenas; por unanimidade.

Nemine discrepante – sem ninguém discordar. – É equivalente ao de "*nemine contradicente*". – Diz-se, na votação, da decisão unânime.

Neminem aequum est cum alterius damno locupletari – é justo que ninguém se locuplete com o prejuízo alheio.

Neminem id agere, ut ex alterius praedetur inscitia – ninguém deve procurar obter vantagem da ignorância alheia [Cícero, De Officiis, 3.72].

Neminem ignorantia legis excusat – o desconhecimento da lei não desculpa a ninguém.

Neminem laedit qui iure suo utitur – quem usa de seu direito não prejudica a ninguém.

Neminem oportet esse sapientiorem legibus – ninguém deve ser mais sábio que as leis.

Neminem, qui sub dicione sit romani nominis, binas uxores habere posse vulgo patet – ninguém, que esteja sob o controle do povo romano, pode ter duas mulheres, como é sabido de todos [Código de Justiniano, 5.5.2].

Nemini invito fit beneficium – a ninguém contrariado se concede um benefício. – Significa que não se pode obrigar o credor a receber uma prestação. Se o credor se recusar a receber a prestação, o devedor deve proceder à sua consignação em depósito [vide: artigo 841.º do CC].

Nemo ad faciendum cogi potest - ninguém pode ser coagido a praticar o ato a que se obrigou. - Expressão usada em matéria de obrigações de "*facere*".

Nemo ad factum cogi potest - ninguém pode ser coagido a praticar um facto a que se obrigou. - O mesmo princípio de "*nemo ad faciendum cogi potest*".

Nemo ad factum praecise cogi potest - ninguém pode ser coagido a praticar um facto a que precisamente se obrigou. - O aforismo tem especial aplicação no contrato de empreitada, porque ao empreiteiro não pode ser imposta coercivamente a eliminação dos defeitos ou a realização de nova obra, se ele a tal se recusar após condenação para o efeito.

Como é da doutrina, perante a recusa do empreiteiro em eliminar os defeitos da obra, pode o dono da mesma obra requerer a execução específica da prestação de facto, nos termos do artigo 828.° do CC, se ela for fungível, a qual opera por via judicial. Assim, depois da condenação do empreiteiro à eliminação dos defeitos ou à realização de nova obra, e perante a recusa deste, não tem o dono da obra outra alternativa que não seja a de encarregar terceiro de proceder à realização dos trabalhos necessários para fazer suprir os defeitos, a expensas do empreiteiro, pois que não pode o empreiteiro ser coagido à eliminação dos defeitos, nem à realização da obra de novo.

Nemo ad impossibile tenetur - ninguém é obrigado ao impossível.

Nemo agit in seipsum - ninguém aciona contra si mesmo.

Nemo alienae rei sine satisdatione defensor idoneus intellegitur - ninguém é considerado defensor idóneo de bem alheio sem uma garantia [Institutiones de Gaio, 4.101].

Nemo alieno nomine lege agere potest - ninguém legalmente pode acionar em nome de outrem [Ulpiano, Digesto, 50.17.123pr.].

Nemo allegans suam turpitudinem est audiendus - ninguém é de ouvir tendo de alegar sua própria torpeza. - Este princípio encontra-se consagrado, nomeadamente, no artigo 454º/2 do Código do Processo Civil, segundo o qual não é de admitir o depoimento sobre factos criminosos ou torpes, de que a parte seja arguida.

Nemo ante mortem beatus - ninguém é santo antes de morrer. - As virtudes das pessoas, normalmente, apenas depois da morte são verdadeiramente reconhecidas, aplaudidas ou veneradas.

Nemo auditur propriam turpitudinem allegans - ninguém terá ser ouvido para relatar a própria torpeza ou falta. - O mesmo que "*nemo allegans suam turpitudinem est audiendus*".

Nemo beneficia in calendario scribit - ninguém anota os benefícios no livro de registo [Séneca, De Beneficiis, 1.2].

Nemo bis punitur pro eodem delicto – ninguém é punido duas vezes pelo mesmo delito. – O mesmo que *"ne bis in idem"* e *"non bis in idem"*.

Nemo censetur ignorare legem – considera-se que ninguém ignora a lei. – O que se compreende porque a ignorância da lei não justifica a falta do seu cumprimento [vide: artigo 6.º do CC].

Nemo cogi ad factum – ninguém pode ser obrigado a prestar um facto. – Assim, a pressão coativa do vínculo obrigacional manifesta-se, não sobre o comportamento ou sobre a atividade pessoal do devedor inadimplente, mas sobre o seu património.

Nemo cogitur rem suam vendere, etiam iusto pretio – ninguém é obrigado a vender propriedade sua, mesmo a preço justo.

Nemo condemnat sine auditur – ninguém pode ser condenado sem ser ouvido. – O que é exigido, entre o mais, pelos princípios da audiência prévia e do contraditório.

Nemo condemnatur nisi auditus vel advocatus – ninguém pode ser condenado sem ter sido ouvido ou defendido.

Nemo contra factum suum venie potest – ninguém pode contradizer um facto seu.

Nemo contra se sponte agere censetur – julga-se que ninguém age contra si espontaneamente.

Nemo contra se subrogasse censetur – ninguém contra si declara sub-rogar-se. – O princípio faz todo o sentido, na medida em que a sub-rogação *[pessoal]* apenas se pode verificar quando a pessoa toma o lugar de outra na titularidade de um direito subjetivo.

Nemo cum alterius damno locupletior fieri debet – ninguém deve ficar mais rico com o prejuízo alheio.

Nemo damnetur nisi per legale judicium – ninguém é condenado senão por um julgamento legal. – Apenas se pode ser condenado por virtude de julgamento regular e em tribunal competente.

Nemo damnum facit, nisi qui id facit, quod facere ius non habet – ninguém causa dano, exceto aquele que algo faz, que não tem o direito de fazer [Paulo, Digesto, 50.17.151].

Nemo dat quod non habet – ninguém dá o que não tem. – A presente máxima tem correspondência na sabedoria popular quando assim se pronuncia: *"pilriteiro que dás pilritos, por que não dás coisa boa? Cada um dá o que tem segundo a sua pessoa"*.

Nemo de artificio potest iudicare, nisi artifex – da arte ninguém pode julgar, exceto o artífice.

Nemo de domo sua extrahi debet – ninguém deve ser retirado de sua casa [Paulo, Digesto, 50.17.103].

Nemo de improbitate sua consequitur actionem – ninguém consegue ação fundada na própria improbidade [Ulpiano, Digesto, 47.2.12.1].

Nemo debet bis vexari pro una et eadem causa – ninguém pode ser punido *[julgado]* duas vezes em relação a uma e mesma causa.

Nemo debet esse iudex in propria causa – ninguém deve ser juiz em causa própria.

Nemo debet immiscere se rei ad se nihil pertinenti – ninguém deve intrometer-se em coisa que não lhe diz respeito.

Nemo debet inauditus damnari – ninguém deve ser condenado sem ter sido ouvido.

Nemo debet in communione invitus teneri – ninguém deve ser mantido numa sociedade contra sua vontade.

Nemo debet lucrari ex alieno damno – ninguém deve locupletar-se com o dano alheio [Gaio, Digesto, 4.3.28].

Nemo debet rem suam sine facto aut defectu suo amittere – ninguém deve perder coisa sua senão por facto ou omissão própria.

Nemo debet sine culpa puniri – ninguém deve ser punido sem culpa.

Nemo discrepante – sem qualquer discrepância ou oposição; com o consenso de todos. – O mesmo que *"nemine contradicente"* e *"nemine discrepante"*.

Nemo enim invitus compellitur ad communionem – ninguém é compelido contra a vontade a formar uma sociedade [Ulpiano, Digesto, 12.4.26.4].

Nemo ex alterius facto praegravari debet – ninguém deve ser molestado em consequência de ato de outrem.

Nemo ex consilio obligatur – que ninguém seja obrigado pelo conselho [Gaio, Digesto, 17.1.2.6].

Nemo ex dolo suo lucretur – que ninguém tire vantagem de seu dolo. – O mesmo que "ne ex dolo suo lucretur" [Paulo, Digesto, 4.3.12].

Nemo ex industria protrahat iurgium – que ninguém propositadamente arraste a demanda [Código de Justiniano, 2.6.6.4].

Nemo ex proprio dolo consequitur actionem – ninguém consegue ação a partir de sua própria fraude.

Nemo ex suo delicto meliorem suam condicionem facere potest – ninguém pode melhorar a sua condição pelo seu delito [Ulpiano, Digesto, 50.17.134.1].

Nemo habet in potestate quid ei veniat in mentem, sed consentire vel dissentire propriae voluntatis est – ninguém tem poder sobre o que lhe vem à mente, mas concordar ou discordar é de sua vontade [S. Agostinho, De Spiritu et Littera, 34].

Nemo hominum quavis sapiens reperitur in hora – nenhum homem é sábio em todas as horas.

Nemo idoneus testis in re sua – ninguém é testemunha idónea em causa própria.

Nemo igitur ad litus maris accedere prohibetur piscandi causa – ninguém pode ser impedido de chegar à praia para pescar [Marciano, Digesto, 1.8.4pr.].

Nemo inauditus condemnari debet, si non sit contumax – ninguém deve ser condenado sem ser ouvido, se não é contumaz.

Nemo inauditus damnari censetur – ninguém deve ser condenado sem ter sido ouvido.

Nemo in judicio auditur propriam turpitudinem allegans – ninguém deve ser ouvido em juízo alegando a própria torpeza. – O mesmo que *"nemo auditur propriam turpitudinem allegans"*.

Nemo in propria causa testis esse debet – ninguém deve ser testemunha em causa própria.

Nemo invenitur qui pecuniam suam dividere velit – não se encontra ninguém que queira dividir seu dinheiro [Séneca, De Brevitate Vitae, 3.1].

Nemo invitus compellitur ad communionem – ninguém é compelido contra a vontade a formar uma sociedade [Ulpiano, Digesto, 12.6.26.4].

Nemo iudex in re sua – ninguém pode ser juiz em causa própria. – O mesmo que *"nemo iudex in sua causa"*.

Nemo iudex sine lege – não há juiz sem lei.

Nemo ius ignorare censetur – julga-se que ninguém ignora o direito. – O mesmo que *"nemo censetur ignorare legem"*.

Nemo ius ignorare non excusat – a ninguém escusa ignorar a lei. – A exceção da ignorância da lei se fosse admitida, tornaria inútil a existência da mesma lei.

Nemo ius sibi dicere potest – ninguém pode declarar o direito para si mesmo.

Nemo liberalis nisi liberatus – ninguém é livre se não estiver libertado. – A pessoa não se pode considerar como pessoa livre se não tiver condições de plena liberdade.

Nemo nocens, si infitiari sufficit – ninguém seria culpado, se bastasse negar.

Nemo non benignus est sui iudex – ninguém é juiz não benevolente para si [Séneca, De Beneficiis, 2.26].

Nemo plus commodi heredi suo relinquit quam ipse habuit – ninguém deixa ao seu herdeiro benefício maior do que ele mesmo tinha [Paulo, Digesto, 50.17.120].

Nemo plus iuris ad alium transferre potest, quam ipse haberet – ninguém pode transferir para outrem mais direito do que aquele que ele próprio tinha [Ulpiano, Digesto, 50.17.54]. – Em caso de transferência de um direito, o titular do direito adquirido está delimitado pelo direito antigo, quanto à sua existência, extensão e modalidade. Não pode adquirir-se derivadamente um direito que antes não existia. O direito que se adquire não pode ser mais extenso do que o que se perde e as virtudes e defeitos do primeiro serão as mesmas do segundo, podendo o adquirente utilizar iguais prerrogativas e meios de defesa, estando também sujeito aos mesmos ónus e limites.

Nemo potest ad impossibile obligari – ninguém pode ser obrigado ao impossível [Decretais de Bonifácio VIII, Liv. V, Tit. XII, De Regulis Juris, VI].

Nemo potest esse simul actor et iudex – ninguém pode ser ao mesmo tempo autor *[da ação]* e juiz.

Nemo potest facere per alium quod per se non potest – ninguém pode fazer através de outrem o que não pode por si fazer.

Nemo potest ignorare leges – ninguém pode desconhecer as leis.

Nemo potest mutare consilium suum in alterius iniuriam – ninguém pode mudar a sua resolução para injustiça de outrem [Papiano, Digesto, 50.17.75].

Nemo potest nisi quod de iure potest – ninguém pode fazer coisa que não seja permitida pela lei.

Nemo potest non esse – ninguém pode não ser. – Entre ser e não ser existe absoluta contradição, pelo que ou se é ou não se é.

Nemo potest plus iuris transferre in alium, quam sibi competere dignoscatur – ninguém pode transferir a outro mais direito que o que se reconhece que lhe compete [Decretais de Bonifácio VIII, Liv. V, Tit. XII, De Regulis Juris, LXXIX].

Nemo potest praecise cogi ad factum – ninguém pode ser coagido precisamente para *[praticar]* o facto. – O mesmo que *"nemo ad factum praecise cogi potest"*.

Nemo potest venire contra factum proprium – ninguém pode pôr em causa um facto próprio. – Agir contra facto próprio é uma modalidade de abuso de direito, previsto no artigo 334.º do Código Civil.

Nemo praesumitur malus nisi probetur – ninguém se presume desonesto sem que se prove.

Nemo pro parte testatus pro parte intestatus decedere potest – ninguém pode morrer em parte testado e em parte intestado. – Foi princípio que vigorou durante longos séculos e que tinha o significado de que se alguém fizesse um testamento teria, através dele, de instituir todos os herdeiros e legatários, não podendo limitar-se a fazer um legado, como se verifica no direito atual. E se instituísse um ou vários herdeiros apenas em parte do património entendia-se que eram instituídos também em todo o restante património. Note-se que no direito antigo, em que a sucessão se fazia apenas pela via masculina, o *"de cujus"*, quando não tinha filhos ou outros descendentes varões, tinha necessidade de instituir *"heredes sui" [seus herdeiros]*, através de testamento, de acordo com o princípio em análise. – O princípio não tem hoje aplicação, porque qualquer pessoa pode fazer testamento a dispor por morte apenas parte do seu património [vide: artigo 2179.º do CC].

Nemo punitur pro alieno delicto – ninguém deve ser punido por delito alheio.

Nemo, qui condemnare potest, absolvere non potest – ninguém, que pode condenar, não pode absolver (quem pode condenar pode absolver) [Ulpiano, Digesto, 50.17.34].

Nemo sibi esse iudex vel suis ius dicere debet – ninguém deve ser juiz ou declarar o direito para si mesmo [decorre de Código de Justiniano, 3.5.1]. – Na passagem referida, Justiniano, citando Imperadores anteriores, diz, mais concretamente: *"generali lege decernimus neminem sibi esse iudicem vel ius sibi dicere debere"* – pela lei geral decidimos que ninguém deve ser juiz ou declarar o direito para si mesmo.

Nemo sua sorte contentus – ninguém está contente com a sua sorte.

Nemo tenetur ad impossibile – ninguém é obrigado ao impossível.

Nemo tenetur contra se facere – ninguém é obrigado a agir contra si mesmo.

Nemo tenetur detegere proprium torpitudinem – ninguém tem de revelar a sua própria desonra. – Máxima do direito semelhante às citadas: *"nemo in judicio auditur propriam turpitudinem allegans"* e *"nemo auditur propriam turpitudinem allegans"*.

Nemo tenetur divinare – ninguém é obrigado a adivinhar.

Nemo tenetur prodere seipsum – ninguém é obrigado a proceder contra si mesmo.

Nemo tenetur seipsum accusare – ninguém pode ser obrigado a incriminar-se.

Nemo tenetur spectare donec percutietur – ninguém é obrigado a ficar especado enquanto é espancado.

Nemo testis contra seipsum – ninguém é testemunha contra si próprio.

Nemo timendo ad summum pervenit locum – com medo ninguém chega a posição elevada [Publílio Siro, Sententiae].

Nemo videtur fraudare eos qui sciunt et consentiunt – considera-se ninguém defraudar aqueles que sabem e consentem [Ulpiano, Digesto, 50.17.145].

Neque contra leges, neque contra bonos mores pacisci possumus – não podemos fazer contratos nem contra as leis, nem contra os bons costumes.

Neque enim amplius quam semel res mea esse potest – uma coisa não pode ser minha mais do que uma vez. – Segundo a teoria da causalidade jurídica, do mesmo modo que não pode haver duas criações do mesmo ser, também não pode haver dois factos constitutivos da mesma relação jurídica. Por isso, se se adquiriu determinado bem por compra legítima, possuindo-o pelo tempo suficiente para usucapião, esta não se pode verificar, porque ninguém adquire o que já é seu.

Neque sempre arcum tendit Apollo – nem sempre Apolo mantém distendido o arco [Horácio, Odes, II, 10.19]. – Significa que os próprios deuses também descansam, porque o descanso é necessário à vida.

Nescire, vel non posse, vel dubitare, paria sunt – não saber, não poder, ou duvidar, se equivalem.

Nescit vox missa reverti – a palavra depois de dita não volta atrás. – É como pedra arremessada.

Neutrum in partem moveri – ficar indiferente. – O mesmo que *"in neutrum"*.

Nihil ad rem – nada com a coisa; nada a ver com o caso.

Nihil aliud est actio quam ius quod sibi debeatur, iudicio persequendi – a ação não é outra coisa senão o direito de perseguir em juízo aquilo que ao próprio seja devido [Celso, Digesto, 44.7.51]. – É a noção de ação dada no direito romano.

Nihil clarior – não há nada mais claro.

Nihil commune habet proprietas cum possessione – nada de comum tem a propriedade com a posse [Ulpiano, Digesto, 41.2.12.1].

Nihil conatur unquam, cuncta qui timet – nunca arrisca nada quem tem medo de tudo.

Nihil consensui tam contrarium est, qui ac bonae fidei iudicia sustinet, quam vis atque metus – nada é tão contrário ao consenso, que até promove as decisões de boa consciência, quanto a violência e o medo [Ulpiano, Digesto, 50.17.116pr.].

Nihil dat qui non habet – nada dá quem nada tem.

Nihil diu occultum – nada oculto por muito tempo.

Nihil dolo creditor facit qui suum recipit – de nenhum dolo usa o credor que recebe o que é seu.

Nihil et inutile aequiparantur – o nada e o inútil se equiparam.

Nihil etenim actum esse credimus, dum aliquid addendum superest – na verdade, nada consideramos acabado, enquanto falta acrescentar alguma coisa [Código de Justiniano, 6.35.11.3].

Nihil minus – absolutamente nada.

Nihil nocere – não fazer mal nenhum.

Nihil non – tudo. – A expressão lida ao contrário – *"non nihil"*– significa *"alguma coisa"*.

Nihil novi sub sole – nada de novo sob o sol; nada de novo na Terra.

Nihil obstat – nada obsta. – À publicação de uma obra, à realização de um ato.

Nihil obstat; imprimi potest – nada obsta; pode imprimir-se. – Fórmula de licença que se costuma imprimir nos livros submetidos à autorização eclesiástica.

Nihil perfectum est dum aliquid restat agendum – nada está completo enquanto resta algo a ser feito.

Nihil sine causa – nada existe sem uma causa. – Causa é aquilo que gera o efeito e se prolonga nele. – O princípio *"nihil sine causa"* está certo, mas tem de se acrescentar: exceto a primeira causa.

Nihil sub sole novum – debaixo do sol não há nada de novo [Bíblia, Eclesiastes, I.9].

Nihil tam contrarium consensui quam vis et metus – nada é tão contrário à concordância quanto a violência e o medo.

Nil contra dicens satis assentire videtur – nada contradizer é olhado como muito consentir; quem cala consente.

Nimia neglegentia – extrema negligência.

Nimia neglegentia est non intellegere, quod omnes intellegunt – extrema negligência é não entender o que todos entendem [Ulpiano, Digesto, 50.16.213.2]. – A definição de Ulpiano é mais precisamente: *«'lata culpa' est nimia neglegentia, id est non intellegere quod omnes intellegunt»* – a culpa grave é a extrema negligência, isto é, não entender o que todos entendem.

Nimia pertinacia – demasiada teimosia.

Nobilissimae inimicitiae – inimizade muito conhecida.

Nocentem absolvere satius est quam innocentem damnare – é preferível absolver um culpado a condenar um inocente.

Nocentissimi homines – homens criminosos.

Nolens volens – querendo ou não; com ou sem consentimento.

Nolite mittatis margaritas ante porcos – não lanceis pérolas a porcos [Bíblia, Mateus, 7.6]. – As palavras são de passagem evangélica em que Cristo aconselha que não se atirem pérolas aos porcos, sendo a frase mais completa a seguinte: *"nolite dare sanctum canibus neque mittatis margaritas vestras ante porcos, ne forte conculcent eas pedibus suis et conversi dirumpant vos"* – não deiteis aos cães o que é santo, nem atireis as vossas pérolas aos porcos, para que não suceda que eles as pisem com os pés e que, voltando-se contra vós, vos ataquem. – O convite é para não desperdiçar coisas valiosas, materiais ou não, dando-as para aqueles que não são capazes de apreciá-las. – Utiliza-se frequentemente a expressão *"dar pérolas a porcos"* para significar dar algo de valor a quem não o aprecia, não o compreende ou não o merece.

Nolle et non posse paria sunt – não querer e não poder se equivalem.

Nomen juris – nome jurídico; denominação legal. – Aplica-se a um conceito, princípio, figura, instituto, delito, etc..

Nominatus prior, magis dilectus dignusque praesumitur – nomeado em primeiro lugar, mais estimado e mais digno se presume.

Nomine alieno – em nome alheio.

Non aedificandi – não edificar. – Aplica-se à área sobre a qual não se permite nenhuma construção; área livre de construção de qualquer espécie ou natureza.

Non adimpleti contractus – o não cumprimento do contrato.
– É a não realização da prestação devida, sem que se tenha verificado qualquer das causas extintivas da relação obrigacional.

Non bis ad eumdem lapidem offendere – não tropeçar duas vezes na mesma pedra.

Non bis in idem – não duas vezes no mesmo. – O mesmo que *"ne bis in idem"*. – Tem especial aplicação em matéria de direito penal: ninguém pode ser condenado duas vezes pelo mesmo facto. Também se aplica no direito fiscal: não se podem cobrar dois tributos pelo mesmo facto gerador.

Non consentit qui errat – não consente aquele que erra.

Non dat qui non habet – não dá quem não tem.

Non debet actori licere, quod reo non permittitur – não deve autorizar-se ao autor o que ao réu se não permite. – É o princípio da igualdade das partes, consagrado no artigo 4.º do CPC.

Non debet aliquis alterius odio praegravari – ninguém deve ser prejudicado pelo ódio de outrem [Decretais de Bonifácio VIII, Liv. V, Tit. XII, De Regulis Juris, XXII].

Non debet, cui plus licet, id quod minus est non licere – não deve, a quem é permitido o mais, não ser permitido o menos [Ulpiano, Digesto, 50.17.21].

Non decet – não convém. – Expressão que se utiliza para advertir alguém da inconveniência de um ato ou de uma palavra.

Non dominus – não dono. – Diz-se daquele que não é proprietário da coisa de que se trata.

Non enim donat, qui necessariis oneribus succurrit – não faz donativo aquele que satisfaz às obrigações legais [Ulpiano, Digesto 24.1.21pr.].

Non dubium est in legem committere eum, qui verba legis amplexus contra legis nititur voluntatem – não há dúvida que age contra a lei aquele que, seguindo as palavras da lei, contra o espírito da lei se inclina [Código de Justiniano, 1.14.5pr.].

Non efficit affectus nisi sequatur effectus – não se concretiza a intenção se não se segue o efeito.

Non esse et non apparere est idem in iure – não existir e não aparecer é a mesma coisa em direito.

Non esse et non posse probari vel reperiri idem est – não existir e não se poder provar ou encontrar é o mesmo.

Non esse vel esse nullum paria sunt – não existir ou ser nulo é a mesma coisa.

Non est arctius vinculum inter homines quam iusiurandum – não há vínculo mais firme entre os homens que o juramento.

Non est falsum sine dolo – não há falsidade sem dolo.

Non est in mora qui potest exceptione legitima se tueri – não está em mora quem pode defender-se com exceção legítima [Decretais de Bonifácio VIII, Liv. V, Tit. XII, De Regulis Juris, LX]. – No contrato de compra e venda de produto com espera de preço, mas a troco de garantia, se o comprador não prestar a garantia, poderá o vendedor recusar a entrega do produto sem entrar em mora, enquanto o comprador não pagar o preço ou não o oferecer simultaneamente.

Non est maior defectus quam defectus potestatis – não há maior falta do que a falta de autoridade.

Non est novum ut priores leges ad posteriores trahantur – não é novo que as leis anteriores são substituídas pelas posteriores.

Non est obligatorium contra bonos mores praestitum iuramentum – juramento orientado contra os bons costumes não é vinculativo [Decretais de Bonifácio VIII, Liv. V, Tit. XII, De Regulis Juris, LVIII].

Non est recedendum a communi observantia – não se deve abandonar uma prática comum.

Non est sine culpa, qui rei, quae ad eum non pertinent, se immiscet – não está isento de culpa quem se intromete em assunto que não é de sua competência [Decretais de Bonifácio VIII, Liv. V, Tit. XII, De Regulis Juris, XIX].

Non est veri simile – não é verosímil.

Non exemplis, sed legibus est iudicandum – deve-se julgar pelas leis, não pelos precedentes [Código de Justiniano, 7.45.13]. – O mesmo que *"cum non exemplis sed legibus iudicandum est"* e que *"iudicandum est legibus, non exemplis"*. – Na atualidade existem dois sistemas de julgamento: o sistema do *Common law*, mais utilizado por países de origem anglo-saxónica como Estados Unidos e Inglaterra, que opera por meio das decisões judiciais precedentes, e não mediante atos legislativos ou executivos, ou seja, sistema em que a segurança jurídica é procurada basicamente no precedente judicial, ainda que sem desprezar a lei; o sistema da *Civil law* [Direito civil], baseado no direito romano, como é o português, que opera por meio da aplicação do texto da lei, ou seja, sistema em que a segurança jurídica é buscada essencialmente na lei, mas tendo também em conta a jurisprudência.

Non facere – não fazer. – Diz-se a propósito das obrigações de não fazer *[obrigações negativas]*, que são aquelas em que o devedor fica obrigado a abster-se da prática de determinada conduta, mantendo-se em situação de omissão para com determinada pessoa. Estas obrigações de não fazer podem ser constituídas por meio de contrato, de lei ou de sentença judicial, verificando-se nas situações em que o devedor é forçado a abster-se da prática de ato que normalmente poderia exercer ou quando é obrigado a permitir certos atos, a que poderia obstar, caso não fosse a obrigação assumida ou imposta.

Non facit fraudem, qui facit quod debet – não comete fraude quem faz o que deve.

Non firmatur tractu temporis quod de iure ab initio non subsistit – não se firma com o passar do tempo aquilo que de direito desde o início não existe [Decretais de Bonifácio VIII, Liv. V, Tit. XII, De Regulis Juris, XVIII].

Non in solo pane vivit homo – nem só de pão vive o homem [Bíblia, Mateus, 4.3-4]. – Depois de Cristo ter jejuado durante 40 dias no deserto teve fome e o diabo aproximou-se dele e disse: *"se és o filho de Deus, manda que estas pedras se transformem em pães"*. Então Jesus respondeu: *"está escrito: nem só de pão viverá o homem, mas de toda palavra que procede da boca de Deus"*. – Pretende-se significar que o alimento espiritual é mais importante que o alimento para o corpo; não adiantando cuidar do corpo se o espírito está morto.

Non indigent probatione facta notória – factos notórios não necessitam de comprovação. – Não carecem de prova nem de alegação os factos notórios, devendo considerar-se como tais os factos que são do conhecimento geral [vide: artigo 412.º/1 do CPC].

Non intellegere quod omnes intelligunt; omnes in civitate sciunt quod ille solus ignorat – não entender o que todos entendem; todos na cidade sabem aquilo que só ele ignora [Ulpiano, Digesto, 50.16.213.2]. – Reporta-se à culpa lata, ou culpa grave, que para os romanos consistia na negligência grosseira, acima da média comum, ou seja, a negligência daquele que não use a atenção mais banal. – Diz-se de uma pessoa de uma incompreensão, incultura e falta de conhecimento anormais para o cidadão comum, que incorrendo em erro culposo poderá ter de indemnizar a outra parte.

Non licet actori quod reo licitum non exsistit – não é permitido ao autor da ação o que não se concede ao réu.

Non licet omnibus adire Corinthum – nem a todos é permitido entrar em Corinto. – Tradução latina de um provérbio grego, segundo o qual eram tão caros os prazeres em Corinto que nem todos podiam visitar. – Usa-se a propósito de todas as coisas a que é forçoso renunciar por falta de meios.

Non liquet – não *[está]* claro; não esclarecido. – Diz-se quando um tribunal, ou qualquer outra entidade que procede à aplicação ou interpretação do direito, não decide ou não toma posição porque o assunto não está claro, por obscuridade dos factos ou do direito. – Não é legal no nosso direito o uso do *"non liquet"*, que corresponderia a uma sentença de conteúdo meramente negativo. O tribunal não pode emitir declaração de impossibilidade de resolver do objeto ou mérito da causa.

Non multa, sed multum – não muitas coisas, mas muito bem. – Diz-se de resultados que valem menos pelo número do que pela qualidade.

Non nova sed nove – não coisas novas, mas de um modo novo. – Diz-se quando se apresenta de forma original coisas que já são conhecidas.

Non obligat lex nisi promulgata – a lei não obriga a não ser que tenha sido promulgada.

Non obscure – claramente.

Non omne quod licet honestum est – nem tudo o que é lícito é honesto [Paulo, Digesto, 50.17.144pr.]. – Significa que além da eficácia de uma norma, que foi emitida respeitando a estrutura legal, ela pode colidir com a ética, a moralidade e honestidade, de modo a não ser necessariamente justa.

Non possumus quin alii a nobis dissentiant – não podemos obstar a que os demais discordem de nós [Cícero, Academica Priora, II.7].

Non potest dici eleemosyna quae fit ex furto vel rapina – não pode ser denominado esmola aquilo que vem de furto ou rapina.

Non potest improbus videri, qui ignorat quantum solvere debeat – não pode ser considerado desonesto quem não sabe quanto deveria pagar [Venónio, Digesto, 50.17.99].

Non praestat impedimentum quod de iure non sortitur effectum – não constitui impedimento o que é nulo de pleno direito [Decretais de Bonifácio VIII, Liv. V, Tit. XII, De Regulis Juris, LII].

Non probandum factum notorium – não precisa ser provado o facto notório. – Não carecem de prova nem de alegação os factos notórios, devendo considerar-se como tais os factos que são do conhecimento geral [vide: artigo 412.º/1 do CPC].

Non promulgatam sane legem non obligare – lei que não foi devidamente promulgada não obriga.

Non quod dictum est, sed quod factum est, inspicitur – é de considerer, não o que é dito, mas o que foi feito.

Non scribit, cuius carmina nemo legit – não escreveu aquele cujos poemas ninguém leu [Marcial, Epigrammata, 3.9].

Non servanti fidem, non est fidem servanda – para o que não cumpre a palavra, não é a palavra de cumprir [Jean-Pierre Giber]. – Era a regra dos correlativos, defendida pelos canonistas na Idade Média, segundo a qual a pessoa não está obrigada a cumprir em favor da outra que não cumpriu. – A regra deu origem à teoria da *"exceptio non adimpleti contractus"*.

Non tantum alimenta, verum etiam cetera quoque onera liberorum patrem ab iudice cogi praebere rescriptis continetur – o pai deve ser obrigado pelo juiz a prover com pagamentos não só os alimentos mas também os demais encargos dos filhos [Ulpiano, Digesto, 25.3.5.12].

Non tantum verbis ratum haberi posse, sed etiam actu – não somente por palavras se pode comprovar, mas também por ação [Cévola, Digesto, 46.8.5].

Non verbis, sed ipsis rebus leges imponimus – impomos as leis, não por palavras, mas pelas próprias ações [Código de Justiniano, 6.43.2.3].

Non verbis, sed rebus – não por palavras, mas por ações.

Non videntur qui errant consentire – não se consideram concordar aqueles que erram [Ulpiano, Digesto, 50.17.116.2].

Non videntur rem amittere quibus propria non fuit – não se considera ter perdido uma coisa a quem não era dono dela [Papiniano, Digesto, 50.17.83].

Non videtur vim facere, qui iure suo utitur et ordinaria actione experitur – não se considera agir com violência quem usa de seu direito e recorre a ação adequada [Paulo, Digesto, 50.155.1].

Norma loquendi – norma de falar.

Normae agendi – normas de atuação.

Normae generales – normas gerais.

Normae iuris – regras do direito.

Nosce te ipsum – conhece-te a ti próprio. – Não há certeza sobre quem foi o autor desta máxima, mas há vários autores que a atribuem ao sábio grego Tales de Mileto. Porém, existem outros que afirmam que a expressão foi proferida por Sócrates, Heráclito ou Pitágoras. – Esta máxima, "*conhece-te a ti mesmo*", está inscrita na entrada do Templo existente em Delfos, construído em honra de Apolo, o deus grego do sol, da beleza e da harmonia. – Segundo Platão, Sócrates teria estado presente no Templo de Apolo em Delfos, onde o oráculo afirmou que ele era o homem mais sábio do mundo. Na circunstância, Sócrates terá proferido como resposta a sua frase mais conhecida: "*tantum scio quod nihil scio*" – só sei que nada sei.

Note bene – nota bem; observa bem.

Notitia criminis – notícia do crime.

Notoria non egent probatione – os factos notórios não precisam de prova. – Não carecem de prova nem de alegação os factos notórios, devendo considerar-se como tais os factos que são do conhecimento geral [vide: artigo 412.º/1 do CPC].

Nova constitutio futuris formam imponere debet, non praeteritis – a nova disposição legal deve impor forma às coisas futuras, não às passadas.

Novatio legis – renovação da lei. – Consiste na extinção de uma lei antiga pela criação de uma lei nova.

Novissima verba – as últimas palavras.

Novissima voluntas servatur – cumpra-se a última vontade.

Novum factum novum consilium expetit – facto novo exige decisão nova.

Novum opus – obra nova.

Novus homo – homem novo. – Aplica-se ao homem que renuncia a um modo de vida desonesto, tornando-se assim um homem diferente em termos de dignidade.

Noxae damnatus – condenado por uma falta.

Nuda cogitatio – o puro pensamento. – Diz-se do pensamento sem qualquer concretização exterior.

Nulla actio sine lege – não há demanda sem lei *[para a sustentar]*.

Nulla emptio sine pretio esse potest – não pode haver compra sem preço.

Nulla enim voluntas errantis est – a vontade errante é nula. – Para alguns jurisconsultos romanos o erro excluía a vontade. A expressão aplica-se de alguma maneira ao erro-vício *[ou erro-motivo ou erro sobre os motivos]*, em que a vontade foi viciada na sua formação, ou seja, a vontade não se teria formado como efetivamente se formou, caso não tivesse havido uma falsa representação da realidade [vide: artigo 252.º do CC].

Nulla est caritas sine iustitia – é nula a caridade sem justiça.

Nulla est iniuria quae in volentem fiat – nenhuma injustiça se faz contra quem quer o ato.

Nulla est maior probatio quam evidentia rei – não há maior prova do que a evidência do facto.

Nulla est maior probatio, quam proprio ore confessio – não há maior prova do que a confissão de própria boca.

Nulla et non facta paria sunt – atos nulos e não factos se igualam.

Nulla executio sine titulo – não pode haver execução sem título; nula a execução sem título que a autorize. – Para fundamentar uma execução é necessário um título dotado de força legal bastante sobre a existência, titularidade e objeto da obrigação [vide: artigo 10.º/5 do CPC].

Nulla lex satis commoda omnibus – nenhuma lei é bastante apropriada para todos.

Nulla mercede – nenhum pagamento; gratuitamente.

Nulla poena sine iudicio – nenhuma pena sem julgamento.

Nulla poena sine lege – nenhuma pena sem lei; não há pena sem lei [decorre de Ulpiano, Digesto, 50.16.131.1]. – Ulpiano diz textualmente: "*poena non irrogatur, nisi quae quaque lege vel quo alio iure specialiter huic delicto imposita est*" – a pena não se propõe, a não ser que a mesma por qualquer lei ou por qualquer outro direito seja especialmente imposta para tal delito. – Trata-se do princípio da legalidade penal ou do princípio da tipicidade das penas em direito penal. As penas só são aplicáveis em consequência de haver uma lei a estabelecê-las e da prática de um facto que a lei declare punível. Não pode aplicar-se a pena que não tenha sido anteriormente criada por lei.

Nullam enim potest videri iniuriam accipere, qui semel voluit – nenhuma injustiça pode considerar receber aquele que uma vez consentiu [Paulo, Digesto, 39.3.9.1].

Nullis exceptis – sem qualquer exceção.

Nullis maioribus – sem antepassados ilustres.

Nullum crimen, nulla poena sine praevia lege – nenhum crime, nenhuma pena sem lei prévia.

Nullum crimen sine lege – nenhum crime sem lei; não há crime sem lei. – Simples corolário da legalidade penal: nenhum facto pode ser considerado criminoso sem que uma lei anterior o qualifique como tal. A lei penal incriminadora é irretroativa. Este princípio proíbe que alguém seja sentenciado criminalmente sem que uma lei anterior declare punível o ato ou a omissão em causa.

Nullum iudex sine auctor – nenhum juiz sem autor. – Princípio segundo o qual o tribunal só pode atuar a pedido e por iniciativa dos interessados.

Nullum ius sine actione – não há direito sem ação.

Nullum patris delictum innocenti filio poenae est – nenhum delito do pai é capaz de pena para o filho inocente [Ulpiano, Digesto, 50.2.2.7].

Nullum quod est nullum producit effectum – o que é nulo não produz nenhum efeito.

Nullum tributum sine praevia lege – não pode haver tributo sem lei prévia.

Nullus commodum capere potest de iniuria sua própria – ninguém pode obter vantagem de sua própria iniquidade.

Nullus ex consilio, dummodo fraudulentum non fuerit obligatur – ninguém se obriga com o conselho que dá, ainda que cause prejuízo, desde que não fora fraudulento [Decretais de Bonifácio VIII, Liv. V, Tit. XII, De Regulis Juris, LXII].

Nullus idoneus testis in re sua intelligitur – testemunha em coisa própria tem de ser entendida como de nula idoneidade [Pompónio, Digesto, 22.5.10]. – É regra de direito atual que as partes de uma determinada ação não podem nela depor a título de testemunhas dos factos controvertidos, estando mesmo impedidas de o fazer por disposição expressa pela lei processual [vide: artigo 496.º do CPC].

Nullus in sua causa iudex sit – ninguém seja juiz em causa própria [decorre do Código de Justiniano, 3.5.0]. – O mesmo que *"ne quis in sua causa iudicet"*.

Nullus invitus iure suo spoliandus – ninguém deve ser privado de seu direito contra sua vontade.

Nullus pluribus uti defensionibus prohibetura – ninguém se proíbe usar de muitas defesas [Decretais de Bonifácio VIII, Liv. V, Tit. XII, De Regulis Juris, XX].

Nullus recedat a curia cancellaria sine remedio – que ninguém retorne do tribunal sem uma solução.

Nullus sum – não sou ninguém.

Nullus videtur dolo facere, qui suo iure utitur – não se considera agir com dolo quem usa de seu direito [Gaio, Digesto, 50.17.55].

Numerus apertus – número aberto; número ilimitado. – Atipicidade; enumeração legal exemplificativa.

Numerus clausus – número fechado; número restrito não ampliável. – É o princípio consagrado quanto aos direitos reais, segundo o qual só é admissível um direito real previsto na lei. O negócio jurídico de constituição de um direito real não previsto na lei é nulo.

Nummaria res – questão financeira.

Nunc aiunt quod tunc negabant – afirmam agora o que antes negavam.

Nunc aut nunquam – agora ou nunca.

Nunquam non – sempre.

Nunc vino pellite curas – agora, com o vinho afastai as inquietações [Horácio, Carmina, 1.7.30].

Nuntio vobis gaudium maximum: habemus Papam! – eu vos anuncio uma grande alegria: já temos Papa [Ritual da eleição do Papa].

Nuntius – núncio. – É o mensageiro ou emissário de uma declaração de vontade alheia.

Nuptias non concubitus, sed consensus facit – não é a coabitação que faz o matrimónio, mas o consentimento. – Não é o viver juntos, mas o consentimento dos cônjuges que faz um casamento.

Nusquam esse – já não existir.

Nutrire corpus – olhar pela saúde.

Nutus legum – a vontade das leis.

Nux, asinus, campana, piger, si verbera cessent, hic cubat, illa sillet, hic stat, et illa manet. Nux, asinus, campana, piger, si verbera cogant, hic studet, illa sonat, hic it, et illa cadet – a noz, o burro, o sino, o preguiçoso, se as pancadas cessam, este fica deitado, aquele silencia, aquela fica pendurada, o outro para; mas se as pancadas obrigam, o preguiçoso trabalha, o sino toca, o burro anda e a noz cai [atribuída a Robert Stevenson].

O

O tempora! O mores! – oh tempo! oh costumes! [Cícero, Oratio In Catilinam, 1.2]. – Expressão de Cícero, no célebre discurso contra Catilina, criticando a perversidade moral dos homens do seu tempo.

O terque quaterque beati! – oh três e quatro vezes felizes! [Virgílio, Eneida, 1.94]. – Palavras de Virgílio para exprimir na forma superlativa uma grande ventura ou felicidade.

Ob maritorum culpas uxores inquietari leges vetant – as leis proíbem que as mulheres sejam inquietadas por causa dos crimes dos maridos [Código de Justiniano, 4.12.2].

Ob rem – por causa da coisa. – O mesmo que *"propter rem"*. – Diz-se da figura híbrida, a chamada obrigação real, que é um *"quid medium"* entre direito real e obrigação e que se traduz numa obrigação imposta em atenção a certa coisa, a quem for titular desta, v.g. a obrigação relativa às despesas do condomínio.

Obiectum iudicii – o objeto de ação judicial. – O objeto da ação judicial é a questão, ou as questões, de que a ação se ocupa, ou seja, a relação jurídica material, ou subjacente, controvertida entre as partes.

Obiter dictum – dito de passagem. – Diz-se de uma afirmação que é feita lateralmente num texto, v. g. numa sentença, isto é, sem respeitar à questão essencial a dirimir.

Obligare populum scelere – tornar o povo responsável pelo crime.

Obligatio – obrigação. – Obrigação é uma relação jurídica por via da qual uma pessoa se compromete com outra à realização de uma prestação ou à satisfação de um interesse protegido por lei.

Obligatio ante diem nulla est – a obrigação antes do dia *[do vencimento]* não existe. – Para alguns autores o princípio é o que decorre da máxima. Porém, mais dominante é o entendimento de que a obrigação não só existe, como é atual, apenas o seu cumprimento *[nomeadamente coercivo]* está diferido para momento *"post diem"*.

Obligatio consensu contrahitur – a obrigação é contraída pelo livre consenso das partes.

Obligatio dandi – obrigação de entregar; obrigação de permitir.

Obligatio est iuris vinculum, quo necessitate adstringimur alicuius solvendae rei, secundum nostrae civitatis iura – a obrigação é o vínculo de direito, por imposição do qual somos obrigados a pagar alguma coisa, de acordo com as leis da nossa cidade *(Estado)* [Institutas, Lib. III, Tit. XIII, §1].

Obligatio est iuris vinculum, quo necessitate adstringimur ad aliquid dandum, vel faciendum, vel praestandum – a obrigação é o vínculo de direito, por imposição do qual somos obrigados a dar, fazer ou pagar alguma coisa.

Obligatio est mater actionis – a obrigação é a mãe da ação.

Obligatio faciendi – a obrigação de fazer.

Obligatio impossibilium nulla est – a obrigação de coisa impossível é nula.

Obligatio omnis, solutione ejus quod debetur, tollitur – qualquer obrigação se extingue pela satisfação daquilo que é devido. – O mesmo que *"tollitur autem omnis obligatio solutione eius quod debetur"* [Institutas, Liv. III, Tit. 29, § 1] e que *"tollitur autem obligatio praecipue solutione eius, quod debeatur"* [Institutiones de Gaio, 3.168]. Nestes textos do direito romano mais antigo, a *"solutio eius quod debetur" [a satisfação daquilo que era devido]* implicava o cumprimento exato e integral da obrigação, de modo que o credor podia recusar o cumprimento parcial do débito sem cair em atraso *"accipiendi"*.
Com o Imperador Justiniano, reformador dos direitos tradicionais e, por influência do cristianismo, em nome de maior "*humanidade*", porque o princípio em seu rigor era desfavorável ao devedor, o credor passou nalguns casos a ser obrigado a aceitar a satisfação parcial da obrigação. – No direito civil português a prestação devida deve ser satisfeita integralmente e não por partes, não podendo o credor ser obrigado a aceitar o cumprimento parcial, exceto se for outro o regime convencionado ou imposto por lei ou pelos usos, mas o credor tem a faculdade de exigir uma parte da prestação, hipótese em que o devedor a pode satisfazer por inteiro [vide: artigo 763.º do CC].

Obligatio reparandi damna – obrigação de reparar danos.

Obligatio restituendi bona illegitime acquisita – obrigação de restituir bens ilegitimamente adquiridos.

Obligationes aut ex contractu sunt aut quasi contractu aut malefício aut quasi ex maleficiio – as obrigações existem ou por contrato ou por quase contrato ou por delito ou por quase delito [decorre de Gaio, Digesto, 44.7.1 a 44.7.5.6]. – O princípio reporta-se à célebre classificação quadripartida, explanada por Gaio e de adoção justinianeia, sobre as fontes das obrigações, classificação de há muito abandonada, designadamente por existirem outras fontes de obrigação, como a lei.

Oblivio signum neglegentiae – o esquecimento é sinal de negligência.

Obsaepire iter ad magistratus – impedir o acesso às magistraturas.

Obscena pecunia – dinheiro sujo [Juvenal, Satirae, 6.298].

Obscure dictum habetur pro non dictum – o que se disse de modo obscuro, tem-se por não dito.

Obscurum per obscurius – o obscuro pelo mais obscuro. – Verifica-se quando se pede um esclarecimento sobre determinado assunto ou realidade e, uma vez prestado, se fica com mais dúvidas ou menos saber que se possuía antes. – Dizer, por exemplo, que o ópio faz dormir porque tem virtude dormitiva é explicar *"obscurum per obscurius"*.

Observantia legum summa libertas – a suma liberdade está na observância das leis [decorre de Dante, Epistulae, 6.22].

Observantissimus homo – homem cheio de atenção para comigo.

Observare suffragium – respeitar o voto.

Obsignare testamentum – fazer testamento. – O testamento é o ato unilateral e revogável pelo qual uma pessoa dispõe, no todo ou em parte, dos seus bens para depois do seu decesso.

Obsoleta vestis – veste obsoleta.

Obstringere aliquem officiis – cativar alguém com obséquios.

Obstringere aliquem spe – prender alguém com uma esperança.

Obstringere se periurio – cometer perjúrio.

Obstringere se sceleribus – cometer crimes.

Occasio delicti – a ocasião do delito. – Diz-se das circunstâncias, designadamente de modo, tempo e lugar, em que o crime foi cometido.

Occasio legis – a oportunidade da lei. – Diz-se do circunstancialismo histórico-social em que uma lei foi produzida. É o elemento histórico de interpretação da lei. Os outros elementos de interpretação são: o elemento literal; o elemento sistemático e o elemento racional ou teleológico.

Occasione data – na ocasião oferecida; na primeira ocasião.

Occipere magistratum – começar uma magistratura.

Occupantis meliorem esse condicionem – é melhor a condição de quem tem a posse [Ulpiano, Digesto, 9.4.14]. – O mesmo que *"occupantis melior est condicio"*.

Occupantis melior est condicio – é melhor a condição de quem ocupa [Paulo, Digesto, 42.1.19pr.]. – A expressão mais completa é *"inter eos, quibus ex eadem causa debetur, occupantis melior condicio est nec deducitur"* – entre aqueles, aos quais pela mesma razão se deve *[alguma coisa]*, a melhor condição para não ser lesado é daquele que *[primeiro]* a ocupa. Isto porque fica com o gozo da coisa, ou seja, com a utilidade que ela pode oferecer segundo a sua natureza económica.

Oculatus testis – testemunha ocular. – O mesmo que testemunha presencial do evento.

Oculos habent et nem videbunt – têm olhos e não veem [Bíblia, Salmos, 115 (113 B).5]. – Palavras do salmista, falando da inanidade dos ídolos, que *"são de prata e de ouro, têm boca e não falam, têm olhos e não veem, têm ouvidos e não ouvem..."*.

Odia restringi, et favores convenit ampliari – convém serem extinguidos os ódios e expandidas as gentilezas [Decretais de Bonifácio VIII, Liv. V, Tit. XII, De Regulis Juris, XV].

Odia sunt restringenda et favores ampliandi – as coisas desagradáveis devem ser abreviadas, as cortesias alargadas. – O mesmo que *"odiosa restringenda, favorabilia amplianda"*.

Odiosa restringenda, favorabilia amplianda – as coisas odiosas devem ser restringidas, as coisas favoráveis devem ser ampliadas. – A presente máxima, transposta para o domínio do direito, tem o significado de que, em regra, as disposições legais que restringem direitos devem ser interpretadas de forma restrita e as que estendem direitos de forma irrestrita. – O mesmo que *"in dubio favores sunt ampliandi et odia restringenda"* – na dúvida devemos enaltecer as coisas favoráveis e desvalorizar as coisas desvantajosas.

Offendisse apud plebem – mal visto junto do povo.

Officium esse medici, ut tuto, ut celeriter, ut iucunde curet – é função do médico curar com segurança, com rapidez e com prazer [Aulo Cornélio Celso, De Medicina, 3.4.1].

Officium ne collocaris in invitum – não faças favor a quem não o deseja [Erasmo, Adagia, 3.10.35].

Officium pietatis – o dever de piedade.

Omissum non dicitur, quod fuisset expressum, si pars de eo fuisset interrogata – omisso não se diz o que seria expresso, se a parte sobre tal fosse interrogada.

Omne actum ab agentis intentione est iudicandum – todo ato deve ser julgado de acordo com a intenção do agente. – A intenção do agente é o desígnio de produzir determinado resultado, lícito ou ilícito.

Omne enim, quod non iure fit, iniuria fieri dicitur – tudo de facto que não se faz de acordo com o direito, considera-se feito com injustiça [Ulpiano, Digesto, 47.10.1pr.].

Omne ignotum pro magnifico – tudo o que é desconhecido é magnífico.

Omne ius aut consensus fecit, aut necessitas constituit, aut firmavit consuetudo – todo o direito ou foi criado pelo consentimento, ou constituído pela necessidade, ou estabelecido pelo costume [Modestino, Digesto, 1.3.40].

Omne ius constitutum est causa hominis – todo direito foi instituído por causa do homem. – O mesmo que *"hominum causa omne ius constitutum sit"* – todo o direito foi constituído por causa dos homens [Hermogeniano, Digesto, 1.5.2].

Omne maius continet in se minus – todo o maior contém em si o menor.

Omne malum nascens facile opprimitur; inveteratum fit plerumque robustius – todo o mal nascente é facilmente banido; com o tempo usualmente se torna arraigado [Cícero, Philippicae, 5.31].

Omne malum vino cantuque levato – alivia todo o mal com vinho e cântico [Horácio, Epodon, 13.17].

Omne quod fit, habet causam – tudo o que acontece tem uma causa [S. Tomás de Aquino, Summa Theologiae, 1.ª Pars, Questio 75, Art. 1]. – O mesmo que *"quidquid fit causam habet"*.

Omne quod solo inaedificatur solo cedit – tudo que se edifica, pertence ao solo [Institutas, Lib. II, Tit. I, §12]. – Como diz a lei civil portuguesa, *"é parte integrante [do imóvel] toda a coisa móvel ligada materialmnet ao prédio com carácter de permanência"* [artigo 204.º, n.º 3, do CC].

Omne testamentum morte consummatum est – todo o testamento está consumado com a morte.

Omne tulit punctum qui miscuit utile dulci – o universo removeu o ponto que unia o útil ao agradável [Horácio, Ars Poetica, 343].

Omne vivum ex ovo – tudo é vivo a partir do ovo. – Aforismo citado pelo médico inglês William Harvey (1578-1657), que era um defensor de toda a vida a partir de um ovo.

Omnes ad unum – todos sem exceção ou todos por um.

Omnes homines aut liberi sunt aut servi – todos os homens ou são livres ou são escravos [Gaio, Digesto, 1.5.3].

Omnes mortales sese laudari optant – todos os mortais desejam ardentemente ser exaltados [S. Agostinho, De Trinitate, 13.6].

Omnes nati sumus ad societatem et communitatem generis humani – todos nós nascemos para a participação e sociabilidade da raça humana [decorre de Cícero, De Finibus, 4.4]. – Diz Cícero, no local citado, referindo-se a algumas das virtudes que devemos ardentemente desejar: "*habere etiam insitam quandam vel potius innatam cupiditatem scientiae natosque esse ad congregationem hominum et ad societatem communitatemque generis humani*" – ter também como natural ou de preferência como inato o desejo da ciência e estar determinados para a congregação dos homens e para a associação e relação comum do género humano.

Omnes sibi mentiri malint quam negare – todos preferem que se lhes minta a que se lhes recuse [decorre de Cícero, De Petitione Consulatus, XII]. – Cícero discorre assim: "*inimici discedunt omnesque hoc animo sunt ut sibi te mentiri malint quam negare*" – os adversários *[do negócio]* desistem e todos são da mesma ideia de que preferem que tu lhes mintas a que lhes recuses.

Omnes virtutes inter se nexae et iugatae sunt – todas as virtudes estão interligadas e unidas [decorre de Cícero, Tusculanae Disputationes, 3.17]. – Cícero reporta-se no texto às virtudes da fortaleza, da justiça e da prudência.

Omnia autem quae secundum naturam fiunt sunt habenda in bonis – tudo que acontece segundo a natureza deve ser tido como bom [Cícero, De Senectute, 71].

Omnia constituta non praeteritis calumniam faciunt, sed futuris regulam ponunt – todas as leis que são instituídas regulamentam os factos futuros, não prejudicam os factos passados [Codex Theodosiani, 1.1.3].

Omnia mutantur, nihil interit – todas as coisas se transformam, nada se perde [Ovídio, Metamorphoses, 15.165].

Omnia mutantur, nos et mutamur in illis – todas as coisas mudam, e nós com elas mudamos também [Matthias Borbonius, Deliciae Poetarum Germanorum, 685]. – É uma variante da expressão de Ovídio. – Desde os antigos filósofos gregos [Heraclito, Aristóteles] até aos modernos [Engls], se tem entendido que tudo está em movimento e mudança. – "Mudam-se os tempos, mudam-se as vontades / Muda-se o ser, muda-se a confiança / Todo o mundo é composto de mudança", dizia Camões, no insigne poema *"Mudam-se os Tempos, Mudam-se as Vontades"*.

Omnia postremo quae vindicaris in altero, tibi ipsi vehementer fugienda sunt – tudo que em último lugar reprovas em outrem, deve ser cuidadosamente evitado por ti [Cícero, In Verrem, 2.3.4].

Omnia praeclara rara – todas as coisas excelentes são raras [Cícero, De Amicitia, 21.79]. – Acrescenta Cícero, no texto citado, que é difícil encontrar um ser, no todo ou em parte, perfeito no seu género. Algo de excelente no seu género será aquela amizade da qual não sabemos a causa.

Omnia præclara tam difficilia quam rara sunt – todas as coisas excelentes são tão difíceis quanto raras [Baruch Spinoza, Ethica, 5.42]. – Spinoza retoma o pensamento de Cícero.

Omnia praesumuntur legitime facta donec probetur in contrarium – todas as coisas presumem-se feitas legitimamente até prova em contrário.

Omnia quae, iure contrahuntur, contrario iure pereunt – todas as obrigações contraídas por força de uma lei decaem por força de lei contrária [Gaio, Digesto, 50.17.100].

Omnia removentur quae impediunt – devem ser removidas todas as coisas que são obstáculo.

Omnia sapientibus facilia – para os sábios todas as coisas são fáceis [Erasmo, Adagia, 2.9.56].

Omnia vincit amor: et nos cedamus amori – o amor vence todas as coisas; pelo que cedamos ao amor [Virgílio, Eclogae, 10.69].

Omnibus hora certa est – para todas as coisas existe um tempo certo. – *"Debaixo do céu há momentos para tudo e tempo certo para cada coisa"*, é assim que o autor do Eclesiastes começa a descrever os diversos *"tempos"* do agir humano [Bíblia, Eclesiastes, 3.7].

Omnibus rebus postpositis – colocadas de parte todas as coisas.

Omnis aequitas perturbetur si verbis legum ac non sententiis pareatur – toda a imparcialidade é abalada, se se obedece às palavras da lei, mas não à sua intenção [Cícero, De Partitione Oratoria, 136].

Omnis autem et animadversio et castigatio contumelia vacare debet – não só toda advertência como também toda a punição deve ser isenta de ofensa [Cícero, De Officiis, 1.88].

Omnis canis in porta sua magnus est latrator – todo o cão, na sua porta, é um grande ladrador.

Omnis cognitio multis est obstructa difficultatibus – todo o conhecimento é obstruído por muitas dificuldades [Cícero, Academica Priora, 2.3].

Omnis comparatio claudicat – toda a comparação claudica [Montaigne, Essais, 3.13]. – Nenhuma comparação é perfeita, porque não há dois seres, coisas ou eventos que sejam rigorosamente iguais.

Omnis comparatio odiosa – toda comparação é odiosa.

Omnis definitio in iure civili periculosa est: parum est enim, ut non subverti possit – em direito civil, toda definição é perigosa; pouco há nela que não possa ser subvertido [Javoleno, Digesto, 50.17.202].

Omnis definitio in iure periculosa – toda a definição em direito é perigosa. – Pela mesma razão do princípio geral e com o acréscimo decorrente da complexidade das matérias de natureza jurídica.

Omnis definitio periculosa – toda a definição é perigosa. – Nenhuma definição é perfeita, por não ser suscetível de descrever o ser em toda a sua dimensão.

Omnis homo – todo o homem; o homem em geral.

Omnis homo mendax – todo o homem é mentiroso [Bíblia, Salmos, 116 (114 e 115).11]. – Não há ninguém que não diga, pelo menos, uma piedosa mentira.

Omnis in modo est virtus; modo certa mensura est – toda a virtude está na moderação; na moderação está a medida certa [Séneca, Epistulae Morales, Liber VII, 66.9].

Omnis interpretatio vel declarat, vel extendit, vel restringit – toda a interpretação ou confirma, ou estende, ou restringe.

Omnium autem rerum, ex quibus aliquid acquiritur, nihil est agri cultura melius, nihil uberius, nihil dulcius, nihil homine libero dignius – de todas as atividades de que se pode tirar proveito, nada é melhor do que a agricultura, nada é mais frutífero, nada mais agradável, nada mais digno do homem livre [Cícero, De Officiis, 1.151].

Omnium consensu – pelo consenso de todos. – Por unanimidade, ou sem voz discordante.

Omnium contributione sarciatur quod pro omnibus datum est – pela contribuição de todos é compensado o que é dado em favor de todos.

Omnium optima sunt quies et abstinentia – de todas as coisas, as melhores são o repouso e a abstinência [Aulo Cornélio Celso, De Medicina, 3.2].

Omnium rerum homo mensura est – o homem é a medida de todas as coisas [Protágoras]. – Protágoras, que viveu entre 490 a 415 A.C., foi um sofista da Grécia Antiga, célebre por ter criado o princípio: *"o homem é a medida de todas as coisas, das coisas que são, enquanto são, das coisas que não são, enquanto não são"*. O pensamento de Protágoras expressa, porém, um relativismo sobre a essência das coisas, em que se releva o elemento subjetivo com preterição do objetivo, pois se o homem é a medida de todas as coisas, então, tem de se convir, que nenhuma coisa pode ser medida para o homem, como as leis, as regras e a cultura. O princípio, obviamente que não é absoluto, mas tem uma faceta de verdade, que hoje até está muito arraigada, pois que quando qualquer pessoa que se expressa através dos meios de comunicação, realça a sua opinião, sobre o tema em discurso, como medida da verdade, com desconsideração pela *"differitas opinionis"*.

Omnium rerum simulatio est vitiosa – em tudo a simulação é prejudicial [Cícero, De Amicitia, 25]. – O princípio continua válido porque é da essência da simulação o desacordo entre a vontade real e a vontade declarada com intuito de prejudicar terceira pessoa.

Onus probandi – ónus de provar. – É princípio de direito que o ónus da prova compete, em termos gerias, a quem alega ou a quem acusa.

Onus probandi incumbit ei qui agit – o ónus da prova cabe a quem demanda.

Onus probandi incumbit ei qui asserit – o ónus da prova cabe a quem faz a alegação.

Onus probandi incumbit ei qui dicit, non ei qui negat – o ónus de provar cabe àquele que afirma, não àquele que nega. – Está de acordo com o dito de que *"semper praesumitur pro negante"*. – A máxima jurídica é sobretudo relevante em direito penal dada a presunção de inocência do arguido e indica que o dever legal da prova recai sobre a acusação e não sobre o arguido [vide: artigo 32.º/2 da CRP].

Ope actionis – por força da ação.

Ope contractus – por força do contrato.

Ope exceptionis – por força da exceção.

Ope iudicis – por ordem do juiz.

Ope juris – por força do direito.

Ope legis – por força da lei.

Ope sententia – por força da sentença.

Opinio iuris – opinião de direito.

Opinio iuris doctorum – opinião jurídica dos doutores.

Opinio iuris sive necessitatis – opinião de direito ou de necessidade.

Opinio veritati cedit – a opinião cede à verdade. – A opinião é um modo de ver subjetivo, por vezes uma mera conjetura, sobre determinado assunto, pelo que não pode deixar de ceder sobre a veracidade do assunto em discussão.

Oportet non studere sed studuisse – o que importa não é estudar, mas ter estudado *[provérbio medieval]*.

Opportunitas temporis – oportunidade do tempo; conjuntura favorável.

Opportuno tempore – em tempo oportuno.

Optima enim legum interpres est consuetudo – o costume é o melhor intérprete das leis [Paulo, Digesto, 1.3.37].

Optime omnium – o melhor de todos.

Optimus interpres rerum usus – o melhor intérprete das coisas é o uso.

Optimus interpres verborum quisque suorum – cada um é o melhor intérprete de suas palavras.

Opulentus pecuniae – abundante em dinheiro.

Opus – obra. – Diz-se de uma peça de música escrita por um grande compositor, de um importante trabalho feito por um escritor, pintor, arquiteto, etc.

Opus artificem probat – a obra mostra o artista.

Opus citatum – obra citada. – Referência que se faz no texto a obra já citada antes.

Opus magnum – grande obra; obra-prima.

Oratio quasi de musto – estilo doce como o mosto.

Ore durissimo esse – ser de grande descaramento.

Origo legis – origem da lei.

Origo mali – origem do mal.

Origo peticionis – origem da petição. – É o facto que está na base da pretensão ou o princípio gerador do direito, a sua causa eficiente.

Origo rei inspici debet – deve ser examinada a origem do acontecimento.

Origo rei semper attenditur – deve-se atender sempre à origem do facto.

Otium cum dignitate – ócio com dignidade.

P

Pace tua dixerim – eu direi com tua permissão [Cícero, Ad Familiares, 7.17].

Pacem demus animo – demos paz ao espírito [Séneca, De Ira, 3.41.1].

Pacem in Terris – Paz na Terra. – Palavras iniciais da Encíclica do Papa João XXIII, que ficou conhecida pelo mesmo nome, na qual se faz apelo à paz entre todos os povos, na base da verdade, da justiça, da caridade e da liberdade.

Pacta adjecta – pactos acrescentados *[aos feitos]*.

Pacta conventa – as condições convencionadas.

Pacta conventa legibus facta rata sint – os contratos acomodados às leis serão factos ratificados.

Pacta conventa servari oportet – é preciso respeitar as condições convencionadas [Código de Justiniano, 5.3.20.5] – é necessário cumprir os contratos.

Pacta dant legem contractui – as cláusulas convencionadas dão força de lei ao contrato.

Pacta de contrahendo cum tertio – pactos de contratação com terceiro. – Aplica-se ao contrato pelo qual alguém se obriga a realizar com terceira pessoa, por sua conta, um negócio jurídico.

Pacta et promissa semperne servanda sint – os contratos e as promessas sempre devem ser respeitados [Cícero, De Officiis, 3.92].

Pacta non possunt facere licita quae alias illicita sunt – os contratos não podem tornar lícitas aquelas coisas que são ilícitas.

Pacta nuda non valent – contratos informais não têm força. – O direito romano tinha um sistema fechado de contratos executáveis em oposição ao direito moderno, que é um sistema aberto, facultando executar contratos informais, obviamente que não careçam de forma especial para a sua validade.

Pacta personalia non transeunt ad heredes – os compromissos pessoais não se transmitem aos herdeiros.

Pacta praelationis – pactos de preferência. – São os designados pactos de preferência, ou de precedência, que têm por objeto a compra e venda e também outros contratos como o arrendamento, o aluguer, o fornecimento, a sociedade e a parceria pecuária.

Pacta privata iuri publico derogare non possunt – os contratos particulares não podem substrair-se ao direito público.

Pacta quae contra leges constitutionesque, vel contra bonos mores fiunt, nullam vim habere, indubitati iuris est – é de direito indubitável que as convenções que são feitas contra as leis e as constituições, ou contra os bons costumes, nenhuma força têm [Código de Justiniano, 2.3.6].

Pacta, quae turpem clausulam continente, non sunt observanda – os contratos que contenham cláusula desonesta não devem ser cumpridos [Paulo, Digesto, 2.14.27.4].

Pacta quantumcunque nuda servanda sunt – os contratos informais devem ser cumpridos tanto quanto *(possam)* [Decretais de Gregório IX, Liber III,Tit. XXXV, cap. I].

Pacta sunt servanda – os pactos devem ser cumpridos. – A liberdade de contratar, enquanto faculdade de criar um pacto, que uma vez concluído obste a que cada uma das partes se desvincule unilateralmente do compromisso assumido, é regra na qual o direito se tem de basear. Assim, é princípio geral de direito, muito importante do direito das obrigações e direito internacional, o princípio segundo o qual as partes devem cumprir obrigatoriamente os acordos firmados. Aliás, este princípio encontra-se expressamente consagrado na lei que estipula que o contrato deve ser pontualmente cumprido, e só pode modificar-se ou extinguir-se por mútuo consentimento dos contraentes ou nos casos admitidos por lei [vide: artigo 406.º/1 do CC].

Pacta tertiis nec nocent nec prosunt – os pactos não prejudicam nem beneficiam terceiros. – Princípio de direito antigo segundo o qual de um contrato *[ou de um tratado]* não resultavam deveres nem direitos para terceiros – princípio do efeito relativo dos contratos ou dos tratados. Hoje é diferente, dada a existência de contratos a favor de terceiro.

Pactio duorum pleriumve in idem placitum consensus – pacto de duas ou várias pessoas na mesma vontade de consentimento [Ulpiano, Digesto, 2.14.1.2]. – Segundo Ulpiano, o contrato *"est pactio duorum pluriumve in idem placitum consensus"* – o contrato é o mútuo consenso de duas ou mais pessoas sobre o mesmo objeto. – Era uma das fórmulas para definir contrato no direito romano, em parte transposta para o artigo 641.º do Código Civil de Seabra, onde se definia o contrato como *"o acordo, pelo qual duas ou mais pessoas transferem entre si algum direito ou se sujeitam a alguma obrigação"*.

Pactis privatorum iuri publico non derogatur – pelos pactos dos particulares não se foge ao direito público.

Pactum commissorium – pacto comissório. – É o pacto mediante o qual o credor adquire direito à coisa onerada se o devedor não cumprir.

Pactum de constituto – acordo sobre o *[pacto]* estabelecido. – É um acordo sobre um contrato já firmado no sentido de encontrar uma solução para qualquer dificuldade no cumprimento deste, por exemplo, se uma pessoa se vincula juridicamente perante o credor a pagar a dívida de outra pessoa ou dar uma garantia para o seu pagamento.

Pactum de contrahendo – pacto de contratação [ou contrato-promessa]. – É o contrato pelo qual as partes *[ou apenas uma delas]* se obrigam a celebrar, dentro de certo prazo e nas condições pretendidas, outro contrato determinado, o contrato definitivo [vide: artigos 410.º, 411.º e 830.º do CC].

Pactum de contrahendo cum tercio – pacto de contratação com terceiro. – É uma modalidade especial do contrato-promessa, pelo qual uma pessoa se obriga para com outra a contratar com uma terceira.

Pactum de foro pro-rogando – pacto do foro escolhido. – Convenção que afasta determinadas regras legais relativas à competência dos tribunais.

Pactum de negotiando – pacto de negociação. – O mesmo que *"pactum de contrahendo"*. – Pacto pelo qual as partes se obrigam a negociar no futuro a conclusão de um contrato sobre determinada matéria.

Pactum de non alienando – pacto de não alienação da coisa. – Esta proibição convencional de alienar tem efeito somente entre as partes, e não é válida se não for mantida dentro de limites razoáveis de tempo e se ele não responder a um interesse significativo de qualquer das partes.

Pactum de non cedendo – pacto de não cedência. – Pacto de proibição da cessão de créditos ou direito.

Pactum dc non defendendo – pacto de não se defender. – Compromisso pelo qual uma pessoa se obriga a não se defender em juízo, se for demandada pela outra. Compromisso de tal natureza é claramente nulo, por maioria de razão, pelos motivos indicados quanto ao *"pactum de non petendo"*.

Pactum de non meliorando – pacto de não favorecimento. – *"Pactum de non* *meliorando*", ou "*promessa de igualdade*", era a promessa de um pai para com um filho pela qual se comprometia a não favorecer qualquer dos outros filhos nos bens a deixar.

Pactum de non petendo – pacto de não litigar. – Convenção pela qual o titular de um direito se compromete a não recorrer aos tribunais para fazer valer esse direito. – A convenção pela qual alguém titular de determinado direito se vincula a não agir em juízo é de considerar nula, por ser limitativa do direito indisponível que toda a pessoa tem de acesso aos tribunais, reconhecido nomeadamente pelos artigos 20.º/1 do Constituição da República e 2.º/2 do CPC.

Pactum de non prestanda evictione – pacto de não prestar evicção. – É o pacto pelo qual as partes, por cláusula expressa, excluem a garantia da evicção. – A evicção consiste no facto de o comprador ficar privado do objeto do contrato por virtude de ação de terceiro, que a ele tinha direito.

Pactum de non sucedendo – pacto de não sucessão. – Pacto de não sucessão, ou pacto renunciativo, é aquele pelo qual alguém renuncia ou repudia a sucessão de pessoa viva.

Pactum de quota litis – pacto acerca da quota da lide. – Pacto pelo qual o credor de uma dívida promete pagar uma parte do seu montante à pessoa que a conseguir cobrar.

Pactum de retrovendendo – pacto de retrovenda. – É a cláusula aposta num contrato de compra e venda mediante a qual o vendedor se reserva o direito de recuperar a coisa, dentro de certo prazo, mediante o abono ao comprador do preço por ele desembolsado.

Pactum de sucedendo – pacto de sucessão. – Pacto de sucessão, ou contrato sucessório, é o contrato pelo qual um dos contraentes designa outro ou outros de seus sucessores, como herdeiros ou legatários, mediante aceitação destes. Pacto desta natureza poderá ser anulável se posteriormente se verificar que o disponente dos bens ficou com a vontade excluída de disposição por morte em sentido diferente, como haja manifestado.

Pactum displicentiae – pacto de insatisfação. – Diz-se da cláusula inserida num contrato de compra e venda, mediante a qual o contrato se faz *à prova* ou *experimentação*, de modo que se, em determinado prazo, a coisa não satisfizer o comprador terá direito a rescindir o contrato.

Pactum est duorum consensus atque conventio – o pacto é o consenso ou convenção entre duas pessoas.

Pactum fiduciae – pacto de confiança *[boa fé]*; negócio fiduciário. – O pacto baseado na confiança, ou negócio fiduciário, é aquele pelo qual uma pessoa entrega a outra um determinado bem para definida finalidade, com a obrigação de a segunda o fazer reverter à primeira, após satisfeito o desiderato pretendido pelas partes.

Pactum ne dividatur - pacto de não divisão. - Diz-se do pacto pelo qual as partes estabelecem que determinada coisa não pode ser fracionada.

Pactum nudum - pacto nu [Código de Justiniano, 2.3.10]. - Diz-se do contrato informal, da simples promessa.

Pactum praelationis - pacto de preferência. - É o pacto mediante o qual um dos contraentes se obriga perante o outro a dar-lhe preferência na eventual celebração de determinado contrato.

Pactum reservati dominii - pacto de reserva da propriedade. - Nos contratos de alienação de coisa determinada, a transmissão do direito real opera-se, por regra, por *"mero efeito do contrato"*, mas esta regra é meramente supletiva, na medida em que as partes podem afastá-la, designadamente mediante uma estipulação de *"reserva de propriedade"*, também denominada de *"pacto de reserva de domínio" [pactum reservati dominii]*, segundo a qual o alienante pode reservar para si a propriedade da coisa até ao cumprimento total ou parcial das obrigações da outra parte ou até à verificação de qualquer outro evento [vide: artigos 1317º/a), 408º/1 e 409º/1, do CC]. - Trata-se de uma cláusula com particular incidência e importância nas vendas a prestações, nomeadamente de veículos automóveis. Pela cláusula em apreço procura-se assegurar, ao alienante da coisa, a propriedade sobre a mesma, para a hipótese de o adquirente daquela não cumprir com as obrigações assumidas, considerando-se o negócio celebrado mediante condição suspensiva da integral satisfação daquelas.

Pactum servati dominii - pacto de reserva de domínio. - O mesmo que *"pactum reservati dominii"*. - Diz-se da cláusula inserida num contrato de compra e venda mediante a qual o vendedor reserva a propriedade da coisa até ao pagamento integral do preço, ainda que a sua posse seja de imediato tranferida para o comprador.

Pactum sceleris - pacto criminoso. - É o acordo entre duas ou mais pessoas na intenção de praticar um ou mais atos criminosos.

Pactum simulationis - acordo simulatório. - Acordo simulatório é o acordo entre as partes com o fim de criar uma falsa aparência do negócio.

Pactum societatis - contrato de sociedade. - É o contrato mediante o qual duas ou mais pessoa se obrigam a contribuir para o exercício em comum de uma determinada atividade económica com fins lucrativos, repartindo entre si as perdas e os ganhos. - A filosofia [Pufendorf,

Hobbes, Locke, Rousseau] também fala de *"pactum societatis"* no sentido *"contrato social"*, ou seja, de um acordo entre os membros da sociedade, pelo qual reconhecem a autoridade, igualmente sobre todos, de um conjunto de regras, de um regime político ou de um soberano.

Pactum subiectionis – pacto de sujeição. – Pactum de sujeição ou de submissão é, em termos filosóficos, o conjunto de regras de constituição da soberania de um Estado, no sentido de as pessoas, no seu interesse por causa do *medo*, ficarem submetidas à vontade política de um soberano com poderes absolutos, por não poderem ser divididos ou limitados. Assim, o pacto que dá origem à sociedade civil *[societatis pactum]* é um pacto de sujeição *[subiectionis pactum]* entre os homens, a partir de um contrato social, pelo qual cada um transfere todos os direitos naturais, exceto a vida, para um soberano, que produzirá as leis que irá impor pela força [é o pensamento de Thomas Hobbes, in Leviathan].

Pactum turpe – um acordo desonroso.

Palmam qui meruit ferat – leve a palma aquele que a mereceu.

Panem et circenses – pão e jogos de circo [Juvenal, Satirae, 10.81]. – Reporta-se Juvenal à forma como o poder político de então promovia o *"modus vivendi"* da plebe romana na época da decadência, dizendo: *"nam qui dabat olim imperium, fasces, legiones, omnia, nunc se continet atque duas tantum res anxius optat, panem et circenses"* – na verdade, quem outrora dava poder, honras, legiões, todas as coisas, agora se contém e claudicante propõe somente duas coisas: pão e divertimentos.

Par conditio creditorum – condição igual dos credores. – É o princípio do tratamento paritário dos credores comuns, essencialmente no caso de insolvência do devedor.

Par est fortuna laboris – a riqueza é companheira do trabalho.

Par in parem non habet imperium – entre iguais, não há autoridade suprema. – Entre dois Estados soberanos não há poder soberano de qualquer deles sobre o outro.

Par in parem non habet jurisdicionem – entre iguais não há jurisdição. – Aplica-se em relação a dois Estados soberanos em que, cada um deles, não tem jurisdição sobre o outro.

Par pari refertur – igual com igual se paga [Cícero, Orator, 65]. – Pagar o igual com o igual; pagar na mesma moeda. Corresponde ao *"olho por olho"*, ao *"dente por dente"* ou ao *"amor com amor se paga"*.

Parce sepultis – perdoa aos mortos. – Não acusem os mortos porque não se podem defender.

Parentum necessitatibus liberos succurrere iustum est – é justo que os filhos provejam às necessidades dos pais [Código de Justiniano, 5.25.1].

Pares com paribus facillime congregantur – iguais com iguais facilmente se congregam [Cícero, De Senectute, III.7].

Pari passu – a par e passo; no mesmo passo. – Com passo igual, com a mesma velocidade. Acompanhando de perto os passos, os atos de alguém ou de alguma coisa.

Pari sorte leges scelus quam sceleris puniunt voluntatem – por modo igual as leis punem tanto o crime quanto a determinação do crime [Codex Theodosiani, 9.26.1].

Paria cum paribus compensantur – as coisas iguais com iguais se compensam.

Paria delicta mutua pensatione dissolvuntur – delitos iguais se anulam por mútua compensação [Papiano, Digesto, 24.3.39]. – Papiano reporta-se no texto ao delito de repúdio de que marido e mulher se acusassem reciprocamente.

Pars bonorum – parte dos bens.

Pars est in totum sed totum non est in parte – a parte está no todo, mas o todo não está na parte.

Pars hereditatis – parte da herança. – A propósito da natureza jurídica da legítima *[parte dos bens de que o testador não pode dispor por ser destinada aos herdeiros legitimários]*, há quem entenda que é o direito a parte dos bens da herança, como há quem defenda que é o direito a uma parte do valor desses bens. Parece como mais defensável a primeira posição.

Pars in toto est – a parte está contida no todo [Ulpiano, Digesto, 44.2.7pr.]. – Ulpiano reporta-se ao pedido de uma demanda, onde a totalidade do pedido pressupõe também abranger uma parte dele.

Pars pro toto – a parte pelo todo.

Parturiunt montes, nascetur ridiculus mus [Horácio, Ars Poetica, 139] – as montanhas estão a parir, vai nascer um ridículo rato. – Pensamento de Horácio que se aplica a todas as coisas pomposamente anunciadas e que produzem, quando se realizam, grande deceção. – Vide: *"Mons parturiens"*.

Parum et nihil acquiparantur et parva non sunt in consideratione – pouco e nada se equiparam, e as coisas miúdas não são consideradas.

Parva leves capiunt animos – futilidades fascinam os espíritos fracos [Ovídio, Ars Amatoria, 1.159].

Parva saepe scintilla contempta magnum excitavit incendium – muitas vezes uma pequena faísca desprezada causou um grande incêndio [Quinto Cúrcio, Historiae Alexandri Magni, 6.3]. – Aforismo que se diz das pequenas coisas capazes de produzir resultados funestos.

Passim – aqui e ali; com frequência. – Emprega-se quando se cita uma obra para dizer que um determinado assunto aparece referido em diversos sítios da obra.

Pastus questu – enriquecido com o lucro.

Pater – pai.

Pater est quem justae nupciae demonstrant – pai é quem as respetivas núpcias demonstram.

Pater est quem leges dicunt – pai é aquele que a lei reconhece como tal. – Expressões como esta indicam, tradicionalmente, a presunção legal de paternidade, em que o marido é o pai da criança concebida durante o casamento. – Presume-se que o filho nascido ou concebido na constância do matrimónio da mãe tem como pai o marido da mãe [vide: artigo 1826.º/1 do CC].

Pater familias – pai de família *["dono da casa"]*. – No direito romano o *"pater familias"* era o filho varão mais velho que realizou pátrio poder; um pai tinha um imenso poder sobre seus filhos, esposa e escravos, ainda que esses poderes tenham diminuído ao longo do tempo. A palavra *"familias"* é a forma arcaica do genitivo de *"familia"*, que se manteve através dos tempos. – Expressão é muito utilizada no contexto do *"bonus pater familias"*, usada pelos romanos para designar o homem tipo, o bom cidadão, o padrão do homem médio, para efeito de avaliação do grau de diligência exigível no cumprimento de obrigações.

Pater Noster – Pai Nosso. – O *"Pai Nosso"* é uma oração ensinada por Jesus Cristo aos seus discípulos, que passou a ser usada como modelo de oração pelos cristãos de todo o mundo [Bíblia, Mateus, 6.9-13].

Pater vero is est, quem nuptiae demonstrant – o pai é aquele que o matrimónio designa como tal [Paulo, Digesto, 2.4.5]. – Princípio de direito romano que ainda figura nos códigos. O marido é considerado como pai do filho nascido durante o matrimónio [vide: artigo 1826.º/1 do CC].

Patere legem quam ipse fecisti – acata a lei que tu próprio fizeste. – Significa que uma autoridade está sujeita às regras que a si própria impôs, assim como o autor de um princípio deve suportar as consequências que dele decorrem.

Patere quam ipse fecisti legem – suporta a lei que tu fizeste. – O mesmo que a máxima anterior. – Aplica-se aos legisladores e moralistas.

Paterna, paternis; materna, maternis – os *[bens]* paternos aos *[parentes]* paternos; os maternos aos *[parentes]* maternos. – Fórmula antiga de transmissão da herança, vinda do direito consuetudinário, segundo a qual no caso de um casal morrer sem herdeiros diretos e sem testamento os bens iriam para a família de origem, ou seja, os bens provenientes do pai deviam ir para os familiares da linha paterna e os provenientes da mãe deviam ir para os familiares da linha materna.

Patria potestas – poder paternal. – Era o poder jurídico, originariamente absoluto e posteriormente relativo, que o *"pater familias"* tinha sobre a pessoa e bens dos filhos legítimos e dos filhos naturais legitimados. – Hoje entende-se como o conjunto dos direitos subjetivos e poderes-deveres no que respeita à relação entre pais e filhos menores. No presente designa-se mais usualmente por poder parental [vide: artigo 1901.º do CC].

Patria sua cuique iucundissima – para cada um sua pátria é muito bonita [Erasmo, Adagia, 3.10.18].

Paucum sed bene paratum – pouco mas bem preparado. – Conselho antigo que se dava ao advogado no sentido de ser conciso e claro na sua alegação perante o tribunal.

Paulatina sed firmiter – devagar mas com segurança.

Paulo maiora canamus – tratemos coisas um pouco mais importantes [Virgílio, Eclogae, 4.1]. – Pronuncia-se quando se adverte para mudar de um assunto para outro mais importante. É ainda o lema da Ordem dos Engenheiros Técnicos portugueses.

Pax vobis – a paz seja convosco [Bíblia, Lucas, 24.36; João, 20.19 e 21]. – É uma saudação vinda da liturgia antiga, retirada dos Evangelhos de S. Lucas e de S. João, quando Cristo se apresenta aos apóstolos após a ressurreição, à qual se respondia *"et cum spiritu tuo"*, expressões que hoje, na liturgia nova, se traduzem por *"a paz esteja convosco"* e por *"e com o teu espírito"*, respetivamente.

Peccare est tamquam transire lineas – praticar uma transgressão é como ultrapassar limites [Cícero, Paradoxa Stoicorum, 20].

Peccati venia non datur, nisi correcto – o perdão do pecado não é dado senão ao que foi corrigido [Decretais de Bonifácio VIII, Liv. V, Tit. XII, De Regulis Juris, V].

Peccatum est patriam prodere, parentes violare – é falta grave atraiçoar a pátria, ofender os pais [Cícero, De Finibus, 3.32].

Peccatum non dimittitur, nisi restituatur ablatum – não se perdoa o pecado, se não se restitui o furtado [Decretais de Bonifácio VIII, Liv. V, Tit. XII, De Regulis Juris, IV].

Peccavi – pequei [Bíblia, Lucas, 15.21]. – Expressão central do evangelho do filho pródigo e que se utiliza usualmente para reconhecer a culpa com toda a humildade.

Pectus est quod disertos facit – o coração é que faz os bem-falantes. – A frase mais completa é *"pectus est enim quod disertos facit, et vis mentis"* – o que nos faz eloquentes é o coração e a força da mente [Quintiliano, Institutio Oratoria, X.7.XV.].

Pecuniae obediunt omnia – tudo obedece ao dinheiro [Bíblia, Eclesiastes, 10.19]. – O dinheiro providencia tudo; é a mola real da vida e de todas as coisas.

Pecunia pecuniam parere non potest – dinheiro não pode produzir dinheiro. – Princípio de direito antigo que obstava a que o dinheiro produzisse juros. Princípio presentemente sem qualquer utilidade ou aplicação.

Pecuniam sine peculio fragilem esse – dinheiro sem economia não tem força [Celso, Digesto, 32.79.1].

Pecunias mutuas sumere – tomar dinheiro emprestado.

Pede poena claudo – a indemnização *[anda]* com pé coxo [Horácio, Carmina, 3.2.32].

Pendens causa – causa pendente.

Pendente lite – durante a pendência da lide.

Per aequa et iniqua – por meio das coisas justas e das coisas iníquas; por todos os meios [Tito Lívio, Ab Urbe Condita, 2.32].

Per assensum partium – pelo assentimento das partes.

Per capita – por cabeça; por indivíduo.

Per diem – por dia.

Per fas et nefas – pelo justo e pelo injusto; a bem ou a mal. – Diz-se da pessoa que procura determinado objetivo por todos os meios possíveis.

Per fraudem – por fraude.

Per huius legis occasionem – pelo bom êxito desta lei.

Per iocum – por brincadeira.

Per imprudentiam – por imprudência.

Per incuriam – por negligência.

Per infortunium – por infortúnio; por acidente; sem intenção.

Per interpositam personam – por interposta pessoa [Código de Justiniano, 1.53.1.3].

Per legem terrae – pela lei do país.

Per litteras – por cartas.

Per saltum – por salto. – Diz-se relativamente ao recurso em que se salta sobre o tribunal normalmente competente, para se alcançar o tribunal superior na escala hierárquica, por ex. recorrer do Tribunal de 1.ª instância para o Supremo Tribunal de Justiça, naquelas situações em que tal é admissível.

Per se – por si mesmo; sem interposta coisa ou pessoa.

Per se igitur ius est exspetendum et colendum – o direito deve ser desejado e estimado por si mesmo [Cícero, De Legibus, 1.48].

Per sententiam non debet servitus constitui sed quae declarari – pela sentença não deve constituir-se a servidão mas a mesma declarar [Ulpiano, Digesto, 8.5.8.4].

Per suppositam personam – por interposta pessoa [Código de Justiniano, 4.35.23.1].

Per summa capita – pelos pontos capitais. – Sem entrar em pormenores; resumidamente.

Peragere indicium – provar uma acusação.

Peragere iusiurandum – fazer um juramento.

Perdere litem – perder uma questão.

Pereat mundus, fiat justitia – pereça o mundo, faça-se justiça. – O que significa que razão alguma deve impedir que se faça justiça. – Esta frase foi o lema de Fernando I, Imperador do Sacro Império Romano e dela fez uso famoso Immanuel Kant, na sua obra Paz Perpétua [1795].

Perfecta emptione periculum ad emptorem respiciet – completada a compra, o risco passará ao comprador [Paulo, Digesto, 18.6.8pr.]

Perferre omnes indignitates – sofrer os piores tratos.

Periculum creditoris est – o risco é do credor. – Este princípio está em conexão com o de *"res perit ei cui debetur" [a coisa perece para aquele a quem é devida]* e é o contrário da regra *"res perit debitori" [a coisa perece para o devedor]* segundo a qual é o devedor que suporta com o risco da perda ou da deterioração da coisa a transferir. – Estes princípios de direito antigo, obviamente que não são absolutos, carecem de atualidade e de ser lidos *"cum grano salis"*, ou com a flexibilidade devida, em atenção às circunstâncias do caso onde o risco pode pender mais para uma das partes da relação jurídica.

Periculum est emptoris – o risco é do comprador. – O sentido clássico desta regra era o de que no contrato de compra e venda o risco corria por conta do comprador. Hoje o comprador, enquanto consumidor ou utilizador da coisa, está protegido contra o risco mais importante da compra.

Periculum in mora – perigo na demora. – O mesmo que *"in mora periculi"* – perigos na demora [Tito Lívio, Ab Urbe Condita, 38.25]. – O perigo na demora é o perigo que funciona como um dos requisitos para o decretamento das providência cautelares, que se destinam, precisamente, a acautelar o perigo resultante da normal demora com a tramitação de um processo em juízo. Em caso de receio de perda da garantia patrimonial com o decorrer do tempo, se fosse de esperar pelo termo de uma ação a correr termos em juízo, quiçá, por muitos anos, poderia verificar-se que o credor, que tinha o seu direito ameaçado, já não o conseguisse ver satisfeito, se não fosse através de um procedimento efetuado com simplicidade e celeridade. Por isso, em caso de perigo de tal natureza, pode-se lançar mão das providências que podem acautelar a não verificação da perda da garantia patrimonial do credor.

Periculum sortis – perigo de sorte. – Diz-se a propósito do risco da perda de capital.

Peritus deducendi – perito que valora o facto.

Peritus percepiendi – perito que regista o facto.

Permissa venia – com o devido consentimento. – Fórmula de cortesia pela qual se inicia uma alegação, normalmente para divergir do interlocutor.

Permittitur quod non prohibetur – permite-se o que não se proíbe.

Permutatio vicina est emptioni – a troca é semelhante à compra [Paulo, Digesto, 19.4.2].

Perpaucae res sunt, in quibus non dolus malus iste versetur – muito poucas coisas existem nas quais não resida alguma má fé [Cícero, De Officiis, 3.64].

Perpetua et constans voluntas – perpétua e constante vontade. – Aplica-se a propósito da inclinação da vontade no desiderato da prática de um ato em conformidade com a ética e com os preceitos legais, ou seja, da intenção do agente de atuar de acordo com a boa fé.

Perpetua lex est nullam legem humanam ac positivam perpetuam esse, et clausula quae abrogationem excludit ab initio non valet – é lei perpétua que nenhuma lei humana e positiva é perpétua, e cláusula que exclua o poder de revogação é totalmente nula.

Perpetuatio fori – perpetuação do foro.

Perpetuatio jurisdicionis – perpetuidade da jurisdição.

Persecutio criminis – persecução do crime.

Persequi aliquem iudicio – perseguir alguém judicialmente.

Perseverare iniuriam facere - continuar a prejudicar.

Persona - pessoa. - É o indivíduo enquanto suscetível de direitos e obrigações. - Em sentido filosófico *"persona"* foi definida por Boécio como *"rationalis naturae individua substantia"* - substância individual de natureza racional - sendo caracterizada por três notas: a substancialidade, a individualidade e a racionalidade [Liber de Persona et Duabus Naturis Contra Eutychen et Nestorium, III].

Persona allieni iuris - pessoa juridicamente capaz.

Persona grata - pessoa grata. - Diz-se da pessoa que é bem-vinda, desejada para determinado cargo ou função.

Persona ingrata - pessoa indesejável.

Persona iuridica - pessoa jurídica. - É toda a entidade suscetível de ser titular de direitos e obrigações ou à qual a lei conceda personalidade jurídica.

Persona maior plenum habet suorum iurium exercitium - a pessoa maior tem o pleno exercício de seus direitos.

Persona non grata - pessoa não grata; pessoa indesejável. - Diz-se da pessoa que não é desejada, ou bem-vinda, para ocupar determinado cargo ou simplesmente para estabelecer domicílio em determinada localidade.

Persona non sui iuris - pessoa juridicamente incapaz. - Aplica-se a um indivíduo que não tem a legal capacidade para agir em seu próprio nome, tal como uma criança ou um interdito.

Persona sui iuris - pessoa juridicamente capaz. - É a pessoa capaz de ser titular de direitos e obrigações

Personalia personam sequuntur - as coisas pessoais acompanham a pessoa. - O mesmo que *"servitia personalia sequuntur personam"* - os serviços pessoais são inerentes à pessoa. Um dos exemplos do contrato de serviços pessoais é o contrato do atleta *[futebol, hóquei, andebol]*, embora muitos outros dos contratos de trabalho sejam contratos de serviços pessoais.

Personalitas iuridica - personalidade jurídica. - É a capacidade jurídica para ser titular de direitos e obrigações [vide: artigos 66.º e 67.º do CC].

Perspicua vera non sunt probanda - verdades evidentes não precisam ser comprovadas.

Perspicuum est hominem e corpore et animo constare, cum primae sint animi partes, secundae corporis - é seguro que o homem é composto de corpo e espírito, posto que as partes principais sejam do espírito e as secundárias do corpo [Cícero, De Finibus, 5.34]. - Cícero discorre no texto sobre o que seja a natureza do homem *[quae sit hominis natura]*.

Persuadentia verba – palavras persuasivas.

Pertransiit benefaciendo – passou fazendo o bem [Bíblia, Atos dos Apóstolos, 10.38]. – Palavras de S. Pedro, referindo-se a Cristo e que se aplicam aos homens cuja vida foi inteiramente consagrada ao serviço desinteressado dos seus semelhantes.

Perturbatio rerum – perturbação política.

Perturbatio valetudinis – perturbação da saúde; incómodo.

Perverso more – sem respeito pelas regras.

Petitio principii – petição de princípio. – Diz-se do raciocínio viciado que consiste em fundamentar-se uma demonstração sobre a tese que se pretende demonstrar. Assim acontece quando usamos como prova aquilo que estamos a tentar provar, ou quando supomos a verdade do que queremos provar, ou seja, quando provamos a conclusão tendo como premissa a própria conclusão.

Petitio verbalis – pedido verbal.

Philosophum non facit barba – a barba não faz o filósofo [decorre de Aulus Gellius, Noctes Atticae, 9, 2, 1 a 5]. – Não é pelo aspeto exterior que se medem as pessoas, mas sim pelo seu interior, pelo seu saber, carácter ou personalidade.

Pirum, non ulmum, accedas, si cupias pira – vai à pereira, não ao ulmeiro, se queres peras. – O que significa que as coisas devem procurar-se no lugar, onde, naturalmente, se devem encontrar.

Pisces natare doces – ensinar os peixes a nadar. – Traduz-se pelo *"ensinar o pai-nosso ao vigário"*.

Placet – agrada; apraz.

Placida mors – morte tranquila.

Placita iuris – preceitos do direito; preceitos da lei.

Plaudite, cives! – homens, aplaudi! – Fórmula com que os atores romanos, no fim de uma comédia, solicitavam os aplausos do público.

Plena vox – voz cheia; voz forte.

Pleno iure – de pleno direito.

Pleno ore – de boca cheia.

Plenum arbitrium – pleno arbítrio.

Plenum dominium – pleno domínio.

Plerumque fit – o que normalmente se faz.

Plura sint negotia quam vocabula – as ações valem mais que as palavras [Ulpiano, Digesto, 19.5.4].

Pluralis locutio duorum numero est contenta – a locução plural está contida pelo número de dois [Decretais de Bonifácio VIII, Liv. V, Tit. XII, De Regulis Juris, XL].

Pluralitas non est ponenda sine necessitate – a pluralidade não deve ser produzida sem necessidade. – É o designado *"princípio da pluralidade desnecessária"*, que era um princípio comum na filosofia medieval e que ficou para sempre ligado ao nome de Guilherme de Ockham, devido ao frequente uso que dele fez, princípio que passou a ser conhecido também por *"Navalha de Ockham"*.

Plures res in obligatione una autem in solutionem – várias coisas na obrigação, uma, porém, na solução. – Diz-se das obrigações que compreendem duas ou mais prestações, mas em que o devedor se libera mediante a realização de uma só, daquela que vier a ser determinada por escolha.

Plurimae leges pessima republica – muitas leis, péssima república.

Plus actum quam scriptum valet – vale vais o ato do que o que se escreve.

Plus aequo – mais do que o justo; mais que razoável.

Plus dictum quam cogitatum – foi dito mais do que foi pensado.

Plus dixit quam voluit – disse mais do que queria.

Plus in maledicto quam in manu est injuria – mais na palavra ofensiva do que na mão está a injúria [Publílio Siro, Sententiae]. – Muitas vezes, faz mais dano a língua do que o braço.

Plus iuris nemo in alium transferre potest, quam ipse habet – ninguém pode transferir a outrem mais direito do que ele mesmo tem [Ulpiano, Digesto, 50.17.54]. – O mesmo que *"nemo plus iuris ad alium transferre potest, quam ipse haberet"*.

Plus iusto – mais do que é o justo.

Plus semper in se continet quod est minus – o mais sempre contém em si o que é menos [Decretais de Bonifácio VIII, Liv. V, Tit. XII, De Regulis Juris, XXXV].

Plus si licet, quod minus est licebit – se é lícito o mais, será lícito o que é menos.

Plus valet actum quam scriptum – mais vale o feito do que o escrito.

Plus valet quod in veritate est quam quod in opinione – vale mais o que existe na realidade do que o que existe na opinião [Institutas, Lib. II, Tit. XX, §5].

Plus vident oculi quam oculus – olhos *[vários]* veem mais que um olho *[só]*.

Poena ad mensuram delicti statuenda est – a pena deve ser determinada à medida do delito.

Poena ad paucos, metus ad omnes, perveniat – a pena debe atingir a poucos, o medo a todos.

Poena corporalis – castigo físico.

Poena debet culpae respondere, commensurari delicto – a pena deve corresponder à culpa, medir-se pelo delito.

Poena lata – pena estabelecida.

Poena maior absorbet minorem – a pena maior absorve a menor.

Poena nulla esse debet ubi nullum delictum – não deve haver pena quando não há delito.

Poena praesupponit culpam – a pena pressupõe culpa.

Poenalia sunt restringenda – as leis penais devem ter interpretação restritiva.

Poenis benignior fit interpretatio – nas punições, seja a interpretação mais benigna.

Poeta nascitur, non fit – o poeta nasce, não se faz.

Polluere famam – manchar a reputação.

Polluere iura – infringir as leis.

Polluta pax – paz rota.

Pollutus amor – amor traído.

Porro, unum est necessarium – ora, só uma coisa é necessária. – Palavras de Jesus Cristo a Marta, que se queixava de que Maria, ocupada em ouvi-lo, a deixava só a trabalhar: Marta, Marta, preocupas-te com tantas coisas, mas uma só coisa é necessária. Maria escolheu a melhor parte, e não lhe será tirada [Bíblia, Lucas, 10.42].

Portio enim agri videtur aqua viva – a nascente de água considera-se como parte do terreno [Ulpiano, Digesto, 43.24.11pr.]. – O princípio tem correspondência no artigo 1389.º do Código Civil.

Portus est locus in quo exportantur et importantur merces – porto é o lugar em que se exportam e importam mercadorias. – É o designado *"porto de carga ou descarga"*, aquele no qual o navio, segundo o contrato, deve receber ou entregar as mercadorias.

Positioni criminosae non est respondendum – a uma imputação criminosa não há obrigação de responder. – Princípio de direito antigo, com consagração do artigo 454º/2 do CPC.

Possessio a non domino – é a posse do que recebeu coisa de outrem que não era seu dono.

Possessio ad interdicta – posse interditiva; posse de interdição. Trata-se de uma posse em que existe apenas poder de fato sobre a coisa (*corpus* e *animus*) mas que goza de proteção possessória (através de interdições), assegurando, substancialmente, a defesa decorrente dos meios possessórios e, eventualmente, de outras faculdades, entre as quais avulta a fruição, sem que, todavia, seja boa para usucapião [vide: L. A. Carvalho Fernandes, citando Menezes Cordeiro, Lições de Direitos Reais, 4.ª ed., 283, nota 1]. A *"possessio ad interdicta"* é diferente da "possessio civilis"(posse civil), posse a que correspondem todos os direitos possessórios; posse em que para além do corpus e o *animus possiendi* (o elemento objetivo e o elemento subjetivo) acresce um elemento jurídico, ou seja, a causa adequada à obtenção do domínio, que é a condição essencial para a produção dos efeitos materiais da posse, como no caso da usucapião.

Possessio bona fide – posse de boa fé.

Possessio mala fide – posse de má fé. – A posse diz-se de boa fé ou de má fé conforme o possuidor ao adquiri-la desconhecesse, ou não, que lesava o direito de terceiro [vide: artigo 1260.º/1 do CC].

Possessio pro emptore – posse pelo comprador. – Posse que se origina pela tradição da coisa.

Possessionem adquirimur et animo et corpore; animo utique nostro, corpore vel nostro vel alieno – adquirimos a posse não só pelo ânimo *[pela intenção]* como também pelo corpo *[pela detenção da coisa]*; pelo ânimo sempre nosso, pelo corpo ou nosso ou alheio. – A posse sobre determinada coisa tanto pode ser exercida pessoalmente como através de outra pessoa, sendo que no caso de dúvida se presume ser a posse do que exerce o poder de facto [vide: artigo 1252º do CC]. Por isso é que faz todo o sentido a máxima de que *"melior est conditio possidentis"*.

Possessor malae fidei ullo tempore non praescribit – o possuidor de má fé não pode em nenhum tempo invocar a prescrição [Decretais de Bonifácio VIII, Liv. V, Tit. XII, De Regulis Juris, II].

Possidentis melior est condicio – é melhor a condição de quem tem a posse.

Post – depois; após.

Post factum – depois do facto.

Post hoc ergo propter hoc – depois disto, portanto por causa disto. – Fórmula pela qual se exprimia, na escolástica, o erro de raciocínio que consiste em tomar por causa de um fenómeno o que apenas era um antecedente no tempo. – A equiparação da causa a toda a condição *"sine qua non"* do dano representa um avanço sobre o critério, puramente empírico, do *"post hoc ergo propter hoc"*.

Post hominum memoriam – depois do homem, a memória. – Desde que o homem existe há memória e tradição e, mais tarde, história.

Post mortem – depois da morte. – Aplica-se designadamente a propósito das deixas destinadas a produzir efeitos depois da morte *[post mortem]*.

Post scriptum *[ou "postscript"]* – pós-escrito *[p.s.]*. – Diz-se do escrito num momento posterior, muito comummente, no mesmo documento escrito, na parte final, para aditar algo que ficou esquecido ou, por vezes, a que se pretende dar maior ênfase.

Post tempus – fora do prazo.

Potest quis per alium, quod potest facere per se ipsum – pode-se fazer por intermédio de outro o que se pode fazer por si mesmo [Decretais de Bonifácio VIII, Liv. V, Tit. XII, De Regulis Juris, LXVIII].

Posteriora derogant prioribus – as coisas posteriores sucedem-se às anteriores.

Posteriores leges ad priores pertinent, nisi contrariae sint, idque multis argumentis probatur – as leis posteriores complementam as anteriores, a não ser que lhes sejam contrárias, o que deve ser provado por muitos argumentos [Paulo, Digesto, 1.3.28].

Posteriores leges plus valent quam quae ante eas fuerunt – as leis posteriores têm mais força que as que havia antes delas.

Posterius – posterior.

Postulare fidem publicam – invocar a fé pública.

Potest enim, dum res integra est, conventione nostra infecta fieri emptio – enquanto a coisa está íntegra, a compra por nosso acordo pode ser desfeita [Pompónio, Digesto, 18.5.2].

Potestas – poder. – Diz-se do poder de autoridade, do poder do magistrado, do poder político, do poder de domínio, do poder dos dignitários, etc..

Potestas alienandi – o poder de alienar.

Potestas coercendi – o poder de coerção.

Potestas utendi – poder de usar. – Consiste no direito potestativo que possui o titular do direito de, por ato livre da sua vontade, poder produzir uma alteração na esfera jurídica de outra pessoa, criando, modificando ou extinguindo direitos, independentemente da vontade ou colaboração desta.

Potior est condicio possidentis – é melhor a condição de quem tem a posse.

Potior est qui prior est – quem vem antes tem preferência.

Potior in tempore, potior in iure – primeiro no tempo, primeiro no direito. – O princípio reporta-se à prioridade do direito ao longo do tempo, consistindo num direito de preferência em caso de conflito, devendo o direito mais antigo ser exercido com prioridade à custa do mais recente. Este princípio aplica-se em matéria de direitos reais, em geral, por exemplo quando existe uma pluralidade de hipotecas sobre a mesma coisa, em que se reconhece o direito a quem tenha apresentado a primeira hipoteca. – O princípio encontra-se no Código de Justiniano, dito de outro modo: *"praevalet iure, qui praevenit tempore"* – tem precedência no direito quem precede no tempo [Código de Justiniano, 8.17.2]. – O mesmo que *"prior in tempore, potior in iure"* e *"prior tempore, potior iure"*.

Praecepta iuris – preceitos de direito.

Praecipuus in eloquentia vir – orador sem igual.

Praeclarus in philosophia – filósofo notável.

Praepostera naturae legibus – coisas contrárias às leis da natureza.

Praepropera consilia raro sunt prospera – decisões apressadas raramente são bem-sucedidas.

Praepropera festinatio – pressa demasiada.

Praescribere iura civibus – dar leis aos cidadãos.

Praescripto – prescrição. – Prescrição é a extinção de um direito subjetivo pelo seu não uso durante certo período de tempo.

Praescriptio longi temporis – prescrição de longo tempo. – Importada do antigo direito grego, foi introduzida a *"praescriptio longi temporis"*, que permitia à pessoa possuidora de uma coisa durante vinte anos defender-se em juízo, com base nesse facto, das pretensões de qualquer outro arrogado titular. Daí que esse instituto tivesse origem processual e fosse também designado nas fontes por *"exceptio longi temporis"* ou *"exceptio longae possessionis"*. – A prescrição de longo tempo, ou positiva, corresponde ao que hoje designamos por usucapião [vide: artigo 1287.º do CC].

Praesentia animi – presença de espírito.

Praesumitur ignorantia, ubi scientia non probatur – presume-se a ignorância, quando não se comprova a ciência [Decretais de Bonifácio VIII, Liv. V, Tit. XII, De Regulis Juris, XLVII].

Praesumptio caedit veritati – a presunção cede à verdade.

Praesumptio est rei incertae probabilis coniectura – presunção é uma conjetura provável a respeito de coisa incerta.

Praesumptio facti – presunção de facto. – É uma presunção simples, natural ou de experiência.

Praesumptio hominis – o mesmo que *"praesumptio facti"*.

Praesumptio iuris et de iure – presunção de direito e por direito; presunção absoluta. – O mesmo que *"praesumptio juris et de jure"*.

Praesumptio juris et de jure – presunção de direito e por força do direito. – São as presunções que não admitem prova em contrário ou que não podem ser ilididas por prova em contrário. É necessário que a lei diga com todo a clareza que o facto em que a presunção se traduz não admite prova em contrário. Se nada disser a presunção será *"juris tantum"*.

Praesumptio juris tantum – presunção somente de direito. – São as presunções que admitem prova em contrário ou que podem ser ilididas.

Praesumptio sumitur de eo quod plerumque fit – a presunção resulta daquilo que geralmente acontece.

Praesumptio una tollit alteram, et potior debelliorem tollit – a presunção exclui outra contrária, e a mais forte exclui a mais fraca.

Praeter consuetudinem – fora do costume.

Praeter contractum – além do contrato.

Praeter haec – além disso.

Praeter legem – além da lei; fora da lei; à margem da lei. – Diz-se do que respeita a matérias não reguladas pela lei.

Praeter modum – além da medida.

Praeter scripturam – para além do documento escrito. – Diz-se a propósito da prova testemunhal que não é admissível para além do documento autêntico.

Praetermittere poenam – perdoar um castigo.

Praevalet iure, qui praevenit tempore – tem precedência no direito quem precede no tempo [Código de Justiniano, 8.17.2]. – O mesmo que *"potior in tempore, potior in iure"* e *"prior in tempore, potior in iure"*.

Praevaricari est vera crimina abscondere – ocultar crimes verdadeiros é prevaricar.

Pretiosum quod utile – o que é útil tem valor.

Pretium aestimationis – preço de estimação; valor estimativo.

Pretium affectionis – valor sentimental.

Pretium doloris – preço da dor; o preço do sofrimento. – Reporta-se à indemnização devida pelo sofrimento causado a alguém, ou seja, pelos danos morais. Não sendo possível avaliar o "*pretium doloris*", o tribunal tem de limitar-se a fixar uma "*compensatio doloris*" pela dor sofrida pelo lesado.

Pretium luctus – o preço do luto.

Pretium rei ex commmuni, non particulari aestimatione, censetur – o preço da coisa acha-se pela avaliação comum e não pela particular.

Pretium sceleris – o preço do crime.

Pretium succedit loco rei – o preço sucede no lugar da coisa.

Prima enim impressio plurimum valet – a primeira impressão é a que tem mais força.

Prima facie – à primeira vista. – Ou aparentemente; que se pode verificar de pronto; sem ser preciso maior exame. Diz-se, por exemplo, em relação à prova, a designada prova de primeira aparência, que no nosso direito não é considerada uma prova eficaz e suficiente para a demonstração da realidade de um facto.

Primo – primeiro.

Primo avulso, non deficit alter – tirado o primeiro, não falta outro. – Removida a primeira dificuldade, logo surge outra.

Primo mihi – a mim primeiro. – Regra do egocentrista.

Primo occupanti – ao primeiro ocupante. – O direito do primeiro ocupante, na falta de qualquer outro título de terceiro, pode constituir um passo para a aquisição do direito de propriedade.

Primum vivere, deinde philosophare – primeiro viver, depois filosofar. – A expressão aparece registada no obra "*Leviathan*" [1651] do filósofo inglês Thomas Hobbes, sendo provavelmente mais antiga. – Princípio que os antepassados utilizavam para criticar os que se ocupavam apenas com discorrências ou divagações e que não se preocupavam em assegurar os meios da sua subsistência.

Primus inter pares – o primeiro entre os iguais. – Aplica-se a propósito do Presidente de uma República, que é, simplesmente, um – o primeiro – entre os seus súbditos.

Princeps legisbus solutus – o Príncipe está acima da lei. – Princípio do direito antigo, em que o Imperador, ou Monarca, não estava vinculado às leis.

Principale quando est caducum, et accessorium etiam caducum est – quando o principal é caduco, também o acessório é caduco.

Principiis obsta – pelos princípios obsta.

Principium est potissima pars cuiusque rei – o princípio de qualquer coisa é sua parte mais poderosa. – O mesmo que *"cuiusque rei potissima pars principium est"* [Gaio, Digesto, 1.2.1].

Prior in tempore, potior in iure – quem é primeiro no tempo, tem preferência no direito. Ou, de forma simplificada, **Prior tempore potior iure** – primeiro no tempo mais forte no direito. – Princípio da prevalência do direito constituído em primeiro lugar. – Regra básica dos direitos reais de garantia e particularmente em matéria de hipotecas. Aplica-se no caso da possibilidade da incidência de mais de um ónus sobre um mesmo imóvel, possuindo a prioridade *[preferência]* aquele cuja ordem de apresentação do título ao registo seja anterior [vide: artigo 686.º/1 do CC]. Tal princípio comporta estabilidade na aplicação do direito. – O mesmo que *"potior in tempore, potior in iure" e "praevalet iure, qui praevenit tempore"*.

Privatis pactionibus non dubium est non laedi ius ceterorum – não é duvidoso que o direito dos outros não deve ser lesado pelos contratos privados [Cévola, Digesto, 2.15.3pr.].

Privatorum conventio iuri publico non derogat – a convenção de particulares não se furta ao direito público [Ulpiano, Digesto, 50.17.45.1].

Privatorum conventionibus ius publicum infringi non potest – o direito público não pode ser infringido por contratos de particulares.

Privatum commodum publico cedit – o interesse particular cede ao público.

Privilegiatus contra pariter privilegiatum suo privilegio non gaudet – o privilegiado contra o igualmente privilegiado não goza de seu privilégio.

Privilegium – privilégio. É a vantagem *[ou direito]* atribuída a uma pessoa ou grupo de pessoas em detrimento das demais.

Privilegium clericale – privilégio do clero.

Privilegium est beneficium personale, et extinguitur cum persona – o privilégio é benefício pessoal, e extingue-se com a pessoa.

Privilegium est quasi privata lex – o privilégio é como que lei privada.

Privilegium fori – privilégio de foro.

Privilegium meretur amittere qui concessa sibi abutitur potestate – merece perder o privilégio aquele que abusa do poder que lhe foi concedido.

Privilegium non valet contra Rempublicam – contra o Estado o privilégio não tem força.

Privilegium personale personam sequitur, et exstinguitur cum persona – o privilégio pessoal segue a pessoa e se extingue com ela [Decretais de Bonifácio VIII, Liv. V, Tit. XII, De Regulis Juris, VII].

Pro aris et focis – pelos altares e pelos lares [Cícero, De Natura Deorum, 3.94]. – O que luta pela grei e pela família é invencível.

Pro derelicto aedes longo silentio dominus videatur habuisse – quando há um longo silêncio, considere-se que o dono tenha abandonado a casa [Ulpiano, Digesto, 39.2.15.21].

Pro derelicto rem a domino habitam si sciamus, possumus adquirere – podemos tomar posse de uma coisa, se soubermos que é tida como abandonada pelo proprietário [Paulo, Digesto, 41.7.2pr.].

Pro deserto – abandonado.

Pro diviso – divisível. – Diz-se das situações em que o condomínio se constitui sobre bem divisível mas não dividido.

Pro domo sua – pela sua casa; em defesa da própria casa. – Significa falar ou atuar em defesa própria, v.g. pleitear *"pro domo sua"* é pleitear em causa própria.

Pro forma – pela forma; por formalidade. – O mesmo que por mera formalidade, por exemplo, fazer um concurso camarário por mera formalidade, por já estar escolhido quem vai ocupar o lugar.

Pro habitu pecuniarum – segundo o estado das suas finanças.

Pro indiviso – por inteiro; indivisível. – Diz-se dos bens que não são divisíveis, como a propriedade de uma habitação por mais de uma pessoa.

Pro labore – pelo trabalho.

Pro lege et pro grege – pela lei e pela grei.

Pro lege, pro libertate, pro patria – pela lei, pela liberdade, pela pátria.

Pro libito – de acordo com a vontade.

Pro loco et tempore – de acordo com o lugar e o tempo.

Pro memoria – para a memória. – Escrito que se faz para registar um acontecimento para ser recordado de futuro.

Pro misero – a favor do necessitado.

Pro possessore habetur qui dolo desiit possidere – considera-se possuidor quem deixou de possuir por dolo [Decretais de Bonifácio VIII, Liv. V, Tit. XII, De Regulis Juris, XXXVI].

Pro rata – em proporção de. – Ou rateadamente ou em percentagem de; ou recebendo cada um a parte que lhe toca num rateio.

Pro rata temporis – proporcionalmente ao tempo. – Era o critério estabelecido no artigo 495.º do Código de Seabra para a partilha de frutos pendentes *[naturais, industriais e civis]* da coisa e que devia ser efetuada de modo proporcional ao tempo em que o possuidor esteve de boa fé na posse da coisa. Hoje o critério é o estabelecido no artigo 1270.º/2 do CC, que não confere direito aos frutos, mas apenas às despesas.

Pro re nata – para a ocasião que surja; para uma emergência.

Pro rege saepe, pro patria semper – pelo rei muitas vezes, pela pátria sempre. – Divisa de Colbert, político francês do séc. XVII.

Pro soluto – para o pagamento.

Pro solvendo – para pagar.

Pro tempore – temporariamente.

Pro veritate – pela verdade.

Probabile mendacium – mentira verosímil.

Probandi necessitas incumbit illi qui agit – a necessidade de provar recai no autor da ação.

Probare oportet, non sufficit dicere – é necessário provar, não basta afirmar.

Probatio fortior debiliorem tollit – a prova mais forte destrói a mais fraca.

Probatio incumbit asserenti – a prova cabe a quem afirma.

Probatio probatissima – a prova pleníssima ou superlativa. – Era, segundo os antigos, a prova feita através de confissão. No nosso atual ordenamento jurídico, o valor da prova por confissão mostra-se estabelecido no artigo 358.º do CC.

Probatio vincit praesumptionem – a prova vence a presunção.

Probatione non indigent manifesta – as coisas evidentes não exigem comprovação.

Probationem autem mutatae voluntatis ab heredibus exigendam – é de exigir dos herdeiros a prova da mudança da vontade (do falecido) [Ulpiano, Digesto, 32.11.12; Papiano, Digesto, 22.3.3].

Probationum facultas coangustari non debet – não deve restringir-se a faculdade de provar.

Probatis extremis media presumantur – provados os extremos presumem-se *[provados]* os do meio. – Tem aplicação relativamente à posse. Se o possuidor atual possuiu em tempo mais remoto, presume-se que possuiu também no tempo intermédio [vide: artigo 1254º/1 do CC]. O que significa que provada a posse em dois momentos distanciados um do outro, presume-se que ela se manteve durante o tempo intermédio, por ser normal ou provável que assim tivesse acontecido.

Probatum est – está comprovado.

Procuratio in rem suam – procuração para coisa sua. – Era um expediente que consistia em conferir a terceiro a faculdade de agir em juízo no próprio interesse, embora em nome do credor, para cobrar o crédito.

Procurator est qui aliena negotia mandatu domini administrat – procurador é aquele que administra negócios alheios com mandato do proprietário [Ulpiano, Digesto, 3.3.1].

Professio juris – escolha do direito. – Por exemplo do direito ou da lei aplicável a um contrato.

Prohibere non potes quod tibi non nocet et alteri prodest – não podes proibir o que não te prejudica e a outrem aproveita.

Prohibito principali, prohibitur omnia quae sequentur ex illo – proibido o principal, proíbe-se tudo que segue dele.

Prolem sine matre creatam – filho sem mãe criado. – Aplica-se a expressão a obra particularmente original, que não teve modelo. De que se poderia apresentar exemplo a Igreja da Sagrada Família em Barcelona, da autoria de Antoni Gaudí, expoente da arquitetura moderna, que se caracterizou pela experimentação contínua de novas formas.

Promissio debet intellegi rebus sic stantibus – a promessa deve ser entendida como dependendo de se manterem inalteradas as circunstâncias.

Promissio est servanda – a promessa deve ser cumprida. – Semelhante a *"pacta sunt servanda"*.

Promontorium Sacrum – Promontório Sagrado. – Era o nome que no tempo do domínio romano na península ibérica era dado ao cabo de S. Vicente. Tinha aquele nome por no local ter existido um templo dedicado ao deus Saturno, do qual já não existiam vestígios no Século I AC. Contudo, durante o período romano o cabo de S. Vicente manteve o nome de Promontorium Sacrum.
Conta a "Crónica de Al-Razi", composta no século X, que conhecemos por intermédio de uma tradução portuguesa do século XIV feita a mando de D. Dinis, que, durante a perseguição de Abderramán I (756-788), o corpo de S. Vicente fora levado de Valência, onde estaria na antiga igreja sob sua invocação, para o Promontório Sacro, hoje Cabo de S. Vicente, em Sagres. De acordo com a tradição, quando, em 1173, o rei Afonso Henriques ordenou que as relíquias do santo fossem trazidas do cabo de S. Vicente [o então «Promontorium Sacrum»], junto a Sagres, para a cidade de Lisboa, duas aves velaram o corpo do santo que seguia

a bordo da barca – facto a que ainda hoje aludem as armas de Lisboa e de muitas outras povoações portuguesas.

Promotor iustitiae – promotor de justiça.

Pronuntiatio iudicis – a sentença do juiz.

Propositum in mente retentum – propósito retido na mente. – É o mesmo que vontade não declarada.

Propria domus omnium optima – a casa própria é a melhor de todas.

Proprietas cum possessione nihil commune habet – propriedade e posse não se confundem.

Proprietas est ius perfecte disponendi de bonis materialibus intra limites legis – propriedade é o direito de dispor completamente dos bens materiais dentro dos limites da lei.

Proprio motu – de iniciativa própria; de moto próprio.

Proprio nomine – no próprio nome.

Proprio sensu – em sentido próprio.

Proprio vigore – por vigor próprio; por sua própria força.

Propter fragilitatem sexus – por causa da fragilidade do sexo.

Propter notitiam intromissi – foram admitidos por serem conhecidos [Cornelius Nepos, Dion, 9.4]. – A expressão mais completa é : "*hi propter notitiam sunt intromissi*". Aplica-se adequadamente aos que são promovidos na carreira apenas por serem mais conhecidos.

Propter nuptias – por causa das núpcias. – Diz-se da doação condicional feita no pacto antenupcial, com validade após a morte do doador.

Propter rem – por causa da coisa. – O mesmo que "*ob rem*". – Obrigação "*propter rem*" define-se como "aquela cujo sujeito passivo *[o devedor]* é determinado, não pessoalmente *[intuitu personae]*, mas realmente, isto é, determinado por ser titular de um determinado direito real sobre a coisa. – A obrigação de contribuir para as despesas, devidas por obras de conservação e fruição das partes comuns do edifício em propriedade horizontal é, assim, uma obrigação que recai sobre aquele que for titular da fação integrada no condomínio no momento em que haja lugar ao pagamento da parte do preço que caiba efetuar para a realização das aludidas obras.

Protestatio facto contraria – declaração contrária ao facto. – Verifica-se quando houver oposição entre a declaração expressa e a declaração tácita, devendo em tal situação, por princípio, a primeira prevalecer sobre a segunda. – Aplica-se a propósito de o legislador não utilizar a expressão mais adequada para exprimir o que pretendia. Assim acontece se utiliza o termo prescrição quando do conjunto da norma se conclui que está a tratar da caducidade ou vice-versa. Em tal situação diz-se que o legislador incorreu em "*protestatio facto contraria*", devendo prevalecer o sentido que decorre do conjunto do preceito.

Protestatio facto contraria non valet – a declaração contrária ao facto não vale. – O princípio aplica-se aos casos excecionais em que a declaração expressa não pode valer sobre a declaração tácita, por exemplo: a) quando através da declaração tácita se consumou o negócio e de seguida, por declaração expressa, se pretende dá-lo sem efeito *[v. g. pedir um café, bebê-lo e dizer que não se paga]*; b) quando através da declaração expressa se invoca direito que é contrariado por facto anterior em que a tácita se traduziu *[v. g. o herdeiro que vende um bem da herança e de seguida diz que a repudia]*.

Protrahere ad indicium – obrigar a ir depor.

Provocatio ad agendum – provocação para a ação. – Era a ação que os antigos designavam de jactância ou de provocação, pela qual se colocava a pessoa demandada em situação equivalente à do autor, com o dever de fundamentar e provar o seu direito. – Presentemente existe ação semelhante, que é a ação de simples apreciação negativa, mas que só se justifica nas situações em que o réu se arrogue, extrajudicialmente e sem fundamento, determinado direito e em detrimento do direito do autor.

Proximus est, quem nemo antecedit – próximo é aquele que ninguém antecede [Paulo, Digesto, 50.16.92].

Prudens in iure – versado no direito.

Publicum bonum privato est praeferendum – o bem público deve preferir ao privado.

Publicum instrumentum ergo omnes aeque publicum et probans – o que é instrumento público perante todos é público e também com valor probatório. – Aplica-se ao documento autêntico que tem força probatória absoluta ou plena.

Pudicitiam expugnare – atentar contra o pudor.

Pulchre, bene, recte – bem, muito bem, otimamente.

Pulchre negare – negar a pés juntos.

Punctum dolens – ponto doloroso; ponto sensível.

Punctum saliens – ponto principal.

Punctum temporis – um instante; num momento.

Punica fides – fé púnica. – Porque os Romanos acusavam os Cartagineses de violar frequentemente os tratados, a fé púnica equivale, assim, a má fé.

Puras Deus, non plenas, aspicit manus – Deus olha para as mãos puras e não para as mãos cheias [Publílio Síro, Sententiae].

Purgare fidem – dar prova de fidelidade.

Purgatio morae – purgação da mora. – Embora a lei guarde silêncio sobre a matéria, a mora do devedor pode extinguir-se *[purgatio morae]*, por diversos modos, designadamente, mediante acordo das partes, do qual resulte deixar o devedor de ficar em atraso, por se deferir para momento ulterior o vencimento da obrigação *[moratória]*. O credor concede ao devedor um prazo para cumprir ou declara prorrogado o prazo que já findara ou dá sem efeito a interpelação efetuada ou, sempre com a anuência do devedor, exprime-se por outro modo igualmente significativo da intenção de o retirar da situação de mora.

Q

Quae a iure communi exorbitant, nequaquam ad consequentiam sunt trahenda – as disposições que se separam do direito comum não devem ser extraídas para sucessão [Decretais de Bonifácio VIII, Liv. V, Tit. XII, De Regulis Juris, XXVIII].

Quae animi affectio suum cuique tribuens iustitia dicitur – denomina-se justiça o sentimento que dá a cada um o que é seu [decorre de Cícero, De Finibus, 5.65].

Quae concordiam gignunt sunt illa quae ad iustitiam, aequitatem et honestatem referuntur – as coisas que geram a concórdia são aquelas que estão relacionadas com a justiça, a equidade e a honestidade [Baruch Spinoza, Ethica, 4.15].

Quae contra ius fiunt debent utique pro infectis haberi – aquelas coisas que se fazem contra o direito, devem logo ser havidas como viciadas [Decretais de Bonifácio VIII, Liv. V, Tit. XII, De Regulis Juris, LXIV].

Quae ex necessitate fiunt non dicitur fieri in fraudem – aquelas coisas que se fazem por necessidade não se consideram feitas em fraude.

Quae harmonia a musicis dicitur in cantu, eam esse in civitate concordiam – o que pelos músicos no canto é chamado de harmonia, isso na cidade é a concórdia. [S. Agostinho, De Civitate Dei, 2.21].

Quae in aliis libertas est, in aliis licentia vocatur – o que em uns é liberdade, em outros é designado de indisciplina [Quintiliano, Institutio Oratoria, 3.8.48].

Quae in nullius bonis sunt iure gentium sunt occupantis – as coisas que não são de ninguém pelo direito das gentes são de quem as ocupa [decorre de Pompónio, Digesto, 41.1.30.4 e de Institutas, Lib. II, Tit. I, § 7]. – O mesmo que "*id, quod nullius sit, occupantis fit*". – Hoje, no nosso direito, a ocupação pode fazer-se nos termos regulados nos artigos 1318.º a 1324.º do Código Civil.

Quae non dicta sunt, dici posse; quae dicta sunt, ut dicta non sint, fieri non posse – aquelas coisas que não foram ditas podem ser ditas, aquelas que foram ditas não pode fazer-se que não tenham sido ditas [Manuel Bernardes, Luz e Calor 1.140-141]. – O que não foi dito pode ser dito; mas o que já foi dito, não pode considerar-se como se não fora dito. Ou usando a própria tradução de M. Bernades: *"o que se calou, ainda se pode dizer, mas o que já se disse, é impossível haver-se calado"*. Como se costuma dizer: palavra fora da boca é pedra fora da mão; palavra e pedra solta não tem volta.

Quae non prosunt singula, multa iuvant – as coisas que isoladas não são úteis, agrupadas são vantajosas [Ovídio, Remedia Amoris, 420].

Quae non sunt prohibita permissa intellegentur – as coisas que não são proibidas entendem-se como permitidas.

Quae publice fiunt nulli licet ignorare – a ninguém é lícito ignorar aquelas coisas que acontecem publicamente.

Quae rerum natura prohibentur, nulla lege confirmata sunt – aquelas coisas que pela natureza delas mesmas são proibidas, por nenhuma lei podem ser ratificadas [Celso, Digesto, 50.17.188.1].

Quae sibi quisque facilia factu putat, aequo animo accipit – qualquer um aceita com naturalidade aquilo que acredita ser fácil de lhe acontecer [Caio Salústio, Bellum Catilinae, 3].

Quae simulate geruntur pro infectis habentur – as coisas que tenham sido efetuadas com simulação consideram-se como viciadas.

Quae sunt Caesaris, Caesari – a César as coisas que são de César; a César o que é de César. – Palavras de Cristo, que se completam na enunciação *"quod Caesaris, Caesari; quod Dei, Deo"* – a César o que é de César; a Deus o que é de Deus [Bíblia, Mateus, 22.21].

Quae sunt eadem uni tertio, sunt eadem inter se – duas coisas iguais a uma terceira são iguais entre si [Manuel Bernardes, Nova Floresta, 1.136].

Quae temporalia sunt ad agendum, perpetua sunt ad excipiendum – as coisas temporárias são para fazer, as perpétuas são para excetuar.

Quae volumus, et credimus libenter, et quae sentimus ipsi, reliquos sentire speramus – nas coisas que queremos não só acreditamos com entusiasmo, como esperamos que os demais sintam o que nós mesmos sentimos [Júlio César, De Bello Civili, 2.27].

Quaecumque ex merito spes venit, aequa venit – toda esperança que vem do merecimento é legítima [Ovídio, Heroides, 2.62].

Quaedam iura non scripta, sed omnibus scriptis certiora sunt – certas leis não estão escritas, mas são mais respeitadas que todas as escritas [Séneca, o Velho, Controversiae, 1.1.14].

Quaedam personae sui iuris sunt, quaedam alieno iuri subiectae sunt – algumas pessoas são de direito próprio, outras estão sujeitas ao direito alheio [Gaio, Digesto, 1.6.1pr.].

Quaedam possum per me, quae per alium non possum – há coisas que posso fazer pessoalmente, mas que não posso fazer por intermédio de outrem.

Quaedam remedia graviora ipsis periculis sunt – alguns remédios são mais perigosos do que os próprios flagelos [Séneca, o Velho, Controversiae, 6.7].

Quaestio – questão. – É todo o enunciado que se resolve: ou pelo apuramento da veracidade dum facto *[questão de facto]* ou pela aplicação de uma norma jurídica *[questão de direito]*.

Quaestio facti – questão de facto. – Questão de facto é toda a que se resolve mediante a verificação da existência de um facto e das circunstâncias que o envolveram.

Quaestio iuris – questão de direito. – Questão de direito é toda a que se resolve mediante a aplicação das normas jurídicas.

Quaestus pecuniae – benefício pecuniário. – Aplica-se a um contrato em que a convenção negocial só se considera perfeita, ou devidamente concluída, com o ato material da entrega da coisa, por exemplo o contrato de mútuo que, segundo doutrina maioritária, é um contrato real *"quoad constitutionem"*.

Qualis pater talis filius – qual pai tal filho. – O mesmo que *"talis pater talis filius"*. – Aforismo que se aplica aos casos em que pai e filho são, notoriamente, parecidos ou no aspeto físico, ou na maneira de ser e agir.

Qualis sit animus, ipse animus nesciet – o que seja a mente, não saberá a própria mente [Cícero, Tusculanae Disputationes, 1.53].

Qualis vita finis ita – tal vida tal morte. – Emprega-se para lembrar que alguém teve uma morte à maneira do que fez em vida.

Quam ad probos propinquitate proxime te adiunxeris, tam optimum est – quanto mais perto estiveres dos bons, tanto melhor estás [Plauto, Aulularia, 235].

Quam multa quam paucis – quantas coisas em tão poucas *[palavras]*.

Quamvis levis causa – a menor causa.

Quamvis si liberum esset noluissem, tamen coactus volui – embora se eu fosse livre não concordasse, contudo coagido concordei [Paulo, Digesto, 4.2.21.5].

Quando aliquid mandatur, mandatur et omne per quod pervenitur ad illud – quando se ordena alguma coisa, ordena-se também tudo por meio do qual se chega para ela.

Quando aliquid prohibetur, prohibetur et omne per quod devenitur ad illud – quando se proíbe alguma coisa, também se proíbe tudo por meio do qual se chega a ela.

Quando lex aliquid concedit, conceditur et id sine quo res ipsa esse non potest – quando a lei concede algo, é também concedido aquilo sem o qual a própria coisa não pode acontecer.

Quando licet id quod maius, videtur et licere id quod minus – quando o maior é permitido, entende-se que também é permitido o menor.

Quando plus fit quam fieri debet, videtur etiam illud fieri quod faciendum est – quando se faz mais do que se deve fazer, entende-se que também se faz o que deve ser feito.

Quando quod ago non valet ut ago, valeat quantum valere potest – quando o que faço não tem valor como faço, que valha quanto possa valer.

Quando res non valet ut ago, valeat quantum valere potest – quando uma coisa não tem valor como eu faço, que tenha tanto valor quanto possa ter.

Quando verba et mens congruunt, non est interpretationi locus – quando as palavras e a intenção concordam, não há lugar para interpretação.

Quando verba sunt clara, non admittitur mentis interpretatio – quando as palavras são claras, não se admite a interpretação da intenção.

Quanti minoris – por quanto menos. – Diz-se da solicitação para diminuição do preço.

Quanti quanti – por todo o preço.

Quantitas delicti – a gravidade do crime.

Quantum – quanto de. – Usa-se a propósito do *"quantum"* de incapacidade, de indemnização, de valor, de prejuízo, da pena, da dor, etc.

Quantum debeatur – quanto é devido; quantia devida.

Quantum doloris – quanto de dor. – Diz-se do grau de sofrimento decorrente de evento causado por terceiro.

Quantum potest – quanto pode. – O mais que pode; o mais depressa possível.

Quantum sat est, et plus satis – quanto é bastante é mais que suficiente [Plauto, Epidicus, 346].

Quantum satis – quanto baste. – Fórmula farmacêutica que se abrevia às vezes, escrevendo-se Q. S.; iniciais também de quantidade suficiente ou de *"quantum sufficit"* – quanto basta.

Quantum sufficit – quanto basta.

Quaqumque ratione – por todos os meios possíveis.

Qua tale – enquanto tal; nessa qualidade.

Quater felix – inteiramente feliz.

Querela nulitatis insanabilis – acusação de nulidade insanável.

Querela proprietatis – queixa em razão da propriedade. – Diz-se da ação ou demanda que tem por objeto uma disputa de propriedade.

Qui accusare volunt, probationes habere debent – os que querem acusar devem ter as provas [Código de Justiniano, 2.1.4].

Qui accusat integrae famae sit et non criminosus – quem acusa deve ser pessoa de boa reputação e não ser criminoso.

Qui ad agendum admittitur, est ad excipiendum multo magis admittendus – o que se admite para a ação, muito mais deve ser admitido para a exceção [Decretais de Bonifácio VIII, Liv. V, Tit. XII, De Regulis Juris, LXXI].

Qui adimit medium dirimit finem – quem tira o meio destrói o fim.

Qui aliquid statuerit parte inaudita altera, aequum licet dixerit, haud aequum fecerit – quem estatuísse alguma coisa sem ouvir a outra parte, mesmo que imparcial fosse na decisão, não seria imparcial na ação.

Qui amant, ipsi sibi somnia fingunt – os apaixonados inventam os próprios sonhos [Erasmo, Adagia, 2.3.90].

Qui animum vincunt, quam quos animus, semper probiores cluent – aqueles que dominam a paixão, serão considerados sempre mais virtuosos que aqueles a quem a paixão domina [Plauto, Trinummus, 312].

Qui appellat, prior agit – quem apela é o primeiro a agir.

Qui approbat non reprobate – quem aprova não reprova.

Qui audiunt audita dicunt, qui vident plane sciunt – Os que ouvem contam as coisas ouvidas, os que veem conhecem claramente [Plauto, Truculentus, 490].

Qui autem alieno nomine obligatur, fideiussor vocatur – denomina-se fiador quem se obriga em nome de terceiro [Gaio, Digesto, 44.7.1.8].

Qui bene amat bene castigat – quem bem ama bem castiga.

Qui bene distinguit bene docet – quem bem distingue ensina bem.

Qui bene interrogat bene docet – quem bem interroga ensina bem.

Qui causam praebuit damni dandi, damnum dedisse – quem provocou a causa do dano produzido causou o dano [Ulpiano, Digesto, 47.8.4.14].

Qui causam vidit in uno iudicii gradu, nequit eamdem causam in alio iudicare – quem examinou a causa num grau de juízo não pode julgar a mesma causa noutro grau [Codex Iuris Canonici (1917), Can 1571].

Qui concedit aliquid concedit omne id sine quo concessio est irrita – quem concede algo concede tudo aquilo sem o qual a concessão é inútil.

Qui contemnit praeceptum contemnit praecipientem – quem despreza uma ordem despreza o ordenador.

Qui contra iura mercatur, bonam fidem praesumitur non habere – quem faz negócios contra as leis presume-se que não tenha boa fé [Decretais de Bonifácio VIII, Liv. V, Tit. XII, De Regulis Juris, LXXXII].

Qui cum alio contrahit, vel est vel debet esse non ignarus condicionis eius – quem contrata com outra pessoa não ignora, ou não deveria ignorar sua condição. [Ulpiano, Digesto, 50.17.19pr.].

Qui damnare potest, is absolvendi quoque potestatem habet – quem pode condenar tem também o poder de absolver [Paulo, Digesto, 42.1.3].

Qui de iure suo utitur neminem laedit – quem usa do seu direito não prejudica ninguém.

Qui dedit beneficium, taceat, narret, qui accepit – quem deu o benefício, cale; conte, quem o recebeu [Séneca, De Beneficiis, 2.11].

Qui dominus est soli dominus est usque ad coelum et usque ad inferos – quem é dono do solo é dono até ao céu e até aos infernos. – Corresponde à norma de que a propriedade dos imóveis abrange o espaço aéreo correspondente à superfície e também ao subsolo, com tudo o que neles se contém, com exceção do afastado por lei ou por negócio jurídico, mas o proprietário não pode proibir atos de terceiros que, pela altura ou profundidade, não tenha interesse em impedir [vide: artigo 1344.º do CC].

Qui elegit judicem elegit jus – quem escolhe o juiz escolhe o direito. – Princípio segundo o qual a escolha do foro para dirimir uma questão implica a escolha do direito que esse foro aplica. Quem recorre a um tribunal do trabalho pretende a aplicação do direito laboral.

Qui excipit, non fatetur – quem alega exceção, não confessa.

Qui extra continentia urbis est, abest – quem está fora dos limites da cidade está ausente [Ulpiano, Digesto, 50.16.173.1].

Qui facit per alium, est perinde, ac si faciat per se ipsum – quem pratica um ato por intermédio de outrem, é como se o praticasse pessoalmente [Decretais de Bonifácio VIII, Liv. V, Tit. XII, De Regulis Juris, LXXII].

Qui falsum nesciens allegavit, ad falsi poenam minime teneatur – quem alegou o falso, sem o saber, de modo nenhum está sujeito à pena de falsidade [Edictum Theoderici Regis, 41.40]

Qui habet aures audiendi audiat – quem tem ouvidos para ouvir oiça [Bíblia, Marcos, 4.9]. – Palavras do Evangelho que encerram um convite àqueles que queiram atender à pregação da palavra de Deus.

Qui habet commoda ferre debet et onera – quem tem as vantagens deve suportar também os encargos. – O mesmo que *"ubi commoda ibi incommoda"*.

Qui ignorat quantum solvere debeat non potest improbus videri – quem não sabe quanto deveria pagar não pode ser considerado desonesto. – O mesmo que *"non potest improbus videri, qui ignorat quantum solvere debeat"* [Venónio, Digesto, 50.17.99].

Qui intellegit alienum se possidere mala fide possidet – quem sabe que possui o alheio possui de má fé [decorre de Gaio, Digesto 41.3.38].

Qui interrogatus cur possideat, responsurus sit *"quia possideo"* – quem perguntado por que possui, deverá responder *"porque tenho a posse"* [Ulpiano, Digesto, 5.3.12].

Qui intellegit alienum se possidere et ob id mala fide possidet – quem sabe estar a possuir o alheio até por causa disso possui de má fé [Gaio, Digesto, 41.3.38].

Qui in ius dominiumve alterius succedit, iure eius uti debet – quem sucede no direito ou na propriedade de outra pessoa, deve usar do direito dela [Paulo, Digesto, 50.17.177].

Qui iuramentum a malo viro postulat insanit – quem exige juramento de um homem desonesto está demente.

Qui iure suo utitur nemini facit iniuriam – quem exerce o seu direito não prejudica ninguém. – O mesmo que *"neminem laedit qui suo iure utitur"* e que *"qui iure suo utitur neminem laedit"*. – Princípio antigo do direito romano, que veio a ser consagrado no código de Seabra, mas que hoje se encontra ultrapassado, devido à instituição do princípio de abuso de direito [artigo 334.º do CC].

Qui mandat ipse fecisse videtur – quem manda considera-se como se ele mesmo tivesse feito. – Segundo o artigo 26.º do

Código Penal português é punível como autor quem executar o crime por intermédio de outrem, ou seja, quem manda executar o crime.

Qui mandat solvi, ipse videtur solvere – quem manda pagar entende-se que paga ele mesmo [Paulo, Digesto, 46.3.56].

Qui medium vult finem vult – quem quer o meio quer o fim.

Qui melius probat melius habet – quem melhor prova mais ganha.

Qui nescit dissimulare nescit regnare – quem não sabe dissimular não sabe governar. – Máxima à maneira de Maquiavel, na ideia de que a palavra foi dada ao homem para dissimular o seu pensamento.

Qui nihil debet non timet – quem não deve não teme. – Quem não cometeu crime não receia a polícia ou o tribunal.

Qui non facit quod debet non recipit quod oportet – quem não faz o que deve não recebe o que precisa.

Qui non habet ille non dat – quem não tem não dá. – É equivalente à regra "*nemo plus iuris ad alium transferre potest, quam ipse haberet*" – ninguém pode transferir para outrem mais direito do que aquele que ele próprio tinha [Ulpiano, Digesto, 50.17.54].

Qui non prohibet, cum prohibere possit, in culpa est – quem não impede, quando pode proibir, é culpado.

Qui non prohibet id quod prohibere potest assentire videtur – quem não proíbe o que pode proibir considera-se concordar.

Qui non prohibit, cum potest, iubet – quem não proíbe, quando pode, autoriza.

Qui non propulsat iniuriam, quando potest, infert – quem não repele uma injustiça, quando pode, causa outra.

Qui occasionem praestat, damnum fecisse videtur – quem cria a ocasião é de considerar que é o causador do dano [Paulo, Digesto, 9.2.30.3].

Qui ostendunt opus legis scriptum in cordibus suis, testimonium reddente illis conscientia ipsorum – os que mostram que os preceitos da lei estão inscritos em seus corações, a sua consciência dá-lhes testemunho disso [Bíblia, Paulo, Romanos, 2.15].

Qui parcit nocentibus innocentes punit – quem perdoa aos culpados castiga os inocentes.

Qui peccat ebrius luat sobrius – quem embriagado prevarica paga quando sóbrio.

Qui per alium facit per seipsum facere videtur – quem faz algo por meio de outra pessoa considera-se que faz pessoalmente.

Qui potest capere capiat – quem puder entender entenda [Bíblia, Mateus, 19.12].

Qui potest majus, potest minus – quem pode o mais pode o menos.

Qui prior est tempore potior est iure – quem está primeiro no tempo é mais forte no direito [Decretais de Bonifácio VIII, Liv. V, Tit. XII, De Regulis Juris, LIV].

Qui pro quo – uma coisa por outra; confução sobre coisas ou pessoas. – Situação resultante do mal-entendido de se tomar uma coisa ou pessoa por outra; lapso ou equívoco.

Qui providet sibi providet heredibus – quem provê para si provê para seus herdeiros.

Qui sapit non iterum ad eumdem offendit lapidem – quem tem juízo não tropeça duas vezes na mesma pedra.

Qui sciens solvit indebitum, donandi consilio id videtur fecisse – quem, ciente, paga o que não deve, considera-se que o fez com intenção de doar.

Qui scribit bis legit – quem escreve lê duas vezes.

Qui se debere fateantur – aqueles que se consideram devedores.

Qui se ipsum laudat cito derisorem invenit – quem se elogia a si próprio, depressa encontra o zombador.

Qui semel est malus semper praesumitur esse malus in eodem genere – quem é desonesto uma vez presume-se que sempre o seja na mesma espécie de crime.

Qui semel furator semper fur est – quem furta uma vez é sempre ladrão. – Este axioma corresponde ao nosso provérbio: *"cesteiro que faz um cesto faz um cento"*.

Qui sentit commodum sentire debet et onus – quem recebe a vantagem deve suportar também o ónus.

Qui sentit onus, sentire debet commodum, et e contra – quem sente o encargo, deve sentir o proveito e também o contrário [Decretais de Bonifácio VIII, Liv. V, Tit. XII, De Regulis Juris, LV].

Qui sero solvit minus solvit – quem paga atrasado paga menos.

Qui subscribit videtur scripisse – quem subscreve considera-se que *[também]* teria escrito. – O que significa que aquele que assina um documento faz seu o seu conteúdo, por o ter escrito ou por concordar com ele.

Qui suo iure utitur neminem facit iniuriam ou neminem laedit – quem usa do seu direito nenhuma injustiça faz ou ninguém lesa. – Era princípio antigo, que ainda se consagrava no artigo 13.º do Código Civil de 1867 [Código de Seabra], que assim rezava: *"quem, em conformidade com a lei, exerce o próprio direito, não responde pelos prejuízos que possam resultar desse mesmo exercício"*. – Este princípio encontra-se hoje ultrapassado pela norma do abuso do direito, consagrado no artigo 334.º do Código Civil.

Qui tacet, cum loqui potuit et debuit, consentire videtur – quem cala, quando podia e devia falar, entende-se que concorda.

Qui tacet, non utique fatetur: sed tamen verum est eum non negare – quem cala certamente não confessa, porém é certo que também não nega [Paulo, Digesto, 50.17.142].

Qui tardius solvit minus solvit – quem paga atrasado paga menos.

Qui vim facit, dolo malo fecit – quem usa a força, usou de má fé [Ulpiano, Digesto, 47.8.2.8].

Qui vult finem velle etiam creditur media sine quibus finis obtineri nequit – quem quer o fim, presume-se também querer os meios sem os quais o fim não pode ser alcançado.

Quicquid plantatur solo, solo cedit – tudo o que se planta no solo pertence ao solo [decorre de Institutas, Lib. II, Tit. I, §12].

Quid – o que; algo; alguma coisa.

Quid bonum, quid malum, quid neutrum – o que é bom, o que é mau ou o que é indiferente.

Quid deceat, quid non – o que convém, o que não.

Quid decidendum – a coisa a decidir.

Quid decisum – a coisa decidida.

Quid disputatum – a coisa disputada. – Diz-se do objeto da ação, ou seja, do bem jurídico que se pretende alcançar com a providência judicial.

Quid est ius et in quo consistit iniuria legis est – cabe à lei definir o que constitui o direito e em que consiste a injustiça.

Quid inde? – que *[concluir]* daí?

Quid juris? – qual *[é]* o direito? – Expressão para perguntar qual é a solução que dá o direito, muito usada nos exercícios académicos e até nas sentenças judiciais.

Quid non mortalia pectora cogis, auri sacra fames! – a que coisas não obrigas os mortais, ó abominável sede do ouro! [Virgílio, Eneida, 3.56].

Quid novi? – que há de novo? – Pergunta familiar para saber de novidades.

Quid prodest? – de que serve? – Poderia dar muitas mais razões ainda, mas "*quid prodest*"?

Quid sit iuris? – o que é de direito?

Quid sit ius? – qual é o direito?

Quid turpi ex causa promissum est non valet – o que é prometido por uma causa torpe não obriga. – Quando uma promessa tem por objeto uma coisa contra a lei, a moral ou bons costumes não é vinculativa.

Quidquid fit causam habet – tudo que acontece tem sua causa. – O mesmo que "*omne quod fit, habet causam*" [S. Tomás de Aquino, Summa Theologiae, 1.ª Pars, Questio 75, Art. 1].

Quidquid fit contra legem nullum est – tudo que se faz contra a lei é nulo. – Segundo a lei civil portuguesa o negócio jurídico cujo objeto seja contrário à lei é nulo [vide: artigo 280.º/1 do CC].

Quidquid recipitur ad modum recipientis recipitur – tudo o que é recebido à medida do recipiente é recebido [decorre de S. Tomás de Aquino *Summa Theologiae*, 1.ª Pars, Questio 75, Art. 5]. S. Tomás de Aquino utilizou mais concretamente a seguinte frase "*omne quod recipitur in aliquo, recipitur in eo per modum recipientes*".

Quidquid sine sanguine civium ulcisci nequitur, iure factum sit – tudo o que sem o sangue dos cidadãos não puder ser punido, pelo direito seja feito [Salústio, Bellum Jugurthinum, 31, 8].

Quieta non movere – não mover o que está quieto. – Provérbio que aconselha a não despertar ódios ou dissensões adormecidas. – As coisas quietas não devem ser movidas ou perturbadas; v.g. o princípio da intangibilidade das fronteiras.

Quilibet est subditus legibus patriae suae, et extra territorium – todo cidadão está sujeito às leis de seu país, mesmo fora do território. – O princípio diz respeito sobretudo à designada extraterritorialidade penal, ou seja, ao estabelecimento da possibilidade de aplicação das leis penais de um determinado Estado a factos delituosos cometidos "*extra territorium*" por cidadãos desse mesmo Estado. A lei penal portuguesa é aplicável a factos praticados fora do território português nos casos e nos termos previstos no artigo 5.º do Código Penal. E a lei processual penal portuguesa é aplicável em território estrangeiro nos limites definidos pelos tratados, convenções e regras do direito internacional [vide: artigo 6.º do CPP].

Quilibet homo, iure naturali, habet potestatem et ius defendendi se – qualquer homem tem, pelo direito natural, o poder e o direito de defender-se. – É o direito à legítima defesa, que também é protegido pelo direito positivo [vide: artigo 337.º do CC].

Quilibet potest renunciare iuri pro se introducto – qualquer pessoa pode renunciar a direito criado em seu benefício. – O princípio é válido desde que o direito não seja irrenunciável.

Quilibet praesumitur bonus donec contrarium probetur – considera-se inocente qualquer pessoa, desde que não se prove o contrário. – Segundo a Constituição da República Portuguesa *"todo o arguido se presume inocente até ao trânsito em julgado da sentença de condenação, devendo ser julgado no mais curto prazo compatível com as garantias de defesa"* [vide: artigo 32.º, n.º 2].

Quinta essentia – quinta-essência. – Diz-se para designar o que há de mais importante ou principal numa coisa, numa ideia ou numa teoria.

Quippe iudicare munus publicum est – julgar é indubitavelmente uma função pública [Paulo, Digesto, 5.1.78].

Quis autem non timeat illud examen, in quo erit dominus accusator, advocatus et iudex? – quem não temerá aquele processo em que o seu dono será o acusador, o advogado e o juiz? [atribuída a Henry de Bracton, autor de *"De legibus et Consuetudinibus Angliae"*].

Quis custodiet custodes? – quem guarda os guardas? [Juvenal, Satirae, 6.347-348]. – Qual o poder para controlar o poder?

Quis, Quid, Ubi, Quibus auxiliis, Cur, Quomodo, Quando? – Quem, O quê, Onde, Com que auxílios, Por que motivo, De que modo, Quando? [decorre de Quintiliano, Institutio Oratoria, 5.10.32]. – Fórmula latina, transmitida por Quintiliano, integradora das circunstâncias mais relevantes para descrever qualquer acontecimento, quer em mera retórica, quer verificado na vida real, designadamente determinado evento com relevo para aplicação do direito.

Quis tacet consentit – quem cala consente.

Quis tacet, consentire videtur – quem cala considera-se consentir [Decretais de Bonifácio VIII, Liv. V, Tit. XII, De Regulis Juris, XLIII].

Quis tacet neque negat neque utique facetur – quem cala nem nega nem confessa.

Quis tacet ubiloqui potuit ac debuit consentire videtur – quem cala, quando pode e deve falar, considera-se consentir.

– As máximas que antecedem não são coincidentes. Ambas as regras foram adotadas na prática medieval e aceites pela doutrina em diferentes épocas como um argumento em favor das opiniões sustentadas. – No nosso direito civil vigente o problema do silêncio como meio declarativo é resolvido no artigo 218º do CC, segundo o qual, o silêncio vale como declaração negocial,

quando esse valor lhe seja atribuído por lei, uso ou convenção. Fora dessas situações, concludentemente, que o silêncio não pode ter valor como declaração negocial.

Quivis praesumitur bonus, donec probetur malus – todo o indivíduo presume-se bom, até que se prove que é mau.

Quo non ascendet? – até onde não subirá?

Quo vadis, Domine? – para onde vais, Senhor? – A frase refere-se a um relato do evangelho apócrifo conhecido como "Atos de Pedro" no qual, ao fugir de uma provável crucificação em Roma, S. Pedro encontra Jesus ressuscitado e pergunta: *"Quo vadis, Domine?"* e Jesus responde: *"Roman vado iterum crucifigi"* [vou a Roma para ser crucificado de novo]. Então Pedro ganha coragem para continuar o seu ministério e volta a Roma onde acaba por se tornar um mártir.

Quoad constitutionem – quanto à sua constituição. – Diz-se da convenção negocial de mútuo que só se considera perfeita, ou devidamente completada, com o ato material da entrega da coisa mutuada. É que sem esta poderá haver negócio, mas será então negócio sem objeto, negócio sem validade jurídica.

Quoad effectum – quanto ao efeito. – Diz-se da convenção que se pode considerar perfeita sem a entrega da coisa objeto da negociação.

Quoad thorum et mensam et habitationem – quanto ao leito e mesa e habitação. – Reporta-se às três condições clássicas da convivência marital: comunhão de leito, de mesa e de habitação.

Quod ab initio non valet in tractu temporis non convalescit – o que desde o começo não é válido não ganha valor com o passar do tempo.

Quod ab initio vitiosum est non potest tractu temporis convalescere – o que de início se mostra viciado não é sanável pelo decurso do tempo. – Reporta-se o princípio à regra da nulidade dos atos que, em princípio, é insanável, embora na lei se registem casos de nulidade resolúvel, como é o caso do vendedor de bem alheio adquirir a propriedade do bem vendido [vide: artigo 895.º do CC].

Quod absurdum – o que é absurdo.

Quod abundant non nocet – o que abunda não prejudica. – Significa que ter em abundância, em excesso, não faz mal; ou, quanto mais melhor.

Quod abundat non vitiat – o que abunda não vicia. – Assim, uma formalidade excessiva não afeta a validade do ato.

Quod ad ius naturale attinet, omnes homines aequales sunt – no que diz respeito ao direito natural, todos os homens são iguais [Ulpiano, Digesto, 50.17.32].

Quod aedificatur in area legata cedit legato – o que se constrói em área doada por testamento vai para o legatário.

Quod alicui gratiose conceditur, trahi non debet ab aliis in exemplum – o que está concedido a alguém graciosamente, não deve ser reclamado como exemplo por outros [Decretais de Bonifácio VIII, Liv. V, Tit. XII, De Regulis Juris, LXVI].

Quod alicui suo non licet nomine, nec alieno licebit – o que a alguém não é permitido fazer em seu nome, também não será permitido em nome de outrem [Decretais de Bonifácio VIII, Liv. V, Tit. XII, De Regulis Juris, LXVII].

Quod approbo non reprobo – o que aprovo não reprovo.

Quod Caesaris, Caesari; quod Dei, Deo – a César o que é de César, a Deus o que é de Deus. [Bíblia, Mateus, 22.21]. – Palavras de Cristo aos herodianos quando lhe perguntaram se se devia pagar o tributo a César. Dê-se a cada um aquilo a que tem direito, como é imposto pela justiça distributiva.

Quod constat clare non debet verificari – o que está exposto com clareza não deve ser verificado.

Quod consuetum est velut innatum est – o que é de uso costumeiro é como se fosse inato.

Quod contemnitur saepe utilissimum est – o que se despreza muitas vezes é de grande utilidade.

Quod contra legem fit pro infecto habetur – tudo que se faz contra a lei é considerado viciado.

Quod custodiendum alieni datum est – o que para custódia de bem alheio é entregue. – Tem o seu correspondente no contrato de depósito, pelo qual uma das partes entrega à outra coisa móvel ou imóvel para efeito de guarda e posterior devolução [vide: artigo 1185º do CC].

Quod enim nullius est, id ratione naturali occupanti conceditur – o que não é de ninguém, pela razão natural, se concede a quem o ocupa [Gaio, Digesto, 41.1.3pr.].

Quod enim omnes tangit, ab omnibus debet approbari – o que toca a todos, deve ser aprovado por todos.

Quod erat demonstrandum – o que era necessário demonstrar. – Expressão para designar que era necessário demonstrar determinados factos, que não foram demonstrados.

Quod est necessarium est licitum – o que é necessário é lícito.

Quod evincitur, in bonis non est – a coisa evicta não faz parte do património [Celso, Digesto, 50.17.190].

Quod fieri debet facile praesumitur – o que deve acontecer facilmente se presume.

Quod fieri non debuit, factum valet – o que não deveria acontecer, como facto tem força.

Quod gratis asseritur gratis negatur – o que gratuitamente for afirmado gratuitamente deve ser negado.

Quod inaedificatur solo cedit – o que foi edificado cede ao solo. – Princípio antigo e também atual enquanto aplicado à situação em que se edifica uma construção em determinado solo alheio, construção que vale menos do que esse mesmo solo, sendo, por isso, adquirida pelo proprietário do solo.

Quod initio vitiosum est, non potest tractu temporis convalescere – o que no princípio é vicioso não pode convalescer com o decurso do tempo [Paulo, Digesto, 50.17.29].

Quod inter est inter esse – o que interessa é interesse. – O *"inter est"*, ou interesse, é o que medeia entre o homem e o bem, ou seja, a contrapartida subjetiva da utilidade do bem. – Corresponde à conceção objetiva do interesse, vendo nele apenas a relação entre o indivíduo e o bem com aptidão para satisfazer as suas necessidades.

Quod lege non cavetur in practica non habetur – o que não é protegido pela lei na prática não existe.

Quod legitime factum est, nullam poenam meretur – o que foi feito legalmente não merece punição [Código de Justiniano, 9.9.4pr.].

Quod mihi prodest, possum in re mea facere, quamvis alteri nocet – o que a mim aproveita, posso fazê-lo no que é meu, ainda que prejudique a outrem.

Quod nescias damnare summa est temeritas – condenar o que não conheces é uma grande temeridade.

Quod non est in actiis non est in mundo – o que não está nos autos não está no mundo. – Ou, não está no mundo o que não está nos autos *[i.e., nos atos oficiais dos magistrados]*. – Não se pode invocar no processo qualquer coisa que do mesmo não conste, porque para o processo não existe, não está no mundo. Assim, o juiz, no julgamento a proferir, não pode servir-se do seu conhecimento pessoal dos factos mas apenas do que resultou da prova feita pelas partes.

Quod non est licitum in lege, necessitas facit licitum – o que na lei não é lícito, a necessidade torna lícito. – É necessário ter em conta que no nosso ordenamento jurídico já se considera como lícita a atuação em estado de necessidade [vide: artigo 339.º do CC].

Quod non est vetitum licet – o que não é proibido é permitido.

Quod non rite factum est pro infecto habetur – o que não se faz segundo as formalidades legais considera-se viciado.

Quod nostrum est, sine facto nostro, alterius fieri non potest – o que é nosso, sem ato nosso, não pode tornar-se de outrem.

Quod nullius est primo occupanti cedit – o que não é de ninguém vai para o primeiro ocupante.

Quod nullius est reipublicae est – o que não é de ninguém pertence ao Estado. – Os princípios que antecedem não relevam face ao nosso ordenamento jurídico, que regula a matéria quanto às coisas de ninguém. As coisas abandonadas, perdidas ou escondidas pelos seus donos, apenas podem ser objeto de ocupação nos termos regulados nos artigos 1318.º a 1324.º do Código Civil. Quanto às coisas imóveis sem dono conhecido o regime é diferente porque consideram-se pertença do Estado [vide: artigo 1345º do CC].

Quod nullum est nullum producit effectum – o que nulo é, nulo efeito produz. – Reporta-se a expressão ao conceito naturalístico de nulidade. A nulidade é a característica do negócio jurídico que, por causa de um vício, não produz desde início, os efeitos correspondentes ao negócio jurídico em causa.

Quod ob gratiam alicuius conceditur, non est in eius dispendium retorquendum – o que a uma pessoa se concede por favor não deve ser retorquido com pagamento daquela [Decretais de Bonifácio VIII, Liv. V, Tit. XII, De Regulis Juris, LXI].

Quod omnes tangit ab omnibus debet approbari – o que toca a todos por todos deve ser aprovado [Decretais de Bonifácio VIII, Liv. V, Tit. XII, De Regulis Juris, XXIX].

Quod omnium est nemo curat – do que é de todos ninguém cuida.

Quod permagni interest – o que é de grande interesse.

Quod per me non possum nec per alium – o que não posso fazer pessoalmente também não posso fazer através de outro.

Quod per se patet non indiget probatione – o que é por si patente não precisa de comprovação.

Quod plerumque accidid – o que normalmente acontece. – Reporta-se a expressão às lições da experiência e às regras da vida.

Quod probandum est – o que é necessário provar.

Quod quidem perquam durum est, sed ita lex scripta est – isso, na verdade, é extremamente duro, mas assim está escrita a lei [Ulpiano, Digesto, 40.9.12.1].

Quod quis ex culpa sua damnum sentit, non intellegitur damnum sentire – quem sofre prejuízo por culpa própria considera-se não sofrer prejuízo [Pompónio, Digesto, 50.17.203].

Quod quis mandato facit iudicis, dolo facere non videtur, cum habeat parere necesse – o que alguém faz por ordem do juiz, não se considera que faça com dolo, pois que é necessário que obedeça [Decretais de Bonifácio VIII, Liv. V, Tit. XII, De Regulis Juris, XXIV].

Quod quis non habuit non perdidit – o que a pessoa não teve não perdeu.

Quod quisque facit patitur – cada um paga pelo que faz.

Quod quisque iuris in alterum statuerit, ut ipse eodem iure utatur – o que de direito alguém estabelece para outrem, desse mesmo direito deve usar [Digesto, 2.2.0.].

Quod raro fit non observant legislatores – os legisladores não dão atenção ao que raramente acontece.

Quod scripsi, scripsi – o que escrevi, está escrito [Bíblia, João, 19.22]. – Quando Jesus foi enviado para ser crucificado, Pilatos mandou escrever, para que fossem colocadas acima da cruz, as palavras *"Jesus Nazareno, Rei dos Judeus"*. Os sacerdotes judeus disseram então a Pilatos *"não escrevas Rei dos Judeus"*, mas escreve antes *"este homem disse eu sou Rei dos Judeus"*. Mas Pilatos respondeu: *"o que escrevi está escrito"*.

Quod sine die debetur statim debetur – o que é devido sem prazo, imediatamente é devido. – O princípio aplica-se às obrigações puras, isto é, àquelas obrigações em que o credor a todo o tempo pode pedir o seu cumprimento e o devedor, de igual modo, pode exonerar-se do mesmo cumprimento, satisfazendo a prestação. O regime mostra-se consagrado no artigo 777º do Código Civil português.

Quod solo inaedificatur solo cedit – o que se constrói no solo cede *[pertence]* ao solo [decorre de Institutiones de Gaio, 2.73].

Quod subintellegitur non deest – o que se subentende não falta.

Quod tacite intellegitur deesse non videtur – o que é tacitamente entendido considera-se não faltar.

Quod tangi potest – o que pode tocar-se. – Tudo o que tem existência corpórea é suscetível de captação através dos sentidos.

Quod temptabam scribere versus erat – o que tentava escrever era verso [Ovídeo, Tristia, 4.10.26].

Quod tibi non nocet et alteri prodest facile est concedendum – o que a ti não prejudica e a outrem beneficia facilmente deve ser concedido.

Quod tibi non vis alteri ne facias – o que para ti não queres não faças a outrem. – Princípio de ética que deve orientar a conduta de todos os homens no seio da sociedade.

Quod ubique, quod semper, quod ab omnibus creditum est – o que é crido por todos, em toda a parte e sempre [Vicente de Lérins, Commonitorium, II]. – Palavras que S. Vicente de Lérins apresentou como norma para caracterizar os artigos da fé tradicional na Igreja católica.

Quod valde volumus facile credimus – no que muito desejamos facilmente acreditamos.

Quod verum est, lateat quamvis, aliquando patebit – a verdade, por mais que se esconda, algum dia aparecerá.

Quod volumus facile credimus – facilmente acreditamos naquilo que ambicionamos. – Damos com facilidade crédito àquilo que desejamos que aconteça.

Quomodo vales? – como passas?

Quorum – [presença] dos quais; de quem; deles; tantos deles. – A expressão "*quorum*" faz parte da frase "*quorum vos unum esse volemus*", que significava "*dos quais queremos que vós sejais um*" [ou "*queremos que sejais um deles*"]. A frase terá surgido na antiga Roma, onde cada novo membro do colégio romano era recebido com essa frase e foi usada num tribunal britânico onde os membros podiam atuar de forma solidária para tornar uma decisão válida, e para que isso acontecesse pelo menos um deles deveria estar presente. – Diz-se do número de membros cuja presença é necessária e suficiente para que um órgão possa validamente reunir e deliberar.

Quorum notitiam et scientiam habet propriis sensibus, visus et auditus – daqueles *[factos]* de que se tem notícia e ciência pelos próprios sentidos, vista e ouvido. – Aplica-se à fé pública de que se encontra revestido o documento elaborado por funcionário, que cobre as suas ações e perceções, ou melhor, os factos que ele mesmo executou e os que aconteceram na sua presença, sendo captados pelo que viu e ouviu.

Quota litis – quota da lide. – O mesmo que "*de quota litis*". – Diz-se da fixação dos honorários de advogado em função do resultado em concreto do litígio, sobretudo quando este apresente conteúdo puramente monetário.

Quot capita tot sensus – quantas cabeças tantas sentenças. – Também se usa a expressão "*tot capita, tot sensus*". Cita-se mais frequentemente a versão portuguesa deste prolóquio latino: "cada cabeça cada sentença".

Quot homines tot sententiae – quantos homens, tantas sentenças. – Também se diz: cada cabeça, cada sentença.

Quotiens dubia interpretatio libertatis est, secundum libertatem respondendum erit – sempre que exista dúvida, a interpretação da liberdade deve ser respondida a favor da liberdade [Pompónio, Digesto, 50.17.20]. – Significa este princípio que sempre que haja dúvida interpretativa em dados relacionados com a liberdade, a decisão deve ser a favor da liberdade.

Quousque tandem, Catilina, abutere patienta nostra? – até quando, Catilina, abusarás da nossa paciência? [Cícero, In Catilinam, 1.1]. – Primeiras palavras do célebre discurso de Cícero contra Catilina.

Quovis – por toda parte.

Quum non stat per eum, ad quem pertinet, quo minus conditio impleatur: heberi debet perinde, ac si impleta fuisset – quando uma condição não tenha sido executada sem sua culpa, por aquele que era o responsável, deve-se considerá-la como se tivesse sido executada [Decretais de Bonifácio VIII, Liv. V, Tit. XII, De Regulis Juris, LXVI].

Quum quid prohibetur, prohibentur omnia, quae sequuntur ex illo – quando uma coisa se proíbe, proíbem-se todas as coisas que são sequência daquela [Decretais de Bonifácio VIII, Liv. V, Tit. XII, De Regulis Juris, XXXIX].

Quum quid una via prohibetur alicui, ad id alia non debet admiti – quando alguma coisa é proibida a alguém por uma via, à mesma não deve admitir-se por outra via [Decretais de Bonifácio VIII, Liv. V, Tit. XII, De Regulis Juris, LXXXIV].

Quum quis in ius succedit alterius: iustam ignorantiae causam cencetur habere – quando alguém sucede no direito de outrem considera-se haver justa causa de ignorância [Decretais de Bonifácio VIII, Liv. V, Tit. XII, De Regulis Juris, XIV].

Quum reus moram facit et fidejussor tenetur – quando o réu incorre em mora também o fiador é responsável.

Quum sunt partium iura obscura, reo favendum est potius quam actori – quando os direitos das partes são obscuros, deve favorecer-se mais o réu do que o autor [Decretais de Bonifácio VIII, Liv. V, Tit. XII, De Regulis Juris, XI].

R

Rabida sitis – sede devoradora.

Rape trahe, fuge late – Pega e carrega, foge e esconde-te [Plauto, Trinummus, 291].

Rapere in jus – arrastar-se na justiça. – Aplica-se ao prolongar de uma questão em juízo.

Rapere est, non petere, quicquid invito auferas – é tirar, não pedir, tudo o que aufiras de alguém contra sua vontade [Publílio Siro, Sententiae].

Rapidus in consiliis – rápido nas decisões.

Rapienda occasio est, quae praebet benignius responsum – deve-se aproveitar a oportunidade que dá a melhor solução [Paulo, Digesto, 50.17.168].

Rara avis – ave rara [Erasmo, Adagia, 2.1.21]. – Diz-se de pessoa com características pouco comuns às restantes. Por vezes utiliza-se a expressão com sentido pejorativo.

Rara avis in terris nigroque simillima cygno – uma ave rara na região, parecidíssima com um cisne negro [Juvenal, Satirae, 6.165]. – Diz-se, por extensão, a propósito de tudo que é singular, extraordinário.

Rara est gratia fratrum – rara é a harmonia entre irmãos.

Rari nantes in gurgite vasto – raros sobreviventes a nadar no imenso lago [Virgílio, Eneida, 1.118]. – É a imagem que Virgílio apresenta do naufrágio da frota de Troia, em que alguns de seus companheiros se encontram no mar, sozinhos e perdidos nas ondas. – A expressão, por vezes, é utilizada em sentido figurado para indicar algumas coisas ou pessoas desaparecidas no vasto ambiente ou entre muitas outras.

Raro simul hominibus bonam fortunam bonamque mentem dari – é raro dar aos homens ao mesmo tempo boa sorte e bom senso [Tito Lívio, Ab Urbe Condita, 30.42].

Ratam debet testis habere fidem – a testemunha deve merecer confiança indubitável [Ovídio, Tristia, 3.10.36].

Ratihabitionem retrotrahi, et mandato non est dubium comparari – a ratificação tem um efeito retroativo e não há dúvida em ser comparada a uma procuração [Decretais de Bonifácio VIII, Liv. V, Tit. XII, De Regulis Juris, X].

Ratio – razão. – Poderá tentar definir-se como a função de coordenação do pensamento e reguladora de todas as demais operações de natureza intelectual.

Ratio agendi – razão de agir; maneira de agir.

Ratio attenditur magis quam dictum – deve dar-se mais atenção à razão que às palavras.

Ratio contra vim parum valet – pouco pode a razão contra a força.

Ratio decidendi – motivo da decisão. – Reporta-se à fundamentação de facto de decisão.

Ratio docet et explanat quid faciendum fugiendumve sit – a razão ensina e explica o que deve ser feito ou evitado [decorre de Cícero, De Officiis, 1.101]. – Cícero, no texto citado, reporta-se, mais precisamente, à força *[vis]* que existe *"in ratione, quae docet et explanat quid faciendum fugiendumque sit"*.

Ratio dubitandi – o motivo da dúvida.

Ratio essendi – razão de ser. – É o motivo determinante do existir de qualquer coisa ou realidade de ordem material ou imaterial.

Ratio et consilium propriae ducis artes – a retidão e a prudência são as regras próprias do chefe [decorre de Públio Tácito, Historiae, 3.20].

Ratio est anima legis; mutata legis ratione mutatur et lex – a razão é a alma da lei; mudada a razão da lei muda-se também a lei.

Ratio iuris – razão jurídica. – É a justificação que o hermeneuta descortina no direito vigente para fundamentar a interpretação ou solução que dá a uma regra jurídica num caso concreto.

Ratio legis – razão ou espírito da lei; razão legal. – Pensamento legislativo, que, na expressão do artigo 9° do Código Civil, deve ter em conta a unidade do sistema jurídico, as circunstâncias em que a lei foi elaborada e as condições específicas do tempo em que é aplicada.

Ratio loquendi – a maneira de falar.

Ratio naturalis potest allegari; deficiente lege, vim legis habet – pode-se alegar a razão natural; na falta de lei, ela tem força de lei.

Ratio naturalis quasi lex quaedam tacita – a razão natural é uma espécie de lei tácita [Paulo, Digesto, 48.20.7pr.].

Ratio ubi est eadem, debet esse eadem iuris dispositivo – quando a razão é a mesma, deve ser a mesma a disposição do direito.

Rationalis naturae individua substantia – substância individual de natureza racional [Boécio, Liber de Persona et Duabus Naturis Contra Eutychen et Nestorium, III]. – Definição de **pessoa** em sentido filosófico. É a definição clássica de Boécio caracterizada por três notas: a substancialidade, a individualidade e a racionalidade. – Em sentido jurídico pessoa é o sujeito suscetível de direitos e obrigações.

Ratione auctoritas – em razão da autoridade.

Ratione contractus – em razão do contrato.

Ratione domicilii – em razão do domicílio.

Ratione fori – em razão do foro.

Ratione legis – em razão da lei.

Ratione loci – em razão do lugar. – Diz-se do exercício da competência circunscrito aos limites de determinado território.

Ratione materiae – em razão da matéria. – Utiliza-se a propósito da competência, que se diz "*ratione materiae*", que é a relativa à das diversas espécies de tribunais, cuja jurisdição se delimita em função do objeto do litígio.

Ratione muneris – em razão do cargo; em razão da função.

Ratione officii – em razão do cargo.

Ratione personae – em razão da pessoa. – Aplica-se sobretudo relativamente aos contratos, que se dizem "*intuitus personae*", ou seja, os celebrados tendo como motivo determinante as qualidades da pessoa que vai prestar trabalho subordinado ou qualquer serviço com autonomia.

Ratione soli – em razão do lugar.

Ratione temporis – em razão do tempo. – Diz-se dos atos praticados em determinada época e determinados pela conjuntura respetiva, v. g. em tempos de prosperidade, de crise económica, de grave recessão, de paz, de guerra etc.

Ratione valori – em razão do valor. – Diz-se da competência de diversas categorias de tribunais determinada em função do valor da causa.

Rationi congruit, ut succedat in onere, qui substituitur in honore – é conforme à razão que seja sucedido no encargo quem foi substituído no cargo [Decretais de Bonifácio VIII, Liv. V, Tit. XII, De Regulis Juris, LXXVII].

Ratum quis habere non potest quod ipsius nomine non est gestum – ninguém pode ratificar o que não é feito em seu nome [Decretais de Bonifácio VIII, Liv. V, Tit. XII, De Regulis Juris, IX].

Re communi nemo dominorum iure servitutis neque facere quicquam invito altero potest neque prohibere – na coisa comum nenhum dos donos por direito de utilização pode fazer qualquer coisa contra vontade do outro nem proibir [Paulo, Digesto, 8.2.26]. – Na compropriedade sobre determinada coisa há sempre mais do que uma vontade que tem de ser respeitada no uso ou disposição da coisa comum.

Re enim, non verbis peculium augendum est – por ação, não por palavras, deve ser aumentado o património [Pompónio, Digesto, 15.1.4.1].

Re et verbis pariter obligamur – nós nos obrigamos tanto por ato como por palavras [Modestino, Digesto, 44.7.52.3].

Re infecta – coisa viciada.

Re opitulandum, non verbis – deve-se ajudar com ação, não com palavras [Erasmo, Adagia, 3.9.7].

Reatus – acusado; condição de réu.

Rebus in angustis facile est contemnere vitam – nas coisas angustiosas é fácil desprezar a vida [Marcial, Epigrammata, 11.56.15].

Rebus sic stantibus – enquanto as coisas permanecerem; no mesmo estado das coisas. – Alguns contratos *[ou tratados]* internacionais só obrigam enquanto se mantiverem as circunstâncias em que foram concluídos. – A cláusula *"rebus sic stantibus"* constitui causa universalmente aceite de extinção das obrigações e convenções internacionais, operando logo que a vontade do Estado interessado se manifestar nesse sentido, sem necessidade de se organizar processo destinado a verificação da mudança das circunstâncias, a avaliação da sua gravidade e ao reconhecimento da caducidade. Mesmo antes da sua codificação na "Convenção de Viena sobre o Direito dos Tratados" de 1968-1969, correspondia já, como norma consuetudinária geralmente aceite pela doutrina e jurisprudência internacionais, a um princípio de direito internacional.

Recidere ad nihil – dar em nada.

Recidere ad querelam – dar em queixa.

Rectius – mais justamente ou rigorosamente.

Recuperare ius suum – recuperar o seu direito.

Recusans exhibere libros habet contra se praesumptionem mali iuris – quem se recusa a exibir os livros tem contra si a presunção de mau direito.

Recusatio judicis – recusa do juiz.

Redditum non videtur quod deterius redditur – considera-se como não restituído o que se restitui em pior estado.

Redimendi – resgatando; condição de resgate. – Diz-se da cláusula contratual que prevê retrovenda *[vender com a condição de poder desfazer o contrato]*.

Reducere in carcerem – meter de novo na prisão.

Reductio ad absurdum – redução ao absurdo. – O mesmo que *"argumentum ad absurdum"*. – Aplica-se a propósito de uma tese adversária que se rebate, conduzindo-a a uma posição inaceitável.

Reductio ad aequitatem – recondução à equidade. – O termo é usado por referência a várias instituições legais, mas em especial no caso em que com fundamento em desequilíbrio contratual se recorre à rescisão do contrato. Nesse caso, o contratante contra o qual é invocada a pura rescisão pode procurar evitá-la, oferecendo uma modificação do contrato suficiente para reconduzi-lo à equidade, isto é, eliminando a desproporção entre os benefícios para cada uma das partes.

Referendum – referendo; plebiscito. – É a votação pela qual os membros de uma pessoa coletiva de população e território, ou seus representantes qualificados, aprovam ou rejeitam certa iniciativa ou resolução dos órgãos dessa comunidade.

Referenti non creditur, nisi constet de relato – não se dá crédito ao que diz que ouviu, a não ser que seja evidenciado pelo relato.

Reformatio in melius – reforma *[da sentença]* para melhor.

Reformatio in pejus – reforma *[da sentença]* para pior. – É princípio modernamente aceite o da proibição da *"reformatio in pejus"*, o qual significa que não pode haver reforma da decisão para pior, isto é, havendo apenas recurso da defesa, o tribunal superior não poderá agravar a situação do réu. – O artigo 635º, n.º 5 do CPC, ao estatuir que *«os efeitos do julgado, na parte não recorrida, não podem ser prejudicados pela decisão do recurso nem pela anulação do processo»*, exclui a *"reformatio in pejus"*: o julgamento do recurso não pode agravar a posição do recorrente, tornando-a pior do que seria se ele não tivesse recorrido, salvo se a parte contrária também tiver recorrido, quer pela via independente quer pela via subordinada. – Também no processo penal o réu ao recorrer da pena aplicada não a pode ver agravada, se a parte contrária não tiver recorrido [vide: artigo 409.º/1, do CPP].

Regina probationum – a rainha das provas. – Os antigos consideram a confissão a rainha de todas as provas. Diziam *"omnium probatium maxima est"* [de todas as prova é a maior]. Ou de forma mais persuasiva: *"nulla est major probatio quam proprii oris confessio, ideoque dicitur plenissima probatio, et superat omne genus probationis, etiam per textes et instrumenta facta"* [nenhuma prova é maior que a confissão de própria boca, que igualmente se diz prova plenissima, e que supera todo o género de prova, ainda que feita por testemunhas e instrumentos (= a documentos em sentido amplo)] [Pyrrhing, citado por Baudry et Barde, Des Obligations, 4.º, 375]. – A força probatória da confissão na nossa lei atual [vide: artigo 358.º do CC] é plena ou apreciada livremente pelo tribunal, conforme as circunstâncias em que é prestada.

Regis ad exemplar – a exemplo do rei. – Expressão que se aplica a todos que pautam o seu procedimento pelo do soberano ou do chefe.

Regulae in dubio inhaerendum est, donec exceptio vel limitatio probetur – na dúvida, deve aderir-se à regra, até que a exceção ou limitação se prove.

Rei sitae – da situação da coisa. – Ver *"lex loci rei sitae"* e *"lex rei sitae"*.

Relata refero – refiro as coisas relatadas. – Expressão para significar que a pessoa conta o que lhe foi contado, sem confirmar ou desdizer da sua veracidade.

Relevatio ab onere probandi – dispensa do ónus de provar. – A liberação do ónus da prova verifica-se quando a lei admite desde logo como exato o facto alegado pelo interessado, não lhe exigindo qualquer espécie de prova, por impor à outra parte o ónus da prova do contrário. Por exemplo a posse presume-se de boa fé enquanto se não provar o contrário.

Relicta – as coisas deixadas. – São os bens existentes no património do autor da sucessão à data da sua morte. – A herança é constituída, para efeitos de sucessão legitimária, pelos *"relicta" [bens deixados]* e também pelos *"donata" [bens doados].*

Rem bene gerere – gerir bem os negócios; ser bem-sucedido.

Rem male gerere – gerir mal os negócios.

Rem pro manifesto habere – ter uma coisa como manifesta *[certa; provada].* – O que se tornou manifesto, ou seja, como tratado pelas próprias mãos, não pode, pela sua evidência, deixar de ser havido como cabalmente provado.

Remedium iuris – remédio de direito.

Remotio criminis – afastamento de crime; justificação. – É o ato da defesa que consegue afastar todas as suspeitas da prática do delito.

Renuntianti iuri suo non datur regressus – ao que renuncia não se permite regresso ao seu direito. – A renúncia é a perda ou extinção de um direito por manifestação unilateral do respetivo titular. Esta perda é absoluta, não sendo o direito suscetível de regresso *[ou restituição]* ao renunciante.

Renuntiare iuri de futuro nemo potest – ninguém pode renunciar a direito futuro. – Apenas quando o direito se torna presente é que o seu titular está em condição de a ele poder renunciar. É por isso que *"o doador não pode antecipadamente renunciar ao direito de revogar a doação por ingratidão do donatário"* [vide: artigo 977.º, do CC].

Renuntiare iuri vel favori suo quilibet potest – qualquer um pode renunciar a direito ou a interesse. – O princípio apenas vale se o direito não for irrenunciável. Por exemplo: *"ninguém pode renunciar, no todo ou em parte, à sua capacidade jurídica"* [vide: artigo 69.º, do CC].

Renuntiatio ut valeat peragenda est in scriptis – a renúncia para valer deve ser feita por escrito. – Por regra, assim terá de acontecer, por uma questão de certeza e de prova, como sucede com a renúncia à hipoteca [vide: artigo 731.º do CC]. Porém, a renúncia da prescrição pode ser tácita [vide: artigo 302.º/2, do CC].

Reo favere in dubio est potius quam actori – na dúvida, é preferível favorecer o réu a favorecer o autor. – Está em sintonia com o princípio *"in dubio pro reo"*.

Reproba pecunia non liberat solventem – moeda falsa não libera quem paga [Ulpiano, Digesto, 13.7.24.1].

Reprobare non possum in alium quod in me approbo – não posso reprovar em outrem o que aprovo em mim.

Reprobari non potest quod approbatum – não se pode reprovar o que foi aprovado.

Requiem – repouso; descanso. – Fórmula inicial da oração fúnebre *"dá-lhe o eterno descanso"*.

Requiescat in pace – que descanse em paz. – Palavras da liturgia cristã que se cantam no ofício dos defuntos e que se gravam nas lápides tumulares.

Rerum enim vocabula immutabilia sunt, hominum mutabilia – os nomes das coisas são imutáveis, os dos homens *[são]* mutáveis [Ulpiano, Digesto, 30.4pr.].

Rerum cognoscere causas – conhecer as causas das coisas.

Rerum natura – a Natureza das Coisas. – A Natureza das Coisas podemos tentar caracterizá-la como a *imutável condição de ser de cada coisa, enquanto posicionada com ordem, finalidade e interação dentro do universo das restantes.* – Mas quem excelentemente discerne sobre a Natureza das Coisas é Pedro Pais de Vasconcelos, que escreve: *"A Natureza* *das Coisas é a ordem cósmica, o logos, tal como o entendeu a Stoa, que existe num Mundo do qual fazem parte tanto as coisas como as pessoas, que lhes é imanente e que as condiciona e constrange, que as influencia e que as rege sem que necessariamente se apercebam dela".* Ou, de outro modo: *"Esta natura rerum é o jus naturale e constitui o fundamento do próprio direito positivo que dele recebe critério, não só de ação e de decisão em casos concretos, mas também de validade da própria lei positiva"* [Pedro Pais de Vasconcelos, "*A Natureza Das Coisas*", Estudos de Homenagem ao Prof. Doutor M. Gomes da Silva, pg. 2, Coimbra Editora, 2001]. – Sobre a Natureza das Coisas se ocupou Lucrécio no célebre poema didático escrito no século I. AC., precisamente com a designação de "De Rerum Natura", traduzido para o português pelo latinista Agostinho da Silva e publicado no volume V da coleção "Os Pensadores", da editora Abril Cultural.

Rerum omnium difficillimas tacere audireque – de todas as coisas as mais difíceis são calar e ouvir [Aulo Gélio, Noctes Atticae, 1.9.5].

Rerum omnium magister usus – o uso é o mestre de todas as coisas [Júlio César, De Bello Civili, 2.8].

Res – coisa. – Coisa é tudo o que, em princípio, pode ser objeto de uma relação jurídica.

Res accessoria sequitur rem principalem – a coisa acessória segue a principal. – O mesmo que *"accessorium sequitur suum principale"* [Gaio, Digesto, 33.8.2].

Res acta est – a questão está encerrada.

Res adiudicata – coisa julgada; assunto decidido.

Res adversae – adversidade.

Res affectae – coisas afetadas. – Diz-se dos negócios mal parados.

Res aliena – coisa alheia.

Res amissa – coisa perdida.

Res anciptis usus – coisa de uso ambíguo.

Res bona fide vendita propter minimam causam inempta fieri non debet – não se deve, por causa mínima, anular a compra de coisa vendida em boa fé [Paulo, Digesto, 18.1.54].

Res clamat domino – a coisa clama por seu dono. – A expressão terá sido gerada, não no direito romano antigo, mas a partir da tradição romanística. Contém um princípio inerente ao direito de propriedade, que acompanha a coisa para onde quer que ela vá, podendo o seu proprietário recuperá-la, mesmo junto de um comprador de boa fé.

Res communes - coisas comuns. - O mesmo que *"res communis"*. - Exemplo típico de coisas comuns são os baldios. Os baldios são, por via do estatuído na lei [Lei 68/93, de 4/9, alterada pela Lei 89/97, de 30/7 e pela Lei n.º 72/2014, de 02/9, com a Retificação n.º 46/2014, de 29/10], terrenos possuídos e geridos por comunidades locais, constituídas pelo universo dos compartes ou moradores de uma ou mais freguesias ou parte delas, que têm direito ao uso e fruição segundo os usos e costumes e constituem, em regra, logradouro comum, designadamente para efeitos de apascentação de gados, de recolha de lenhas ou de matos, de culturas e outras fruições, nomeadamente de natureza agrícola, silvícola, silvo-pastoril ou apícola.

Res communis - coisa comum; domínio comum. - O mesmo que *"res communes"*.

Res communis omnium - coisa comum de todos. - A coisa comum ou coisa comum de todos é a coisa que pertence a todos, uma categoria que inclui, de acordo com o jurisconsulto romano Marciano, o ar, a água corrente, o mar e as praias - *"quidem naturali iure omnium communia sunt illa: aer, aqua profluens, et mare, et per hoc litora maris"* [Digesto, 1.8.2.1]. - Diz-se, assim, da coisa que a natureza parece ter destinado ao uso de toda a gente e que a todos é acessível em abundância, como o ar que respiramos, o sol e o luar, em relação aos quais não se provocam conflitos de interesses.

Res controversa - matéria controvertida. - Diz-se dos factos impugnados pelo réu na contestação.

Res corporalis - a coisa corporal. - É tudo o que tem existência corpórea, *"quod tangi potest" [que pode tocar-se]* ou, pelo menos, que pode ser captado pelos sentidos.

Res crescit domino suo - a coisa cresce em benefício de seu dono.

Res debita - coisa devida.

Res derelicta - coisa abandonada.

Res divinae - coisas divinas.

Res dubia - coisa duvidosa; incerteza. - Aplica-se com propriedade à coisa litigiosa, disputada, ou não, em juízo.

Res empta pecunia aliena acquiritur emptori et non ei cuius erat pecunia - a coisa comprada com dinheiro alheio é adquirida para o comprador, e não para o dono do dinheiro.

Res est imperiosa timor - o medo é coisa indomável [Marcial, Epigrammata, 11.58.8].

Res est testimonio - a coisa serve de prova. - Reporta-se ao objeto material, que antes de mais é prova de si mesmo, mas que, quando utilizado pelo homem, também pode servir de prova de determinado evento humano, como por exemplo de um mal infligido em outrem.

Res extra commercium – coisa fora do comércio. – Bem que não pode ser objeto de negócios jurídicos privados. – Os citados baldios são terrenos que estão fora do comércio jurídico, caracterizando-se como inalienáveis e insuscetíveis de apropriação privada por qualquer título, incluída a usucapião.

Res familiaris – bem da família; património.

Res fungibiles – coisas fungíveis. – Aplica-se às coisas que podem ser substituídas em iguais quantidades e qualidades.

Res furtiva – coisa furtada.

Res gestae – as coisas realizadas.

Res habilis – coisa manejável.

Res humanis iuris – assunto *[matéria]* de direito humano.

Res in commercium – coisa em comércio.

Res incorporales – as coisas incorpóreas. – As coisas *[ou bens]* incorpóreas são as realidades *"quae tangi non possunt" [que não podem tocar-se]*, ou seja, as que têm uma existência imaterial, não suscetíveis, assim, de ser alcançadas pelos nossos sentidos.

Res in iudicium deducta – a coisa conduzida a juízo; questão debatida em juízo. – Para os romanos correspondia ao caso julgado, isto é, ao bem da vida discutido e definido em juízo.

Res integra – a coisa inteira. – A coisa no seu primitivo estado, sem ter sofrido alteração.

Res inter alios acta – questão tratada entre outros. – A coisa tratada entre determinadas pessoas, por princípio, será alheia para outras pessoas.

Res inter alios acta aliis nec nocet nec prodest – o negócio que é feito entre uns nem prejudica nem beneficia a outros.

Res inter alios acta aliis neque nocere neque prodesse potest – o que foi negociado entre outros não pode prejudicar nem beneficiar terceiros. – Princípio de direito antigo, que não mantém atualidade no que respeita ao benefício de terceiros, que presentemente é de admitir nos contratos a favor de terceiros ou em benefício de terceiros. – Certo é que *"em relação a terceiros, o contrato só produz efeitos nos casos e termos especialmente previstos na lei"* [artigo 406º/2 do CC].

Res inter alios acta alteri nocere non debet – o negócio feito entre uns não deve prejudicar a outro.

Res ipsa – a própria coisa.

Res ipsa loquitur - a própria coisa fala por si [Cícero, Pro Milone, 53]. - Diz-se daquela coisa, ou facto, que se manifesta com evidência apodítica em determinado sentido, não carecendo de qualquer explicitação para se compreender o seu verdadeiro alcance ou significado.

Res ipsa testist - a própria coisa atesta [Plauto, Aulularia, 421]. - Tem o mesmo significado de *"res ipsa loquitur"*.

Res iudicanda - questão a julgar.

Res iudicata - coisa julgada; questão julgada. - Coisa julgada é a característica atribuída à decisão judicial que já não é suscetível de qualquer recurso ordinário ou reclamação, tornando-se, assim, indiscutível e exequível. A sua justificação remonta ao tempo do direito romano onde era defendida particularmente por motivos de ordem prática, como a pacificação social e o encerramento das controvérsias.
Nos tempos modernos o caso julgado tem a sua razão de ser no interesse e necessidade de conferir segurança e estabilidade às relações jurídicas, obstando a que entre as mesmas partes, com o mesmo objetivo e por idênticas razões, se repitam litígios já resolvidos por decisão já transitada, com a incerteza de prolongar indefinidamente o desfecho da lide e com o desassossego social daí decorrente.

Res iudicata dicitur, quae finem controversiarum pronuntiatione iudicis accipit: quod vel condemnatione vel absolutione contingit - considera-se coisa julgada aquela que chega ao fim das controvérsias pelo pronunciamento do juiz; o que é atingido pela condenação ou pela absolvição [Modestino, Digesto, 42.1.1].

Res iudicata facit de albo nigrum; ex nigro album; ex curvo rectum; ex recto curvum - a causa julgada faz do branco negro; do negro branco; do curvo reto; do reto curvo.

Res iudicata ius facit inter partes - a coisa julgada faz lei entre as partes.

Res iudicata pro veritate accipitur - a coisa julgada é aceite como verdade [Ulpiano, Digesto, 50.17.207]. - O mesmo que *"res iudicata pro veritate habetur"*.

Res judicata - a coisa julgada. - O mesmo que *"res iudicata"*.

Res judicata vel transacta vel praescripta - coisa julgada ou transacionada ou prescrita. - São três situações que se equivalem quanto aos efeitos em relação às partes.

Res judicata pro veritate habetur - a coisa julgada a favor da verdade *[justiça]* deve ser considerada. - Corresponde à doutrina de Savigny: porque o caso julgado não pode ser alterado, deve aceitar-se como verdadeiro. A decisão transitada tem de ser havida por certa e jamais discutível, salvo no caso excecional de recurso de revisão.

Res judicata dicitur quae finem controversiarum pronuntione judicis accipit – coisa julgada diz-se a que pela pronúncia do juiz determinou o fim das controvérsias.

Res litigiosa – coisa litigiosa. – Coisa litigiosa é a que se disputa em juízo.

Res manifesta – coisa manifesta, evidente.

Res mobiles – bens móveis; coisas móveis. – O nosso direito oferece uma noção de coisas móveis por correlação com as imóveis dizendo que são todas as que a lei não menciona como imóveis [vide: artigo 205.º do CC].

Res mobilis, res vilis – coisa móvel, coisa de pouco valor. – Consideração sobre o valor das coisas móveis que, obviamente, está hoje ultrapassada, atendendo ao avultado valor de muitas das coisas móveis, algumas de bem pequena dimensão, como as joias.

Res naturaliter perit domino – a coisa naturalmente perde-se para o dono.

Res, non verba – coisas, não palavras. – Utiliza-se para significar que o que interessa para o cidadão é realizar obras e não fazer promessas.

Res nostra ab aliis retineri non potest, nobis invitis – coisa nossa não pode ser retida por outros contra nossa vontade.

Res nullius – coisa de ninguém. – É a coisa que, em certo momento, não tem dono.

Res nullius est primi capientis – a coisa de ninguém, é do primeiro que a capta. – O princípio conjuga-se com o nosso direito no caso de coisas móveis que nunca tiveram dono ou que foram abandonadas pelos seus proprietários, as quais podem ser ocupadas, salvas algumas restrições, ficando a pertencer ao primeiro ocupante [vide: artigo 1318.º do CC]. Quanto às coisas imóveis sem dono conhecido o regime é diferente porque consideram-se pertença do Estado [vide: artigo 1345.º do CC].

Res perit debitori – a coisa perde-se, para o devedor. – Regra segundo a qual é o devedor que suporta com o risco da perda ou da deterioração da coisa a transferir.

Res perit domino – a coisa perece para o dono; por conta do dono. – Uma vez que o dono da coisa tem sobre ela uma posição privilegiada, que é a de a usufruir e de a alienar, deve também suportar o inerente risco da sua perda.

– Os princípios de direito antigo que antecedem, obviamente que não são absolutos, carecem de atualidade e de ser lidos "*cum grano salis*", ou com a flexibilidade devida, em atenção às circunstâncias do caso onde o risco pode pender mais para uma das partes da relação jurídica.

Res perit domino, res perit creditoribus – a coisa perdida para o dono, é coisa perdida para os credores. – Tem o significado de que uma coisa que se perdeu para seu dono, perdida está para os credores, porque através da mesma já não poderão os mesmos credores ver satisfeito o seu crédito.

Res petita – coisa pedida.

Res, pretium et consensos – coisa, preço e concordância. – Diz-se dos requisitos da compra e venda.

Res primi capientis – coisa é do primeiro que a capta. – Forma simplificada de *"res nullius est primi capientis"*.

Res propria est quae communis non est – coisa própria é aquela que não é de propriedade coletiva.

Res publica [ou **Respublica**] – coisa pública; bem do Estado; República. – República é o regime político que tem um chefe de Estado eleito, exercendo um mandato temporário, e que apregoa a defesa dos interesses dos cidadãos e o respeito pelas instituições.

Res quae moveri possunt – coisas que podem mover-se. – É uma definição meramente empírica de coisas móveis. O nosso direito oferece uma noção de coisas móveis por correlação com as imóveis dizendo que são todas as que a lei não menciona como imóveis [vide: artigo 205.º do CC].

Res quae nunquam fuerunt – coisas que nunca existiram; coisas ou seres fabulosos.

Res sacra non recipit aestimationem – objeto sagrado não admite avaliação [Ulpiano, Digesto, 1.8.9.5].

Res succedit in locum pretii et pretium in locum rei – a coisa toma o lugar do preço e o preço o lugar da coisa. – Máxima dos romanos a propósito da sub-rogação real que se verifica no caso do contrato de compra e venda.

Res succedit loco pretii in universalibus – a coisa sucede em lugar do preço, nas universalidades de direito.

Res suo domino perit – a coisa perece para o dono. – O mesmo que *"res perit domino"*.

Res transit cum onere suo – a coisa é transferida com o seu ónus.

Res transit cum suo onere ad quemcumque vadat – a coisa transita com o seu ónus para todo aquele que vá. – A coisa, por regra, é transacionada com as suas limitações. Porém, na venda em execução a coisa é transmitida livre dos direitos de garantia que a oneravam, nos mais precisos termos do artigo 824.º/2 do Código Civil.

Res ubicumque est, sui domini est – uma coisa, onde quer que esteja, é do seu dono.

Res, uma et eadem, diverso jure censeri non debet – a coisa, sendo uma e a mesma, não se deve julgar por diverso direito.

Res uxoria – dote da esposa.

Rescindere omnes eius iniurias – destruir *[reparar]* todas as suas injustiças.

Rescindere voluntates mortuorum – não respeitar as intenções dos mortos.

Reservati dominii – reserva de domínio. – Ver *"pactum reservati dominii"*.

Reservatio mentalis – reserva mental. – A reserva mental verifica-se quando uma pessoa emite uma declaração de vontade não coincidente com a vontade real, com a intenção ou finalidade de enganar a pessoa a quem é dirigida *[declaratário]*.

Resignare tabularum fidem – tirar a credibilidade dos registos.

Resoluto iure concedentis resolvitur ius concessum – extinto o direito do concedente, extingue-se o direito concedido.

Resoluto jure concedentis resolvitur jus accipientis – extinto o direito do concedente, extingue-se o direito do que recebe.

Resoluto jure dantis resolvitur jus accipientis – extinto o direito do que dá, extinto fica o direito do que recebe.

Respice finem – olha o fim.

Respice quid moneant leges – observa o que determinam as leis [Juvenal, Satirae, 8.91].

Responsa prudentum – respostas dos juristas.

Responsio unius non omnino audiatur – a resposta de uma única *[testemunha]* de modo nenhum se considere. – Princípio de direito antigo que de há muito tempo se mostra afastado do direito português.

Responsitare de jure – dar consultas de direito. – O direito à consulta jurídica mostra-se consagrado no artigo 20.º/2 da nossa Constituição da República.

Restitui spoliatus ante omnia qualibetque, exceptione postposita – restituir o espoliado antes de tudo e por todos os meios, colocada de parte exceção.

Restitutio in integrum – restituição integral; por inteiro. – Diz-se da reposição feita no estado anterior ao ato ilícito.

Retro – atrás; para trás.

Retro Satana! – para trás, Satanás!

Reum habemus confitentem – temos o réu confesso. – Diz-se quando foi obtida a confissão do réu.

Reus – réu. – Todo o indivíduo demandado civil ou criminalmente.

Reus eodem crimine – réu *[acusado]* do mesmo crime.

Reus in excipiendo fit auctor – o réu, ao alegar uma exceção, faz-se autor.

Rex debet esse sub lege, quia lex facit regem – o rei deve estar sob a lei, pois é a lei que faz o rei.

Ridendo castigat mores – a rir se castigam os costumes. – Trata-se do lema clássico da comédia, que é atribuído ao poeta latinista francês Jean-Baptiste Santeul (1630-1697), usado como epígrafe no frontão de muitos teatros antigos. Por ela se induz como a comédia e a sátira, ironizando e zombando sobre os absurdos, erros e defeitos humanos, constituem a melhor forma de tentar corrigi-los e de contribuir para a reforma dos comportamentos em sociedade. – Também se usam as versões: *"mores ridendo castigat"* e *"castigat ridendo mores"*.

Ridiculus mus – rato ridículo. – Diz-se da coisa ou pessoa insignificante ou desprezível.

Rigori aequitas praeferenda est – ao rigor deve-se preferir a equidade.

Rigor iuris – o rigor da lei.

Riparum usus publicus est iure gentium, sicut ipsius fluminis – de acordo com o direito das gentes, o uso das margens do rio é público, da mesma maneira que o do próprio rio [Gaio, Digesto, 1.8.5pr.].

Rixatur de lana saepe caprina – muitas vezes disputa-se por causa da lã da cabra [Horácio, Epistulae, 1.18.15]. – Indagar se o pelo da cabra é lã é como fantasiar sobre o sexo dos anjos. – Vide: *"lana caprina"*.

Robustus animus et excelsus omni est liber cura et angore – o ânimo forte e altivo está livre de toda a inquietação e angústia [Cícero, De Finibus, 1.49].

Roma communis nostra patria est – Roma é nossa pátria comum [Modestino, Digesto, 50.1.33].

Roma locuta est, causa finita est – Roma falou, a causa está encerrada [S.Agostinho, Sermones, 131.10]. – Usa-se mais na forma abreviada *"Roma locuta, causa finita"*. – A frase é de Santo Agostinho e é usada para indicar que uma matéria controvertida foi decidida por alguém com autoridade final e decisiva para o efeito, não havendo já qualquer possível debate sobre o assunto. Aplica-se correntemente para significar o encerramento definitivo quanto à discussão de uma questão.

Roma moritur et ridet – Roma morre e ri. – Expressão que se reporta à agonia do Império Romano. Aplica-se àqueles que arruínam a sua fortuna e a sua saúde no meio dos prazeres.

Rudis indigestaque moles – massa informe e desordenada [Ovídio, Metamorfoses, 1.7]. – Expressão de Ovídio para definir o aspeto do caos no início da criação do mundo, que se insere neste contexto: "*Ante mare et terras et quod tegit omnia caelum unus erat toto naturae vultus in orbe, quem dixere chaos: rudis indigestaque moles*" – antes do mar e das terras e do céu que cobre todas as coisas, única era a face da natureza em toda a órbita, a qual se chamar caos: massa informe e desordenada.

Rumor est sermo quidam sine ullo certo auctore dispersus – boato é a conversa espalhada sem qualquer autor identificado [decorre de Quintiliano, Institutio Oratoria, 5.3.1].

Rumor publicus non omnino frustra est – nenhum boato é inteiramente sem motivo [Erasmo, Adagia, 4.8.34].

Rumor, ut est velox, agitatis pervolat alis – o boato, como é veloz, atravessa os ares batendo asas [Ovídio, Fasti, 6.527].

Rustica veritas – a rude verdade [Marcial, Epigrammata, 10.72.11]. – A verdade nua e crua.

S

Sabbatum propter hominem factum est, et non homo propter sabbatum – o sábado foi feito para servir o homem, e não o homem para servir o sábado [Bíblia, Marcos, 2.27]. – Resposta de Jesus Cristo aos fariseus quando estes criticavam os seus discípulos por colherem espigas de trigo num dia de sábado.

Sacer intra nos spiritus sedet, malorum bonorumque nostrorum observator – existe dentro de nós um sagrado sentimento que é registador das nossas más e boas ações [Séneca, Epistulae Morales, Liber IV, 41.2].

Sacram famem auri – fome sagrada de ouro [Virgílio, Eneida, 3.57]. – Sofreguidão de fortuna.

Saeculum Dei est, saecularia autem diaboli – o mundo é pertença de Deus, as coisas mundanas do diabo [Tertuliano, De Spectaculis, 15.8].

Saepe autem ne utile quidem est scire, quid futurum sit; miserum est enim nihil proficientem angi nec habere ne spei quidem extremum et tamen commune solacium – muitas vezes não é útil saber o que vai acontecer; pois é triste afligir-se com coisa nada benéfica, nem sequer ter qualquer resto de esperança e enfim um parco alívio [Cícero, De Natura Deorum, 3.14].

Saepe calamitatis solacium est nosse sortem suam – muitas vezes o consolo da calamidade é conhecer a própria sorte [Quinto Cúrcio, Historiae Alexandri Magni, 4.10]. – É um paradoxo, mas constantemente se fala da muita sorte no meio de uma grande desgraça, quando esta ainda podia ter sido maior para o desventurado, do qual se diz: *"muita sorte ele teve"*.

Saepe eruentis veritas patuit malo – muitas vezes a verdade é descoberta para o mal de quem a desvenda [Séneca, Oedipus, 827].

Saepe enin mulier, quem coniux diligit, odit – muitas vezes a mulher odeia a quem o marido ama [Dionísio Catão, Disticha, 1.8].

Saepe opera alicuius pro pecunia valet – muitas vezes o trabalho de alguém vale como dinheiro [Institutas, Lib. III, Tit. XXV, § 2]. – O texto reporta-se ao sócio de uma sociedade que não ganha dinheiro, mas que participa nos lucros por causa do trabalho que desenvolve.

Saepe os inter et offam, ut verbum vetus est, multa venire solent – muitas vezes entre a boca e a comida, como é velho dito, muitas coisas costumam acontecer [Thomas More, Epigrammata, Venatus Araneae, 3].

Saepe satius fuit dissimulare quam ulcisci – muitas vezes satisfaz mais ignorar do que vingar [Séneca, De Ira, 2.33.1].

Salem & mensam non praetereas – o sal e a mesa não desprezes [Erasmo, Adagia, 1.6.10].

Salus populi suprema lex esto – o bem-estar do povo seja a lei suprema [Cícero, De Legibus, 3.3.8]. – Máxima do direito público em Roma para significar que a lei que protege o bem coletivo deve estar acima de todas as outras leis particulares.

Salutaris littera – letra feliz.

Salutem bibere – beber à saúde.

Salvis legibus – respeitadas as leis [Cícero, Ad Familiares, 1.2].

Sane enim inter fratrem sororemque nuptiae prohibitae sunt, sive ab eodem patre eademque matre nati sunt, sive ex alterutro eorum – certamente é proibido o casamento entre o irmão e a irmã, quer tenham nascido do mesmo pai e da mesma mãe, quer de um ou de outro destes [Institutas, Liv I, Tit. X, § 3].

Sanatio – sanação. – A sanação pode verificar-se em relação a um negócio jurídico [v.g. a sanação do casamento católico, operada por ato da Santa Sé] ou em relação aos atos do processo, quando ocorra um vício, que seja suscetível de ser remediado através do instrumento legal apropriado.

Sanatio in radice – sanação na raiz; sanação radical [vide: *Codex Iuiris Canonici* (1983), Cann. 1161-1165]. – É uma das formas de validação do casamento nulo prevista no direito canónico e que constitui uma verdadeira ratificação do ato, não sendo necessária a renovação da declaração de vontades dos nubentes, por bastar a eliminação da causa determinadora da nulidade do ato de casamento. – Distingue-se da figura da *"convalidatio"*, ou seja, do ato pelo qual o matrimónio inválido se torna válido.

Sancti habentur legati – os mensageiros devem ser tidos como inocentes [Pompónio, Digesto, 50.7.18]. – Pompónio diz que se alguém matar um emissário do inimigo isso deve ser reputado contra o direito das gentes, porque os mensageiros devem ser considerados inocentes.

Sanctio iuris – sanção jurídica.

Sanctio legis – sanção da lei.

Sanctum sanctorum – o santo dos santos; o santíssimo [Bíblia, Êxodo, 29.37]. – A passagem bíblica reporta-se ao altar preparado com o rito da expiação durante sete dias e depois ungido e consagrado, assim se tornando *santíssimo*, de modo que tudo o que nele tocasse seria santificado. Esse altar, diz-se na linguagem latina, foi o nome que os Judeus deram ao lugar mais santo e recatado do Templo de Jerusalém.

Sanus homo oportet varium habere vitae genus: modo ruri esse, modo in urbe, saepiusque in agro; navigare, venari, quiescere interdum, sed frequentius se exercere; siquidem ignavia corpus hebetat, labor firmat, illa maturam senectutem, hic longam adulescentiam reddit – o homem são precisa de ter um modo de vida variado: ora estar no meio rural, ora na cidade, e muitas mais vezes no campo; navegar, caçar, descansar de vez em quando, mas com mais frequência exercer uma profissão; pois enquanto a inação enfraquece o corpo, o trabalho fortalece-o, aquela oferece uma velhice precoce, este uma longa juventude [Aulo Cornélio Celso, De Medicina, 1.1].

Sapiens incipit a fine, et quod primum est in intentione ultimum est in executione – o sábio começa pelo fim, e o que é primeiro em intenção é último em execução.

Sapiens iudex, aequus quaesitor – juiz ponderado, inquiridor imparcial.

Sapiens nihil affirmat quod non probet – o homem prudente não afirma aquilo que não pode provar.

Sapiens nihil facit invitus – o homem prudente nada faz contra a vontade. – Isto é, age segundo o que pensa.

Sapiens non mutat consilium – o homem prudente não muda de parecer. – Norma contra a instabilidade das pessoas volúveis e inseguras.

Sapienti sat – para o sábio é suficiente. – Para bom entendedor, meia palavra basta.

Sapientia est sanitas animi – a sabedoria é a saúde do espírito [decorre de Cícero, Tusculanae Disputationes, 4.30].

Sapientia vino obumbratur – a sabedoria é obscurecida pelo vinho [Erasmo, Adagia, 2.2.61; Plínio, o Velho, Naturalis Historia, 23.41].

Sapientis est mutare consilium – é próprio do sapiente mudar de parecer. – Norma contra a obstinação das pessoas que nunca mudam de opinião, mesmo quando a de todos os demais a contrariam. – Este princípio é conciliável com o supra referido de que *"sapiens non mutat consilium"*: uma coisa é a pessoa ser volúvel e mudar de opinião por tudo e por nada; outra é a pessoa ser de tal modo inflexível que nunca muda de opinião; ainda uma outra, que é a que está no caminho certo, é a da pessoa que muda quando sensatamente deve mudar.

Satis eloquentiae, sapientiae parum – bastante eloquência, sabedoria pouca [Salústio, Catilina, 5.4].

Satis est superare inimicum, nimium est perdere – basta vencer o inimigo, excessivo é destruí-lo [Publílio Siro, Sententiae].

Satius enim esse impunitum relinqui facinus nocentis quam innocentem damnari – é melhor deixar impune o crime do culpado do que condenar-se o inocente [Ulpiano, Digesto, 48.19.5pr.].

Satius est enim anceps auxilium ubi experiri quam nullum – é melhor logo experimentar um auxílio duvidoso do que nenhum [Aulo Cornélio Celso, De Medicina, 2.10.8].

Satius est initiis mederi, quam fini – é preferível tratar o doente nos sintomas do que no fim [Erasmo, Adagia, 1.2.40].

Scelerati conscientia obstrepente condormire non possunt – os criminosos com a consciência gritante não podem dormir tranquilamente [Quinto Cúrcio, Historiae Alexandri Magni, 6.10].

Sceleratus sumere poenas – estabelecer penas a criminoso.

Sceleris molimine – pela atrocidade do crime.

Sciendum est primo quod Deus et natura nihil otiosum facit – em primeiro lugar é preciso que se saiba que Deus e a natureza nada fazem que não tenha uma finalidade [Dante, De Monarchia, 1.3.22].

Scienti et consentienti non fit iniuria neque dolus – a quem sabe e concorda não se faz injustiça nem engano [Decretais de Bonifácio VIII, Liv. V, Tit. XII, De Regulis Juris, XXVII].

Scientia bene dicendi – arte de bem dizer. – Ou oratória – arte de falar com eloquência para o público.

Scientia, quae est remota ab iustitia calliditas potius quam sapientia est appellanda – a ciência que está divorciada da justiça, deveria antes ser chamada de astúcia que de sabedoria [Cícero (citando Platão), De Officiis, 1.63].

Scientia scientiarum – a ciência das ciências. – Diz-se da filosofia, na visão escolástica, enquanto *"scientia omnium rerum per altissimas causas lumine* *ratione comparata*" – ciência de todas as coisas pelas últimas causas adquirida através da luz da razão [A.R.P. Eduardo Hugon, O.P., Cursus Philosophiae Thomisticae, I Logica, Artigo 1.º, III].

Scilicet – a saber; isto é.

Scire et scire debere paria sunt – saber e dever saber são a mesma coisa.

Scire est nescire, nisi me scire alius scierit – [o meu] saber é não saber, a não ser que outrem saiba que eu sei [Gaio Lucílio, Saturae, 1.31].

Scire leges non hoc est verba earum tenere, sed vim ac potestatem – conhecer as leis não é conhecer as palavras delas, mas a sua força e poder [Celso, Digesto, 1.3.17].

Scire quilibet praesumitur quod publico scitur – presume-se que qualquer um sabe o que é sabido publicamente.

Scit uti foro – ele sabe usar do foro. – Diz-se de quem sabe cuidar dos próprios interesses, defendendo-os em juízo, se necessário.

Scriba velox – escriba especialista [Bíblia, Livro de Esdras, 7, 1 e 6]. – Expressão bíblica enquadrada no seguinte contexto: "*Ipse Esdras ascendit de Babylone, et ipse* ***scriba velox*** *in lege Moysi, quam Dominus Deus dedit Israël*" – Esdras veio da Babilónia, e era um escriba especialista na lei de Moisés, dada por Javé, o Deus de Israel. – Diz-se daquele que escreve com sabedoria, facilidade e celeridade.

Scribitur ad narrandum, non ad probandum – escrever para narrar, não é para provar [Quintiliano, Institutio Oratoria, 10.1.31]. – Frase de Quintiliano para procurar marcar a diferença que existe entre a história e a retórica ou a filosofia. Uma coisa é escrever para narrar um facto histórico. Outra distinta é escrever para procurar provar a ocorrência de determinado facto, esgrimindo-se argumentos para o efeito.

Scripta manent – as coisas escritas permanecem.

Scripto sancit lex quod vult, aut iubendo aut vetando – a lei prescreve por escrito o que quer, ou autorizando ou proibindo.

Scriptum legis angustum, interpretatio diffusa est – texto de lei reduzido, difusiva é a interpretação [Séneca, o Velho, Controversiae, 9.4.9].

Scriptura non requiritur, nisi in casibus expressis – a escrita não é requerida, a não ser nos casos expressos. – Significa que a forma escrita apenas é de exigir quando a lei ou a vontade das partes o estabelecerem. O Código Civil prevê determinados casos em que é exigida a escritura pública [v.g. no contrato de mútuo de valor superior a € 25.000,00

– artigo 1143.º] e também o Código do Notariado menciona os atos em que, em geral, é exigida a escritura pública [vide: artigo 80.º].

Scriptura pro scribente nihil probat – o escrito nada prova a favor do escriba. – As declarações constantes de documentos particulares só fazem prova contra o declarante. Não provam a favor dele.

Scriptura publica probant se ipsa – os escritos públicos provam-se a si mesmos. – O mesmo que *"acta publica probanti se ipsa"*. – Significa que há uma presunção de autenticidade relativamente aos documentos provenientes da autoridade ou oficial público, tudo como, mais exatamente, se estabelece para o nosso direito atual, no artigo 370.º do Código Civil.

Se iudice nemo nocens absolvitur – sendo absolvido pelo seu juiz, de modo nenhum é culpado [Juvenal, Satirae, 13.2].

Secundo – em segundo lugar.

Secundum aequum et bonum – de acordo com a justiça e o bem.

Secundum allegata et probata – segundo o alegado e provado pelas partes. – Princípio do dispositivo, segundo o qual o juiz cível, por regra, só pode socorrer-se dos factos alegados e provados pelas partes. Mas este princípio admite exceções.

Secundum allegata et probata iudex iudicare debet – o juiz deve julgar segundo o alegado e provado.

Secundum arbitrium tuum – segundo o teu arbítrio.

Secundum artem – segundo a arte. – Ou com método; com regra; com sistema.

Secundum bonos mores – segundo os bons costumes. – Os bons costumes são constituídos pelo conjunto de regras éticas de que costumam usar as pessoas sérias, honestas e de boa conduta na sociedade onde se inserem.

Secundum commoda, quae quisque sentit, ita onus subire tenetur – cada um é obrigado a suportar o encargo conforme as vantagens que aufere.

Secundum eventum litis – segundo o resultado do processo.

Secundum intentionem – segundo a intenção.

Secundum ius – segundo o direito.

Secundum legem – segundo a lei. – Nos termos da lei ou coincidente com a lei.

Secundum naturam est commoda cuiusque rei eum sequi, quem sequuntur incommoda – é segundo a natureza que caibam as vantagens de alguma coisa àquele a quem cabem os ónus [Paulo, Digesto, 50.17.10].

Secundum normam legis – segundo a norma da lei.

Secundum ordinem – de acordo com a ordem.

Secundum regulam – de acordo com a regra.

Secundum regulas – de acordo com as regras.

Secundum usum – de acordo com o uso.

Secundum verba – segundo as palavras.

Secundum voluntatem – segundo a vontade.

Sede vacante – sede vaga [Codex Iuris Canonici (1983) Cann. 419, 420, 426, 428, 490 e 513]. – No direito canónico corresponde ao período em que a Sé episcopal está sem titular do cargo.

Semel absolutus, semper absolutus – uma vez absolvido, sempre absolvido.

Semel competens semper competens – uma vez competente sempre competente. – Princípio que se aplica à competência do tribunal.

Semel deo dicatum non est ad usus humanos ulterius transferendum – o que uma vez foi dedicado a Deus, não deve jamais ser transferido a usos humanos [Decretais de Bonifácio VIII, Liv. V, Tit. XII, De Regulis Juris, LI].

Semel emissum volat inrevocabile verbum – uma vez emitida, voa incontrolável a palavra [Horácio, Epistulae 1.18.71]. – A palavra, uma vez solta dos lábios, corre, voa, irrefreável, sem que jamais possa apagar-se, corrigir-se ou desdizer-se ou sem que possa ser chamada de volta.

Semel heres semper heres – uma vez herdeiro, herdeiro para sempre. – A qualidade de herdeiro era intransmissível no direito romano, pelo que adquirida tal qualidade não podia mais perdê-la, designadamente cedendo a herança. – Não acontece assim no direito moderno, designadamente no nosso ordenamento jurídico, no qual o herdeiro pode repudiar a herança [vide: artigos 2062.º a 2067.º do CC].

Semel malus semper praesumitur esse malus – mau uma vez, sempre se presume ser mau [Decretais de Bonifácio VIII, Liv. V, Tit. XII, De Regulis Juris, VIII]. – Também se usa de forma abreviada: *"semel malus, semper malus"* – uma vez mau, sempre mau.

Semel malus semper praesumitur malus in eodem generi mali – quem é mau uma vez, sempre se presume mau no mesmo género de maldade.

Semel qui fuerit, semper perhibetur malus – quem foi mau uma vez, sempre é considerado mau [Publílio Siro, Sententiae].

– Expressões para significar que quem uma vez se portou mal é de esperar que se porte mal mais vezes. Obviamente que o princípio não é absoluto.

Semina omnium rerum causae sunt et tamen minimae partes sunt eorum, quae gignunt – as sementes são as origens de todas as coisas e, ainda assim, são as partes delas mais pequenas que germinam [Séneca, De Beneficiis, 3.29.4].

Semper antiquae obrogat nova – sempre a *[lei]* nova derroga a antiga. – O texto completo é *"ubi duae contrariae leges sunt, semper antiquae obrogat nova"* – onde duas leis são contrárias sempre a nova derroga a antiga [Tito Lívio, Ab Urbe Condite, 9.34].

Semper circumscriptio per ius ad iniuriam pervenit – sempre a fraude chega à injustiça através da lei [Séneca, o Velho, Controversiae, 6.3].

Semper consilium tunc deest, cum opus est maxime – sempre falta a prudência naquela ocasião em que é mais necessária [Publílio Siro, Sententiae].

Semper enim species generi derogat – sempre a espécie se substitui ao género [Paulo, Digesto, 32.99.5].

Semper est honestum virum bonum esse, semper est utile – é sempre recomendável ser homem de bem, sempre é útil [Cícero, De Officiis, 3.64].

Semper et ubique – sempre e em toda a parte. – Diz-se da pessoa que em determinados eventos aparece sempre e em qualquer local.

Semper habet lites alternaque iurgia lectus – o leito conjugal tem sempre controvérsias e discussões [Juvenal, Satirae, 6.268].

Semper in civitate nostra senectus venerabilis fuit – a velhice sempre foi venerada em nossa cidade [Calistrato, Digesto, 50.6.6].

Semper in coniunctionibus non solum quid liceat considerandum est, sed et quid honestum est – nas sociedades deve-se sempre atender não só ao que seja lícito, mas também ao que seja honesto [Modestino, Digesto, 23.2.42pr.].

Semper in dubiis benigniora praeferenda sunt – nos casos duvidosos, sempre devem ser preferidas as soluções mais benignas [Gaio, Digesto, 50.17.56].

Semper in obscuris quod minimum est sequimur – nos casos obscuros sempre seguimos o que é menos gravoso [Ulpiano, Digesto, 50.17.9].

Semper necessitas probandi incumbit illi qui agit – a necessidade de provar incumbe sempre àquele que demanda [Marciano, Digesto, 22.3.21].

Semper paratus – sempre preparado. – Sempre pronto; sempre alerta [Divisa dos Escoteiros].

Semper praesumitur pro negante – sempre se presume a favor de quem nega. – Quem afirma determinado facto como verdadeiro tem o ónus de fazer a sua prova. Não tendo aquele que o nega de fazer qualquer prova da sua inveracidade.

Semper specialia generalibus insunt – as coisas especiais sempre prevalecem às gerais [Gaio, Digesto, 50.17.147].

Sensu lato – sentido amplo. – O mesmo que *"lato sensu"*, que referido a um conceito é um sentido menos rigoroso desse conceito.

Sensus non docentur – os sentidos não são ensinados [Quintiliano, Institutio Oratoria, 6.5.2]. A frase mais precisa de Quintiliano é: *"referatur oportet ad sensus, qui non docentur"* – é oportuno que seja atribuído aos sentidos, que não são ensinados.

Sensus omnes falli possunt – todos os sentidos podem enganar-se.

Sensus verborum est anima legis – o significado das palavras é o espírito da lei.

Sententia – sentença; decisão. – Diz-se sobretudo da decisão da causa, proferida por juiz competente em conformidade com a lei e a prova produzida no processo.

Sententia anceps – uma decisão perigosa.

Sententia contra setentiam nulla est – sentença contra sentença é nula. – Este princípio está refletido no artigo 625.º do CPC segundo o qual, havendo duas decisões contraditórias sobre a mesma pretensão, cumpre-se a que passou em julgado em primeiro lugar. E o mesmo princípio se aplica à contradição existente entre duas decisões que, dentro do processo, versem sobre a mesma questão concreta da relação processual.

Sententia facit de albo nigrum, de quadrato rotundum – a sentença faz do branco preto, do quadrado redondo.

Sententia facit ius et legis interpretatio legis vim obtinet – a sentença cria o direito e a interpretação da lei ganha força de lei.

Sententia facit ius et res iudicata pro veritate accipitur – a sentença cria o direito e a coisa julgada é aceite como verdade.

Setentia judicis – decisão judicial.

Sententia quae in rem iudicatam transit pro veritate habetur – a sentença transitada em julgado tem-se por verdade.

Sententiae nonnisi causa cognita et audita utraque parte feruntur – as sentenças só são proferidas depois que a causa é conhecida e ambas as partes foram ouvidas.

Separatio a mensa et toro – separação da mesa e da cama.

Separatio a vinculo matrimonii – dissolução do vínculo do matrimónio.

Seris venit usus ab annis – a experiência vem com anos passados [Ovídio, Metamorphoses, 6.29].

Sero animus ad periculorum patientiam post pericula instruitur – é tarde preparar o espírito para enfrentar os perigos, quando os perigos já passaram [Séneca, De Tranquillitate Animi, 11.8].

Sero medicina paratur, cum mala per longas convaluere moras – chega tarde o remédio, quando o mal se fortaleceu com a longa demora [Ovídio, Remedium Amoris, 91].

Servanda est consuetudo loci ubi causa agitur – deve ser seguido o costume do lugar onde a causa tem curso.

Servata aequitate – observada a equidade.

Servatis servandis – conservadas as coisas que devem ser conservadas; conservando o que deve ser conservado. – Expressão muito usada no discurso jurídico, a qual tem significado análogo ao da expressão *"mutatis mutandis" [mudando o que deve ser mudado].* Utiliza-se para significar que determinada tese aplicada a certa situação se pode aplicar também a outra, fazendo as necessárias modificações ou adaptações, ou seja, conservando o que deve ser conservado *[servatis servandis]* e mudando o que deve ser mudado *[mutatis mutandis].*

Servitus altius non tollendi – servidão de não edificar mais alto. – Aplica-se à servidão negativa de não edificar mais alto. Segundo esta servidão o dono do prédio serviente não pode levantar parede ou edifício além de certa altura.

Servitus aquae ductus – servidão de aqueduto. – A servidão de aqueduto traduz-se no direito de passagem de água através de prédio alheio até ao prédio que a aproveita [vide: artigo 1561.º do CC].

Servitus est ius quod quis habet in re aliena, ut sibi serviat – servidão é o direito que alguém tem sobre coisa alheia, para que ela lhe sirva.

Servitutem mortalitati fere comparamus – equiparamos a escravidão quase à morte [Ulpiano, Digesto, 50.17.209].

Servitutes praediorum confunduntur, si idem utriusque praedii dominus esse coeperit – as servidões dos prédios confundem-se se o dono de um e do outro prédio passou a ser o mesmo [Gaio, Digesto, 8.6.1].

Si digito coelum tetigerit – se tocasse o céu com um dedo [Institutiones de Gaio, 3.98]. – Gaio utilizou a expressão a propósito da condição, dizendo: *"Item si quis sub ea condicione stipuletur, quae existere non potest, velut 'si digito caelum tetigerit', inutilis est stipulatio"* – do mesmo modo se alguém estipular sob aquela condição que não pode existir, como ´se tocasse o céu com um dedo´ é inútil a estipulação *[loco citato]*. – Era um dos exemplos que os antigos davam de condição fisicamente impossível.

Si enim fallor, sum – se realmente me engano, eu existo [S. Agostinho, De Civitate Dei, 11.26]. – S. Agostinho explica o seu pensamento acrescentando: *"Nam qui non est, utique nec falli potest; ac per hoc sum, si fallor"* – com efeito, aquele que não existe não pode de modo algum enganar-se; e por isso existo, se me engano. – René Descartes mais tarde usaria de princípio semelhante como base da sua filosofia, o célebre *"cogito ergo sum"* – penso logo existo.

Si in rixa, percussus homo periret, ictus uniuscuiusque in hoc collectorum comtemplari oportet – se na rixa algum for ferido e morrer, deve-se atribuir a todos o ferimento praticado por um dos contendores.

Si lex non est utilis reipublicae iam non est lex – se a lei não é útil à causa pública já não é lei.

Si monumentum requiris, circumspice – se procuras um monumento, olha em redor de ti [Inscrição na Catedral de São Paulo, em Londres].

Si non obstatur, propterea etiam permittitur – se não se impede, por causa disso também se permite [Cícero, Philippica, 13.14].

Si non valet ut actum est, valeat ut valere potest – se não vale como foi feito, valha como puder valer.

Si Romae fueris, romano vivito more, si fueris alibi vivito sicut ibi – se fores a Roma, vive à maneira romana, se fores a outro lugar vive como aí. – A expressão é atribuída a Santo Ambrósio, bispo de Milão, no século IV, quando lhe perguntaram se o dia de descanso era de tirar ao sábado como em Milão ou se ao domingo como em Roma, tendo ele respondido *"si fueris Romae, Romano vivito more, se fueris alibi vivito sicut ibi"*. O significado original da expressão manteve-se até hoje, sendo transposto para o nosso provérbio: *"por onde vás, assim como vires, assim farás"*.

Si sine liberis decesserit – se vier a falecer sem filhos. – Era cláusula usada nos testamentos pela qual se instituía herdeiro ou legatário mediante condição resolutiva, como sucedia no caso de alguém constituir outrem como legatário de determinado bem para o caso de ele deixar filhos, dispondo, para a hipótese contrária, que o legatário seria outro indivíduo.

Si vera est fama – se é verdade o que se diz. – A expressão *"si vera est fama"* encontra-se inscrita no suposto túmulo de D. Sebastião, rei de Portugal, localizado no Mosteiro dos Jerónimos, sendo curioso que até a própria sepultura levanta dúvidas sobre o fim do último monarca de Avis. O rei D. Filipe II de Espanha, I de Portugal, terá tido um papel importante na trasladação do hipotético corpo do rei D. Sebastião para Portugal, merecendo por tal facto um especial agradecimento por parte do cardeal D. Henrique. Mas tem pairado a dúvida sobre se o corpo trasladado será mesmo o de D. Sebastião.

Si vis me flere, dolendum est primum ipsi tibi – se queres que eu chore, é mister que tu chores primeiro [Horácio, Ars Poetica, 102-103].

Si vis pacem, para bellum – se queres a paz, prepara a guerra. – Máxima segundo a qual, para evitar o ataque, o melhor meio é preparar a defesa. Ainda hoje é seguida pelos Estados, que procuram fortalecer-se contra eventuais agressões de Estados inimigos.

Si volet – se desejar.

Si voluerit – se quiser. – Cláusula segundo a qual o devedor cumpre a obrigação se quiser.

Sibi imputet – é imputável a si mesmo. – Quem pratica o ato tem de assumir as suas consequências.

Sic – assim; tal e qual. – Usa-se entre parênteses após transcrição (sic).

Sic et simpliciter – pura e simplesmente.

Sic itur ad astra – assim se sobe aos astros [Virgílio, Eneida, 9.641]. – Utiliza-se frequentemente como emblema de qualquer atividade ousada, ambiciosa ou insigne.

Sic lex, sic judex – assim a lei, assim o juiz. – O que significa que o juiz tem de decidir em conformidade com a lei, independentemente de esta ser mais ou menos justa.

Sic transit gloria mundi – assim passa a glória do mundo [Tomás de Kempis, Imitação de Cristo, 1.3.6]. – Frase da Imitação de Cristo, que se cita a propósito de um nome ilustre, que desaparece inesperadamente no meio da glória deste mundo.

Sic utere tuo ut alienum non laedas – usa o teu direito de modo que não leses o alheio.

Sicut erat in principio – como era no princípio. – Início da segunda parte do

"Gloria Patri". Significa também *"sem mudança alguma"*.

Sicut lucrum ita et damnum inter socios communicatur - assim como o lucro também o prejuízo se comunica entre os sócios.

Sicut natura nil facit per saltum ita nec lex - do mesmo modo que a natureza nada faz aos saltos assim também não faz a lei.

Sicut prior es tempore, ita potior iure - como és primeiro no tempo, assim és preferente no direito [Código de Justiniano, 8.17.3].

Sicuti medico imputari eventus mortalitatis non debet, ita quod per imperitiam commisit, imputari ei debet - assim como não se deve imputar ao médico uma morte eventual, assim se deve imputar-lhe a que praticou por imperícia [Ulpiano, Digesto, 1.18.6.7].

Silent leges - as leis são omissas; a lei nada diz.

Silentium non est consensus, nisi lex loqui iubeat - o silêncio não é concordância, exceto se a lei manda falar.

Similia similibus - semelhantes com semelhantes. - Ou, como costuma dizer-se, cada qual com seu igual; ou cada ovelha com sua parelha.

Similia similibus curantur - os semelhantes curam-se com os semelhantes. - Princípio da medicina homeopática.

Simplex commendatio non obligat - mera recomendação não obriga.

Simplicitas est legibus amica; et nimia subtilitas in iure reprobatur - a simplicidade é amiga das leis; e a subtileza excessiva é reprovada no direito.

Simpliciter - simplesmente; de forma simples.

Simulatae nuptiae nullius momenti sunt - as núpcias simuladas são de nenhum valor [Gaio, Digesto, 23.2.30]. - No direito romano o matrimónio simulado era considerado inválido. - O casamento simulado é aquele que foi celebrado sem a intenção de constituir uma verdadeira comunhão de vida entre os contraentes, mas antes com o intuito de vantagens de outra natureza, como por exemplo a de aquisição da nacionalidade. O negócio jurídico simulado é nulo [vide: artigo 240.º/2 do CC].

Simulatio - simulação. - A simulação verifica-se quando o declarante emite uma declaração não coincidente com a vontade real, por força de um conluio com o declaratário e com o propósito de enganar terceiros [vide: artigo 240.º do CC].

Sincera fide - de boa fé; com lealdade; com lisura.

Sine animo revertendi – sem intenção de voltar.

Sine culpa, nisi subsit causa, non est aliquis puniendus – sem culpa ninguém pode ser punido, a não ser que haja uma causa [Decretais de Bonifácio VIII, Liv. V, Tit. XII, De Regulis Juris, XXIII].

Sine debita licentia – sem a devida licença.

Sine die – sem data marcada; ausência de termo. – Aplica-se para designar o julgamento, ou outro ato judicial, que tenha sido adiado sem data marcada ou com data a marcar posteriormente, quando for aconselhável fazê-lo.

Sine dolo malo – sem dolo mau; de boa fé; lealmente. – O dolo mau, ou direto, é o dolo usado por aquele que tem intenção de produzir um resultado antijurídico, ou ilícito, que de antemão prefigurou no seu espírito e pretendeu como desiderato da sua conduta.

Sine dubio – sem dúvida; ou sem hesitação. – O mesmo que não ter qualquer dúvida sobre determinado facto, acontecimento ou teoria.

Sine ira et studio – sem desafeição e sem favor. – Aplica-se ao que escreve de forma imparcial e isenta, não hostilizando uns para aplaudir outros sem motivos justificados.

Sine iure – sem direito. – Expressão para significar a falta de direito ou de legalidade de um ato ou situação jurídica.

Sine iusta causa – sem causa justa.

Sine iustitia nulla libertas – sem justiça não há liberdade.

Sine justa causa accipere recusare – recusar receber sem justa causa. – O credor que, sem motivo justificado, não aceita a prestação que lhe é oferecida nos termos legais pelo devedor, incorre em mora *(mora creditoris)* [vide: artigo 813.º do CC].

Sine nomine vulgus – a multidão sem nome; a turba anónima.

Sine possessione praescriptio non procedita – a prescrição não procede sem a posse [Decretais de Bonifácio VIII, Liv. V, Tit. XII, De Regulis Juris, III].

Sine possessione usucapio procedere non potest – sem a posse a usucapião não pode concretizar-se.

Sine praeiudicio – sem julgamento prévio; sem opinião prévia.

Sine prole – sem descendência.

Sine qua non – sem a qual não. – É a simplificação da frase ***"condicio sine qua non potest fieri"*** – condição sem a qual não pode produzir-se o efeito. Aplica-se, pois, relativamente à condição. Condição *"sine qua non"* é toda a condição sem a qual o efeito se não podia ter verificado. – Segundo a teoria da causalidade adequada, consagrada no nosso ordenamento jurídico, para que haja obrigação de indemnizar não basta que o facto tenha sido, no caso concreto, condição *"sine qua non"* do dano, sendo ainda necessário que, em abstrato, seja uma causa adequada a produzir tal dano.

Sine violatione ulluis rei – sem violação de nenhuma coisa. – Diz-se do ato praticado sem a violação de qualquer norma e mesmo sem causar qualquer dano.

Sint ut sunt, aut non sint – sejam como são, ou não sejam. – Resposta do Geral dos Jesuítas, a quem lhe propunha modificar os Estatutos da Companhia de Jesus.

Sit tibi terra levis – que a terra te seja leve [Marcial, Epigrammata, 9.29.11]. – Expressão utilizada desde os antigos romanos em artigos funerários, em inscrições tumulares e em ocasiões fúnebres.

Societas – sociedade. – É toda a associação de direito privado e fim lucrativo.

Societas delinquere non potest – a sociedade não pode delinquir. – Princípio segundo o qual, por regra, a pessoa coletiva está isenta de responsabilidade penal. – O artigo 11.º do nosso Código Penal estabelece que *"salvo disposição em contrário, só as pessoas singulares são suscetíveis de responsabilidade criminal"*.

Societas sceleris – associação de criminosos.

Socii mei socius meus socius non est – o sócio do meu sócio não é meu sócio [Ulpiano, Digesto, 50.17.47.1]. – É uma aplicação do princípio *"res inter alios acta"*.

Sol lucet omnibus – o Sol brilha para todos. – Todos têm o mesmo direito de gozar os dons da natureza.

Sola apis mel conficit – só a abelha faz o mel. – Cada qual no seu ofício.

Sola cogitatio furti faciendi non facit furem – o mero pensamento de cometer furto não converte ninguém em ladrão [Paulo, Digesto, 47.2.1.1]. – A pura intenção de furtar não é punível no sistema penal português, mas se for acrescida de tentativa e ao crime corresponder pena de prisão superior a três anos já é punível [vide: artigo 23.º/1 do CP].

Sola nobilitas virtus – só a virtude é nobre.

Solacium est miseris socios habere – é uma consolação para os infelizes ter companheiros.

Solo cedere solent ea quae aedificantur aut seruntur – costumam pertencer ao solo as coisas que nele se edificam ou semeiam [Gaio, Digesto, 41.1.9.1].

Soluti retentio – retenção do que foi prestado. – Ou retenção a título de cumprimento. – É o regime segundo o qual tudo o que for pago espontaneamente – na obrigação natural – pode ser tomado ou guardado pelo credor como relevantemente pago. – Se o devedor cumpre voluntariamente, como por regra sucede, o credor pode reter a prestação a título de cumprimento e não de mera liberalidade, uma vez que a ela tem direito. Pela mesma razão o devedor não pode exigir nessa altura a sua restituição, não goza da *"conditio indebiti"*.

Solutio ante diem – vencimento antes do dia *[data]*. – Trata-se da hipótese de vencimento antecipado, por o devedor se tornar insolvente, ainda que a insolvência não tenha sido judicialmente declarada, como estabelece o artigo 780.º/1 do Código Civil.

Solutio est prestatio eius quod in obligatione est – pagamento é a prestação daquilo que é objeto da obrigação.

Solutione eius quod debetur, tollitur omnis obligatio – toda a obrigação se extingue, pelo pagamento daquilo que é devido.

Solutionis causa adjectus – indicado por causa da solução. – Verifica-se quando o credor se limita a autorizar que a prestação a que tem direito seja entregue a terceiro, que fica encarregado de recebê-la, ou se reserva o direito de exigir que a prestação seja efetuada a terceiro. Nestes casos não há intenção de atribuir ao terceiro nenhum direito à prestação, ao contrário do que sucede no verdadeiro contrato a favor de terceiro. – Pode ser terceiro indicado no contrato a quem o devedor está autorizado a pagar, com o mesmo efeito como se pagasse ao credor.

Solutus – libertado; livre.

Solve et repete – paga e reclama. – É o privilégio da execução prévia em direito fiscal: primeiro pagar, depois reclamar.

Solvens – devedor. – Devedor enquanto realizador do pagamento da prestação. – ***Solvens*** e ***accipiens*** são as partes do pagamento; o *"**solvens**"* é quem faz o pagamento, normalmente por ser o devedor, mas também pode ser um terceiro; o *"**accipiens**"* é quem recebe o pagamento, será normalmente o credor, mas pode também ser um terceiro.

Solvere et compensare paria sunt – pagar e compensar se equivalem.

Solvere litem aestimatam – pagar o preço da lide; pagar as custas.

Solvi non potest aliud pro alio invito creditore – uma coisa não pode ser paga em lugar de outra contra a vontade do credor.

Somnus donum divum gratissimum – o sono é a mais agradável dádiva dos deuses.

Spargere in vulgum – espalhar entre o povo.

Spatium deliberandi – prazo para a deliberação. – Diz-se, designadamente, do prazo dentro do qual o titular do direito de preferência deve comunicar à outra parte se pretende exercê-lo.

Species generi derogat – a espécie substitui-se ao género.

Specimen – amostra, exemplar, espécie.

Speculum iuris – espelho do direito.

Spes iuris – expetativa de direito. – É a esperança de um direito ou de uma situação jurídica vantajosa para a pessoa.

Spiritus fiat ubi vult – o espírito sopra onde quer [Bíblia, João, 3.8]. – O espírito é como o vento sopra onde quer, ouve-se o barulho, mas não se sabe de onde vem nem para onde vai. Tal como a inspiração, que é um dom que em qualquer parte pode brotar.

Spiritus promptus est, caro autem infirma – o espírito está pronto mas a carne é fraca [Bíblia, Marcos, 14.38]. – Palavras de Jesus Cristo aos Apóstolos quando os encontrou adormecidos. Como costuma dizer-se: a alma é forte, mas a carne é fraca.

Spoliatus ante omnia restituendus – o espoliado antes de tudo deve ser restituído. – No caso de esbulho violento o esbulhador não é ouvido antes de decretada a providência a mandar entregar o bem ao espoliado. Antes de tudo, o espoliado deve ser restituído à posse do bem.

Sponsi matrimonialem consensum exprimant verbis; nec aequipalentia signa adhebere ipsis licet, si loqui possint – os nubentes exprimam por palavras o consenso matrimonial; nem lhes é lícito empregar sinais equivalentes, se puderem falar. – A vontade de casar tem de ser manifestada no próprio ato de casamento e tem de exprimir-se por uma declaração expressa [vide: artigo 1617º do CC].

Sponte propria – por vontade própria.

Sponte sua – por sua própria vontade; espontaneamente.

Stabit praesumptio donec probetur in contrarium – a presunção permanecerá até que se prove em contrário.

Stare decisis – respeitar as coisas decididas *[regra do precedente]*. – A frase vem de uma locução mais extensa *"stare decisis et non quieta movere" [respeitar as coisas decididas e não mexer no que está estabelecido]* e estabelece a regra segundo a qual o tribunal deve, em princípio, decidir um caso do mesmo modo que decidiu os casos idênticos anteriores, dado que as decisões de um órgão judicial criam precedente *[jurisprudência]* e vinculam as que vão ser emitidas no futuro. Esta doutrina é característica do sistema do *"common law"* – onde o direito é criado ou aperfeiçoado pelos juízes, em que uma decisão tomada num caso depende das decisões adotadas para casos anteriores e afeta o direito a ser aplicado a casos futuro – e não tão forte em sistemas de direito continental onde a jurisprudência tem uma obrigatoriedade muito menor e a capacidade do juiz de interpretar a lei segundo seu critério é muito mais ampla.

Stare decisis et non quieta movere – respeitar as coisas decididas e não mexer no que está estabelecido.

Stat pro ratione voluntas – a vontade está no lugar da razão.

Status – estado.

Status civitatis – estado de cidadania.

Status familiae – estado de família.

Status libertatis – estado de liberdade.

Status necessitatis – estado de necessidade. – Agir em estado de necessidade verifica-se na situação em que alguém é impulsionado a sacrificar coisa alheia por imperativo de remover o perigo atual de uma perda ou de um dano, manifestamente superiores [vide: artigo 339.º do CC].

Status quo – o estado da situação; estado em que se encontra. – É uma forma abreviada da expressão *"in statu quo res erant ante bellum" [no estado em que as coisas estavam antes da guerra],* originalmente usada em tratados para se referir à retirada de tropas inimigas e à restauração da liderança antes da guerra. Na Europa o *"status quo ante bellum"* reporta-se ao estado das coisas antes da 1.ª Grande Guerra enquanto nos USA refere-se ao período anterior à Guerra Civil Americana. – Emprega-se esta expressão correntemente para definir o estado atual das coisas, a situação em que algo se encontra, por exemplo, em ditos como *"manter o statu quo"*; *"defender o statu quo"* ou, ao contrário, *"mudar o statu quo"*.

Status quo ante – o estado da situação antes. – O mesmo que *"status quo"*.

Statuta pro publico commodo late interpretantur – as coisas estabelecidas a favor do interesse público devem ser amplamente interpretadas.

Stricto et proprio sensu – em sentido restrito e próprio. – Diz-se do que é tomado na aceção exata, rigorosa, verdadeira.

Stricto iure – pelo direito estrito; pelo rigor do direito.

Stricto sensu – em sentido restrito; entendimento estrito. – O mesmo que *"stricto et proprio sensu"*. Ou o oposto de *"lato sensu" [o sentido menos rigoroso de um conceito]*.

Strictissimo sensu – em sentido restritíssimo. – Em sentido que não pode ser mais limitado. Assim, o conceito de família pode ser dado: *em sentido amplo*, envolvendo todos os descendentes de um ancestral comum, consanguíneos ou afins; *em sentido restrito*, envolvendo todos aqueles que se unem por consanguinidade em linha reta e colateral até o 4º grau e *em sentido restritíssimo*, abrangendo apenas os pais e filhos.

Strictum ius – o direito estrito.

Stultitiam simulare loco prudentia summa est – fazer-se de louco às vezes é de grande prudência [Catão, o Velho, Ditos de Catão, 2.18].

Stultorum infinitus est numeros – o número dos loucos é infinito [Bíblia, Eclesiastes, 1.15].

Stultorum plena sunt omnia – mundo está cheio de tolos [Cícero, Ep. Ad Familiares, 9.22.4].

Stupete, gentes! – parai, oh gentes! Aplica-se geralmente, por gracejo, para anunciar algum acontecimento extraordinário ou para o qual se quer chamar a atenção.

Suae quisque rei moderator est atque arbitre – cada qual é moderador e árbitro do que lhe pertence.

Sub censura – sob censura. – Debaixo de censura, sujeito à crítica de outrem.

Sub colore iuris – sob o disfarce de direito. – Diz-se do ato feito com a aparência de um direito legal, independentemente de o ato possuir os legais requisitos.

Sub conditione – sob condição. – É a cláusula por via da qual a eficácia de determinado negócio jurídico é colocada na dependência de um evento futuro e incerto, de modo que o negócio apenas produzirá o seu normal efeito uma vez verificado o dito evento.

Sub examine – sob exame. – Diz-se de qualquer questão ou assunto que se encontra em apreciação a fim de se emitir pronúncia.

Sub iudice – sob decisão judicial. – O mesmo que *"sub judice"* – sob julgamento. – Diz-se de qualquer questão ou matéria que se encontra em apreciação em juízo a fim de o julgador se pronunciar.

Sub iureiurando – sob juramento. – O juramento consiste no ato de afirmar que se vai dizer toda a verdade e só a verdade.

Sub judice – sob juízo; em análise. – O caso *"sub judice"* é o caso que está nas mãos do julgador para ser decidido e sobre o qual ainda se está pronunciando, aduzindo os necessários fundamentos para a decisão a proferir.

Sub judice list est – a questão está pendente do juiz. – Pretende-se significar que o processo está nas mãos do juiz para ser objeto de decisão.

Sub lege libertas – a liberdade debaixo da lei. – Fórmula que resume a condição essencial da ordem nas sociedades democráticas.

Sub litteris – sob as letras; subentendido.

Sub modo – sob medida; subordinado a encargo.

Sub specie – sob apreciação. – Utiliza-se para exprimir o caso debaixo da vista, ou seja, em apreciação.

Sub specie individui – sob o ponto de vista do indivíduo. – Vale o que se diz sobre *"sub specie societatis"*.

Sub specie juris – sob a visão do direito.

Sub specie societatis – sob o ponto de vista da sociedade. – Corresponde à essência do direito tratar as condutas sob o ponto de vista do interesse coletivo e não sob o ponto de vista do indivíduo singular.

Sub spes rati – sob esperança de ratificação; dependente de ratificação.

Subjectum juris – sujeito de direito. – Sujeito de direito é o que é suscetível de ser titular de direitos e obrigações.

Sublata causa, tollitur effectum – suprimida a causa, cessa o efeito. – Estabelece consequência que se harmoniza com o princípio: não há efeito sem causa. Corresponde ao princípio *"cessante causa, cessat effectus" [cessada a causa, cessa o efeito]*, princípio que é mais de natureza filosófica e pressupõe que o efeito não possa subsistir depois de cessada a causa.

Substantia potius intuenda quam opinio – tenha-se mais em conta a realidade que a opinião.

Substantialia negotii, naturalia negotii et acidentalia negotii – coisas substanciais do negócio, naturais do negócio e acidentais do negócio. – Tripartição escolástica para designar os elementos essenciais da vontade no negócio jurídico.

Substractum – substrato; essência; fundamento.

Successio ab intestato – sucessão de pessoa intestada. – Diz-se da sucessão legítima verificada quando o *"de cujus"* não deixou testamento.

Sucessio in universalitatem – sucessão na universalidade dos bens. Tem significado equivalente a *"sucessio in universum jus"*.

Sucessio in universum jus – sucessão na universalidade do direito. – É a sucessão própria do herdeiro, que é aquele que sucede no património do *"de cujus"* considerado unitariamente ou como uma universalidade. Como diziam os clássicos *"heres, qui in universum jus succedit,"* – herdeiro é aquele que sucede no universo do direito [Paulo, Digesto, 44.1.6].

Successori non necet, quod ejus auctori nocere non potuit – o sucessor não pode ser prejudicado pelo que ao seu antecessor não pôde prejudicar.

Sufficit – basta. – Aplica-se para dizer que se está satisfeito com o que foi feito ou dito e também para pôr termo a algo que não se quer ver continuado.

Sui generis – do seu género; especial. – Diz-se de algo que é especial, que é próprio ou específico de uma pessoa ou de uma situação. Aplica-se também em sentido depreciativo em relação ao indivíduo que se considera com maneira de ser fora da normalidade do homem comum.

Sui iuris – de direito próprio. – Diz-se do indivíduo que tem a plenitude dos seus direitos civis e políticos e pode exercê-los pessoal e livremente. A expressão é o contrário de *"alieni iuris"*, que se dizia do indivíduo sem autoridade e poder para decidir das suas ações.

Sui juris – do seu direito. – O mesmo que *"sui iuris"*. – Diz-se da pessoa livre, capaz de determinar-se sem depender de outrem.

Summa cum laude – com o máximo louvor. – É o nível académico de distinção, utilizado por instituições educacionais, para significar um grau académico que foi recebido *"com o máximo louvor"*. O *"Summa cum laude"* é um dos três tipos mais utilizados de honras latinas que são reconhecidos nos Estados Unidos, sendo os outros dois o *"Magna cum laude"* e o *"Cum laude"*. O *"Summa cum laude"* é tipicamente a mais prestigiada das honras seguindo-se por ordem decrescente o *"Magna cum lauda" [com grande louvor]* e o *"Cum laude" [com louvor]*.

Summa divisio – a mais importante divisão. – A expressão é usada para referir a distinção capital entre coisas móveis e imóveis, dado que uma distinção clara entre essas categorias é muito relevante pelas consequências que lhe estão ligadas, designadamente quanto à forma dos atos e às regras de publicidade.

Summario cognitio – conhecimento sumário. – É o conhecimento próprio e adequado aos procedimentos cautelares e que consiste numa indagação sumária, através dum processo simplificado, com vista a apurar da indiciária probabilidade ou verosimilhança da existência do direito, através do mero *"fumus boni juris"*, e do perigo da insatisfação desse direito, o *"periculum in mora"*, resultante da normal tramitação em juízo da ação principal.

Summo rigore – com o máximo rigor; rigorosamente.

Summum imperium – poder supremo.

Summum ius – direito extremo; direito rigoroso.

Summum ius, summa crux – máximo direito, grande tormento. – O mesmo que "*summum ius, summa iniuria*". Moderatus Columella, o escritor mais importante na agricultura do tempo do Império Romano, faz referência à expressão, em que se substituiu "*iniuria*" por "*crux*", dizendo: "*summum ius antiqui summam putabant crucem*" – os antigos consideravem o máximo direito como o máximo tormento [De Re Rustica, 1.7].

Summum ius, summa iniuria – o máximo de direito, a máxima injustiça [Cícero, De Officiis, 1.33]. – Da aplicação, excessivamente, rigorosa e fundamentada da lei pode resultar decisão na qual se não faça a melhor justiça para o caso em apreciação, não obstante todo o esforço e respeito pela boa interpretação da lei. – A lei tem de ser o instrumento para uma decisão justa para os casos da vida, sob pena de ser inútil, quiçá perversa. Este princípio encerra, pois, o desiderato de que a lei seja sempre interpretada com necessária equidade, sem apego demasiado às normas na sua pura expressão literal e dogmática, para que a aplicação do direito no caso se não traduza em injustiça.

Summus iudex – juiz supremo.

Sumus quod semper facimus – somos aquilo que sempre fazemos.

Sunt verba et voces quibus hunc lenire dolorem possis – são palavras e vozes pelas quais podes aliviar esta dor [Horácio, Epistulae, 1.1.34]. – Há vozes e palavras que podem acalmar e aliviar a doença.

Suo cuique iudicio sit utendum – cada um use do seu juízo [Cícero, De Natura Deorum, 3.1].

Suo iure – por direito próprio. – O mesmo que "*suo jure*". – Significa o direito próprio de cada pessoa, que no antigo direito romano abrangia apenas o direito dos homens livres.

Suo marte – com suas forças; com os seus recursos.

Suo nomine – em seu próprio nome; por seu nome.

Suo periculo – por seu risco.

Suo quaeque tempore facienda – todas as coisas devem ser feitas a seu tempo.

Suo tempore – no tempo próprio.

Superavit – superou. – É o saldo positivo ou a diferença positiva entre o crédito e o débito. Diz-se também relativamente àquele que superou uma dificuldade ou expectativa.

Superficies solo cedit – o que está sobre o solo cede a este [decorre de Institutas, Lib. II, Tit. I, §12]. – A máxima expõe o princípio do direito romano segundo o qual o proprietário de um solo deve ser considerado o proprietário de tudo o que nele é construído.

Supinae manus – mãos suplicantes. – Diz-se das mãos abertas com as palmas voltadas para cima e os braços estendidos em postura de oração.

Supplet praetor in eo quod legi deest – o pretor supre naquilo que é omisso na lei [Pompónio, Digesto, 19.5.1].

Suppressio – supressão; omissão; retenção injusta. – A *"suppressio"* verifica-se quando o titular do direito deixa passar um tal lapso de tempo sem exercer o mesmo direito que, quando o faça, contraria a boa fé. A *"suppressio"* abrange manifestações típicas de *"abuso do direito"* nas quais uma posição jurídica que não tenha sido exercida, em certas circunstâncias e por certo lapso de tempo, crie a convicção de jamais vir a ser exercida, por, de outro modo, se contrariar a boa fé.

Suppressio veri, expressio falsi – supressão do verdadeiro, expressão do falso.

Supra – acima; já mencionado acima. – Também se utiliza a expressão *"ut supra"* – como acima.

Supra quam credibile est – está além do que se pode crer.

Supra summum – suprassumo; o mais alto grau; o máximo.

Supra vires – acima das nossas forças.

Suprema voluntas potior habetur – a última vontade prevalece [Hermogeniano, Digesto, 32.22pr.].

Supremum tribunal – tribunal supremo.

Supremum vale – adeus para sempre; último adeus.

Supremus est, quem nemo sequitur – último é aquele a que ninguém segue [Paulo, Digesto, 50.16.92].

Surrectio – aparição; surgimento. – A *"surrectio"* dá-se quando o titular do direito, por força da boa fé, vê formar-se contra ele, e em termos que deve respeitar, o direito de outrem, que, de outro modo, não existiria. Está interligada com a *"supressio"* por esta se reconduzir à *"surrectio"*, na medida em que a supressão de uma posição jurídica, por si só, não fazer sentido, pois que quando desapareça, tal se deve ao surgimento *[surrectio]* de uma posição com ela incompatível.

Sursum corda – elevai os corações. – Palavras que o celebrante pronunciava na missa romana, no princípio do prefácio. – Empregam-se ainda para reanimar os espíritos, para levantar os ânimos, em qualquer circunstância grave da vida.

Sustine et abstine – suporta e abstém-te. – Máxima dos estoicos, aconselhando resignação no infortúnio e abstenção de todos os prazeres que podem prejudicar a liberdade moral.

Sutor, ne supra crepidam – sapateiro, não vás acima da chinela [Plínio, o Velho, História Natural, 35.36]. – O mesmo que "*ne sutor ultra crepidam*".

Suum cuique – a cada um o que é seu; o seu a seu dono.

Suum cuique tribuere – dar a cada um o que é seu; atribuir a cada um o que lhe pertence [Ulpiano, Digesto 1.1.10.1; Institutas Lib. I, Tit. I]. – Máxima do direito romano que impunha o respeito dos direitos de todos e de cada um.

Suum negotium agere – cuidar do próprio interesse [Cícero, De Officiis, 1.125].

T

Tabula rasa – tábua rasa [Paulo, Digesto, 50.16.14pr.]. – Tábua raspada ou folha de papel em branco é, segundo a teoria empirista, a condição da mente humana no ato de nascimento, em que se mostra desprovida de todo o conhecimento inato.

Tabula rasa in qua nihil est escriptum – tábua rasa na qual nada foi escrito [Aristóteles, De Anima, 3.4]. – Expressão para descrever o estado da alma no momento do nascimento que é *"como uma folha em branco sobre a qual nada está escrito"*. – Segundo a teoria aristotélica todo o indivíduo nasce com a mente vazia, sem conhecimentos inatos, pelo que todo o saber humano é exclusivamente resultado de aprendizagem através da experiência e da perceção sensorial. Todo o conhecimento resulta da compreensão dos sentidos: *"nihil est in intellectu quod non prius fuerit in sensu"* – nada está no entendimento que primeiro não tenha estado nos sentidos, como diria mais tarde S. Tomás de Aquino [De Veritate, Questio 2.ª, Artigo 3.º, § 19.].

Tabulae accepit et expensi – livro de receita e despesa.

Tabulas accusare – acusar a falsidade de um documento.

Tacens non fatetur nec negare videtur – quem cala não confessa nem se considera negar.

Tacere nescit idem qui nescit loqui – quem não sabe falar não sabe calar-se.

Tacita 'bona' est mulier semper quam loquens – a mulher calada é sempre melhor do que a falante [Plauto, Rudens, 1114].

Tacita condicio non est condicio – uma condição tácita não é condição. – A condição é uma cláusula acessória de um contrato pela qual a eficácia de um negócio jurídico fica dependente de um acontecimento futuro e incerto, pelo que necessariamente terá de ser expressa para ter existência.

Tacita quaedam habentur pro expressis – certas coisas tácitas são consideradas como expressas.

Tacite fieri non potest quod prohibetur expresse – não se pode fazer tacitamente o que se proíbe expressamente.

Tacito illiteratoque – tacitamente e sem ato formal.

Tacito quod subintellegitur frustra exprimitur – o que se subentende tacitamente é inútil exprimir.

Tacitum pactum – pacto tácito. – Pode em certos casos confundir-se com o costume enquanto prática reiterada e constante de determinado comportamento com convicção da sua obrigatoriedade.

Taciturnitas stulto homini pro sapientia est – o silêncio do tolo passa por sabedoria [Publílio Siro, Sententiae].

Taciturnus in iudicio consensum inducit – quem cala em juízo sugere concordância.

Taedet eadem audire milles – aborrece ouvir mil vezes a mesma coisa.

Taedium vitae – o aborrecimento da vida. – É tédio existencial vivo ou um mal-estar persistente, que não deriva de qualquer condição específica e que desanima a vivência.

Talis non est eadem, nam nullum simile est idem – coisa semelhante não é a mesma coisa, pois nenhum similar é o mesmo.

Talis pater, talis filius – tal pai, tal filho.

Talis vita, finis ita – tal vida, tal fim. – Tal como na vida, assim foi na morte. Mas Bocage propunha: *"saiba morrer quem viver não soube"* [Poema com o mesmo nome, *"in Rimas"*, que se inicia com o verso *"Meu ser evaporei na lida insana"*].

Talos a vertice pulcher ad imos – é belo do alto da cabeça aos pés [Horácio, Epistulae, 2.2.4].

Tam miser est quisque quam credidit – cada um é tão infeliz quanto acredita ser [Séneca, Epistulae Morales, Liber IX, 78.14].

Tamdiu societas durat, quamdiu consensus partium integer servatur – a sociedade dura enquanto se conservar intacto o acordo das partes [Código de Justiniano, 4.37.5].

Tanta animorum imbecillitas est, ubi ratio discessit – é muito grande a fraqueza dos espíritos, quando falta a razão [Séneca, De Constantia Sapientis, 17.1].

Tanta est vis matrimonii – tão grande é a força do matrimónio. – A expressão é atribuída ao Papa Alexandre III, que foi o Papa que no ano de 1179 confirmou e reconheceu a independência de Portugal e Afonso Henriques como Rei do Portugal e vassalo da Igreja, através da bula *"Manifestis Probatum"*. – Reporta-se a expressão à duração prolongada do casamento, que justifica que em caso de dissolução, o ex-cônjuge carenciado possa reclamar alimentos do outro.

Tanta vis probitatis est, ut eam etiam in hoste diligamus – tão grande é a força da honestidade, que devemos reconhecê-la até no inimigo [Cícero, De Amicitia, 29].

Tantae molis erat Romanam condere gentem – tão grande foi o esforço para fundar a nação romana [Virgílio, Eneida, 1.33]. – Expressão usada por Virgílio ao descrever as dificuldades da fundação de Roma.

Tantum scio quod nihil scio – apenas sei que nada sei. – Máxima atribuída a Sócrates, para o qual o mais sábio é aquele que sabe que, afinal, é nulo o seu saber. Segundo Platão, Sócrates teria estado presente no Templo de Apolo em Delfos, onde o oráculo afirmou que ele era o homem mais sábio do mundo. Na circunstância, Sócrates terá proferido como resposta a sua frase mais conhecida, que, traduzida para latim, é a enunciada: "*tantum scio quod nihil scio*".

Tantum judicatum quantum disputatum vel quantum disputari debebat – tanto julgado quanto disputado ou quanto disputar se devia. – Será pelo teor da parte decisória da sentença que se ficará a conhecer o conteúdo do julgamento, nomeadamente das questões tratadas e resolvidas.

Tantum praescritum quantum possessum – tanto prescrito quanto possuído. – Aplica-se nomeadamente a propósito da usucapião, cujo direito se baliza, quanto à sua identidade e extensão, em correspondência com a índole da posse tal como foi na prática reiterada.

Tantum quantum sat est – tanto quanto basta.

Tantum quisque laudat quantum se posse sperat imitari – o homem só elogia aquilo que espera poder imitar [Cícero, Orator, 24].

Tarde venientibus ossa – aos que chegam tarde, os ossos. – Ou quem tarde vier, comerá do que houver. Aplica-se, em sentido figurado, aos que, por descuido ou esquecimento, deixam escapar um bom negócio.

Taurum color rubicundus excitat – a cor vermelha provoca o touro [Séneca, De Ira, 3.30.1].

Temerata est nostra voluntas – foi desrespeitada a nossa ordem.

Temperatae suaves sunt argutiae, immodicae offendunt – os gracejos moderados são agradáveis; os excessivos incomodam [Fedro, Fabulae 4, Epilogus 3].

Tempora si fuerint nubila, solus eris – se os momentos estiverem nublados, estarás só [Ovídio, Tristia, 1.9.6]. – Aplica-se, em sentido figurativo, àquele que cai em situação difícil e nem os amigos aparecem para dar solidariedade.

Temptat enim dubiam mentem rationis egestas – a falta de razão intranquiliza a mente insegura [Lucrécio, De Rerum Natura, 5.1212].

Tempus autem actionis opportunum Graece eukairia, Latine appellatur occasio – o momento oportuno da ação é chamado, em língua grega *"eukairia"*, em latina *"ocasio" (ocasião)* [Cícero, De Officiis, 1.42]. – Com Cícero podemos, assim, definir *ocasião* como o tempo adequado para a ação.

Tempus commissi delicti – tempo da prática do crime. – É o momento em que o crime foi praticado. O princípio da irretroatividade exige a aplicação da lei penal vigente ao tempo em que foi cometida a infração. As exceções a este princípio são as determinadas pela aplicação da lei mais favorável ao delinquente.

Tempus currit contra desides et sui iuris contemptores – o tempo corre contra os preguiçosos e os que desprezam o próprio direito.

Tempus edax rerum – tempo devorador das coisas [Ovídio, Metamorfoses, 15.234]. – A expressão salienta o decorrer incontornável do tempo, independentemente da ação humana.

Tempus est optimus judex rerum omnium – o tempo é o melhor juiz de todas as coisas. – Para bem decidir é necessário dar tempo ao pensamento, para amadurecer a decisão.

Tempus fugit – o tempo foge ou voa. – Expressão para designar a fugacidade da vida. Inscrição que surge aposta em muitos relógios, sobretudo relógios de parede.

Tempus fugit nec revertitur – o tempo foge e não volta atrás.

Tempus lenit odium – o tempo acalma o ódio [decorre de Ovídio, Ibis, 134]. – A expressão de Ovídio é assim: *"leniat aut odium tempus et hora meum"* – que ou o tempo ou a hora acalme meu ódio. – Como costuma dizer-se: o tempo tudo cura.

Tempus lugendi – tempo de luto.

Tempus necessitasque postulat – o tempo e a necessidade o exigem [Cícero, De Officiis, 1.81].

Tempus omnium sapientissimum – o tempo é a mais sábia de todas as coisas.

Tempus optima medicina – o tempo é o melhor remédio.

Tempus optimus iudex – o tempo é o melhor juiz.

Tempus regit actum – o tempo rege o ato. – Princípio segundo o qual as condições de validade de um ato devem ser apreciadas à luz do direito vigente à data em que o ato é praticado, porque, por regra, os atos jurídicos se regem pela lei da época em que ocorreram.

Tempus regit factum – o tempo rege o facto. – A lei do tempo do facto é aquela a cuja luz o facto deve ser apreciado.

Tempus tacendi et tempus loquendi – há um tempo para calar e um tempo para falar [Bíblia, Eclesiastes, 3.7]. – *"Debaixo do céu há momentos para tudo e tempo certo para cada coisa"*, é assim que o autor do Eclesiastes começa a descrever os diversos *"tempos"* do agir humano.

Temulentus dormiens non est excitandus – não se deve despertar o ébrio adormecido [Erasmo, Adagia, 3.6.83].

Tenax propositi vir – homem firme na resolução. – Diz-se do homem de carácter inabalável, de antes quebrar que torcer, como aquele que da Corte não era.

Tene semper vocis et silentii temperamentum – mantém sempre a combinação nas devidas proporções da voz e do silêncio [Publílio Siro, Sententiae].

Tenebrae tam densae, ut palpari queant – umas trevas tão densas, que se podiam apalpar [Bíblia, Êxodo, 10.21]. – Alude a passagem bíblica às trevas durante três dias em que uma pessoa não via outra e que cobriam o território egípcio, após Moisés por indicação de Javé ter estendido a mão para o céu.

Tendit in ardua virtus – o valor manifesta-se nas coisas difíceis. – Aplica-se sobretudo aos homens investidos em cargos públicos importantes cujo valor se manifesta nos momentos mais difíceis.

Tenere causam – ganhar a causa.

Tenere lupum auribus – ter o lobo *[seguro]* pelas orelhas. – Significa vencer uma grande dificuldade, mas criar a dificuldade em lidar com a situação.

Terminus – término; termo; fim.

Terminus ad quem – termo até ao qual. – Diz-se do limite de tempo até ao qual um ato pode ser praticado.

Terminus ante quem – limite antes do qual.

Terminus a quo – termo a partir do qual. – Diz-se do limite a partir do qual o ato pode ser praticado.

Terminus post quem – limite depois do qual.

Terminus technicus – termo técnico.

Terra nos nascentes excipit, natos alit, postremo mortuos gremio suo complectitur – ao nascermos, a terra nos recebe; nascidos, nos alimenta, e finalmente mortos, nos acolhe em seu seio [decorre de Plínio, o Velho, Naturalis Historia, 2.154].

Terra nullius – terra de ninguém. – A expressão *"terra de ninguém"* é usada em direito internacional para aludir o território que nunca esteve debaixo da soberania de algum Estado, ou o que se verificou renúncia, expressa ou tácita, à soberania sobre o mesmo.

Tertio – pela terceira vez; em terceiro lugar.

Tertium – em terceiro lugar.

Tertium genus – o terceiro género. – Género ou categoria que se acrescenta a uma classificação bipartida.

Tertium genus non datur – o terceiro género não se verifica. – Aplica-se a expressão relativamente à classificação dos contratos em nominados e inominados, entendendo-se, segundo alguns autores, que esta classificação bipartida não admite uma terceira. Porém, alguns outros autores defendem a existência de uma terceira categoria, que seria a dos contratos mistos.

Tertium non datur – não se verifica uma terceira situação.

Tertius – terceiro.

Testamenta resignare – abrir testamentos.

Testamenti factionem habere – ter direito de testar.

Testamentum est voluntatis nostrae iusta sententia de eo, quod quis post mortem suam fieri velit – testamento é a legítima expressão da vontade sobre aquilo que alguém queira que se faça depois de sua morte [Modestino, Digesto, 28.1.1].

Testamentum facere – fazer testamento.

Testamentum rumpere – anular testamento.

Testes egregios – testemunhas corajosas [Cícero, Pro Caelio, 63].

Testes non modo sine ullo timore – testemunhas quase sem nenhum temor [Cícero, Pro Caelio, 66].

Testibus duobus affirmantibus magis creditur quam mille negantibus – acredita-se mais em duas testemunhas que afirmam do que em mil que negam. – Negar é mais fácil do que afirmar, porque quem afirma tem de demonstrar e convencer, mas quem nega nada mais pode ter de fazer.

Testimoniorum usus frequens ac necessarius est et ab his praecipue exigendus, quorum fides non vacillat – o uso das testemunhas é frequente e necessário e sobretudo é de exigir daquelas, cuja fidelidade à palavra não vacila [Arcádio,

Digesto, 22.5.1pr.]. – Pretende-se significar que, frequentemente, a prova testemunhal é o único meio de prova. E apesar de ser a mais falível de todas as provas continua sendo como que *"os olhos e os ouvidos da justiça"* [Bentham, Tratado, 14.º, 373 e ss.].

Testimonium dicere in – depor contra.

Testimonium falsum dicere – prestar um depoimento falso.

Testimonium de auditu – testemunho de ouvido. – Diz-se do testemunho de ouvir dizer, que é a descrição dada em tribunal sobre determinado evento, não por ter sido visto ou ouvido diretamente pelo depoente mas por este o ter ouvido de outra pessoa. É o chamado testemunho indireto.

Testimonium per tabellam dare – fazer o depoimento por escrito. – Na nossa lei gozam da prerrogativa de depor por escrito determinadas entidades, como o Presidente da República, agentes diplomáticos estrangeiros, membros dos órgãos de soberania com exceção dos tribunais, juízes dos tribunais superiores, Procurador-Geral da República, Provedor de Justiça, etc. [vide: artigo 503.º do CPC].

Testis de auditu – testemunha de outiva. – Tem o mesmo significado que *"testimonium de auditu"*.

Testis et spectator – testemunha e espetador; testemunha ocular.

Testis ex auditu alieno fidem non facit – testemunha por ter ouvido a outrem não dá certeza. – Mas não é de desprezar o depoimento.

Testis falsus non erit impunitus – a testemunha falsa não ficará impune [Bíblia, Provérbios, 19.5].

Testis idoneus pater filio aut filius patri non est – o pai não é testemunha idónea para o filho, nem o filho para o pai [Paulo, Digesto, 22.5.9].

Testis in uno falsus, in nullo fidem meretur – a testemunha falsa em uma coisa, em nenhuma outra merece fé. – Esta máxima é outra, mas idêntica, versão de *"falsus in uno, falsus in omnibus"*, e que parte da ideia de que uma testemunha na vida e em geral ou tem *"fides"* ou não tem e não tendo não merece credibilidade em qualquer situação.

Testis nemo in sua causa esse potest – ninguém pode ser testemunha em causa própria.

Testis non est iudicare – à testemunha não cabe julgar.

Testis oculatus unus plus valet quam auriti decem – uma testemunha ocular vale mais que dez testemunhas de ouvir dizer. – É um dito, obviamente exagerado e sem rigor, mas que visa promover a importância da testemunha ocular em face da testemunha cujo depoimento se baseia no que ouviu dizer, quase sempre de forma pouco clara.

Testis unus, testis nullus – uma testemunha, nenhuma testemunha [Bíblia, Deuteronómio, 19.15]. – Princípio do direito antigo, que provém do corpo da lei contida na Bíblia Hebraica, no verso citado de Deuteronómio, que diz: "*non stabit testis unus contra aliquem quicquid illud peccati et facinoris fuerit sed in ore duorum aut trium testium stabit omne verbum*" – uma só testemunha não é suficiente contra ninguém, seja qual for o seu crime ou pecado. Em todo o pecado que alguém tiver cometido, o processo será aberto pelo depoimento pessoal de duas ou três testemunhas.
Assumido pelo direito romano, aceitado no Código de Justiniano e aplicado pelos tribunais da Idade Média cristã, este princípio manteve-se em vigor, posteriormente, em muitos países. Porém, no direito português já vai longe o tempo em que deixou de vigorar o princípio do "*testis unus, testis nullus*", vindo do direito antigo e consagrado no artigo 2512.º do velho Código de Seabra. Este princípio foi afastado, primeiro pelo artigo 625.º do Código do Processo Civil de 1939 e depois pelo artigo 396.º do Código Civil de 1966, que diz que "*a força probatória dos depoimentos das testemunhas é apreciada livremente pelo tribunal*".
Em face da atual lei, no seu critério de livre apreciação, o tribunal pode dar como provado um facto certificado pelo testemunho de uma única pessoa, embora perante ele tenham deposto, em sentido contrário, várias outras testemunhas.

Testium fides diligenter examinanda est – a fidelidade das testemunhas deve ser examinada diligentemente [Calistrato, Digesto, 22.5.3pr.].

Thema decidendum – tema ou matéria a decidir. – É a pretensão substantiva, fundamento imediato do pedido, indicando a principal questão que o tribunal deve resolver, a fim de decidir o litígio que lhe foi submetido.

Thema probandum – tema ou matéria a provar. – É a matéria controvertida, decorrente das afirmações ou proposições das partes, que constitui objeto da prova a realizar no âmbito duma ação.

Thesaurus ille omnium rerum, memoria – a memória, armazém de todas as coisas. **Tibi gratias** – graças a ti.

Tibi quoque – a ti também. – Frase com que se designavam na Universidade de Coimbra os que tomavam o grau de bacharel sem fazerem exame final, por haver perdão de ato: «*Bacharéis de tibi quoque*».

Timendi causa est nescire – a causa de temer é não saber [decorre de Séneca, Quaestiones Naturales, 6.3.4].

Timeo hominem unius libri – temo o homem de um só livro. – Reporta-se à opinião de S. Tomás de Aquino, segundo a qual o homem que domine completamente um bom livro é adversário muito para temer. As palavras de S. Tomás de Aquino são citadas na atualidade mais em sentido pejorativo, em menosprezo de alguém cujos saberes são limitados a um livro.

Timidi est optare necem – é próprio do tímido desejar a morte [Ovídio, Metamorphoses, 4.115].

Timor ex rebus, non ex vacabulis oritur – o temor nasce das coisas, não das palavras.

Timor litis – o temor de uma lide.

Titulus est iusta causa possidendi id quod nostrum est – a escritura é o documento legal da posse do que é nosso.

Titulus retinendi – título para reter.

Tolle lege – toma [e] lê. – Palavras que S. Agostinho julgou ter ouvido após a sua conversão e, ao lançar os olhos para um livro aberto perto si, leu uma passagem da epístola de S. Paulo aos Romanos, cujo conteúdo foi decisivo para consolidar a sua conversão.

Tollere legem – abolir uma lei.

Tollitur autem omnis obligatio solutione eius quod debetur, vel si quis, consentiente creditore, aliud pro alio solverit – toda a obrigação se extingue pelo pagamento daquilo que é devido, mesmo se alguém, com a concordância do credor, pagar uma coisa por outra [Institutas, Liv. III, Tit. 29, § 1].

Tollitur quaestio – acabou-se a questão; fim da questão. – Aplica-se quando se pretende dar por encerrada uma discussão, costumando dizer-se: não se fala mais nisso.

Tot capita, tot sententiae – tantas cabeças, tantas sentenças. – O mesmo que: cada cabeça, sua sentença.

Tot delicta, quot leges laesae – são tantos os delitos puníveis quantas tiverem sido as leis desrespeitadas.

Tot poenae, quot delicta – tantas penas, quantos crimes.

Totum qui dicit nihil excludit – quem diz tudo não exclui nada.

Totus sunt gradus quot generationes – tantos são os graus quantas gerações. – Diz-se de uma das formas de contagem dos graus de parentesco.

Totus sunt gradus quot personae, stipite dempto – tantos são os graus de parentesco quantas as pessoas, suprimida uma delas, normalmente a do autor da linha *[stipite]*. – Diz-se da outra forma de contagem dos graus de parentesco.

Tractant fabrilia fabri – os ferreiros manuseiam os utensílios de ferreiro [Horácio, Epistulae, 2.1.116]. – Como se costuma dizer: *cada um no seu ofício.*

Tradens – transmitente. – Aquele que transfere uma coisa a outrem.

Tradere aliquem in fidem et tutelam alicuius – confiar alguém à proteção e tutela de outrem.

Tradidit mundum Deus disputationibus hominum – Deus entregou o mundo às disputas dos homens. – Palavras que se utilizam para aludir às contínuas disputas travadas entre os homens nos variados domínios: religião, ciência, governação e política.

Traditio – transmissão ou entrega *[de coisa]*; uso ou hábito *[de um povo ou grupo]*. – Tradição *[de coisa]* é a transmissão da posse de uma coisa mediante a sua entrega ao adquirente.

Traditio brevi manu – entrega com mão curta *[de mão para mão]*. – É a transmissão da posse a favor do detentor da coisa ou a transmissão no caso de a coisa já se encontrar na posse do comprador, como no caso de o locatário adquirir a propriedade da coisa locada.

Traditio est de manu in manum translatio possessionis – tradição é a transferência da posse de mão em mão. – É uma noção em jeito meramente descritivo de tradição.

Traditio ficta – tradição fictícia. – É aquela em que já não existe qualquer ato material sobre a coisa. Este tipo de tradição efetiva-se, simplesmente, pela entrega de documentos que ponham a posse da coisa à disposição do transmissário.

Traditio longa manu – entrega com mão comprida. – Tem lugar quando a transmissão da posse se lança à distância, por meio de ato através do qual o possuidor mostre querer transferir a sua posse para outrem.

Traditio nihil amplius transferre debet vel potest ad eum qui accipit, quam est apud eum qui tradit – a transmissão não deve nem pode transferir mais ao que recebe do que o que está com aquele que transmite [Ulpiano, Digesto, 41.1.20pr.].

Traditio non est idem ac consuetudo, nam traditio primam originem ducit ab ipso legislatore; e contra consuetudo primam originem ducit a populo – tradição não é a mesma coisa que costume, pois a tradição tira sua origem do próprio legislador; o costume, ao contrário, tira sua origem do povo.

Traditio rei – entrega ou tradição da coisa. – É a transmissão da posse através da entrega da coisa. A "*traditio rei*" de imóvel operada formalmente pelo contrato-promessa, por si só, não integra uma inversão do título.

Traditio vocatur lex non scripta, non quia nullibi scripta sit, sed quia non

scripta est a primo auctore – diz-se que a tradição é uma lei não escrita, não porque não esteja escrita em lugar nenhum, mas porque não foi escrita pelo seu primeiro autor.

Traditionibus et usucapionibus dominia rerum, non nudis pactis transferuntur – o domínio dos bens se transfere por tradição e usucapião, não por simples pacto [Código de Justiniano, 2.3.20].

Trahit sua quemque voluptas – cada qual é movido pela vontade que possui.

Tranquillae litterae – carta tranquilizadora. – Diz-se designadamente das chamadas "*cartas de conforto*", que as entidades bancárias têm por uso remeter aos seus clientes para os tranquilizar relativamente à aplicação das economias que lhes tenham confiado.

Transactio – transação.

Transactio nullo dato vel retento seu promisso minime procedit – transação sem nada dado ou retido ou até prometido de modo nenhum procede. – A transação é um acordo pelo qual as partes previnem ou terminam um litígio mediante mútuas concessões [vide: artigo 1248º/1 do CC]. – Na transação "*aliquid datum aliquid retentum*" *[algo é dado e algo é retido]* da relação controvertida, não havendo lugar para plena desistência nem para pleno reconhecimento do direito, mas sim para recíprocas concessões.

Transigere est alinenare – transigir é alienar.

Transit in rem iudicatam – passou a coisa julgada.

Translatio dominii – transferência do domínio. – A translação da propriedade ou domínio faz parte do cumprimento de alguns contratos, como se verifica no contrato de compra e venda ou no contrato de mútuo.

Transmissibile quod non est nec cessibile – o que não é transmissível também não é cessível.

Tres facere existimat 'collegium'– três considera-se fazer colegiatura [Marcelo, Digesto, 50.16.85].

Tria jura praecepta: honeste vivere; alterum non laedere; suum cuique bribuere – os três preceitos jurídicos: viver honestamente; não prejudicar a ninguém; dar a cada um o que é seu. – São os preceitos básicos do direito, de autoria de Ulpiano [Digesto, 1.1.10.1].

Tribuere rem in partes – dividir um assunto em partes.

Tributariae litterae – carta de crédito.

Tributum indicere – cobrar o imposto.

Tributum temerarium – contribuição extraordinária.

Tu patere legem quam fecisti – sofre as consequências da lei que tu próprio fizeste. – Princípio segundo o qual um órgão tem de se subordinar à lei que ele próprio criou.

Tu quoque, fili mi Brute ? – também tu, meu filho Bruto? – *"Tu quoque?"* terá sido a exclamação de espanto e de crítica, proferida por Júlio César aquando do seu assassinato, no Senado de Roma, quando se apercebeu de que o seu próprio filho adotivo, Bruto, se encontrava entre os conjurados. – Exprime a máxima segundo a qual a pessoa que viole uma norma jurídica não pode, depois e sem abuso: ou prevalecer-se da situação jurídica daí decorrente; ou exercer a posição jurídica violada pelo próprio; ou exigir a outrem o acatamento da situação já violada.

Tua res agitur – trata-se de coisa tua; de assunto do teu interesse.

Tueri fidem – manter a confiança.

Tueri dignitatem – manter a dignidade.

Tueri domum a furibus – guardar a casa dos ladrões.

Tulit autem honores – outro teve as honras. – Diz-se no contexto de que um teve o trabalho e outro o proveito.

Tum crederes cum ipse cognosses – acreditas somente quando tu mesmo tiveres visto [Cícero, Ad Atticum, 16.1.6].

Tunc scimus cum causas cognoscimus – só sabemos realmente quando conhecemos as causas.

Tuo tibi iudicio est utendum – é do teu próprio juízo que deves usar [Cícero, Tusculanae Disputationes, 2.63].

Turbatio sanguinis – confusão do sangue. – Diz-se da dúvida sobre a paternidade real do filho que a mulher venha a ter logo após a realização do segundo casamento.

Turbidissima sapienter ferre – suportar com resignação as adversidades.

Turpe cognomen – apelido insultuoso.

Turpe est mentiri – mentir é vergonhoso.

Turpe est non intueri quid sumus – é feio não vermos o que somos.

Turpis causa – causa torpe.

Turpiter nihil ferre – nada fazer contra os bons costumes.

Turpitudinem suam allegans, non est audiendus – não é de ouvir *[alguém]* para relatar a própria torpeza.– Dito que usa para encerrar uma enumeração.

Tutissima fere per medium via, quia utriusque ultimum vitium est – o caminho do meio é quase sempre o mais seguro, porque dos dois lados maior perigo existe [Quintiliano, Institutio Oratória, 12.10.80].

Tutius semper est errare in acquietando quam in puniendo, ex parte misericordiae, quam ex parte iustitiae – sempre é mais seguro errar absolvendo do que condenando, pelo lado da compaixão como pelo lado da justiça.

Tutor datur personae, curator bonis – atribui-se um tutor às pessoas e um curador aos bens.

Tutor non rebus dumtaxat sed et moribus pupilli praeponitur – o tutor é dado não só para os bens, mas também para a educação do pupilo [Paulo, Digesto, 26.7.12.3].

Tutti quanti – todos quantos.

U

Ubi accceptum est semel judicium, ibi et finem accipere debet – onde uma vez foi aceite em juízo, aí deve ser aceite até ao fim. – Princípio do qual resulta que o momento decisivo para aferir da competência do tribunal é o momento da propositura da ação.

Ubi bene, ibi patria – onde se está bem, aí a pátria. – Lema dos que sacrificam o sentimento patriótico às considerações de interesse pessoal, lembrando a expressão de Cícero: *"patria est, ubicumque est bene"* [Tusculanae Disputationes, 5.108].

Ubi coepta est, ibi lis et finienda est – onde começou, aí a demanda deve terminar.

Ubi commercium, ibi ius – onde há comércio, aí está o direito.

Ubi commoda, ibi incommoda – onde o cómodo, aí o incómodo. – Significa que aquele que colher o benefício ou ganho *["commoda"]* de uma dada circunstância terá também que suportar os prejuízos *["incommoda"]* que dessa circunstância decorrerem. Este antigo princípio tem aplicação, designadamente no âmbito da responsabilidade objetiva. Assim, o proprietário de animais domésticos, que retira as vantagens que a utilização destes lhe proporciona, deverá suportar com os danos que esses mesmos animais produzirem em propriedade alheia.

Ubi commodum, ibi incommodum – onde o cómodo, aí o incómodo. – O mesmo que *"ubi commoda, ibi incommoda"*.

Ubi culpa est, ibi poena subesse debet – onde existe culpa, aí deve haver a punição.

Ubi culpa non est, non timendum – onde não há culpa, não é de temer.

Ubi duae contrariae leges sunt, semper antiquae obrogat nova – quando há duas leis contrárias, sempre a nova derroga a antiga [Tito Lívio, Ab Urbe Condita, 9.34].

Ubi eadem est legis ratio, eadem debet esse legis dispositivo – onde a razão da lei é a mesma, a mesma deve ser a disposição da lei.

Ubi eadem est ratio, idem jus – onde a mesma razão, o mesmo direito.

Ubi eadem legis ratio, ibi eadem legis dispositio – onde a razão legal é uma mesma, aí a mesma disposição da lei.

Ubi eadem ratio, ibi eadem lex; et de similibus idem est iudicium – onde a mesma razão, aí mesma lei; e de coisas similares o julgamento é o mesmo.

Ubi eadem ratio, ibi idem ius – onde há a mesma razão, aí se emprega a mesma lei.

Ubi eadem ratio, ibi idem jus statuendum – onde existe a mesma razão, aí se deve estatuir o mesmo direito.

– As expressões que antecedem abordam alguns princípios para a adequada criação, interpretação e aplicação da lei, no intento da consagração e aplicação das soluções mais acertadas [vide: artigo 9.º do CC].

Ubi emolumentum, ibi onus – onde a vantagem, aí a desvantagem. – O mesmo que *"ubi commoda ibi incommoda"*.

Ubi est veritas? – onde está a verdade? [Cícero, De Natura Deorum, 1.67]. – Pilatos perguntou algo semelhante a Cristo: *"quid est veritas?"* [Bíblia, João, 18.38]. – E Diógenes de Laércio percorria a antiga Atenas com uma lanterna acesa, debaixo de um sol radiante, dizendo, a quem se surpreendia, que tanta luz não chegava para encontrar o que procurava: a verdade. – A *"verdade"*, de modo simplificativo, pode dizer-se que é a certeza da conformidade do saber com a realidade das coisas ou dos factos.

Ubi homo, ibi ius – onde está o homem, aí o direito.

Ubi homo, ibi societas; ubi societas, ibi ius – onde está o homem, aí a sociedade; onde está a sociedade, aí o direito.

Ubi iudicat qui accusat, vis, non lex, valet – quando o acusador é também o juiz, triunfa o poder, não o direito.

Ubi ius, ibi remedium – onde *[há]* direito, aí o remédio.

Ubi ius incertum, ibi ius nullum – onde o direito é incerto, aí nenhum direito.

Ubi jus, ibi societas – onde há direito, aí a sociedade. – O direito tem, precisamente, por finalidade disciplinar e ordenar a vida nas sociedades humanas.

Ubi lex inhibit usucapionem, bona fides possidenti nihil prodest – quando a lei impede a usucapião, a boa fé do possuidor nenhum efeito produz [Pompónio, Digesto, 41.3.24pr.].

Ubi lex non distinguit, nec interpres distinguere debet - quando a lei não distingue, tampouco o intérprete deve distinguir.

Ubi lex non distinguit nec nos distinguere debemus - onde a lei não distingue, não devemos distinguir. - O princípio contido nas expressões que antecedem não pode ser aplicado com rigor tal que impeça a interpretação restritiva ou extensiva da lei, quando estas interpretações devam ter lugar.

Ubi lex voluit, dixit; ubi noluit, tacuit - quando a lei quis, expressou; quando não quis, calou.

Ubi non adest norma legis, omnia quasi pro suspectis habenda sunt - onde a norma da lei não está presente, quase todas as coisas são consideradas como inseguras.

Ubi non est iustitia, ibi non potest esse ius - onde não há justiça, não pode haver direito.

Ubi non est lex, ibi non est transgressio - onde não há lei, não há transgressão.

Ubi partes labant, summa turbatur - quando as partes desabam, o cimo é derrubado - [Quinto Cúrcio, Historiae Alexandri Magni, 3.8].

Ubi pater, ibi patria - onde está o pai *[de família]*, aí a pátria.

Ubi periculum, ibi et lucrum collocatur - onde há risco, aí também se encontra o lucro.

Ubi quis delinquit, ibi punietur - onde a pessoa comete o crime, aí será punido.

Ubi quis gessit, eum rationem oportet reddere - quando alguém administrou, tem de prestar contas [decorre de Código de Justiniano, 3.21.1].

Ubi rem meam invenio, ibi vindico - onde encontro o que me pertence, aí reivindico. - Expressão que os jurisconsultos romanos utilizavam a propósito da reivindicação, destinada a fazer valer o direito de propriedade. Mas a expressão reporta-se ao direito de sequela que, modernamente, se aplica aos restantes direitos reais, quer de gozo, quer de garantia, quer de aquisição.

Ubi societas, ibi jus - onde há sociedade *[estável]*, aí direito. - É o mesmo princípio de *"ubi jus, ibi societas"*. Direito e sociedade são duas vertentes da mesma realidade, que não podem ser dissociadas porque a lei é indispensável para a harmonia e coesão da sociedade, designadamente para a manutenção da paz e desenvolvimento social e económico.

Ubicumque [ou **ubiqumque**] **est iniuria, ibi damnum sequitur** - onde quer que haja uma injustiça, aí ocorre um dano.

Ubicumque terrarum - em qualquer lugar.

Ubique vitia remediis fortiora – por toda parte as doenças são mais fortes que os remédios [Plínio, o Moço, Epistulae, 4.25.5].

Ultima derogant prioribus – últimas disposições derrogam as anteriores.

Ultima forsan – talvez última *[hora]*. – Inscrição que se colocava nos mostradores de alguns relógios para lembrar que podia ser aquela a última hora da nossa vida.

Ultima poena – pena de morte. – Por se tratar da pena máxima também é a última a dever ser aplicada nos casos em que ainda se mostre em vigor. Em Portugal a pena de morte para todos os crimes, excetuados os crimes militares, foi abolida por Lei de 1 de julho de 1867. Em 1911 foi abolida para todos os crimes, incluindo os militares. Mas em 1916 foi readmitida para o crime de traição em tempo de guerra e em 1976 verificou-se a abolição total. A última execução por delito comum verificou-se em Chaves em 1845 e por crime de traição [de soldado português] teve lugar em 1917 em França durante a Primeira Grande Guerra.

Ultima ratio – a última razão; o último argumento ou recurso.

Ultima ratio regum – a última razão dos reis. – Divisa que Luís XIV mandou gravar nos seus canhões. – Tem o significado de que só se devem utilizar os canhões em último recurso.

Ultimatum – ultimato; a última exigência. – Em direito internacional significa declaração de guerra condicional: a recusa do ultimato pelo governo a quem é dirigido constitui um «*casus belli*».

Ultimum supplicium – pena de morte. – O mesmo que "*ultima poena*".

Ultimum supplicium esse mortem solam interpretamur – entendo que o último castigo só pode ser a morte [Celso, Digesto, 48.19.21].

Ultimus is quem nemo sequitur – último é aquele a que ninguém segue [Ulpiano, Digesto, 38.16.2.4].

Ultra – além.

Ultra legem – fora da lei.

Ultra licitum – além do permitido [Código de Justiniano, 4.33.3].

Ultra partes – para além das partes.

Ultra petita – para além do pedido. – Aplica-se a propósito da condenação que ultrapassa o que foi pedido, que apenas pode ter lugar nos casos previstos na lei.

Ultra posse nemo obligatur – além de sua possibilidade ninguém é obrigado. – O mesmo que "*impossibilium nulla obligatio est*" – ao impossível ninguém é obrigado [Celso, Digesto, 50.17.165].

Ultra vires – para além dos meios *[recursos]*.

Ultra vires societatis – além poderes da sociedade. – Diz-se do ato do administrador que ultrapasse os limites do contrato social constitutivo da pessoa jurídica e que, por consequência, não vinculem a referida pessoa jurídica.

Una res in obligatione duae autem in facultate solutionis – uma coisa na obrigação, duas, porém, como faculdade de solução. – Diz-se da obrigação que tem como objeto uma prestação, mas em que o devedor tem a faculdade de se exonerar mediante a prestação de uma outra. É a obrigação com faculdade alternativa.

Una salus victis nullam sperare salutem – a única salvação para os vencidos *[é]* não esperar salvação [Virgílio, Eneida, 2.354].

Una voce – uma voz; unanimidade.

Unam omnium rempublicam agnoscimus, mundum – reconhecemos como única pátria de todos, o mundo [Tertuliano, Apologeticus, 38.3]. – Tertuliano pode ser considerado um percursor da ideia da *"aldeia global"*, expressão muito divulgada a partir do século passado, atribuída ao filósofo canadense Herbert Marshall McLuhan, segundo o qual as novas tecnologias provocam o encurtar de distâncias e o progresso tecnológico intenta conduzir todo o planeta a situação idêntica à que acontece numa aldeia, ou seja, a um mundo em que todos estamos, em grande medida, interligados.

Unde venis et quo tendis? – de onde vens e para onde te diriges? [Horácio, Sermones, 1.9.62].

Unguibus et rostro – com as unhas e o bico. – Defender-se com unhas e dentes.

Unicuique sua mora nocet – a cada um o seu próprio atraso prejudica [Paulo, Digesto, 50.17.173.2].

Unicuique suum – a cada um o que é seu.

Unius dictus, dictus nullius – o dito de um *[é]* dito de nenhum *[valor]*. – Corresponde, de algum modo, ao *"testis unus, testis nullus"*.

Unius omnino testis responsio non audiatur, etiamsi praeclarae curiae honore praefulgeat – a resposta de apenas uma testemunha não se escute, ainda que na consideração do esclarecido tribunal seja brilhante [Código de Teodósio, 11.39.3.1]. – Princípio antigo sem correspondência no direito moderno. Vide: *"testis unus, testis nullus"*.

Unius testimonium non est credendum – não merece crédito o testemunho de um só. – Princípio antigo sem correspondência no direito moderno. Vide: *"testis unus, testis nullus"*.

Unusquisque bene iudicat quod cognoscit – cada um julga bem aquilo que conhece.

Unusquisque doli sui poenam sufferat – cada um deverá sofrer o castigo da sua má fé [Ulpiano, Digesto, 27.3.15].

Universitas bonorum – uma universalidade de bens; um complexo de coisas.

Universitas facti – universalidade de facto. – O mesmo que *"universitates facti"*. – Trata-se de um complexo de bens móveis afetos na vida real a uma determinada função de natureza económica.

Universitas juris – universalidade de direito. – É uma universalidade de direitos e obrigações, que está sujeita a um regime jurídico distinto dos elementos que a integram, v. g. uma herança indivisa. – O mesmo que *"universitates juris"*.

Universitas personarum – universalidade de pessoas. – Por exemplo: uma corporação.

Universitas rerum – uma universalidade de coisas. – Por exemplo: um rebanho.

Universitas rerum cohaerentium – uma universalidade de coisas coerentes; de coisas firmes ou de coisas cimentadas. – Por exemplo: um edifício, um relógio ou uma máquina.

Universitates facti – universalidades de facto. – São as universalidades formadas por elementos materiais, como um conjunto de coisas móveis.

Universitates juris – universalidades de direito. – São as universalidades compostas de elementos jurídicos, *maxime* de direitos e obrigações. – Por exemplo: uma herança.

Universum jus – universo jurídico. – Representa um misto de direitos e obrigações, ou seja, a universalidade de bens e dívidas, que se transmitem para os herdeiros.

Uno et eodem temporis puncto nati dissimilis et naturas et vitas et casus habent – pessoas nascidas no mesmo momento têm naturezas, vidas e sortes diferentes [Cícero, De Divinatione, 2.95].

Unum et idem – uma e mesma coisa.

Unus de multis – um de muitos; o homem vulgar.

Unus testis, nullus testis – uma testemunha, nenhuma testemunha. – Princípio antigo sem correspondência no direito moderno. Vide: *"testis unus, testis nullus"*.

Unusquisque doli sui poenam sufferat – que cada um sofra o castigo de seu engano [Ulpiano, Digesto, 27.3.15].

Urbi et Orbi – à Cidade [Roma] e ao Universo.– Palavras que se aplicam à bênção do Sumo Pontífice, para significar que ela se estende a todo o Universo. Difundir uma notícia *"Urbi et Orbi"* é espalhá-la por toda a parte.

Usque ad satietatem – até à saciedade. – Aplica-se à demonstração que utiliza uma argumentação de tal modo exaustiva que não pode deixar de satisfazer aqueles para os quais é dirigida.

Usque ad vitae supremum exitum – até ao último sopro de vida. – A máxima aplica-se segundo o princípio basilar de que toda pessoa é livre, até o momento da morte, para alterar ou revogar a sua vontade testamentária. As disposições de última vontade são, na verdade, revogáveis até ao último suspiro do seu autor.

Usquequaque sapere oportet: id erit telum acerrimum – é preciso ser sábio em qualquer ocasião; será a arma mais afiada [Cícero, Ad Familiares, 7.16].

Usquequo patiar vos? – até quando vos hei de suportar? [Bíblia, Mateus, 17.16]. – Palavras que Cristo proferiu quando lhe apresentaram um menino para curar, censurando os discípulos por falta de fé.

Usucapio – usucapião. – O Código Civil, no artigo 1287°, diz que se chama usucapião à posse do direito de propriedade, ou de outros direitos reais de gozo, mantida por certo lapso de tempo, que faculte ao possuidor, salvo disposição em contrário, a aquisição do direito, a cujo exercício corresponde a sua atuação. – Na sua essência, a usucapião continua a corresponder à prescrição aquisitiva ou positiva da lei antiga, ou seja, a uma forma de aquisição originária de determinados direitos reais, pela transformação em jurídica de uma situação de facto, de uma mera aparência, em benefício daquele que exerce a gestão económica da coisa. – Com base na evolução do instituto e na descrição oferecida pela lei pode dizer-se que a usucapião será a constituição facultativa do direito de propriedade ou de outro direito real de gozo, a favor de quem detenha a correspondente posse, durante certo lapso de tempo, com determinados requisitos e limites previstos na lei.

Usucapio libertatis – usucapião da liberdade. – A aquisição por usucapião da liberdade do prédio, onerado com qualquer servidão, pode dar-se, e só, quando haja, por parte do proprietário do prédio serviente, oposição ao exercício da servidão [vide: artigo 1574º/1 do CC]. – A aquisição, por esta via, da liberdade do prédio pressupõe que o proprietário do prédio serviente o possui como se a servidão não existisse e durante o lapso de tempo necessário para haver usucapião. O titular de um direito real maior, onerado por um direito real menor, pode, pois, conseguir a liberação desse ónus, em consequência de um diuturno exercício, contraditório daquele direito real menor. – Do mesmo modo que um terceiro, que possui o prédio sem encargos, o pode adquirir sem servidões, também o próprio proprietário se pode libertar daquelas, mediante a posse da liberdade do prédio. É que não há razão para impedir o proprietário de obter aquela liberação, quando um terceiro, que exerça a posse formal do direito de propriedade como livre, adquire por usucapião a propriedade plena, livre do direito menor que a onerava. – Note-se que o artigo 1574° não se satisfaz com o exercício do direito maior como livre, exigindo também a existência de oposição ao exercício da servidão por parte do titular desse direito maior. De contrário, prevaleceria o título, que se imporia ao próprio proprietário. – Para garantia inequívoca da posse exige-se, assim, a oposição do proprietário do prédio serviente ao exercício da servidão, facto que representa uma espécie de inversão do título da posse. Por isso mesmo, tal como na inversão do título da posse, também neste caso se não exige que seja repelida a oposição.

Usurpare jus – gozar de um direito.

Usus adest – dá-se o caso.

Usus auctoritas fundi biennium coeterarum rerum annus esto – o domínio sobre os fundos *[as terras]* se adquiria através do "*usus*" *[uso]* durante dois anos e, sobre as outras coisas, durante um ano. – A usucapião é o resultado de uma evolução histórica recuada ao tempo da "Lei das 12 Tábuas", que, para o caso, dispunha: "*usus auctoritas fundi biennium coeterarum rerum annus esto*". O que significava que o domínio sobre os fundos *[as terras]* se adquiria através do "*usus*" *[uso]* durante dois anos e, sobre as outras coisas, durante um ano [Tábua VI.5]. Com o estender do Império Romano veio a configurar-se um instituto que, embora alargando a possibilidade da aquisição pela posse, se tornou mais exigente quanto aos seus pressupostos. Assim, importado do antigo direito grego, foi introduzida a "*praescriptio longi temporis*", que permitia à pessoa possuidora de uma coisa durante vinte anos defender-se em juízo, com base nesse facto, das pretensões de qualquer outro arrogado titular. Daí que esse instituto tivesse origem processual e fosse também designado nas fontes por "*exceptio longi temporis*" ou "*exceptio longae possessionis*".

Usus est – é uso; acontece.

Usus est altera natura – a prática é uma segunda natureza [Erasmo, Adagia, 4.9.25].

Usus est ius et norma loquendi – o uso é a lei e a norma da linguagem [decorre de Horácio, Ars Poetica, 72].

Usus fori – praxe forense. – Emprega-se para referir aos usos e costumes praticados no foro.

Usus fructus est ius alienis rebus utendi, fruendi, salva rerum substantia – usufruto é o direito de usar e fruir sobre coisas alheias, salva a substância das *[mesmas]* coisas [Paulo, Digesto, 7.1.1]. – O mesmo que *"ususfructus est ius alienis rebus utendi, fruendi, salva rerum substantia"*. – Assinale-se que nos textos consultados do Digesto figura a expressão *"usus fructus"* e nos textos das Institutas o termo *"ususfructus"*.

Ususfructus – usufruto. – É o direito de usar e fruir uma coisa ou um direito de outrem, sem afetar a substância do direito usufruído.

Ususfructus est ius alienis rebus utendi, fruendi, salva rerum substantia – usufruto é o direito de usar e fruir de coisas alheias, salvo da sua substância [Institutas, Lib. II, Tit. IV, § 1]. – Definição clássica de usufruto.

Ut est apud Platonem – como está em Platão. – Como se lê na obra de Platão.

Ut est consuetudo – como é costume [Cícero, In Verrem, 2.2.129].

Ut fama est – como é voz corrente; segundo consta [Virgílio, Eneida, 6.14]. – Conforme se diz (se sabe; se afirma) por toda a parte.

Ut fieri solet – como costuma acontecer.

Ut infra – como abaixo.

Ut nihil pertinuit ad nos ante ortum, sic nihil post mortem pertinebit – do mesmo modo que nada nos pertencia antes do nascimento, assim nada nos pertencerá após a morte [Cícero, Tusculanae Disputationes, 1.91].

Ut oculus, sic animus se non videns, alia cernit – como o olho, também o espírito, não vendo a si mesmo, vê as outras coisas [Cícero, Tusculanae Disputationes, 1.67].

Ut par est – como é justo.

Ut quid? – por que razão?

Ut quisque est vir optimus, ita difficillime esse alios improbos suspicatur – quando alguém é muito honesto, dificilmente suspeita que outros sejam desonestos [Cícero, Ad Quintum Fratrem, 1.4.12].

Ut res magis valeat quam pereat – é melhor valer como coisa do que perecer. – Diz-se da norma jurídica que deve ser interpretada no sentido de poder desencadear todos os seus efeitos – princípio interpretativo do efeito útil.

Ut retro – como atrás; como mencionado.

Ut singuli – a título singular; isolado; separado; único.

Ut supra – como acima. – Fórmula muitas vezes empregada nomeadamente em atos jurídicos para remeter para aquilo que precede. Também se utiliza apenas "*supra*".

Ut universi – em conjunto; de forma conjunta; como um todo.

Ut vim atque iniuriam propulsemos – assim como a violência, recusemos também a injustiça [Floro, Digesto 1.1.3].

Utendi, fruendi ac abutendi – [direito de] usar, fruir e abusar. – Manifestação da conceção absolutista do direito de propriedade.

Utendum etiam est excusatione adversus eos, quos invitus offendas – deve-se pedir desculpa àqueles a quem se ofendeu involuntariamente [Cícero, De Officiis, 2.68].

Uti autem via publica nemo recte prohibetur – ninguém pode legalmente ser proibido de usar a via pública [Código de Justiniano, 3.34.11].

Uti dominus – como dono. – Utiliza-se a expressão a propósito da posse para designar uma posse baseada numa atuação própria de quem é dono da coisa ou bem.

Uti, non abuti – usar, não abusar.

Uti possidetis juris – usar como podes do direito *[que tens]*.

Uti possidetis posse – usar como podes da coisa *[que tens]*.

Utile dulci – o útil ao agradável. – Diz-se juntar o útil ao agradável para significar que duma situação agradável proporcionada se tira além disso um qualquer proveito material.

Utile non debet per inutile vitiari – o útil não deve ser viciado pelo inútil [Decretais de Bonifácio VIII, Liv. V, Tit. XII, De Regulis Juris, XXXVII].

Utile per inutile non viciatur – o que é útil não é viciável pelo inútil. – Máxima aplicável no caso de nulidade parcial do negócio jurídico, segundo a qual o ato só não vale se não puder ser aproveitado. Inspira a lei portuguesa o princípio da conservação do negócio jurídico *[favor contractus]*, com a preferência legal pela validade, ainda que parcial, sobre a sua invalidade [vide: artigos 292.º e 293.º do CC].

Utilitas publica praeferenda est privatorum contractibus – o interesse público deve prevalecer sobre os contratos dos particulares [Código de Justiniano, 12.62.3].

Utilitas publica praefertur privatae – o interesse público tem precedência ao privado.

Utriusque superstitibus – na presença das duas partes.

Utrumque enim vitium est, et omnibus credere et nulli – tanto é erro confiar em todos como em ninguém [Séneca, Epistulae Morales, 1.3.4].

Uxor – esposa; mulher casada.

Uxor pessima, pessimus maritus – péssima mulher, péssimo marido [Marcial, Epigrammata, 8.35.2].

Uxor socia humanae rei atque divinae – a esposa é a companheira das coisas humanas e divinas [Código de Justiniano, 9.32.4pr.].

Uxorem ducere – casar.

V

Vacatio legis – vacância *[vacatura ou vagatura]* da lei. – Período de tempo que medeia entre a publicação de uma lei e a sua entrada em vigor.

Vacua possessionis – vazias da posse *[coisas desocupadas]*. – É a primeira condição necessária para que o adquirente possa exercer um poder de facto sobre o imóvel. É, no direito português, o primeiro elemento da tradição material dos imóveis.

Vade mecum – vai comigo. – Livrinho que contém os conhecimentos essenciais de uma especialidade determinada.

Vadimonium constituere – fixar o dia para comparência.

Vadimonium sistere – obrigação de comparecer *[em juízo]*.

Vae mihi – ai de mim.

Vae victis – ai dos vencidos.

Vafri inscitia iuris – ignorância do direito matreiro [Horácio, Sermones, 2.2.131].

Vagabundum nuncupamus eum qui nullibi domicilium contraxit habitationis – denominamos vagabundo aquele que não estabeleceu domicílio em nenhum lugar.

Vale – adeus. – *"Aeternum vale"* – adeus para sempre – *"Supremum vale"* – último adeus.

Vani timoris iusta excusatio non est – a escusa de temor infundado não é justa [Celso, Digesto, 50.17.184].

Vanitas vanitatum omnis est vanitas – vaidade das vaidades tudo é vaidade [Bíblia, Eclesiastes, 1.2; Thomas de Kempis, De Imitatione Christi, 1.1.3]. – Aplica-se com toda a propriedade à existência terrena, que não passa de uma efémera vaidade.

Vanum argumentandum – argumentando em vão; argumentação improcedente.

Variare sententias – emitir opiniões diferentes.

Varietas delectat – a variedade agrada.

Vehementer agere – advogar com veemência.

Vel maxima auctoritas – talvez o mais alto crédito.

Vel maximus – talvez o maior possível.

Velle non creditur, qui obsequitur imperio patris vel domini – não se presume concordar quem obedece a ordem do pai ou do superior [Ulpiano, Digesto, 50.17.4].

Velocius ibo retentus – amparado irei mais depressa [Marcial, Epigrammata, 1.46.3].

Venditio ad corpus – venda pela totalidade da coisa.

Venditio ad mensuram – venda por medida.

Venditio viliore praetio – venda por preço mais barato. – Trata-se de um contrato que, em certa medida, é simultaneamente oneroso e gratuito.

Veni, vidi, vici – cheguei, vi e venci [Suetónio, Iulius Caesar, 37.2] – Palavras de César anunciando ao Senado romano as suas vitórias.

Ventis verba dare – deitar as palavras ao vento. – O mesmo que esquecer as promessas feitas.

Venia permissa – permissão concedida.

Veniae facilitas incentivum est delinquendi – facilidade de perdão é incentivo ao crime.

Veniet mihi fama – venha até mim a notícia.

Venire contra factum proprium nemini licet – agir contra facto próprio a ninguém é lícito. – Um dos mais típicos atos abusivos gira à volta da expressão latina *"venire contra factum proprium"*, ou, abreviadamente, *"venire"*, que, pela sua musicalidade e expressividade, adquiriu o estatuto de figura sacramental ou fórmula sacrossanta, não fosse ela de origem canónica, ainda que inspirada no direito romano, nomeadamente em Ulpiano.
Na sua estrutura, o *venire* pressupõe duas condutas da mesma pessoa, ambas lícitas, mas assumidas em momentos distintos e distanciadas no tempo, em que a primeira *[o factum proprium]* é contraditada pela segunda *[o venire]*, de modo que essa relação de oposição entre as duas justifique a invocação do princípio do abuso de direito.
O *"venire"* tem a sua razão de ser no princípio da confiança enquanto exigência de que as pessoas sejam protegidas quando, em termos justificados, tenham sido conduzidas a acreditar na manuten-

ção de determinados comportamentos da comunidade humana, que se encontra organizada na base de relacionamentos estáveis, em que cada um deve ser congruente, não mudando constante e arbitrariamente de condutas, mormente que sejam nocivas ao seu semelhante. – A formulação mais popular do princípio é *"venire contra factum proprium non valet"* e está expressa na obra *"Consilia"* do canonista, romanista e civilista italiano Filippo Decio (1454-1535).

Venire in spem – estar em esperança.

Venire in tutelam suam – adquirir a sua tutela. – Verifica-se com o atingir da maioridade.

Vera lex recta ratio naturae congruens, constans, sempiterna – a lei verdadeira é a reta razão, conforme à natureza, imutável, sempre eterna [Cícero, De Republica, 3.22]. – O texto mais completo de Cícero, mais tarde retomado por Gaio, é: *"Est quidem vera lex recta ratio naturae congruens, diffusa in omnes, constans, sempiterna, quae vocet ad officium iubendo, vetando a fraude deterreat"* – é a reta razão uma verdadeira lei, conforme à natureza, difundida em todos, constante, sempre eterna, a qual ordenando exorta ao dever, proibindo afasta do delito.

Verba dubia contra proferentem sunt interpretanda – palavras dúbias são interpretadas contra quem as proferiu.

Verba ita sunt interpretanda, ne sibi invicem contradicere videantur – que as palavras sejam interpretadas de maneira que não se contradigam entre si.

Verba iuris – palavras de direito.

Verba legis – palavras da lei.

Verba legum, non in abstracto, sed in concreto, intellegi et accipi debent – as palavras das leis não devem ser entendidas e acolhidas em abstrato, mas em concreto.

Verba non mutant substantiam rei – palavras não mudam a essência da coisa.

Verba non sufficiunt ubi opus est factum – palavras não bastam, quando é necessário o facto.

Verba parienda sunt imponendaque nova rebus novis nomina – é preciso criar palavras novas e às coisas novas devem ser atribuídos nomes novos [Cícero, De Finibus, 3.3].

Verba secundum commune usum loquendi intellegi debent – as palavras devem ser entendidas segundo o uso comum de falar.

Verba secundum significationem interpretanda sunt – as palavras devem ser interpretadas segundo seu significado.

Verba sunt indices animi – as palavras são indicadores da mente.

Verba volant – as palavras voam.

Verba volant, scripta manent – as palavras voam, os escritos permanecem. – Costuma dizer-se que as palavras leva-as o vento. E que o que foi escrito como escrito fica.

Verbi causa – por exemplo.

Verbi gratia – por exemplo. – Aplica-se no sentido de: para exemplo da regra exposta; do princípio estabelecido; daquilo que acabou de se afirmar. Emprega-se também abreviadamente "*v. g.*".

Verbis minoribus uti – usar de palavras simples; usar linguagem sóbria.

Verbis opera concordent – as obras devem estar de acordo com as palavras [Séneca, Epistulae Morales, Liber II, 20.2].

Verbo ad verbum – palavra por palavra.

Verborum obligatio verbis tollitur – compromisso assumido verbalmente anula-se verbalmente [Ulpiano, Digesto, 50.17.35].

Verbum pro verbo reddere – traduzir palavra por palavra. – Diz-se da tradução feita à letra.

Vere philosophantes pecuniam contemnunt – os filósofos desprezam verdadeiramente o dinheiro [Papiano, Digesto, 50.5.8.4].

Vere scire, esse per causas scire – saber verdadeiramente é saber através das causas [Francis Bacon, Novum Organum, Pars Secunda, Liber Secundus, Aphorismi, 2].

Verecundia legum – o respeito das leis.

Veredictum – veredito; decisão; sentença. – "*Veredictum*" ou "*dictum veritatis*" é, por etimologia, o dito da verdade. Normalmente usa-se a expressão para significar a decisão proferida por um júri sobre matéria submetida ao seu julgamento.

Vergere ad imum – convergir para o fundo.

Verisimile quod non est, praesumitur falsum – o que não é verosímil, reputa-se falso.

Veritas est supra omnnia amanda et sequenda – a verdade deve amada e seguida sobre todas as coisas.

Veritas evidens non probanda – verdade evidente não é de provar.

Veritas filia temporis – a verdade é filha do tempo. – Como se costuma dizer: *"com o tempo a verdade vem sempre ao de cima"*.

Veritas filia temporis, non auctoritatis – a verdade é filha do tempo, não da autoridade.

Veritas habetur ratione – a verdade alcança-se pela razão.

Veritas immutabilis est et perpetua – a verdade é imutável e perpétua.

Veritas in omnem partem sui semper eadem est – a verdade é sempre a mesma em todas as suas partes [Séneca, Epistulae Morales, Liber IX, 79.18].

Veritas odium parit – a verdade gera o ódio. – Tem a sua aplicação nos casos em que a verdade é de tal maneira dolorosa ou incómoda que gera todo o desagrado.

Veritas praevalebit – a verdade prevalecerá [Tertuliano, Adversus Praxean, 6.3].

Veritas rei nostro affirmare vel negare non mutatur – a verdade da coisa não se muda pelo nosso afirmar ou negar.

Veritatis una vis, una facies est – a força da verdade é uma só, um só é seu rosto [Séneca, Epistulae Morales, Lib. XVII-XVIII, 102.13].

Versare domum – governar a casa.

Versari in simili culpa – ter cometido a mesma falta.

Versura solvere – pagar com dinheiro tomado a juros.

Versuram facere – emprestar dinheiro.

Versus – contra.

Vertices dolorum – as dores mais cruéis.

Verum esse non potest quod falso principio infirmatur – não pode ser verdadeiro o que se infirma por princípio falso.

Verum est – é verdadeiro.

Verum est, quod pro salute fit, mendacium – é verdade a mentira que se diz para salvar uma vida [Publílio Siro, Sententiae].

Vestigio temporis – num vestígio do tempo; no instante.

Veto – oponho-me. – Faculdade conferida a alguém de se opor, provisória ou definitivamente, a uma deliberação ou decisão de um órgão.

Vetustas vicem legis obtinet – um velho costume faz a vez de lei [decorre de Ulpiano, Digesto, 39.3.1.23].

Vexata quaestio – questão em debate; questão agitada ou controvertida. – Diz-se de uma questão controversa e muito debatida na doutrina.

Vexatae quaestiones – questões controversas. – O mesmo que *"vexata quaestio"*.

Vide – veja. – Usa-se para fazer a citação da lei ou da obra de um determinado autor.

Vicini viciniora praesumuntur scire – os vizinhos presumem-se *[esperam-se]* conhecer as coisas vizinhas.

Vicinus vicini facta scire praesumitur – é presumível *[esperável]* que o vizinho conhece os factos do vizinho.

Victus labore – cheio de trabalho.

Video meliora proboque, deteriora sequor – vejo o melhor e aprovo-o, sigo o pior [Ovídio, Metamorfoses, 7, 20-21]. – Palavras de Ovídio referidas ao homem cuja inteligência lhe aponta o bem e, na prática, segue o mal.

Videtur rem alienare qui eam patitur usucapi – entende-se que quer alienar a coisa quem a deixa ser usucapida.

Viis et modis – por todos os meios e modos.

Villa publica – edifício público.

Vim enim vi defendere omnes leges omniaque iura permittunt – todas as leis e todos os direitos permitem defender-se da violência pelo uso da violência [Paulo, Digesto, 9.2.45.4].

Vim vi repellere licet – é lícito repelir a força com a força. – O senador romano Cássio é considerado o autor do brocardo. No entanto, nos discursos de Cícero há muitos fragmentos em que se alude a repelir a força pela força, como este : *"vim vi esse superandam"* – a força deve ser vencida pela força [Post Reditum in Senatu, 19]. E Ulpiano utilizou idêntica expressão: *"nam cum liceat, inquit, vim vi repellere, quod fecit passus est"* – na verdade, como é lícito, diz-se, afastar a força pela força, isso faz que seja tolerado [Ulpiano, Digesto, 4.2.12.1]. – Reporta-se ao princípio da legítima defesa [vide: artigo 337.º do CC].

Vincere potius ex judicis errore, quam ex causa veritatis – vencer mais por erro do juiz do que por causa da verdade. – Tem cabimento quando o litigante usa de dolo substancial, ou seja, quando usa de dolo ou de má fé para obter decisão de causa contra a verdade e a justiça material.

Vincit omnia veritas – a verdade vence tudo.

Vincula legum – os vínculos das leis.

Vincula propinquitatis – laços de parentesco.

Vinculum iugale – vínculo conjugal.

Vinculum juris – vínculo de direito. – Era a expressão utilizada pelos antigos para significar obrigação. A palavra *"vinculum"* designava tudo o que serve para atar ou ligar.

Vinculum matrimonii - o vínculo matrimonial.

Vindicta in libertatem - reivindicação da liberdade.

Vindicta privata - justiça privada. - É a justiça feita pela própria força do titular do interesse ou pretensão, que, em termos gerais, não é admissível face ao direito constituído. - Também se designa, em casos particulares, por ação direta, autotutela ou autodefesa, estado de necessidade, prevendo a lei as situações excecionais em que é de admitir [vide: artigos 336.º a 340.º do CC].

Vinum et musica laetificant cor - o vinho e a música alegram o coração.

Vinum laetificet cor hominis - o vinho alegra o coração do homem [Bíblia, Salmos, 104 (103).15].

Violare amicitiam - trair a amizade.

Violare clementiam - agir sem compaixão; agir com crueldade.

Violare fidem - faltar à palavra dada.

Violare vitam patris - atentar contra a vida do pai.

Vir et uxor censentur in lege una persona - marido e mulher na lei são considerados uma única pessoa.

Vir bonus, juris peritus, a litigantibus rogatus, ut voce vel scripto causam suam judici exponat, probet, atque defendat, ad hoc officium publica auctoritate admissus — Homem bom, perito de direito, solicitado pelos litigantes, para que oralmente ou por escrito exponha a sua causa em juízo, prove ou defenda, admitido para este ofício por autoridade pública. - É a definição de advogado, dada pelo jurisconsulto Pascoal José de Melo Freire dos Reis [1738-1798].

Vir pietate gravis - homem considerado pela sua virtude.

Vir prudens non contra ventum mingit - homem prudente não urina contra o vento.

Vires acquirit eundo - adquire forças caminhando.

Vires hereditatis - forças da herança [valor da herança]. - O herdeiro pode ser chamado a responder pelas dívidas do autor da herança, mas apenas dentro do valor dos bens herdados *[vires hereditatis]*, incumbindo-lhe, todavia, provar que na herança não existem valores suficientes para cumprimento dos encargos [vide: artigo 2071.º do CC].

Virgo - virgem.

Virgo intacta - mulher virgem.

Virtus notitiam posteritatis habet - a virtude torna-se conhecida na posteridade. - Ninguém é santo enquanto vivo.

Virtus est animi habitus, naturae, modo atque rationi consentaneus – a virtude é um hábito da mente, consentâneo com a natureza e com a razão [Cícero, De Inventione, 2.159].

Virtutes oratoriae – as qualidades do orador.

VIRTUTIBUS MAIORUM – ut sit omnibus documento. P.P.D. – pelos méritos dos antepassados, para que sirva de testemunho para todos, através de perpétua dedicação [P.P.D. = *per perpetua dedicatio*]. – Inscrição no Arco da Rua Augusta em Lisboa, cuja tradução e deciframento se considera dever ser a descrita, atentas as características e simbologia do monumento.

Vis – força; coação.

Vis ablativa – coação física. – O mesmo que *"vis absoluta corpori illata"*.

Vis absoluta – coação absoluta. – Aplica-se à coação, em que o coagido tem a liberdade de ação totalmente excluída.

Vis absoluta corpori illata – coação absoluta feita ao corpo. – É a coação física, em que o coato não possui qualquer liberdade de ação.

Vis atractiva – força atrativa.

Vis bona – ameaça lícita. – É aquela em que não há coação física nem moral, mas apenas uma intimação ou advertência ao destinatário para assumir determinada conduta obrigacional, sob pena de recurso aos meios coercivos legais.

Vis compulsiva – força compulsiva; coação moral. – O mesmo que *"vis relativa"*, ou coação moral.

Vis corporalis – violência física.

Vis in se ipsum – coação tendo por objeto si próprio. – Servindo de exemplo: se me deixares suicido-me.

Vis humana – a força humana.

Vis maior – força maior.

Vis materialis – força material.

Vis minima – força mínima; o menor esforço.

Vis moralis – força moral.

Vis relativa – coação relativa. – Ou coação moral, em que a liberdade de ação do coagido está cerceada mas não excluída.

Vis sanatrix – o poder saneador.

Vis sanguinis – força do sangue.

Vis vim reppellit – a violência repele a violência.

Vis viva – a força viva; energia.

Vita brevis, ars longa, occasio praeceps, experimentum periculosum, iudicium difficile – a vida *[é]* breve, a ciência perlongada, a ocasião irrefletida, o ensaio perigoso, o exame difícil [Hipócrates].

Vita sine labe acta – vida passada sem mancha.

Vitae nescisque potestas – direito de vida e de morte.

Vitam impendere vero – consagrar a vida à verdade [Juvenal, Satirae, 4.91]. – Expressão de Juvenal, da qual Rousseau fez sua divisa.

Vitia qui aliorum punit, sua prius corrigere debet – deve primeiro corrigir os próprios vícios, quem pune os alheios.

Vitia virtutibus pensare – compensar os vícios com as virtudes.

Vitiatur et vitiat – é viciado e vicia; – Diz-se quando a nulidade ou anulação parcial de um negócio jurídico determina a invalidade de todo o negócio [vide: artigo 292.º e 293.º do CC].

Vitiatur sed non vitiat – é viciado mas não vicia; – Diz-se quando a nulidade parcial de um negócio jurídico não afeta a validade de todo o negócio [vide: artigo 292.º e 293.º do CC].

Vitium scriptoris – erro de copista.

Vitium sermonis – erro de linguagem.

Vive valeque – vive e passa bem. – Fórmula para terminar uma carta.

Viventis non datur hereditas – a herança do vivente não se dá *[não acontece].* – Significa o princípio que só depois da morte se inicia a sucessão, porque esta é *"mortis causa"*, ou tendo a morte como causa.

Vivere parvo – viver com pouco. – Lema das pessoas desprendidas dos bens terrenos.

Vivere secundum naturam – viver segundo a natureza.

Vivite et bibite – vivei e bebei.

Vix vivus – pouco vivo; quase morto.

Vixit – viveu.

Vixit, dum vixit, bene – viveu, e enquanto viveu, viveu bem.

Vocare – citar.

Vocare in judicium – levar a tribunal.

Vocare in suspicionem – tornar-se suspeito.

Vocatio in ius – chamamento a juízo.

Voces inanes – palavras sem sentido.

Volenti et consentienti non fit iniuria – ao que quer e concorda não se faz injustiça.

Volenti nihil difficile – àquele que quer nada é difícil.

Volenti non fiat injuria – não se comete injustiça *[não se prejudica]* a quem consente.

Voluntas – vontade. – Elemento volitivo dirigido ao significado objetivo da ação, ou da declaração ou ainda da intenção de determinado resultado.

Voluntas facto, magis quam verbis, declaratur – a intenção se expressa mais pela ação que pelas palavras.

Voluntas hominis ambulatoria est usque ad vitae supremum exitum – a vontade do homem é mutável até ao último dia de vida [Ulpiano, Digesto, 24.1.32.3]. O texto mais preciso é: *"ambulatoria voluntas eius usque ad vitae supremum exitum"*.

Voluntas jus suum cuique tribuendi – vontade de dar a cada um segundo o seu direito [Ulpiano, Digesto, 1.1.10pr.]. – Máxima do direito romano que impunha o respeito pelos direitos adquiridos de todos e de cada um.

Voluntas magis quam verba plerumque intuenda sunt – geralmente deve-se considerar mais a vontade que as palavras [Código de Justiniano, 6.42.16.1].

Voluntas non est, ubi est necessitas – não há vontade quando há necessidade.

Voluntas sceleris – vontade de delinquir.

Voluntas testatoris est ambulatoria usque ad extremum vitae exitum – a vontade do testador é mutável até o último momento da vida.

Voluntas testatoris non est quaerenda, si manifesta sunt verba – a vontade do testador não deve ser indagada, se suas palavras são claras.

Vorare litteras – devorar os livros.

Vota vovere – fazer um voto.

Votiva tabula – ex-voto.

Votivus sanguis – vítima prometida.

Vox clamantis in deserto – a voz daquele que clama no deserto [Bíblia, João, 1.23]. – Palavras de S. João Baptista referindo-se às suas prédicas no deserto que ninguém ouvia. – Costuma-se utilizar a expressão *"pregar no deserto"* para exprimir *"falar sem ser ouvido"*.

Vox populi – voz do povo. – Aquilo que o povo pensa ou diz sobre determinado assunto.

Vox populi vox Dei – voz do povo voz de Deus. – Pretende-se significar que a voz do povo é, como a voz de Deus, uma voz séria e credível.

Vulgares artes – as profissões vulgares.

Vulgaris opinio – opinião geral.

Vulgata – vulgata; divulgada. – Versão latina da Bíblia feita no século IV por S. Jerónimo.

Vulgo loquebantur – dizia-se correntemente.

Vulnerant omnes, ultima necat – todas vulneram, a última mata. – Diz-se falando das horas. Antiga inscrição usada nos mostradores dos relógios das igrejas ou dos monumentos públicos.

Vulnus inferre – dar um golpe; ferir.

Vulpes pilum mutat, non mores – a raposa muda de pelo, não de costumes. – Aplica-se em sentido figurado relativamente àquelas pessoas que usam constantemente de astúcia no seu relacionamento com os outros, ainda que com emprego de cosmética variada.

Vultus imago animi – o rosto é o espelho da alma.

Vultus sermo quidam tacitus mentis est – o rosto é uma espécie de linguagem muda do espírito.

BIBLIOGRAFIA

António Menezes Cordeiro, Direitos Reais, Lex, Reprint, 1979.

A. Pereira da Costa, Servidões, 1991.

Antunes Varela, Direito da Família, 1.º Vol, 5.ª, Livraria Petrony.

Antunes Varela, Manual de Processo Civil, Vol. 2.º, 1985.

Dicionário de latim forense, Central Jurídica, acessível em http://www.centraljuridica.com.

Durval Ferreira, Posse e Usucapião, Almedina, 2003.

F. M. Pereira Coelho, Direito das Sucessões, 1972, Coimbra.

Fernando Oliveira, Latim para Juristas, Edições Cosmos.

Fernando Pereira Rodrigues, Usucapião, Almedina, 2008.

Fernando Pereira Rodrigues, Locuções e Máximas Latinas, 2010.

Fernando Pessoa Jorge, Lições de Direito das Obrigações, 1966.

Francisco Torrinha, Dicionário Latino-Português, 1945.

Germán Cisneros Farías, Diccionario de Frases y Aforismos Latinos, 2003, acessível em https://pt.scribd.com.

Henerik Kocher, Dicionário de Expressões e Frases Latinas, acessível em www.padrefelix.com.

Inocêncio Galvão Telles, Direito das Sucessões, 2.º, ed. 1973.

João de Castro Mendes, Direito Civil, Teoria Geral, 1995, ed. da AAFDL.

João de Castro Mendes, Direito Processual Civil, 1972, ed. da AAFDL.

José Alberto dos Reis, Código do Processo Civil Anotado, 1980-1981.

José Alberto C. Vieira, Direitos Reais, Coimbra Editora, 2008.

José António de França Pitão, Posse e Usucapião, Almedina, 2007.

José de Oliveira Ascensão, Direito Civil Reais, 5.ª edição, Coimbra Editora, 1993.

Justinian, The Latin Library, acessível em http://www.thelatinlibrary.com.

Justo Fernández López, Locuciones Latinas, acessível em http://hispanoteca.eu.

Luís A. Carvalho Fernandes, Lições de Direitos Reais, 4.ª edição, Quid Juris, 2004.

Magnus Bergström / Neves Reis, Prontuário Ortográfico e guia da língua portuguesa, Editorial Notícias.

Manuel Henrique Mesquita, Direitos Reais, 1967.

Manuel dos Santos Alves, Prontuário da Língua Portuguesa, Universitária Editora.

Mário Júlio de Almeida Costa, Noções Fundamentais de Direito Civil, 4.ª ed, Almedina.

Malthus, Pequeno Dicionário de Expressões Latinas, acessível em www.malthus.com.

Maxims of Law from Bouvier's 1856 Law Dictionary, acessível em http://www.lawfulpath.com.

Mota Pinto, Direitos Reais, 1971.

Multcarpo, Dicionário de Latim, acessível em www.multcarpo.com.

Novo Dicionário da Língua Portuguesa, Vol. IV, Ed Portuguesa de Livros, Lda.

Pailegal, Dicionário de Latim Jurídico, acessível em http://www.centraljuridica.com.

Pedro Romano Martinêz, Contrato de Empreitada, 1994.

Pires de Lima/Antunes Varela, Código Civil Anotado, 2.ª edição.

Proverbia Juris, in Lingua Latina, acessível em https://pt.wikiquote.org.

Rui Pinto Duarte, Curso de Direitos Reais, Principia, 2002.

Foram consultados textos dos autores acima citados e ao longo do texto, designadamente das Institutas, do Digesto, do Codex e das Novelas do Corpus Iuris Civilis do Imperador Justiniano e textos do Corpus Iuris Canonici e do Codex Iuris Canonici [1917 e 1983].

ÍNDICE